1727년 사양재 강호보의
연행록 상봉녹 이야기

진주강씨연구총서 2

1727년 사양재 강호보의
연행록 상봉녹 이야기

강호보 저, 강호흔 역

보고사
BOGOSA

사양재 강호보 관련 자료

문집 『사양재집(췌언)』과 연행록 『상봉록』(연세대학교 도서관 소장)

문집 『주서분류』 84권(국립중앙도서관 소장)

1726(병오년) 사양재 37세
진사급제 징표인 호패
(한국애서가 클럽 소장)

사양재 강호보의 선친 오아재 강석규 묘(연천군 왕징면 강내리 능촌 선영)

사양재 강호보의 선친 오아재 강석규 묘비(연천군 왕징면 강내리 능촌 선영)

사양재 강호보 묘와 묘표석(아산시 음봉면 신수리 산 25)

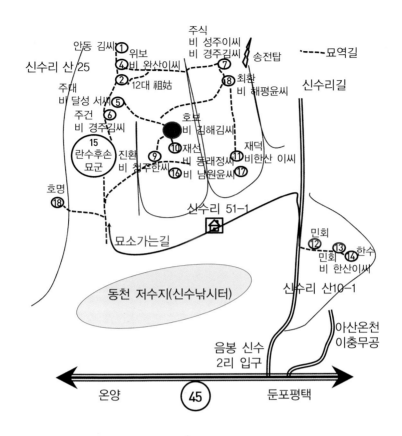

신수리 산 25
안동 김씨 ① 위보
주식
비 성주이씨
비 경주김씨
송전탑
--- 묘역길
④ 비 완산이씨 ⑦
② 12대 祖姑
⑧ 최환
비 해평윤씨
신수리길
주대
비 달성 서씨 ⑤
주건 ⑥
비 경주김씨
호보
비 김해김씨
재덕
재선
15
란수후손
묘군
⑩ 재선
⑪ 비한산 이씨
진환 ⑨
비 청주한씨
비 동래정씨
⑯ 비 남원윤씨 ⑰
호명
⑱
신수리 51-1
묘소가는길
민회
⑫ ⑬ 한수
민회 ⑭
비 한산이씨
신수리 산10-1
동천 저수지(신수낚시터)
아산온천
이충무공
음봉 신수
2리 입구
온양   ④⑤   둔포평택

진주 강(晉州 姜) 박사공 18대 (통정공 12대) 사양재공
휘 호보(浩溥)묘 (1690년 9월 25일 생 ~ 1778년 11월 30일 졸)

부(父)는 지제교 오아재공. 65세에 증광시합격. 종1품 숭록대부(崇祿大夫). 이이, 김장생, 송시열, 권상하, 한원진의 학통을 이은 정통주자학자로서 주자학관련 성현들의 방대한 문집들을 총 망라하여 체계적으로 분류한 주서분류 84권(국립중앙도서관 소장)과 54권(규장각 소장), 상봉록, 사양재집(췌언) 등 문집을 남겨, 학계 연구 및 학술 논문들이 많음. 평택의 김해김씨(1692~1724년 단명)와 결혼 1700년경 모친 안동 김씨, 누이, 동생 위보와 연천에서 평택으로 이주하셨고, 둘째부인 김해김씨(1707~1763년 8월 7일 졸)에서 주중, 주정, 주긍 3남과 1녀를 두셨다. 이 분들은 현 서초구 신원동, 하남시 초이동 등지에 묘를 모셨고 조카(주건) 며느리가 그린 포도첩과 서문이 가보로 보전돼 있으며, 1757년 팽성지에 발문을 씀. 배위 정부인 두 분과 합장.

－ 통정공 20대손 강호흔 삼가 씀, 2015년 4월 6일 －

묘 표석 내용

▲ 포도첩 표지
포도첩 서문 ▶

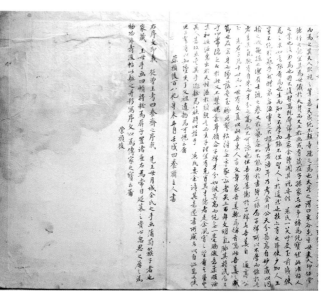

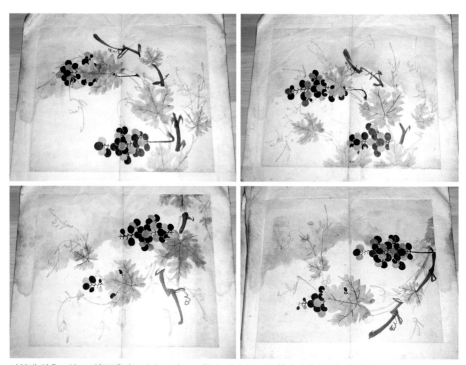

사양재 강호보의 조카(주건)며느리가 그린 포도첩과 직접 쓴 서문(『사양재집』권23)이 가보로 보전되고 있다.

들어가며

본서는 사양재(四養齋) 강호보(姜浩溥)의 연행록인 언해본 『상봉녹』을 선문대 박재연 교수팀에서 교주한 책이 일반인들에게는 쉽게 읽을 수 없기에 현대 한글로 다시 번역하면서 연행노정의 사적, 유물 및 풍광 사진들을 해당 연행록 여정과 나란히 삽화하여 여행하듯 흥미 있고 쉽게 이해하도록 새로운 번역 기법을 시도했다. 다만 본인의 지식과 연구가 고루하여 저자와 도와주신 분들에게 누가 될까 걱정과 부끄러움이 앞서며 실낱같은 숭조와 선양의 도리로 밝힘이 나의 소명이라 느껴 감히 새로운 장르로 번역을 시도하여 한글로 다시 번역하게 된 바, 후일에 박식한 독자와 연구자의 도움으로 완벽한 번역을 기다린다.

본서 '1727년 사양재 강호보의 연행록 『상봉녹』 이야기'는 선문대 박재연 교수팀이 언해본 『상봉녹』을 교주한 『상봉녹』(학고방, 2013) 내용 사용, 『압록강에서 열하까지 연행노정 답사기』(도서출판 어드북스, 2014)를 쓴 이보근선생의 연행 노정상 찍은 모든 사진들과 사양재의 '북경 체류 숙소와 활동 연구 고찰'에 대한 내용 사용, '사양재 강호보 『췌언』 선역'을 석사 논문으로 쓴 김만석 선생의 '사양재 강호보의 생애와 저술' 등 사양재 관련 자료 사용을 허용해준 덕분으로 엮게 되었기에 깊은 감사를 드린다. 또한 사양재 강호보와 문집들, 그리고 연행록에 대해 많은 관심과 연구를 해 온 학계의 많은 선생님들에게 연구 노고에 높은 경외와 깊은 감사를 드리며 다만 몇 분만을 아래 간략히 밝힌다.

동국대 임기중 명예교수와 고려대 임준철 교수, 한양대 고운기 교수, 연세대 고 김준석 교수, 연세대 허경진 명예교수, 경상대 허권수 명예교수, 경희대 구만옥 교수, 한국학중앙연구원 신익철 교수, 청운대 남당학 연구소장 민황기 교수, 용인대 권혁래 교수, 한중연행노정답사회 대표 신춘호 박사, 대동문화연구원 김영죽 박사, 고려대 정내원 석사, 성균관대 문예원 석사, 한국고전번역원 정선용 연구원, 평택고등학교 이혜화 은사님께 이 자리를 빌어 다시 한번 감사드린다.

본서는『고어사전』(교학사, 1997), 네이버 포탈(한자, 한글 사전, 지도, 검색),『한한대자전』(漢韓大字典, 민중서림, 1981), 한국역대인물종합정보시스템, 한국민족문화대백과, 두산백과, 중국 포탈(baidu.com), 사양재 강호보 관련 학계의 많은 연구 자료를 참고하여 엮었다. 언해본『상봉녹』권2, 권3(권1은 화재로 소실됨)을 영인하고 교주한 박재연 교수팀의『상봉녹』의 쪽 번호 1a, 1b, 2a … 등을 그대로 따라 기록하였기에 후에 독자가 상호간에 쉽게 비교하여 볼 수 있도록 하였다. 또한 한글을 우선으로 쓰고, 주석은 괄호 안 작은 폰트로 써 넣어 읽기가 편하도록 했다. 이해를 돕기 위해 사양재의 연행일기『상봉록(桑蓬錄)』의 저작과 편술 이력에 대해 소략하면 다음과 같다.

사양재 강호보는 1727년 10월 24일 38세 나이로 부사 이세근의 자제군관 자격으로 북경에 가서 이듬해인 1728년 4월 8일 평택 팽성 함정리(선마을)로 6개월 6,500여리 여정으로 다녀와 한문본『상봉록(桑蓬錄)』을 저술했고, 한문본을 지인인 부사 김용경 등 여러 사람에게 빌려주고 받았으며 14년 후인 1742년 모친을 위해 언해본『상봉녹』으로 사양재가 직접 번역하면서 다소 본인의 의론을 추가했다.

친구인 군수 정수연에게 한문본『상봉록(桑蓬錄)』을 빌려주었다가 어떤 이유에서인지 되돌려 받지 못했으며, 증손자인 강재응(姜在應)이 모친의 청으로 1839년(헌종 5) 언해본에서 다시 한문으로 재번역하면서, 사양재의 연행 후 10년 후에도 서신 왕래가 있었던 선비(정환, 백수채)와의 편지,

종교나 사회, 문화 등에 대한 본인의 의론을 추가했으며 사양재의 국내 산유기인『사군산수기(四郡山水記)』, 연행 중 지은 시 26수 등을 추가해 언해본보다 한문본의 분량이 많게 되었으며 이것이 오늘날의 한문본『상봉록』이다.

　이후 언해본『상봉녹』은 3권 3책 중 첫째권 1책이 '이해미 고모댁'에 빌려줬다가 화재로 소실되어 현재 권2, 권3, 2책만 남게 되었으며 이를 고손자인 강원회(姜源會)가 1898년 둘째 권 앞에 서문을 남겼으며, 첫째 권에 해당하는 1727년 10월 24일~1727년 12월 18일까지의 여정 기록은 한문본『상봉록』을 참고해야 완전한 여정 기록을 알 수 있다.

　현재 국가사업으로 대대적인 연행록 연구가 성균관대 대동문화연구원에서 진행되고 있으며 10개년 계획 중 1차로 2016년 11월 현재 한문본『상봉록』의 표점 연구가 완료되어 서비스를 위한 DB구축단계에 들어가 있으며 곧 학계나 일반인에게 공개 회람되어 여러 분야별 연구가 될 것으로 기대된다. 한문본『상봉록』과 언해본『상봉녹』이외에 사양재 강호보 문집인『사양재집(四養齋集) 췌언(贅言)』(연세대 도서관 소장)과 남당 한원진 문하에서 정통주자학을 잇고 저술한『주서분류(朱書分類)』초고본 84권(국립중앙도서관 소장), 정본 54권(규장각 소장) 등의 문집이 있다.

2016년 11월 26일

엮은 이, 사양재 강호보 9대손 강호흔

차례

사양재 강호보와 상봉록

1. 사양재 강호보의 생애와 저술

1) 생애

사양재(四養齋) 강호보(姜浩溥)는 본관은 진주이고, 자는 양직(養直)이다. 부친은 오아재(聱啞齋) 강석규(姜錫圭, 1628~1695)이고, 어머니는 안동김씨 김성급(金成岌)의 따님으로 측실이었다. 그의 정실 이복남매는 3남 2녀, 동복남매는 2남 1녀였고, 그는 측실 형제중 장남이며 둘째였다.

사양재의 가계는 11대조 강회백(姜淮伯, 1357~1402)이래 문한가(文翰家)로 명망이 있었다. 그의 가문은 영남의 재지사족에서 고려 말 중앙정계로 진출하였고, 고려 멸망 후 고초를 겪기도 하였으나, 조선 초기 근기세족과 혼인하고 또 현달함으로써 일약 벌열가문의 반열에 올랐다. 조선 초의 강석덕(姜碩德, 1395~1459) 강희맹(姜希孟, 1424~1483)이 그의 10대, 9대조이다.

조선 중기에 시문에 뛰어났던 강극성(姜極誠, 1526~1576), 강종경(姜宗慶, 1543~1580), 강진휘(姜晉暉, 1567~1596) 3부자가 그의 5대조 고조 증조이며, 조부 강덕후(姜德後, 1607~1669)는 성현들의 격언을 채록하여 『훈자격언(訓子格言)』이라는 책을 저술하여 유배 가 있는 아들 석규(錫圭)에게 보내었다.

부친 강석규는 과거 급제 후 수개월이 지났을 무렵, 뜻밖의 사건에 휘말려 8년 동안 유배 생활을 하였다. 해배 뒤 조정에 복귀해서도 전력 (前歷) 때문에 벼슬살이가 그리 순탄치는 못하였다. 숙종 때 여러 차례 의 정국 변동 와중에서 병조정랑(兵曹正郎), 성균관전적(成均館典籍), 군 자감정(軍資監正), 지제교(知制敎) 등의 벼슬을 지냈다. 방대한 시문 선 집이 있었고, 시로써 당대에 이름이 있었다. 문집『오아재집(聱𪪪齋集)』 이 전한다.

부친은 사양재가 6살 때 별세하였고, 부친 별세 후 일가는 서울에서 선영이 있는 경기도 연천으로 이주하였다. 그는 연천에서 재종숙인 강 석붕(姜錫朋, 1654~1712)에게서 배우고, 13살에 경기도 회시(會試)에서 장원을 하였으나 적(籍)이 없다고 합격이 취소되었다. 그리고 혼인하기 전까지 곤궁한 생활을 하였으나 평택(平澤)의 김해김씨 여자와 혼인하 여 평택으로 이주한 후에야 집안 살림이 어느 정도 넉넉해져, 어머니, 누이 및 동생 연보(淵溥)와 함께 일가를 이루고 줄곧 평택 팽성 함정리 선마을에서 지냈다. 이 시기에 그는 문장에 지대한 관심을 가졌다. 1726년에 생원시에 합격하였지만, 위기지학(爲己之學)에 뜻을 두어 과 거를 포기하였다.

이 무렵 정침(正寢) 5영(楹, 기둥)을 새로 짓고 '사양재(四養齋)'라는 편 액을 달았다. 이 편액은 일찍이 수연(數椽, 서까래)로 된 옛 건물에 걸어 두었는데, 집을 새로 지으면서 그대로 옮겨 단 것이었다. 애초 그 '四 養'이라는 말은 다음의 자각에서 비롯되었다.

본선(本善)의 성(性)은 하늘이 부여한 것이니 비록 요순(堯舜)이라도 더함이 없다. 호연지기(浩然之氣)는 사람이 다 가지고 있으니 맹자가 어 찌 나를 속였겠는가? 재주[材]는 학문으로 말미암아 완성되니 천지를 보상(輔相)함도 나에게 달려 있다. 도량(度量)은 학식을 따라서 진전하니 기국(氣局)을 변화시킴이 어찌 다른 것을 말미암겠는가? 이는 일찍이 족숙으로부터 학문의 요결은 배웠으나 황폐해진 학업으로 인해 인순(因循)과 염오(染汚)에서 벗어나지 못한 내면을 맹자의 가르침대로 함양하고자 자신을 채찍질하려는 뜻을 담은 것이었다. 그리고 이때 새 집을 지은 것은 문장과 과거(科擧)에 골몰했던 이전의 삶에서 성현의 경전에 오롯이 몰입하고 수양하여 온전히 본선지성(本善之性), 호연지기(浩然之氣), 재주(材), 도량(量)의 4가지 덕의 함양을 실현하고자 했기 때문이다. 출사의 포기로 인하여 내면의 자아실현 희구가 더 이상 억제되거나 지체되지 않고 외면으로 과감하게 표출된 것이 집의 신축이었고, 실제 그것은 그의 생애의 일대 전환점이었다.

이듬해 1727년 부친의 문인으로 평소 친밀하던 이세근(李世瑾, 1664~1735)의 요청으로 연행길에 올랐다. 이 연행에서 정환(程煥)과 백수채(白受采)라는 청의 지식인을 만나서 교유하였고, 이들과는 이후로도 서신 교환을 하였다. 이때의 연행 체험을 『상봉록(桑蓬錄)』으로 남겼다.

이후로 남당(南塘) 한원진(韓元震, 1682~1751)을 종유하면서 경학과 주자서에 잠심하였다. 그리고 대개의 저술들이 이 시기에 이루어지고 집필되었다.

1750년(영조 27) 당시 어사 정홍순(鄭弘淳)에 의해 동생과 함께 강호(强豪)로 지목되어 탄핵을 받아 겨울에 감문(甘文)에 유배되었다가 이듬해에 해배(解配)되었다. 65세 때인 1754년 영조의 회갑을 기념하기 위한 증광시가 있었는데, 길몽을 꾼 노모의 명을 어기지 못하고 과거에 응시하여 전시(殿試) 제2위로 급제하였다. 2개월 여 뒤 모친상을 당하였다. 상을 마친 뒤에 성균관(成均館) 전적(典籍), 유곡찰방(幽谷察訪), 부사과

(副司果)를 역임하였고, 1763년에 첨지중추(僉知中樞)가 되었으며, 이후 제술관(製述官) 등을 역임했다.

수년 후 그의 제자 윤염(尹琰, 1709~1771)이 '사람을 가르쳐서 생원 진사 5명을 배출하면 가자(加資)한다'는 전례를 들어서 가자를 청하여 1769년 동중추(同中樞), 부호군(副護軍)이 되었고, 1774년(영조 50)에는 지중추(知中樞)에 오르고, 숙배할 때 영조가 경조윤(京兆尹)에 제수하려고 했으나 고사(固辭)했다고 한다. 1776년에는 숭록대부(崇祿大夫)의 지위에 올랐고, 1778년에 평택의 팽성 함정리 선마을 본가에서 별세하니, 향년 89세였다.

2) 사우연원(師友淵源)

사양재의 가계는 고조 강종경(姜宗慶) 이래로 우계(牛溪) 성혼(成渾)이나 김류(金瑬)와 밀접하였고, 조부는 우계의 아들 창랑(滄浪) 성문준(成文濬) 문하에서 자랐다. 따라서 자연스레 가계의 당색은 서인이었고, 학풍은 우계를 계승했다. 부친이나 형을 비롯한 주변인물들이 윤증(尹拯), 박세채(朴世采), 조태억(趙泰億) 등의 소론 측 인사와 교유하였고, 우계 문하의 인물들이 대개 소론 편이었음을 감안하면, 가계는 서인 중에서도 소론이었다. 사양재는 이후 30대 중반까지 문장을 추구하고 과거공부에 뜻을 두었다. 특히나 고문이 주는 매력에 심취하여 전문적으로 문장을 연구하였다. 하지만, 서자라는 신분의 제약과 비사교적인 성향으로 인해 스승 없이 독학으로 독서를 통해 학문을 연마해 나간 것으로 보인다. 독서를 통한 지식 습득과 사색이 주된 공부 방식이었다. 한편 종손(從孫) 비수재(賁需齋) 강규환(姜奎煥, 1697~1731)은 십대 후반인 1715년부터 외삼촌인 남당(南塘) 한원진(韓元震)에게서 학업을 전

수 받아 경의기문록(經義記聞錄)을 작성하고, 1720년에는 수암 권상하를 배알하여 강상어록(江上語錄)을 저술하기도 하는 등 일찍부터 남당의 문도가 되었다.

1726년 남당에게 보낸 편지 상답함장(上答函丈)에서

'제가 스승께 집지한 지 이제 1년이 되었을 뿐이지만, 그 사모하고 기뻐하는 마음은 평소에도 마음에 쌓여 있어, 집지하기 전에 이미 배필이 있는 여인이 마음으로 허락한 것과 같았습니다. 하물며 하루 학업을 전수받은 이후로는, 진실로 "한번 사람을 허여하면 종신토록 바꿀 수 있는 의(義)는 없다"라고 이르는 것입니다. 비록 문하에서 배척하고 절교하여 다시는 문장(門墻)의 대열에 나란히 참여하지 못하도록 하여도, 저로서는 진실로 감히 이 때문에 스스로 스승을 멀리하지는 않을 것입니다. 하물며 글월 속의 종이 가득한……'

라고 하였으므로, 남당에게 집지한 시기는 1725년 36세 무렵임을 알 수 있다. 사양재는 1726년 37세 때, 과거를 포기하고 집을 새로 지어 수양에 매진하기로 결심하였다. 이후 서신 왕래와 배알을 통하여 남당의 훈도를 받았고, 경전 해석에 대한 치밀한 분변으로 남당 문하에서 두각을 나타내었다. 남당의 영향으로 자연스레 철저한 주자학의 입장을 형성하였고, 주자학설의 집대성과 이설의 변척에 힘을 기울였다.

그리고 남당 문도들과의 교유는 신분과 비사교적인 성향으로 그다지 활발했던 것 같지는 않다. 문도 집단 내에서 영향력을 발휘하지는 못했지만, 그의 출중한 학문적 역량에 대한 공감대는 문도 내에 형성되어 있었던 것으로 보인다.

다음은 자가 유보(幼輔)인 장선(張僎, 1755~1775)의 묘지(墓誌)의 앞부분이다. 장선은 박제가(朴齊家, 1750~1805)의 벗으로서 어린 나이에 벌써 남당(南塘)의 학문을 정학(正學)으로 여겨 존신하고 경학에도 밝은 총민한 젊은이였다. 그는 1774년 가을, 서울에 머물고 있던 사양재를 찾아 왔다. 85세의 사양재는 병든 몸을 일으키고 이 낯선 손님의 방문에 응하였다.

집안으로 들어서는 장선의 맑은 용모와 덕스런 행동을 기이하게 바라보았다. 내 뜻에는 '이는 필시 잘못 알고 찾아 온 것이라' 여겼다. 한마디 말도 주고받지 않고서 곧장 물었다.

"누구 집을 찾아 왔소?" 손님이 모양을 가다듬고 말하였다. "어르신을 뵈러 왔습니다." 내가 말하였다.

"늙은이가 죽지도 않고 세상에 이름도 알려지지 않아서, 나를 아는 이가 없는데, 어디서 듣고서 왔소?" 손님이 모습을 고치고 일어나서 대답하였다.

"부친이 일찍이 고산[高山, 심조(沈潮)의 별호(別號)] 문하에 집지하였다가 뒤에 지병을 얻어서 학업을 마치지 못했습니다. 고산이 살아 계실 때에 어르신을 칭도(稱道)하시는 것을 부친이 기억하여 잊지 않았습니다. 제가 성사(省事)한 뒤에, 부친으로 인하여 어르신께서 살아 계신 것을 알았지만, 거리가 멀어서 나아가 배우지 못함이 한스러웠습니다. 요사이 우보(郵報)에서 어르신께서 마침 지중추부사(知中樞府事)에 사은(謝恩)하신 것을 보고, 비로소 어르신께서 도성에 들어와 계신 것을 알았습니다. 계시는 댁을 방문하여 감히 가르침을 청하러 왔습니다."라고 하였다.

장선(張僎)은 이후로 사양재 문하에서 배우던 중 이듬해 6월 요절하여, 사양재가 묘지를 쓰게 되었다. 장선(張僎)이 말한 심조(沈潮, 1694~

1756)는 경기도 김포에 거주하면서 수암 권상하 문하에 출입하고, 이후 동문이면서도 남당을 종유한 학자로, 남당의 주요 문도 중의 한 사람이다.

남당과 심조의 문집에 서로 왕복한 편지가 수록되어 있는데, 이 편지의 수량은 남당 문도들 중에서 가장 많다. 편지를 통하여 남당과의 친밀한 교유와 활발한 학술 토론이 이루어진 것으로 보이는데, 장선이 전하는 '심조의 사양재에 대한 칭도'는 문도내의 공통된 인식으로 보아도 무방할 듯하다.

남당이 1751년 타계하고, 사양재는 1754년 출사하였다. 사양재의 문집에 실린 출사 이후의 편지는 그 수신인들이 조정의 관료들이나 왕실의 인척들이다. 이는 출사후 남당 문도들과의 유대와 결속력은 약화되고, 대신 사환 시기에 접한 관료들과 교분이 깊었음을 보여준다.

남당의 문도들 중 교유한 인물로는 이미 언급한 강규환 심조 외에도, 윤염(尹琰, 1709~1771), 송능상(宋能相, 1710~1758), 권진응(權震應, 1711~1775), 김근행(金謹行, 1713~1784) 등이 있다. 그리고 관료들 중에는 김용경(金龍慶, 1678~1738), 김한철(金漢喆, 1701~1759), 이석재(李碩載, 1722~1776), 정존겸(鄭存謙, 1722~1794), 조엄(趙曮, 1719~1777) 등과 교유했다. 이들 중에서 조엄은 사양재의 『주서분류』 편찬을 물심양면으로 돕고 그 정본(淨本)을 완성하는 데 기여한 인물이다. 영조의 부마였던 창성도위(昌城都尉) 황인점(黃仁點, 1740~1802), 사도세자(思悼世子)의 장인이었던 홍봉한(洪鳳漢)의 동생 홍용한(洪龍漢, 1734~1809) 등 왕실의 인척 인물도 그의 훈도를 받았다.

3) 학문과 사상

생애나 저술을 통해서 사양재가 문장, 경학, 주자학, 예학, 역사, 현실 문제의 방면에 관심을 가지고 탐구하였음을 알 수 있다. 그의 두드러진 학문 정신에 대해서 간략하게 언급한다.

1726년 상량문을 지을 무렵에 사양재는 문장, 경학, 역사, 그 밖의 백가의 학문을 대략 섭렵하였다. 그 이듬해 연행에 동참하거나 연행에서 중국 측 문사들이 경탄한 까닭도 이 때문이다. 이후 경서에 대하여 남당과 치밀한 분변 과정을 거치고, 또 학술 전반에 대하여 강규환이나 심조 등의 동문들과 강토를 통하여 정밀한 사고를 다져 나갔는데, 『대학』이나 『중용』 및 경서 전반에 관한 문목(問目)에서 그러한 정치한 사유를 볼 수 있다.

다음은 1736년 사양재가 남당에게 보낸 편지의 한 대목이다.

『동이고(同異考)』는 작업을 마치면 바로 사람에게 전담시켜 보내 올리려고 하였으나……제 생각으로는 이 책은 등한한 문자와는 비교할 수가 없습니다. 주문(朱文) 중의 착종하여 가지런하지 않은것이 여기에서 결단되었고, 후학이 취사(取捨)에 미혹하기 쉬운 것이 여기에서 절충되었으니, 바로 무궁한 은혜를 베푼 것입니다. 하지만 의례(義例)가 그다지 정제되지 않음은 사능(士能, 송능상(宋能相)의 자)씨가 말한 바대로입니다. 그러므로 감히 수정하여 윤색하기를 멈추지 않으시기를 바랐습니다. 이제 쪽지에 의거하여 정돈하라는 가르침은 참으로 다행입니다.

그 중에 몇 가지 의심나는 곳이 있어서 별지(別紙)에 받들어 질정하였습니다. 자세히 깨우쳐주시는 가르침을 내려주시기를 바랍니다. 자구(字句) 간에 틀린 글자가 없지 않은 듯합니다. 그래서 사능씨의 예에 의거하여 감히 원본 종이에 표시하여 적어 두었습니다. 이는 비록 질

문의 뜻에서 나온 것이나 삼가 참람되고 망령된 죄를 범할까 송구스럽
고 불안한 마음 감당하지 못하겠습니다.

사양재가 남당의 주요한 저술 중 하나인『주자언론동이고(朱子言論同
異考)』에 대하여 검토를 하고 그에 대하여 비평, 질정, 교정을 하였음을
알 수 있다. 이 『동이고』에 대한 검토를 의뢰받은 것은 그가 의리(義理)
에 투철했기 때문인 것으로 보이며, 이 검토 작업은 이 해에 시작된
주자서 연구와 연관된다.

1736년 이후 주자의 저술에 대한 연구와 분류에 몰두하면서부터는
주자학에 대해서 정미롭게 분변해 나갔다. 그 과정을 거치면서 주자의
사상에 대한 철저한 분석과 해박한 이해를 얻게 되고, 주자에 대한 투
철하고도 순정한 존신의 태도를 갖게 되었다.

또한 주자학설과 다른 설을 편 학자들의 저술에 대하여 조목조목 변석
을 하였다. 상수파(象數派) 역학(易學)의 대가인 내지덕(來知德, 1525~
1604)의 역설(易說)에 대해 축조변론(逐條辨論)한 2책 분량의『내지덕역주
변(來知德易註辨)』이나 양신(楊愼, 1488~1559)의 경설에 대한 변론인『양
승암경설변(楊升菴經說辨)』, 고헌성(顧憲成, 1550~1612), 고반룡(高攀龍,
1562~1626)의 학설에 대한 비판인『고고유서차의(顧高遺書箚疑)』,『양계
집변(梁溪集辨)』과 같은 저술이 그것이다.

그의 『양계집변(梁溪集辨)』의 서두 일부를 살펴본다.

경전의 문자는 글자는 같아도 말뜻은 각각 가리키는 바가 있으니,
마땅히 금을 저울에서 나눌 때 저울이 멈추듯 해야 하지, 섞어 말하여
바른 뜻을 어지럽혀서는 안 된다.

'유물필유칙(有物必有則)'의 물(物)과 '격물(格物)'의 물(物)은, 가리켜서

말하는 것이 대소 원근의 차이가 있다. 유물유칙이라고 하는 것은 대개 군신이 있으면 의가 있고, 부자가 있으면 친함이 있고,……가리키는 바가 가깝고 절실하다. 격물의 물은 크게는 양의(兩儀)의 높고 깊음, 작게는 만물의 홍섬(洪纖, 넓고 가늘음), 안으로는 심성(心性) 정이(情意)의 온축, 밖으로는 윤상(倫常) 사공(事功)의 번무함을 포함하지 않음이 없으니, 가리키는 것이 멀고도 커서 견인(牽引)하여 설로 삼을 수 없다. 양계가 진실로 주자를 존신하는 자이면서 입언(立言)의 첫 구가 이미 이와 같으니 주자의 가르침에 과연 능히 십분(十分) 존신하겠는가? 본디 이동(異同)의 견해가 없으니 이는 필시 주자의 가르침에 능히 철저하게 강구하지 못하여 그러한 것이다.

읽는 것이 이 단락에 이른 연후에 비로소 양계가 비록 스스로 주자를 존신한다고는 하지만 역시 십분 존신하지 않았음을 알겠다. 주부자의 일생의 정력은 특히 대학에 있었다. 여기에 이론(異論)이 있으니 비록 말마다 주자를 믿고 일마다 주자를 법으로 삼는다하여도 주자의 순신(純臣)이라고 할 수 없다.

사양재는 방대하면서도 초만이동(初晩異同)이 있는 주자의 언설을 섭렵하고 재조직하면서 얻은 주자의 학설에 대한 정밀한 견해를 바탕으로 고반룡의 말에 나타나는 용어 사용의 불명확함, 주자 언설의 이동(異同)에 대한 강구 부족, 주자와 다른 설의 제기 등을 지적하면서, 고반룡의 학설이 주자의 설과 온전히 일치하지 않음에 대해서 비판을 가하고 있다.

이러한 철저한 분변과 아울러 사양재가 『주서분류(朱書分類)』나 『춘추원류(春秋源流)』와 같은 저술에서 추구한 것은 어지럽고 산만한 학설을 모아서 계통을 세우는 것이었으므로, 그의 학문 정신 전반에 흐르는 기조는 '파소척결(爬梳剔抉)'과 '회이통지(會而統之)'라는 두 구로 집약할 수 있다.

4) 저술

사양재는 '저술을 좋아하지 않았다'고 하나, 2백 권이 넘는 저서가 있었다. 『주자대전(朱子大全)』 및 『주자어류(朱子語類)』를 비롯한 주자 저술을 읽고서 주자의 언설 전부를 분류하여 재구성한 『朱書分類』 84책은 40여 년간 심혈을 기울인 저술로, 1776년 그가 사망하기 2년 전에야 서문이 씌어졌다.

또 "성인의 학문은 모두 『춘추』에 있지만 제가(諸家)의 주소(註疏)가 혼란스럽게 하여 도리어 본 뜻이 드러나지 못하게 했다."고 여기고서 경문 아래에 4가지 전(傳)을 쓰고 단락마다 정자와 주자의 논을 쓰거나, 혹 그들의 단안(斷案)이 없으면 자신의 안설(按說)로 대체한 『춘추원류(春秋源流)』 100여 편(篇)은 만년의 정력을 쏟은 것이었다. 그러나 이 책은 탈고되지는 못하여 손서(孫壻)에게 수정과 보완을 유언으로 남겼으나, 손서가 사망한 뒤에 도난당하였다. 고금 문장가들이 좋은 글을 쓰기 위해 거쳤던 과정과 비평한 말을 두루 수집하고 분류한 『불후방(不朽方)』 3편(篇)은 그가 애써 문장을 추구하던 시절인 20대 후반의 저술이다.

아침에 일어나서 밤에 잠자리에 들 때까지 학자들이 하루에 해야 할 일과를 서술하여 일용공부의 경책(警策)으로 삼고자 한 『하학일기(下學日課)』 3권은 본래 경암(敬菴) 이항태(李恒泰, ?~?)의 『일용지결(日用旨訣)』의 미비점을 보완하여 만든 것이다. 1727년 동지연행부사(冬至燕行副使) 이세근을 따라 동참했던 연행 체험을 기록한 『상봉록』 4권이 있었지만

전해지지 않고, 어머니를 위해서 직접 한글로 언해한 한글본『상봉녹』과
증손 강재응(姜在應)이 한글본을 다시 한문으로 번역한 한문본이 전해지
고 있다.

영조의 부마(駙馬)였던 창성도위 황인점이 주자의 글 100편을 초록해
주기를 요청하자, 이에 부응하여 엮은 주자의 산문 선집 『주문백선(朱
文百選)』 4권도 전한다.

『칠실관견(漆室管見)』은 영조 즉위 후 국정의 누적된 폐단에 대한 자신
의 개혁 방안을 피력한 것으로 그의 당대 현실 인식을 살펴 볼 수 있는
저술이다. 이 밖에도 역사 관련 저술인『사유(史腴)』10권, 상례 관련
저술인『상례보유(喪禮補遺)』1권, 현숙(賢淑)한 며느리를 위해서 부녀자
가 수양해야 할 덕목을 서술한 『부훈(婦訓)』, 상례 때 행해야 할 의식
절차를 간략하고 알기 쉽게 서술한『상례홀기(喪禮笏記)』등의 저서가 있
었지만 전하지는 않는다.

그는 약관(弱冠)에 이미 몇 권에 달하는『췌언(贅言)』이라는 시문집이
있었다. 그러나 경학과 주자학에 잠심한 뒤에는 문장에 힘을 기울이지
않아서 이전의 문집을 파기하고 글을 지으면 초고도 남기지 않았다.
그래서 자제들이 옮겨 적어 수십 권의 문집을 엮었으나, 동문의 제자에
게 도난을 당하여 남은 것이 얼마 되지 않았다. 그의 사후 손자 회환(晦
煥)이 건연(巾衍)중의 퇴지(退紙)에서 초고 몇 상자를 찾아내었다. 그 초
고는 알아보기 힘든 것이 많아서 그 중에서 식별할 수 있는 것만을 옮
겨 적고, 예전 문집 그대로 제목을 붙인 것이 지금의『췌언』이다. 그의
문집『췌언』은 본집(本集) 30권 16책, 별집(別集) 불분권 2책, 외집(外集)
인『상봉록』12권 6책으로 구성된다. 그리고 애초 초고를 수습할 때,
시는 산일되어 산문만으로 구성되어 있었다.

본집의 구성을 살펴보면, 권1은 소(疏) 6편이 실려 있다. 주로 유생들을 대신하여 청원하거나 재이(災異)에 대하여 경계할 것을 아뢴 상소문이다.

권2부터 권6까지는 서(書)로 권2는 32편, 권3은 14편, 권4는 19편, 권5는 35편, 권6은 28편이 각각 수록되어 총 126편의 편지가 실려 있다. 이 편지들은 전반적으로 작성된 시기 순으로 배열되어 있으나 시기가 불분명한 것도 있다. 초기에는 스승 남당에게 보낸 편지가 11편, 이후로는 조엄에게 보낸 편지가 12편, 이석재에게 보낸 편지가 9편으로, 벼슬길에 나아간 뒤에 교류한 인물들에게 보낸 편지가 많다.

권7에서 권10까지는 상선생문목(上先生問目)으로 주로 『대학』·『중용』·『대학혹문』·『중용혹문』 및 그 소주(小註)에 대해서 축조 분석하여 스승 남당 한원진에게 질의한 것으로 권7과 권8에는 남당의 답변이 수록되어 있다.

권11에서 권12까지는 『구정록(求正錄)』으로 『효경』·『대학』·『역학계몽』의 의심나는 곳마다 자신의 견해를 적어 질정한 것이다.

권13에서 권16까지는 잡저(雜著) 19편이 수록되어 있다. 이 가운데 권13에서 권14에 수록된 『칠실관견』은 영조 즉위 후 국정 개혁 방안을 모색한 것이며, 권16의 『과폐윤음후(科弊綸音後)』·『공거사의(貢擧私議)』는 과거의 폐단에 대한 대책을 묻는 정조의 윤음(綸音)에 자신의 견해를 밝힌 것으로 1776년 그의 나이 87세 때 작성한 글이다. 고서 1책 분량으로 『칠실관견』과 함께 그의 현실 문제 인식을 파악할 수 있는 저술이다. 권17에서 권21까지는 변(辨) 10편이 수록되어 있다. 권17에서 권18을 차지하는 『내지덕역주변(來知德易註辨)』은 명대 상수(象數)과 역학의 집대성자로 이름을 떨친 내지덕의 『주역집주(周易集註)』에 대해서 조목조목 변론(辨論)한 것이다. 그리고 권20의 『고고유서차의(顧高遺書箚疑)』, 『양계집변(梁溪集辨)』은 명대 고헌성과 고반룡의 저술에 대해서 의심나는 부분을 차록하여 변론한 것이고, 권21의 『양승암신경설변(楊升菴愼經說辨)』은 명대 양신의 『승암집(升菴集)』에 나오는 경설에 대해서 변론한 것이다. 『수암서원유생금오일무욕사문통문변(遯巖書院儒生金五一誣辱師門通文辨)』은 남당이 수암 권상하의 행장을 지은 뒤에 행장의 문구 때문에 논란에 휩싸이자 남당을 옹호하여 변론한 것이며, 『조남명정당매시변(趙南冥政堂梅詩辨)』·『취죽공피무변(醉竹公被誣辨)』은 자신의 조상에 대해서 변무(辨誣)한 글이다.

권22는 서(序)가 25편으로 책에 대한 서문과 송서(送序)가 주를 이룬다. 권23에서 권24는 기(記)가 9편, 발(跋)이 24편, 잠(箴)이 2편, 명(銘)이 3편이다. 기는 인물의 당호에 대한 기문이 많고, 발은 시, 서책, 그림, 필적, 지도 등에 대한 발문이다. 권25에서 권27에는 제문(祭文)이 42편 수록되어 있다. 대개 족숙, 형, 스승, 벗, 제자, 자식 등에 대한 제문이다. 권28은 전(傳) 2편이 수록되어 있다. 그 중에서 『강홍립전(姜弘立傳)』은 이여우(李汝愚, 1602~1665)가 지은 강홍립(1560~1627)의 전을 얻게 되어 여기에 약간의 첨삭 수정을 하고 자신의 사론(史論)을 덧붙인 것이다. 권29에서 권30은 행장(行狀) 7편, 묘지(墓誌) 3편이 수록되어 있다. 그 중에서 부친의 행장 『선군자오아재부군행장(先君子螯啞齋府君行狀)』과 모친의 행장 『선모행장(先母行狀)』은 분량이 상당히 많은 편이다.

별집은 차의(箚疑) 변(辨)으로 구성되어 있다. 별집의 『한천대학강설차의(寒泉大學講說箚疑)』·『한천중용강설차의(寒泉中庸講說箚疑)』·『포음집차의(圃陰集箚疑)』는 도암(陶庵) 이재(李縡, 1680~1746)와 포음(圃陰) 김창집(金昌緝, 1662~1713)의 경학 저술에 대한 변석과 차의이다. 한편, 외

집은 사양재의 증손인 재응(在應)이 언해본『상봉녹』을 다시 한문으로
번역하고 새로이 수습(收拾)한 연행록 관련 문헌을 덧붙인 것이다. 이
『상봉녹』은 사양재가 어머니를 위하여 1727년에서 그 이듬해까지의 연
행기록인 한문본『상봉록(桑蓬錄)』원본을 한글로 언해(諺解)한 것이다.
사양재는 당시 식자들 사이에서 '기재(記載)의 상밀(詳密)함과 의론(議
論)의 정확(正確)함'으로 인하여 연행록의 으뜸으로 추앙 받은 한문본
『상봉록(桑蓬錄)』원본은, 1737년 동지부사로 연행에 동참하였다가 그
이듬해 이역(異域)에서 객사한 김용경이 빌려가기도 하였다. 그 후 사
양재의 친구 정수연(鄭壽延)이 빌려갔는데, 무슨 이유인지는 분명치 않
으나 돌려받지 못했다.

그 뒤 사양재의 증손 강재응이 십수년에 걸쳐 언해본『상봉녹』을 한
문으로 재번역한 것이 현재의 한문본『상봉록』12권 6책이다. 그리고
애초의『상봉록』원본은 4권이었고, 제1권은 우리나라의 산유기(山遊
記)였다. 그리고 새로『상봉록』을 엮을 때 고지(古紙)에서 사양재의『사
군산수기(四郡山水記)』1축(軸)을 발견하여 등사(謄寫)한 뒤 제12권으로
삼았고, 그 밖에 사양재의 연행시와 연행때 교유했던 정환(程瑍)과 백
수채(白受采)에게 보낸 편지 및 정환의 답장 단편 등 퇴지(退紙)에서 수
습한 연행과 관련된 글을 11권에 옮겨 적었다.

그리고 언해본『상봉녹』은 사양재의 고손자 강원회(姜源會) 때 고모
댁에 빌려 주었다가 화재로 인하여 제1권이 소실되고 현재는 나머지
제2, 제3권만이 남아 모두 2권 2책만이 전해진 것이다.

2. 연행 개요

1) 상봉록의 어원과 이력

상봉이라는 말은 상호봉시(桑弧蓬矢)에서 나온 말로 뽕나무로 만든 활로 쑥대로 만든 화살을 천지 사방에 쏘아 올려 왕세자의 탄생을 축하하는 일을 지칭하고 고대 중국에서 남자를 낳으면 뽕나무로 만든 활과 쑥대로 만든 화살로 천지사방에 쏘아서 성공을 축원한 풍속이 있었는데『예기(禮記)』「내측(內則)」편에서는 이를 반영하여 국왕의 세자가 탄생하면 치르는 중요한 의식으로 규정했고 이후에 남자가 큰 뜻을 세움을 비유하는 말로도 쓰이게 되었으며 일명 상봉지지(桑蓬之志)라 하는데 사양재 강호보는 자신의 연행록을 상봉록(桑蓬錄)이라는 어휘로 명명하였다.

사양재 강호보는 부사 호조참판 이세근(사양재 선친 오아재공의 문인)의 자제군관 자격으로 38세때 사은겸동지사의 일원으로 연행(북경)을 다녀온 후 한문본『상봉록』을 편찬하였고 14년이 지나 모친을 위해 다시 한글로 번역한 언해본『상봉녹』이 있었으나 한문본은 친구 정수연 군수가 빌려가 반납이 안되어 없어졌고, 증손인 강재응이 언해본을 다시 한문으로 변역하고 사양재의 국내 여행기인「사군산수기(四郡山水記)」, 선비인 정환, 백수채와의 서신과 연행시 쓴 시 26수, 천주교 등에 대한 강재응의 의론을 덧붙여 번역한 지금의 한문본이 12권 6책이 있으며 한문본『상봉록』의 목차는 다음과 같다.

1책 상봉록 : 예(禮)

사양재외집상봉록(四養齋外集桑蓬錄) 권1:
  1727(영조3) 10월 24일~12월 2일

사양재외집상봉록(四養齋外集桑蓬錄) 권2:
  1727(영조3) 12월 3일~12월 10일

2책 상봉록 : 악(樂)

사양재외집상봉록(四養齋外集桑蓬錄) 권3:
  1727(영조3) 12월 11일~12월 18일

사양재외집상봉록(四養齋外集桑蓬錄) 권4:
  1727(영조3) 12월 19일~12월 20일

3책 상봉록 : 사(射)

사양재외집상봉록(四養齋外集桑蓬錄) 권5:
  1727(영조3) 12월 21일~12월 25일

사양재외집상봉록(四養齋外集桑蓬錄) 권6:
  1727(영조3) 12월 26일~12월 28일

4책 상봉록 : 어(御)

사양재외집상봉록(四養齋外集桑蓬錄) 권7:
  1727(영조3) 12월 29일~12월 30일

사양재외집상봉록(四養齋外集桑蓬錄) 권8:
  1728(영조4) 1월 1일~1월 30일

5책 상봉록 : 서(書)

사양재외집상봉록(四養齋外集桑蓬錄) 권9:
  1728(영조4) 2월 1일~2월 29일

사양재외집상봉록(四養齋外集桑蓬錄) 권10:
  1728(영조4) 3월 1일~3월25일

6책 상봉록 : 수(數)
사양재외집상봉록(四養齋外集桑蓬錄) 권11:
  1728(영조4) 3월 26일~4월 8일
시(詩): 26수
연행 다녀온 10년 후에 까지 나눈 청 선비 정환과 백수채와 서신

사양재외집상봉록(四養齋外集桑蓬錄) 권12
사군산수기(四郡山水記): 청풍(淸風)·단양(丹陽)·제천(堤川)·영춘(永春)

『상봉록』한문본과 언해본 모두는 연세대학교 도서관에 소장되어 있으며, 본서는 국가 논문 전문사이트인 riss.kr에 등재하여 무료로 다운받아 열람할 수 있게 했다.

2) 연행 거리

사양재 기록: 6,500여 리= 3,700Km (평택 팽성읍 함정리 선마을에서 왕복) (영조척 1리= 576m로 환산)

3) 압록강에서 북경까지 연행 기록 비교

1712년 김창업(55세)   - 32일. 『연행일기』
1727년 사양재 강호보(38세) - 32일. 한문본 『상봉록(桑蓬錄)』
1742년 사양재 강호보(52세) - 모친을 위해 14년만에 한문본

『상봉록 (桑蓬錄)』을 언해본『상봉녹』로 번역.

1765년 홍대용(35세)   – 31일.『을병연행록』

1780년 박지원(43세)   – 37일.『열하일기』

4) 사양재 강호보의 연행경로

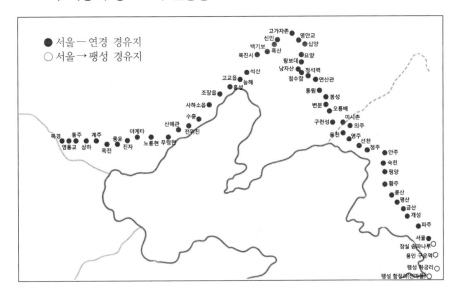

5) 연행 여정 구간간 거리 기록 (의주에서 북경까지)

義州→鴨綠江渡江→(24리)九連城→(8리)溫井坪→(13리)葱秀山→
(12리)孔巖→(10리)柵門→(10리)舊柵門→(10리)鳳凰山→(10리)乾者
浦→(10리)伯顔洞→(10리)松站→(2리)三叉河, 小長嶺→(수리)瓮北
河→(5리)大長嶺→(10리)八渡河→(29리)通遠堡→(15리)畓洞→(20
리)分水嶺→(7리)大·小高家嶺1→(3리)連山關→(수리)細河→(10리)
會寧嶺→(3리)甜水站→(15리)靑石嶺→(2리)小石嶺→(19리) 狼子山,

王祥嶺 → (3리)石門嶺 → (5리)冷井 → (15리)華表柱, 太子河 → (15리)舊遼洞, 新遼東 → (18리)爛泥鋪 → (10리)烟臺河 → (5리)山腰浦 → (5리)五里臺 → (10리)十里堡 → (5리)板橋堡 → (15리)沙河堡 → (12리)白塔堡 → (10리)弘花堡 → (1리)混河 → (6~7리)瀋陽 → (4~5리)萬壽寺 → (8리)壯元橋 → (14리)永安橋 → (5리)大方身 → (5리)磨刀橋 → (23리)神農店 → (13리)孤家子 → (8리)周流河 → (8+7리)小·大黃旗堡 → (10리)蘆口河 → (20리)古城子 → (25리)白旗堡: → (10여리)小白旗堡 → (40리)二道井 → (8리)寂隱寺 → (21리)土子亭 → (15리)烟臺 → (5리)小黑山 → (12리)羊腸河 → (18리)中安堡 → (18리)北鎮廟 → 新廣寧 → (12리)雙河 → (2리)常興店 → (18리)閭陽驛 → (10리)二臺子 三臺子, 四臺子, 五臺子, 六臺子 → (6리)十三山 → (14리)大凌河 → (4리)大凌河店 → (10리)四同碑 → (10리)雙陽站 → (3리)小凌河 → (17리)松山堡 → (18리)杏山堡 → (10리)十里河 → (6리)高橋堡 → (12리)塔山, 塔山店 → (5리)朱柳河 → (10리)連山驛 → (4리)五里河 → (6리)長春橋 → (3리)雙石城 → (수리)溫井 → (5리)永寧城 → (5리)靑墩臺 → (6리)曹庄驛 → (7리)五里橋 → (8리)沙河所 → (7리)望海店 → (15리)二臺子, 三臺子 → (16리)沙河站, 板橋店, 葉家墳屯 → (3리)魚河橋 → (9리)兩水河 → (5리)王家庄 → (3리)貞女廟 → (6리)山海關 → (10리)澄海樓 → (10리)沈河 → (7리)紅河店 → (20리)范家店 → (10리)大理店 → (5리)鳳凰店 → (5리)望海店 → (10리)深河堡 → (11리)網河店 → (10리)榆關店 → (3리)塋家庄 → (3리)吳宮塋 → (9리)撫寧縣 → (2리)羊河 → (5리)五里堡 → (5리)背陰堡 → (5리)要站 → (13리)盧龍縣 → (2리)十八里堡 → (13리)驢槽村 → (3리)漏澤園 → (2리)永平府 → (4리)灤河 → (17리)孤竹城 → (20리)安河店 → (12리)野鷄屯 → (8리)沙河堡 → (12리)沙河驛 → (15리)七家嶺 → (5리)新店 → (5리)乾河 → (5

리)扛牛橋 → (7리)靑龍橋 → (1리)榛子店 → (20리)鐵城坎 → (1리)小鈴河 → (7리)板橋 → (25리)豊潤縣 → (2리)趙家庄 → (1리)渙沙橋 → (4리)盧家庄 → (7리)高麗堡 → (1리)草里庄 → (10리)軟鷄堡 → (2리)茶柵庵 → (12리)流沙河 → (10리)兩水橋 → (5리)兩家店 → (18리)龍池庵 → (7리)玉田城 → (8리)八里堡 → (8리)彩亭橋 → (19리)蜂山店 → (2리)螺山店 → (28리)薊州 → (5리)五里橋 → (7리)徐家庄 → (8리)孫家庄 → (2리)邦均店 → (11리)白澗店 → (15리)淳沱河 → (5리)三河縣 → (0.5리)鮑口河 → (6리)棗林庄 → (12리)白浮店 → (6리)皇親店 → (6리)夏店 → (6리)柳夏屯 → (7리)馬已鋪 → (5리)烟郊堡 → (5리)三家庄 → (3리)鄧家庄 → (4리)胡家庄 → (3)習家庄 → (2리)白河, 通州 → (7~8리)太平橋 → (8리)八里橋 → (10여리)大王庄 → (6리)紅門 → (18리)彌勒院 → (2리)新橋 → (1리)朝陽門 간위후동(乾魚衚衕, 干魚胡同)

6) 연행 일정 소략(팽성 함정리 선마을)

1727년	11월 05일	모화관/고양출발
	11월 27일	개성-의주-구련성-요양-심양-북진묘-산해관-북경
	12월 28일	북경 조양문 간위후동(干魚胡同)(숙소)
1728년	04월 04일	북경-산해관-북진묘-심양-요양-구련성-의주-한양
	04월 08일	잠실-수원 구운역-하궁리-객사리-함정리 선마을

7) 연행 규모

상사 : 낙창군 이당(李檔)

부사 : 호조판서 이세근(李世瑾)

서장관 : 사복시정겸집의 강필경(姜必慶)

일행 : 641명 말 535필(역마, 사지마, 의주쇄마 포함)

사양재는 이세근(사양재 강호보 부친인 오아재 강석규 문인)의 권유로 자제군관 자격으로 따라감.

8) 북경 숙소

(1) 『桑蓬錄』 기록

「상봉록」 12월 28일조에 숙소 위치를 짐작할 수 있는 기록이 있다.

"(조양문을 들어선 뒤) 7,8리를 가서 '간어후동(乾魚衚衕)'이라는 골목에 새로 정한 관으로 드니 이 집이 옛 광동총독(廣東總督) 벼슬을 하던 만주인 만비(□□)의 집이더니 죄 있어 그 집을 적몰하여 나라 집이 되었다 하니" … 중략 … "우리 사행이 옛적에는 옥하관(玉河館)에 들더니 대비달자 백여 인이 시방 먼저 와 들었는지라, 들으니 대비달자(大鼻㺚子)가 상년(上年) 부터 은을 예부에 받치고 옥화관을 크게 중수하여 고치고" … 중략 …

"우리 사행이 거년(去年)부터 관은 이 집으로 옮겨 정했다 하더라."

(2) "간어후동(乾魚衚衕)'이라는 골목"은 지금의 어느 골목인가?

중국 포털 바이두백과(百度百科)의 '간위호동(甘雨胡同)' 조에 따르면 '간어후동(乾魚衚衕)'은 현재의 '간위호동(甘雨胡同)'이다. 이는 『상봉록』

의 기록으로도 확인할 수 있다.

① '간어후동(乾魚衚衕)'은 조양문을 들어선 뒤 7, 8리에 있었다.(12월
28일)
② 예부는 관소에서 5 리에 있었다. (12월 29일)
③ 숙소를 나와서 동창문과 동화문을 통과하여 조참(朝參)에 참여하러
갔다.
(정월 초하루)
④ "서양인이 새로 천주당을 경영하되 우리가 든 우(寓)에서 심히 가까
운지라"(1월 22일)

이를 종합해 볼 때, 새로 경영하던 천주당과 동화문에서 가까우며
예부와 5리(2.5킬로미터) 떨어져 있던 '간어후동(乾魚衚衕)'[1]은 '간위호동
(甘雨胡同)'이 틀림없다. '간어후동(乾魚衚衕)'은 선통제(宣統帝) 때에 '간
위호동(甘雨胡同)'으로 개명했다. 간위(甘雨)는 '단비'라는 뜻으로 비가
잘 내리지 않아 건조한 베이징 사람들의 염원이 담긴 쪽으로 골목 이름
이 바뀐 것이다. '乾魚衚衕'은 '건어호동'으로 써야 할 것이나 언해본
「상봉록」에 '간어후동'으로 표기된 것은 사양재 연행 당시 현지에서 들
었던 발음을 살려서 쓴 것으로 볼 수 있겠다.
「상봉록」에 나오는 '천주당'은 동천주당(약칭 東堂)을 가리킨 것으로
'간위후동(甘雨衚衕)'의 서쪽끝에 있고 ③의 '동화문'은 '간위호동' 서쪽
에 있으며 ②의 예부가 있던 지점은 천안문광장 동남쪽, 현재의 국가박
물관 서남쪽 구역에 해당하는바 '간위후동'에서 5리(약 2.5km) 정도의

---

1 '간어후동(乾魚衚衕)'의 간자체가 '간어호동(干魚胡同)'이다.

거리에 있다.

(3) 박지원의 착오

박지원의 「열하일기」 8월 1일자 기록에도 다음과 같은 내용이 들어 있다. "순치(順治) 초년에 조선 사신의 사관을 옥하(玉河) 서쪽 기슭에다 세우고 옥하관(玉河館)이라 일컬었는데, 그 뒤에 악라사(鄂羅斯)가 점령한 바 되었다. 악라사는 이른바 대비달자(大鼻㺚子)인데 하도 사나우므로 청인도 그들을 누를 길이 없어서, 할 수 없이 회동관(會同館)을 간어호동(乾魚衚衕)에다 세우니, 이는 곧 도통(都統) 만비(滿조)의 집이었다." 그러나 박지원은 북경의 사관을 설명한 「조선관(朝鮮館)」이라는 별도 자료에서 간어호동의 위치를 "정양문 안 동쪽 성벽 아래"에 있는 골목이라고 잘못 기술하고, 남관(南館)이 그곳에 있다고 혼동을 했다. 실제로 남관에 머물렀던 홍대용(1765)과 이덕무(1788) 등은 다 자신들이 머물렀던 관소의 위치에 관해 대단히 자세한 기록을 남겼음에도 불구하고 '간어호동'이라는 골목 이름은 한 번도 언급한 바가 없다. 그 때문에 박지원이 '간어호동'에 관해 잘못 알고 있었던 것이 아닌가 하는 막연한 의문을 가지고 있었는데, 마침 사양재의 『상봉록』을 보니 박지원의 착오를 확실하게 알 수 있다.

9) 북경 활동 및 외출 동선

사양재는 '부사 영공 드신 방이 서장관이 있는 방과 같이 다만 한 칸 떨어졌는데 유관(留館) 40일에 마침내 한번도 가 찾지 않으시고 홀로 나(사양재)와 함께 서책을 살펴보고 문자를 초록하며 날을 보내며 문을 닫고 자취를 끊으니 사람들이 완고하다 하였는데 영공이 또한 고치지 않는다'고 썼듯이 사양재는 12월 28일 북경에 입성한 뒤 이듬해 2월 22일 귀국길에 오르기까지 북경에 체류한 55일 중 숙소를 나와 외출한 일수는 6일이었다. 사양재의 일자별 외출 동선은 다음과 같다.

① 12월 29일 : 예부에 자문 전달및 홍노시 예행연습(공식행사)후 천주당 구경

관소 → 동안문 앞 → 황성 동남쪽 담장 → 황성 동남각(東南角) → 장안 좌문(長安左門) 앞 → 예부 → 홍노시 → 태청문(지금의 모택동기념관)과 정양문 사이 → 남천주당 → 관소

② 1월 1일 : 자금성 조참(공식행사) 참여

관소 → 동창문(東廠門) → 동화문 앞 → 궐 좌문(闕左門) → 오문(午門), 오봉문(五鳳門) 남쪽 서조방(西朝房) 처마 밑 → 오문 → 금수교(金水橋) → 정도문(貞度門) → 태화전(太和殿) 앞뜰서편 구품석(九品席) 앞 → 동화문 → 관소

③ 1월 22일 : 부사의 심부름

관소 → 동천주당(東堂) → 관소

④ 2월 6일 : 황실에 방물을 바치는 날 역관을 따라 동화문 안쪽을 구경

관소 → 동화문 안 → 전성문(前星門, 지금의 三座門) → '동익문'(左門翼) → (돌아서서) → 체인각(体仁閣)뒤 종이 창고('곳집') → 구감(狗監) → 동화문 → 관소

⑤ 2월 20일 : 오문 앞에서의 상사(賞賜)를 수령하는 공식행사 참여

관소 → 동화문 밖 → 오문('오봉문') 앞 → 궐우문(闕右門, '우익문') 서쪽 사직문(社稷門) → 오문 백보 앞(賞賜) → 단문(端門) → 천안문 → 장안 좌문(사양재는 '동화문'으로 잘못 기록) → 예부(上馬宴) → 옥하관 → 관소

⑥ 2월 21일 : 영정문밖으로 물을 길러 가는 하인들을 인솔하는 명목으로 외출

관소 → 정양문 → 정양문 앞 번화가 → 천단(天壇)의 서문 앞 큰길 → 영정문(永定門) → 관소

사양재의 북경 동선을 종합해보면 6일의 외출 중 절반에 해당하는 3일은 정관(正官) 30인의 일원으로 공식행사에 참여한 기회였으며, 그 밖에 1회는 황실에 방물을 납입하던 날 역관을 따라 동화문 안쪽을 잠시 들어가 구경을 한 것, 1회는 부사의 심부름으로 숙소 근처의 동천주당을 한 번 다녀 온 것, 나머지 1회는 본인 스스로 부사의 허락을 얻어 정양문 밖을 한번 나가본 것이 전부다.

사양재의 북경 외출은 연행을 한 자제군관들 중 외출 일수가 가장 적은 경우에 해당하는 바, 사양재보다 15년 앞서서 연행을 했던 김창업도 47일간의 북경 체류기간 중 외출 일수는 14일에 이르렀다.

정월 초하루 조참에 김창업(1713)과 홍대용(1766)은 다 정관 30인에 포함되지 않기 때문에 오문 앞까지만 가고 멈추고 말았으나, 사양재는 30인 정관 명단에 포함되어 있었기 때문에 태화전 앞뜰까지 들어가 조참에 참여하고, 나중에 황실에서 주는 상사(賞賜)도 직접 수령했다. 그러나 황실에 방물을 바치는 날 김창업 홍대용 등은 다 태화전 주변의 여러 곳을 구경했으나 사양재는 당일 규제가 엄격하여 '동익문'(左門翼)을 넘어서지 못하고 동화문 안쪽 전성문 주변만을 구경하는데 그쳤다.

『상봉록』에 부사의 초상화를 의뢰하려고 했던 서양인 화가는 "성이 낭가라 하였다. 서양인 성낭운(西洋人姓浪云)"으로 기록되어 있는데, 당시 동당의 벽화를 그린 화가는 이탈리아 출신 신부인 쥬세페 카스틸리

오네[Giuseppe Castiglione, 중국이름 낭세녕(郞世寧), 1688~1766]였다. 『상봉록』의 '낭(浪)'은 중국어 '郞(lang)'을 옮긴 것으로 추정된다. 카스틸리오네는 강희 옹정 건륭 3대에 걸쳐 궁정화가로 활약하며 많은 걸작을 남겼으며 중국미술사에 큰 획을 그은 인물이다. 유명한 〈건륭대열도(乾隆大閱圖)〉, 〈백준도(百駿圖)〉, 〈백자도(百子圖)〉 등도 다 그의 작품이다. 그러나 현재의 동당은 1900년의 의화단사건 이후 다시 세워진 건물로서 카스틸리오네가 그린 벽화(성화)들은 남아있지 않다.

사양재의 자발적인 외출은 하인들이 물을 길러 갈 때 그들을 인솔하는 명분으로 정양문 밖을 나가본 단 한번뿐이었다.

그나마 북경을 출발하기 이틀 전에 부사에게 거듭 간청하여 겨우 허락을 얻은 외출로서 사양재의 외출 일수가 의외로 적은 것은 부사 이세근(李世瑾)과 서책을 살펴보고 문자를 초록하며 문을 닫고 답답히 갇혀 날을 보내서였으며 그로인해 연행일기에 의론을 많이 남긴 것 같다.

'북경의 명승지[勝蹟]들을 마음껏 둘러보지 못한' 사양재는 북경을 떠나 귀국길에 오르던 날 "석 달을 문을 닫고 갇히듯이 하였다가 문득 이발(離發)하니 또 머리를 돌려 창연함을 이기지 못한다."고 술회했다. 그만큼 사양재의 북경 체류는 답답한 나날이었다.

또한 북경을 떠나는 1728년 2월 22일조에 '돌아오는 길이 너무 기뻤지만 그러면서도 세 가지 한스러움이 … 중략 … 첫째는 겨우 옛 연나라 경계를 밟고 북경의 일부에 그치고, 한위(漢魏) 땅을 넘어 장안 낙양 같은 가려(佳麗)한 강남 같은 곳에 가 마음과 가슴을 크게 드러내지 못한 점, 둘째 최치원과 목은 이색처럼 중국에서 높은 과거를 보고 비단옷을 입고 우리나라에 빛나 들어오지 못한 점, 셋째 명나라 때에 태어나지 못해 백사 이항복과 간이 최립을 따라와 눈으로 천조(天朝) 예약문물을

구경하고 안목을 씻고 문장을 키우지 못한 점이라고 부앙개탄하여 눈
가에 눈물이···'라고 술회한다.

3. 『상봉녹』 이야기

　본서는 사양재의 언해본 『상봉녹』을 번역한 것인데 권1은 고손자 강
원회(姜源會)의 서문에 기록된 것처럼 화재로 소실되어 전하지 않아 권
2, 권3인 1727년 12월 19일부터 1728년 4월 8일까지의 일정을 기록한
것이다. 또한 그 내용은 선문대 박재연·이재홍·이상덕이 교주한 『상
봉녹』을 기반으로 일반인들에게도 읽기에 어려움이 없도록 현대 우리
말로 쉽게 번역을 보완하면서 또한 연행로와 유적 풍광등을 여러 차례
답사하신 이보근 선생님의 사진자료를 삽화하여 시공을 떠나 사양재
옆에서 이야기를 보고 듣는 듯하기 위해 시도한 것이다.

언해본 『상봉녹』 서문

연행록 언해본 『상봉녹』 필사본 서문

이 상봉녹은 우리 고됴부 ᄉᆞ양지공이 연힝ᄒᆞ야 겨오실ᄃᆡ의 즁국 산쳔이
며 풍속을 련노의 피곤ᄒᆞ시믈 이즈시고 ᄃᆡ부인긔 보시미 ᄒᆞ랴고 ᄌᆞ셔이
낫낫 긔록ᄒᆞ신 칙이라. ᄌᆞ손드리 ᄎᆞᄎᆞ 젼ᄒᆞ야 ᄂᆞ려오더니 니희미ᄃᆡ 고모긔
셔 만리의 ᄯᅩ ᄒᆞᆫ번 보깃노라 보ᄂᆡ라 ᄒᆞ시기 보ᄂᆡ엿더니 그 집의 화ᄌᆡ를

만느 회록 즁의 초권이 그 속의 드러 소멸ᄒ니 다른 칙과 다르니 치울
수도 업고 다시는 ᄌ손드리 초권은 못보기시니 마음의 억싴ᄒ고 감창ᄒ기
억졔키 어렵다 이 두 권이나 잘 간수ᄒ야 업셔지지 아니케 ᄒ야라

　　　　　　　　　　　무슐 지월 염구일 불초 현손 원회 근셔

〈서문 번역〉

이 언해본『상봉녹』은 우리 고조부 사양재(四養齋) 공께서 연행하여
계실 때 중국의 산천과 풍속들에 대해 연로의 피곤함도 잊으신 채 모친
께서 읽어 보시도록 자세하게 낱낱이 기록하신 책이다.

자손들이 차차 전해 내려오고 있었는데, 이해미댁[2] 고모께서 늘그막
에 또 한번 보고 싶으니 보내달라고 하시기에『상봉녹』을 보내드렸다.
그런데 그 집에 화재가 나서『상봉녹』중 첫 권이 화재 속에서 타 소멸
했다. 다른 책들과는 달라서 내용을 채워 넣을 수도 없고, 다시는 자손
들이 첫 권을 못보게 되었으니 갑갑하고 슬픈 마음을 억누르기 어렵다.

나머지 두 권은 잘 간수하여 잃지 않도록 해야 한다.

무술년(1898) 10월 9일 사양재 고손자 원회(源會)가 삼가 서문을 쓰다.

---

2 이해미댁 고모 : 강원회의 고모. 즉 생부 강재완의 누이 혹은 누이 동생 중 셋째인 막내
　고모가 전주이씨 명구에게 시집갔으며(1963년『진주강씨 세보(일명 연천보)』기록), 이
　명구는 완산(전주) 이씨로 1867년(정묘) 12월에 해미현감으로 부임했으며(한국역대인물
　종합정보시스템), 그로 인해 이해미댁 고모로 부른다.

『상봉녹』 이야기

본서는 사양재의 언해본『상봉녹』을 번역한 것인데, 권1은 고손자 강원회(姜源會)의 서문에 기록된 것처럼 화재로 소실되어 전하지 않아 권2, 권3인 1727년 12월 19일부터 1728년 4월 8일까지의 일정을 기록한 것이다.

언해본『상봉녹』권2

▌한문본『상봉록』권4

• 1727년 12월 19일 경자일 맑음

[1a] 오늘 산해관(山海關)에 들르려 하는데 관문(關門)에 들어가기가 책문에 들 때와 같으니 마땅히 일찍 도달해야 곤궁치 않을 것이고, 또한 지나는 길에 정녀묘(貞女廟)를 보려고 밤이 반(半)은 지나 일어나 행장을 재촉하여 떠났는데 달이 바야흐로 낮과 같았다.

일기가 따스하여 손을 드러내도 찬 줄을 깨닫지 못하였다. 6리를 가서 보도사(普渡寺)란 절을 지나고, 또 2리를 가서 전둔위(前屯衛)를 지나니, 점집이 좌우로 반 리(里)나 서 있다.

길 오른편엔 폐허가 된 성이 있는데 둘레가 5리이고, 대명(大明) 태조(太祖) 홍무(洪武) 기묘년(己卯年)에 도지휘(都指揮) 조의(曹□)가 옛 터에 쌓고, 동문을 건례(建禮), 남문은 영은(□□), 서문은 무녕(□□)이라 한

다. 마을에 포병(鋪兵)을 두었다. 길 오른편에 돌이 두어 개 있는데 밤
중이라 가히 분별하지 못하였다. 전둔위는 바로 옛 대정노서주(大定潞
西州) 땅인데, 노나라 때 중경(中京)이 되었고, 원나라 때는 대정중경(大
定中京) 땅이고, 금나라 때는 귀덕군(貴德郡)이란 땅이 되었다.

큰 산(鉅山)이 있어 서(西)로 산해관에 접하여 와 전둔위 동북편을 둘
러쌓아 바로 삼산(三山)이니, 세상에서 삼산정(三山□)이라 부른다. 이
곳부터 돌이 많은데, 돌 가운데를 따라가서 작은 냇가를 건너니, 이 내
가 여름 장마가 지면 물이 불어 넘쳐 큰 바다가 되어 흙이 다 파여 근처
에 돌이 많은 것이다.

또 10리를 가서 왕가대촌(王家臺村)을 지나니 집이 [1b] 수십 호가 있
다. 또 5리를 지나 왕제구(王濟溝)를 지나니 가게(舖子)집과 조□□이 수
십 호였다. 또 5리를 지나 고녕역(高寧驛)을 지나고 또 20리를 가서 송
녕□(松嶺□)와 소송령(小松嶺)을 지나 중전소에 도착해 아침을 먹었다.

주위에 폐허가 된 성이 있어 둘레가 3리인데, 대명(大明) 선덕(宣德)
3년에 지휘(指揮) 섭흥(葉興)이 쌓은 것이니 동문은 정원(□□)이고 서문
은 영망(□□)이다. 관원은 성수좌령(城守佐領) 1명, 효기교(驍騎校) 1명,
필첩식(筆帖式, 글을 쓰는 관리) 1명이 있었다.

정환(程瑍)이 와서 필묵(筆墨)을 찾아 써보이며 말하기를

"금일 오는 길에 해가 바야흐로 떴는데 달이 오히려 떨어지지 않음을
보고 우연히 느끼는 바가 있어 글 한 짝을 얻었는데, 그 대귀(對句)를
얻지 못하였으니 감히 선생께 대를 맞춰주기를 청합니다."
하면서,

"해와 달 두 바퀴는 하늘과 땅의 눈이로다."
라고 써 보이기에, 내가 즉시 짝을 맞춰

"시(詩)와 서(書) 일만 권은 성현의 마음이로다."
라고 써 보이고,

"이 글 두 짝은 자양부자(紫陽夫子, 주자를 자양이라 호칭함)가 일찍이
손수 쓰시어 벽에 붙여 거시던 것인데 당신은 내가 배운 것 없이 고루
하여 모를까봐 이것으로 시험하려는 것입니까?"
하니 정환이 웃고 말하길

"감히 그러려는 것이 아니고, 어찌 선생께서 주자시를 모르실까봐
부질없이 이것으로 시험하겠습니까? 다만 눈앞에 바로 보이는 경치로
그 대귀를 구한 것입니다."

내가 즉시 또 응해 답하길

"구름과 연기 일백 형태는 바다와 산의 낯이로다."
하였더니 정환이 머리를 끄덕이고 또 말하되 [2a]

"제 형이 같이 오다가 또 글 한 짝을 얻었는데 그 대를 맞춰주십시오."
하며 써서 말하길,

"붉은 해가 흰 달에 비추었으니 음양이 서로 짝하였다."
하여 내가 즉시 대답하기를

"제가 문장이 부족하니 청하건데 일(日)과 월(月) 두 글자를 합하여
대답해도 되겠습니까?"
라고 하고 종이 윗부분에 '대(大)' 자와 '명(明)' 자의 두 글자를 크게 써
서 보여 주었다.

대체로 내가 늘 대명(大明)을 잊지 못한다는 마음을 대략 보여주고
그 기색을 보려 하였는데 계기가 없어 표현하지 못했다. 절호의 기회가
없어 입안에 맴돌기만 하고 입 밖에 내지 못하고 있었는데 마침 정환이
'일(日)'과 '월(月)'을 읊어 대를 청하기에 내가 곧 '일(日)'과 '월(月)'을 합

쳐 한 글자를 만들어 대답할 때 그 위에 '대(大)' 자를 더했고 또 특별히 종이 윗부분에 크게 써서 나의 마음을 보여 주었다. 그런데 정환이 그 뜻을 알아채고 즉시 붓을 잡아 '대명(大明)' 두 글자를 먹으로 지워 알아보지 못하게 한 후 멈추고 말하였다.

"저는 반드시 존자(尊者, 당신)가 아홉 글자로 대를 맞추게 한 것인데 존자(尊者)가 문장을 잘못한다고 핑계대고 다만 놀리는 말로써 희롱하니 이는 저와 함께 수작하려고 하지 않는 것입니다. 이 때문에 저는 존자(尊者)와 더불어 얘기할 필요가 없다고 생각하니 청컨대 물러가겠습니다."

라고 하며 정환이가 일어서려 하였는데, 아마도 정환이 '대명(大明)' 두 글자를 지울 때 시선 너머 건너편에 서있던 오랑캐들을 자주 살피며 먹으로 지워 알아보지 못하게 하려고 한 뜻은 다른 오랑캐들이 곁에서 보는 자가 내 뜻을 알고 [2b] 나에게 노하거나 위협할까봐 하는 것이고, 하직하고 물러나려는 것은 웃거나 울거나 감히 못하고 말하기 어려워하는 의사이며, 내 옥장(玉章, 정환)이 오랑캐 옷을 입은 줄을 몰랐다. 그래서 정환이의 옷을 잡아 앉히고 사례하는 말로

"선생이 이미 나의 뜻을 알았는데 낸들 어찌 선생의 뜻을 모르겠소? 마음은 서로 아는 것이 귀하고 말은 다 뽑지 않는 것이 좋으니, 그만두고 다시 말하지 않겠습니다. 선생이 이미 대귀(對句)를 찾았으니 형편없는 글로 대귀를 잇겠습니다."

즉시 써 보이기를

"푸른 산이 푸른 물을 옆에 임(臨)하였으니 아양(峨洋)은 누가 연주할꼬?"
하니 정환이 비록 중원사람이고 대현(大賢) 자손인데 머리를 깎고 오랑캐 백성이 되었지만 내가 그를 혐의롭게 여겨 눈앞에 보이는 것만으로 마음속

지기지의(知己之意)가 아니라는 뜻을 희미하게 비쳤더니 정환이 입으로 세 번 읊고 턱을 두 번 끄덕이고 말하기를

"뜻이 있도다 글귀여, 뜻이 있도다 글귀여. 선생님은 가히 말을 넌지시 돌려 깨우치게 하기를 잘하십니다."

하며 즉시 떠나며 말하기를

"길이 급하고 바쁘시니 청컨데 산해관에 이르러 다시 가르침을 받들겠습니다."

하였다. 내가

"당신 성(城)에 이르거든 모름지기 빌건데, 서로 찾읍시다."

라고 대답했더니 정환이가

"그리하겠습니다."

라고 말했다.

또 10리를 가서 양수호(兩水湖)를 건넜는데 두 냇가가 나란히 흘러 이름이 그러하였다. 5리를 가서 왕가장을 지나고, 또 2리를 가서 길 오른편 [3a] 서쪽으로 보니 수 리 밖에 한 산봉우리가 있는데, 아래는 뚜렷하고 위에는 점점 쌓여 험하고 높고 날씬하고 아름답게 공중으로 솟아 거의 10길 남짓 보이고, 형상이 쇠북을 엎은듯 하니 이름이 구문산(九門山)이라 한다. 혹은 산 위에 바위가 있고 바위 구멍이 있어 문 같은 고개가 9개 있어 이름을 구문산이라고도 한다.

상사(上使)와 서장관(書狀官)이 장차 정녀묘(貞女廟)로 가고자 하여 나도 따라 갔다. 큰길에서 벗어나 왼편으로 1리 남짓 가니 정녀묘 아래 이르렀는데 묘의 돌이 언덕 위에 있고 한 언덕이 홀연히 큰 들 가운데 높이 일어났는데 모두 바위이고 형상이 점잖고 의젓하고 높고 크고 이마에 세 개 바위가 일어나 봉우리가 되었고 높이가 한 길이 넘고 너비

망부석

가 각각 20여 아름이 되고 가운데 망부석(望夫石)이란 세 글자를 새겼는
데 '지아비 바라보는 돌이라' 함이다.

정녀묘(貞女廟)가 그 바위 아래에 있고 두 개인데 앞의 묘에 정녀(貞
女)의 상(像)을 안치했다. 정녀(貞女)는 진(秦)나라 시대 범칠랑(范七郎)의
아내 허맹강이란 여인이다. 몽념(蒙恬)이 만리장성을 쌓을 때 범칠랑은
장성의 역사(役事)를 하다가 거기서 죽으니, 맹강이 그 소식을 듣고 울
며 찾아가 지아비의 시체를 찾았다. 하지만 장성의 역사에서 죽은 장정
의 주검을 쌓아 놓은 것이 언덕이 되었으니 어느 것이 지아비 주검인지
구별할 수가 없었다. 그러자 맹강은 손가락을 깨물어 피를 내어 쌓인
주검 가운데 백골에 피를 묻혀 보았다. 다른 백골에는 [3b] 피가 묻지
않았으나 오직 한 주검은 피를 점을 찍어 묻히니 뼈에 피가 묻었다.

정녀묘

맹강은 드디어 그 시체를 안고 돌아와 영장하여 묻고, 스스로 죽어 함께 묻혔다. 이 때문에 후세 사람들이 맹강을 정녀라고 여겨 사당(祠堂)을 짓고 소상(塑像)을 만들어 앉혔다.

네 바람벽에 정녀의 사적을 그려 처음부터 끝까지 다 자세히 알게 하였으니 무릇 그림이 100여 폭인데, 마지막 폭에는 정녀가 죽은 후에 부처(夫妻)가 모두 신선이 되어 다시 용궁수전(龍宮水殿)에 가서 만나는 모습을 그렸다.

극히 괴탄(怪誕, 괴이하고 헛됨)하여 증거로 삼기에 충분하지 못할 것이요, 또 그 가운데 한 폭에는 맹강이 황제가 입는 황포(黃袍)를 몽념에게 주고 몽념이 그것을 받는 모양을 그렸다. 세상이 전하여 말하길

"맹강이 지아비가 성 쌓는 일로 죽음으로써 몽념을 원망하여 터무니없이 모략하여 죄에 빠져 죽게 하여 지아비 죽은 원수를 갚게 하였다."

는데 근거가 없다.

황제 옷을 만들어 드렸는데 몽념이 그 계규에 빠져 죄를 받아 죽었다

했으나, 일이 암매(暗昧, 사실의 갈피를 잡기 어려움)하고 또 사기에 실리지 않았다. 그 일이 있었는지 없었는지 가히 알지 못하겠고, 진나라의 부소(扶蘇)가 어질고 태자에 있었으나 이사(李斯)와 조고(趙高)가 종이 하나로 써서 날려 외로운 새 새끼나 썩은 쥐 없애듯 하였으니 홀로 몽념의 죽음이 [4a] 어찌 왕자의 옷 받기를 기다렸으랴?

　하물며 또한 어찌 몽념이 맹강의 원수리오? 맹강이 만일 몽념을 원수로 알아 죄가 없는 신하를 무함하여 악역에 빠져 죽게 하였다면 맹강을 어질다 할 수 있겠는가? 부인의 성격이 비록 편벽하고 옹졸하나 탁탁(卓卓, 일을 결단성 있게 잘 처리함)하니 몽념이 제 원수가 아닌 것도 알지 못하고 어찌 사람을 암매하게 인도하여 죽게 할 리가 있겠는가? 또한 몽념이 잡힐 때 손 아래 삼십만 중병을 갖고 한 사자(使者)에게 목숨을 주는 것이니 만일 몽념이 조금 발호(跋扈, 함부로 세력을 휘두름)할 뜻이 있으면, 사자(使者)가 와서 잡으려 할 때, 한번 발을 움직이면 어찌 다만 죽음을 면할 수 있겠는가?

　황포를 바로 입어도 못하게 할 자가 없을 것이고, 몽념이 말하기를
"죽음으로 지키어 선황제를 욕되지 않게 하리라."
하면서 죽기에 나아가기를 달게 여겼으니, 어찌 무단(無端)히 한 여자의 꾀에 빠져 황포를 바랐겠는가? 그 망탄(妄誕, 허망하고 터무니없음)함이 한번 웃음거리도 되지 못하겠다. 정녀의 소상을 앉힌 좌우편에는 긴 패(牌)를 달아 묘한 글귀를 금자(金字)로 가로 새겼는데 그 내용은 다음과 같다.

　"진황(秦皇)은 어디에 있는가? 만 리의 긴 성이 원망을 쌓고 강녀가 죽지 아니하였는지라. 천 년 돌조각들이 아름다운 향내를 지녔다."
　이 글은 송나라 때의 충신 문천상(文天祥)이 [4b] 지은 것이다. 묘정

(廟廷)에 세운 비(碑)는 서너 개로 명나라 때 세운 것인데, 그 글이 간혹 궤괴(詭怪, 이상 야릇함)하고 과탄(過誕, 지나치게 터무니없음)하였다. 오직 한 비(碑)가 매우 전실(典實)하여 문자체단(文字體段)을 얻었고, 또 회남자(淮南子)로 증거를 삼았다. 대개 회남자에 맹강의 일을 기록하였다고 하였는데, 만력(萬曆) 때에 세운 비석이다. 비(碑)가 또 있었는데,

"문천상의 절의가 맹강의 정열과 함께 아름다움을 짝하기에 충분하리라."

하고 높였으니 강희(康熙) 때에 세운 것이었다.

세 개 바위 뒤에는 큰 집 하나를 지었는데, 집 위에 높은 누(樓)를 지었고, 누 아래 넓은 들이 수백 리에 펼쳐있고 진(秦) 장성이 백여 리로 뻗쳤고 동쪽으로 하나로 모인 곳이 큰 바다이고 앞에 인접해서 큰 길이 북으로 연경으로 닿는다.

수레와 말 행렬이 연달아 끊어지지 않았고, 누 위에 올라 눈을 크게 떠 바라보니 천하가 크고 중국이 부(富)함을 알겠구나!

안계(眼界)가 쾌활하고 경치가 번화하고 화려하였다. 묘문 밖에 오래된 옛 비석이 높이가 5자만한 돌이 하나 있다. 3글자를 새겼는데 자획이 오래되고 기이한데 세상 사람들이 전하기를

"당나라 때 위징(魏徵)의 글씨이다."

하지만 반드시 그런 줄 믿지 못하겠으며, 천 백 년 지난 옛 글씨였다. 정녀의 무덤이 노군둔 남쪽에 있는데 바다로 1리를 들어가 있고, 정녀 묘에서 아득히 [5a] 서로가 바라보이고 범칠낭과 함께 묻었다 한다. 바다 가운데 바위 봉우리가 있는데 홀연히 높이 섰고, 그 위에 정녀의 무덤이 있다한다.

맹강이 춘추 때 기량(杞梁)의 아내로 이름이 같고 지아비 성 쌓다가

금한의 장대가 있는 이리순자 마을

죽음이 또한 같으니 정말 이상한 일이다.

슬프구나! 진나라 때 만리장성 쌓으며 죽은 장정이 몇 천, 몇 만이 되고, 벌레와 고기로 다 변해 초목과 더불어 썩어 이름이 세상에 전하지 못하였는데 홀로 범칠랑이 맹강으로 인하여 후세에 이름이 전하여 그림이 그려지고 위패를 모시고 제사를 오랫동안 받고 지금에 이르러 부인이나 애들도 다 당시에 범칠랑이란 자가 있던 줄을 알고 있으니, 맹강은 한 여자로서 능히 이름을 썩지 않게 하고 또 그 지아비와 함께 썩지 않게 하였으니 어질지 않으면 능히 그렇게 하였겠는가? 장부가 되어 이름이 없어져 후세에 일컬음이 없는 자가 감히 써 부끄럽구나!

일어나 동남쪽으로 4리를 가서 장단 아래 이르니 이른바 장단은 평평한 들 가운데 둘러 작은 성을 쌓은 것인데, 높이는 20여 남짓 길이고 둘레가 500여 보이다. 서쪽으로 향해 문 하나가 있고 문밖에 옹성을 만들어 두 겹 문을 만들었고, 성내 네모로 벽을 쌓아 층층이 계단을 만들어 오르게 하였으며, 계단을 올라 성가퀴에 [5b]의지하여 바라보니 진나라 장성 한 모서리와 산해관 성이 둘러싸여 바다에 닿은 데까지 눈 아래 있는데 또한 장관이다.

설인(舌人, 말하는 사람)이 있어 말하길

"이것은 금한(金汗)의 장단이다."

해서 그 연유를 물어보니

"금한이 이미 영원을 얻으면서 산해관 서쪽을 다 가졌는데, 산해관을 지킨 대명(大明) 장수 오삼계에게 막혀 산해관을 드나들지 못해 이 성을 쌓고 올라가 성중을 굽어보고 산해관을 칠 방략을 생각하였기에 금한의 장단이다."

한다. 내가 보니 분명 금한이 쌓은 것이 아니니 어쩌겠는가?

성문 위에 돌로 새긴 3글자가 있는데 쪼아 없애려고 하였다. 반드시 문 위에 붙인 성문 이름이 청나라 사람이 아첨하려고 사동비(四同碑)같이 쪼아 글자를 없애려고 한 것이니 이것이 금한이 쌓지 않은 하나의 증거이다. 성 안을 뱃속 위처럼 우묵하게 해서 무려 군사 수삼십여 명을 넣게 한 곳이 20여개 남짓 있으니, 이는 성을 지키려고 성밖의 도적을 방어하려 한 것이지 밖의 도적이 쌓지 아님을 밝힌 것이니, 이것이 금한이 쌓지 않은 또 하나의 증거이다.

이는 대명 말년에 청인을 막으려고 쌓은 것이고, 후에 금한이 올라와 있었던 것을 금한의 장대(將臺)라고 한단 말인가!

서쪽으로 4리를 가서 비로소 큰 길이 나와 팔리포를 지나니 포자 마을이 언덕 위에 있고 편평하지 않은 한 바위가 가로로 [6a] 누워 마을

금한의 장대

어귀에 이르러 그치는데, 너비가 10여 보요 길이가 거의 수백 보이고
빛이 희여 가히 사랑스럽게 보인다. 내 성질(性質)이 바위에는 벽(癖)이
일고 자못 가슴에 응어리가 생겨 한 주먹만한 돌을 보아도 문득 미치더
니, 요동 들에 들어오면서부터는 한 기특한 바위를 보지 못하다가 북진
묘에서 바위 두 개를 봤고 정녀묘에서 세 개 바위를 보고 여기서 또
이를 보니 눈이 휘둥그레 떠져 말에서 내려 손으로 만지고 싶었다.

  그래서 마음속으로 말하길

  "알지 못하겠지? 너 바위가 어려서. 추우면 가히 입고 배고프면 가히
먹으려고 하겠지?"

하고 말 위에서 혼자 웃음이 나는 줄을 깨닫지 못하였는데, 동행하는
역관 오태령이 나에게 묻기를

금한의 장대에서 바라본 산해관

"무슨 일로 웃습니까?"
하여 내가 그 이유를 대답했다.
  오태령이
  "상사(上舍)가 이런 작은 암석을 보고 문득 당황하기를 이렇듯이 하
니 앞길에 가서 고죽국(孤竹國)에 이르러 청풍대에 올라 난하(灤河)가의
10리 창벽(蒼壁)을 보면 마땅히 미쳐 죽고 싶지 않겠습니까?"
라 하였는데 그 말을 들으니 나부끼는 바람에 몸을 날리고 싶었다.
  포자 마을이 상중하 세 곳이 있는데 모두 집이 수십 호가 있다. 6리
를 가서 산해관까지는 4리를 못가서 남쪽으로 징해루를 바라보니 흰
성가퀴가 높고 험준한데 그 앞에 바닷물이 기운차게 가득 흘렀다. 길
왼편 서쪽을 보니 각산이 북으로 뻗어 첩첩하고 가파르고 굵고 웅장하

고 넓고 성내어 일어서 길에서 거의 수 리나 먼데, 그 장한 기운이 사람에게 매우 가까이 느껴져 다리와 겨드랑 [6b] 사이에 있는 듯하고, 만리장성 두른 것이 그 위에 있어 산과 같이 길고, 누각과 성문이 보이는 가운데 희미하게 성가퀴가 모든 봉우리에 뉘어 뻗쳐 산과 자못 성이 다 가히 장관이구나! 일찍이 듣자니 몽념이 이 성을 쌓을 때 벽에 구멍을 뚫어 그 구멍들이 한 줄로 올라오게 쌓고 쇠를 녹여 그 구멍에 부어 벽마다 쇠가 꿰이게 하였다 하는데, 이제 2천여 년이 되도록 오히려 완전하게 보전되어 그 말이 믿을 수 있는 것 같다.

언덕을 따라가 한 작은 고개를 넘으니 흰 돌이 길 위에 널려 있었다. 망해점을 지나면서부터 이따금 언덕이 있었는데, 산세가 완만하고 평평하여 평지에서 비록 높고 낮음이 깊은 듯 하나 길은 평평하여 높은 줄을 알지 못하여 우연히 우리나라 평택 산천 같으니 대개 들 가운데 산이 여기서도 그러하였다. 산해관 밖에 이르러 일행이 길가의 보현암에 들어가 쉬고, 수역(首譯) 이하를 보내 관문에 들어가 산해관 지키는 장수와 애기를 해 폐백 약간을 보내었더니 오랫동안 돌아오지 않아서, 내 행중과 함께 암자문으로 나가 길거리에 두루 걸어 보았다. 관문 밖에 돌다리가 있고 나아가 돌 난간에 걸터앉았는데 수레와 말과 행인들이 길에 메우고, 젊은 계집들이 얼굴에 분 바르고 연지 찍고 말을 타고 고삐를 잡아주는 사람없이 말고삐를 잡고 오락가락하는 자가 무수히 많았다. 두 되(오랑캐, 중국 사람의 낮은 말)놈이 등에 누런 보따리를 지고 걸어 앞서가고 관인이 말을 타고 그 뒤에 따라 행렬을 [7a] 이루어 쌍으로 서서 가는 자가 무릇 여섯이고, 그 중에 두 되 머리에 공작새 털을 꽂고 가니 이 산 능선에서 향(香)과 축(祝)을 갖고 심양 순치능에 가는 것이었다.

산해관의 바깥 성인 동나성의 동쪽 문앞, 산해관으로 들어가는 첫번째 문
전면 중앙 조금 멀리 산해관의 天下第一關 문루

　산해관을 바라보니 성이 혹 약간 헐어진 데가 있는데, 중수하여 쌓
지 않았다.

　듣자하니 강희제 때에 유관 북쪽의 모든 성의 무너진 데를 고쳐 중수
하고 쌓으라고 하였는데, 강희가 말하기를

　"한갓 백성을 고생하게 하지 말라. 중국이 본래 정해진 임자가 없다.
내가 중국 보기를 지나가는 주막집같이 여기니, 새는 데를 막고 떨어진
데를 기워도 아직 버티기엔 충분하다. 너희들은 무릇 중원 보기를 집에
대대로 내려오는 물건과 같이 알아서 영원히 보전할 계책을 행하려 하
는가?"
하고 허락하지 않았는데, 이번 길에 사행 노정길에 본 것으로 경험해보
니 그 말이 믿을 만한 것이다.

　진시황이 영원하고자 한 꾀를 만리장성 축조에 헛되이 시행했던 일
과 비교하면 슬기로움과 어리석음이 어떠한가? 오랑캐 중에는 슬기로
운 사람이 없다고 말하지 못할 것이다.

　대명 숭정황제 때 오삼계(吳三桂)는 청(淸)의 칸(汗)이 쳐들어오는 것

나성의 동쪽 문을 들어가 북쪽을 바라보고 찍은 사진
동쪽과 북쪽 성벽이 이어져 있고 북쪽 성벽 너머로 멀리 角山이 보임

을 막으며 산해관을 지켰는데 이자성(李自成)이 남쪽에서 봉기하여 북
경을 함락시켰고, 그 난리 속에 숭정제는 붕어(崩御, 임금이 세상을 떠남)
하였다.

그러자 오삼계는 칸에게 병사를 보내 북경을 구해달라고 요청하였
다. 칸이 허락하기는 했지만

"관문으로 들어가지 않고 성을 허물어 뜨려야만 병사를 들여보내겠다."
고 하였다. 이에 오삼계가 마지못하여 산해관 성을 허물어 청 병사를
들였다. 나는 항상 칸이 관문으로 들어가지 않으려던 [7b] 이유를 몰랐었
는데 오늘에서야 직접보고 생각해 보니 진실로 그 늙은 오랑캐가 매우
지혜로웠구나!

대개 관문은 이중으로 되어 있어 그 사이가 거의 반 리이고, 문안에

는 곳간과 여염집이 길가에 즐비하다. 만일 오삼계가 구원을 요청한
이유가 진심에서 나온 것이 아니라 혹여나 한나라 왕회(王恢)와 섭일(聶
壹)이 관문 사이에 흉노족을 들여 기습한 계략과 같은 것이었다면, 오
삼계도 칸의 병사 절반이 관문에 들어왔을 때 복병을 풀어 습격했다면
수레 하나도 돌아가지 못하였을 것이니, 칸이 들어가지 않으려 했던
이유인 것이다.

관문에서 징해루(澄海樓)까지 15리이고 그 사이가 '일(一)'자 성이 되
고 성안에는 인가(人家)가 없으니, 그 성을 허물어뜨리면 금새 탄탄하
고 탁 트인 길이 되어 숨을 곳이 없으니 복병을 풀어 습격당할 염려가
없다. 또 오삼계가 구원을 요구하는 것이 진심에서 나온 것인지 여부를
시험할 수 있다. 칸이 군대를 사용함에 이처럼 잘못된 계책이 없었으니
이것이 그가 천하를 얻은 이유로구나!

청의 병사를 들이기 위해 허물어뜨린 성이 어디였는지 역관에게 물
었는데 아는 자가 없고, 호인(胡人, 오랑캐)에게 물어도 가리키는 자가
없다. 짐작하건데 당시에 허물어뜨린 성이 반드시 산해관 문과 징해루
사이에 있었을 것이다.

오삼계가 이미 칸을 관문에 들여와서 이자성을 쫓아 없애고 대명 천
하를 칸에게 빼앗기고 이른바 문을 도적에게 열어주자, 후세에 그 일을
논하는 사람들이 시끄럽게 [8a] 떠들어 대었다. 꾸짖는 자들은 말하길

"오삼계의 행동거지는 이자성이 그 아비 죽임을 원망하여 사사로이
원수 갚기에 급하고, 천하 사직을 위하여 계획하지 않고 다만 청병으로
원수를 없애고자 하여 이런 망령된 행동을 하였다. 명이 망한 것이 청
나라 사람에게서 망한 것이 아니고 삼계가 행한 것이니, 충성하지 못한
죄 무엇이 이보다 큰 게 있겠는가? 임금을 저버리고 나라를 그릇되게

만든 죄가 털끝만큼도 속죄키 어려운 것이다."
라고 하였다. 용서하는 자는 말하기를

"이자성이 그 아비를 볼모 삼아 불렀는데 삼계가 의로써 듣지 아니하
고 아버지에게 답한 편지에서 가히 알 수 있듯이, 그 충성과 절의가
귀신이 질정하여도 부끄러움이 없으니 사사로이 원수를 급히 여겨 천
하 사직을 헤아리지 못했다고 원통하게 누명을 써서는 안된다."
는 것이다. 이자성은 오삼계 아비 죽인 원수만 되고 임금 죽인 원수는
아니란 말인가? 이자성이 천하를 돗자리 말듯 황도(皇都)를 함락하고
위세가 방자하고, 오삼계는 조그만 모퉁이를 지키며 힘이 없어 그를
멸하지 못하였고 돌아보니 천하에 알릴 데가 없었을 것이다. 마지못해
청병을 빌어 복귀하고자 하였는데 천명이 이미 잘못되어 뜻과 공을 펴
지 못하였다. 다행히 이룬 것은 신포서(申包胥, 초나라 때 대부, 초나라 멸
망 때 진나라에 원병을 청해 도움 받음)가 되었고 못 이룬 것은 오삼계가
되었다.

삼계가 그 때 한 일이 가히 슬프고 죄진 것이 없다 하고. [8b] 또 동
행하는 역관 중에 그 아비와 할아버지와 함께 연경에 왕래하며 대명
망했던 일을 들어 아는 자가 있어 말하기를

"삼계가 청병을 불러 관에 들어오게 한 것은 지혜 있는 꾀와 전략이
사람에게는 지나친 게 있었는데, 삼계가 대병을 갖고 산해관에 머물러
있는 것은 청병을 막으려 했던 것이다. 불의에 자성이 황도를 함몰하니
삼계가 병을 다 거느려 황도를 구원하러 들어간 즉 청병이 북치면서
관문으로 들어와 뒤를 짓밟아 칠 것이니, 앞과 뒤로 도적을 받으면 비
록 슬기로운 자라도 계책을 내지 못할 것이고, 병을 나눠 관문에 머물
러 지키면서 반으로 들어가 구원하고자 한즉 군사가 적어서 나아가면

날쌘 도적을 멸하지 못할 것이고 물러가는 청병을 막지 못할 것이다. 옛날 병사를 신기롭게 쓰는 자가 있어도 두 가지에 다 편한 묘책이 없었을 것이다. 삼계 이름으로 구원을 빈다는 핑계로 극진히 정성을 다한다는 말을 따라 성을 헐어 청병을 들인 것은 대개 칸이 이자성과 전면전을 하게 하고 삼계는 휘하의 병을 거느려 그 뒤를 엄습하여 두 도적을 함께 쳐 들이받으려 한 것인데, 청병이 한번 관문에 들어서면서 바람에 쓸어버리듯 뇌정벽력(雷霆霹靂)이 두드리듯 하여 한번 북치면 유적(이자성)을 쓸어버리고 두 번 북을 쳐 천지와 사방을 돗자리 말듯 마니, 삼계 계책을 해볼 틈도 없이 [9a] 뜻을 쓰고 펴지 못하였다.

　마침내 이루지 못함은 하늘이거니와, 처음에 계책을 낸 것은 좁고 옹졸한 슬기와 역량이 분별하지 못하였는데, 세상 사람들이 성패로써 사람을 논하는 유(類)들이 뒤따라 시끄럽게 시비하고 그 양(量)을 알지 못하는 것을 볼 것이다."

라고 하였다.

　내가 모든 의견을 종합하여 참고해 보니 그 주장이 각각 갖는 바가 있지만, 다 편향된 견해에 치우쳐 있음을 면하지 못한 것이다. 어찌 오삼계를 사사로이 원수 갚기에 급급한 자로 여기는가? 천하 국가를 위하여 계책을 내지 않았다면, 이자성이 오삼계의 아버지를 볼모로 삼아 오삼계를 부를 때 반드시 자신이 맡은 임무가 중하다는 것을 헤아리지 않고 군사를 들여서 이자성에게 항복하여 부친의 목숨을 살렸을 것이다. 하지만 이자성이 오삼계의 아버지를 볼모로 하여 불렀는데도 가지 않은 것은 오삼계의 마음에 다만 임금이 있는 것을 알 수 있으며, 사사로이 부친의 생사를 꾀하지 않은 것이오. 다만 오삼계는 자신이 맡은 임무가 중한 것만 알고 사사로이 집안을 위해 걱정하지 않은 자이다.

이는 임금과 어버이와 집과 나라가 어느 것이 가볍고 어느 것이 중한지 따져 살펴 안 것이다.

조각 조각난 나라를 위한 참된 마음은 비록 아비가 죽어도 오히려 돌아보지 않았는데 어찌 사사로이 원수를 위하여 천하 사직을 돌아보지 않은 것인가?

전에는 비록 아비를 살리려고 천하 사직을 안하였다가 후에 아비가 이미 죽었기에 [9b] 천하 사직을 계략하지 않았겠는가? 이는 삼척동자라도 하지 않았을 것이다. 꾸짖는 자의 말은 너무 지나치다. 내가 또 알지 못하겠지만 삼계가 당일 마음이 과연 청병을 빌어 회복할 계략을 썼겠는가?

저 이자성은 불과 일시에 보잘것없이 이름을 떨친 도적이니 매우 급작스럽게 황도를 함몰시켰으니, 이른바 급한 바람은 아침을 맞지 못하며, 급한 비는 날을 저물게 하지 못한다 했으니 청인이 중원을 삼키고자 한지가 몇 해 되었는가? 병졸이 강하고 나라가 부유하여 형세가 천하를 삼켜 넣은 후에야 끝나는 것인데 한번 관문에 들어가면 다시 제어하지 못하는 것을 어찌 잘 아는 자를 기다려서야만 알겠는가?

또 청병은 범과 표범, 승냥이를 사람의 집안에 들여 놓지 못하는 것과 같으니 이제 한 장부가 있는데 강도가 그 집에 들어 왔을 때 제어할 방법이 없음을 근심하여 범과 표범, 승냥이 무리를 집안에 들여 그 형세를 의지하여 강도를 쫓아 버리면 강도는 달아나겠지만 범과 표범, 승냥이가 그 집안 사람들을 다 잡아 먹고 말 것이니 그 화가 오히려 강도보다 더 심한 것이 아니겠는가?

오삼계가 청병을 불러들인 일이 어찌 이 경우와 다를 것이 있겠는가? 인사(人事)가 이미 그릇되었으니 천운(天運)을 어느 겨를에 의논하겠는가? 오삼계를 용서하는 자의 말 또한 편벽되었다.

오삼계를 비방하는 자는 오삼계가 망령되이 거사한 것을 보고 그의 충심까지 함께 비난하였고, 오삼계를 [10a] 옹호하는 자는 오삼계의 충심을 보고 그가 망령되이 거사한 것을 함께 덮었다. 옥사를 다스리는 관리에 비유하자면 후자는 죄인에게 너무 너그러운 것이오 전자는 죄인을 너무 얽매어 둔 것이다.

두 가지 말이 다 옛사람이 말하지 않은 것인데, 삼계가 명 말에 군사 쓸 줄을 아는 자라 일컬었으니 내 뜻은 당일에 계략이 반드시 있었을 것이고, 역관에게서 전하여 들은 사정을 듣고 얻은 것이 있으니 이 또한 계략이 잘못되었음이 크니 패한 것이 마땅하다.

내가 묻건데, 삼계가 청병으로 자성의 군사와 함께 일시에 쳐부수려고 하였는가? 삼계가 관을 지키며 청을 막은지 몇 해가 되었는가? 평상시에도 되(오랑캐)를 잘 부릴만한 신묘한 방안을 듣지 못하였는데 하물며 급작스러움에 위태롭고 분한 가운데 목숨을 제어했겠는가? 하나도 제어키 어려운데 하물며 두 강적이 있었으니 가히 바라지 못하겠다. 그렇지 않으면 칸에게 손을 빌어 자성을 없애고 칸을 몰아치려 하였던 것인가? 이는 송(宋)이 조(趙)를 구원하고 남은 묘책인데 이른바 항우가 말하길

"조가 망하면 진(秦)이 더 강하리라."

하였으니 이루지 못함을 또 알겠다. 두 묘책이 모두 하나도 도움이 안 되니, 뜻이 비록 크나 계략이 어설프니 마침내 나라를 망치게 한 것이 마땅한 것이 아니겠는가?

그러나 자성이 아버지를 볼모하였는데 부를 때 의병을 일으켜 물리치고, 이후 명이 망한 후 청이 운남왕에 [10b] 봉하였는데 삼계가 청의

신하함을 부끄러워하여 제후의 부귀를 귀하게 여기지 않고 의병을 일으켜 청을 쳐 대명을 회복하려고 꾀하다가 패하여 죽으니, 일이 비록 이기지 못하였으나 그의 이름이 천하 후세에 말이 있을 것이니 족히 일이 그르친 죄를 씻게 될 것이다.

내가 그래서 말한다면

"삼계가 뜻이 크되 재주가 어설프고, 충성이 여유가 있으나 슬기가 부족하다."

하겠다.

혹 누가 묻기를

"삼계가 당일에 어떻게 조치하려 하였겠는가?"

하기에 내가 대답하였다.

"중원 소식을 비밀로 하여 '누설치 마라' 하고 자성의 난을 청이 들어 알지 못하게 하고 일지병(一枝兵)을 머무르게 하고 노약부녀와 같이 나눠 산해관 성가퀴를 지키고 기(旗)와 북(鼓)을 베풀고 조두(징냄비)를 엄히 하여 지키고 방어하는 기구를 더도 덜도 말고 한결같이 이전처럼 하고 자취를 남지 않게 하고, 밤을 타서 군사들의 입을 막고 가만히 뛰어나가 밤낮으로 빨리 달리면 닷새면 북경에 이르러 자성을 쳐부술 것이다. 불행하여 자성에게 패하여 망해 죽어도 또한 내 마음에 부끄럽지 않고 후세에 놀림 당하지는 않을 것이며, 하물며 자성이 어지러움을 타서 갑자기 제멋대로 하고, 장래 먼 전략이 없고 또 군사가 절제가 없으니 결단코 삼계에게 대적되지 못하니 삼계가 자성을 이기지 못할 이유가 없고, 또 삼계의 군사가 의기(義氣)와 충분(忠憤)이 당당하지 않은가?

그 사이에 다행히 [11a] 칸이 관문을 무너트리지 않았으면 마땅히 병을 보내 막아지키는 것을 예전같이 하고, 불행히 관문이 무너졌으면 자성을 쓰러트린 남은 위엄으로 두번 육군(六軍, 중국 주나라 군 편제로 천자가 통솔하는 6개의 군)의 용맹한 기운을 돋우어 동으로 나아가 마주나와 싸우자고 알리는 격서(檄書)를 보내 천하 임금에 충성하는 군사를 불러 도모할 것이니, 그 일이 이루고 패함은 오직 하늘에 달려 있는 것이다. 비록 인력으로 필히 못하더라도 크게는 북노(北虜, 북쪽 오랑캐) 칸을 관문 밖으로 몰아쳐 나라 운수가 이미 망한 후에 다시 일어나게 하는 것이고, 작게는 왕을 도와 달려가서 한 모퉁이를 보존하여 한나라 (漢)의 불이 이미 재가 된 후 제갈량이 위격을 부려 펴내면 능히 60년 실같이 남은 운을 천천히 한 것 같이 될 것이다. 또 불행한 즉 황제를 등에 지고 바다에 빠져 죽어 송나라 때의 육수부(陸秀夫, 남송의 장수로 원나라에 쫓겨 어린 임금을 업고 물에 빠져 죽음)같이 하면 족할 것이다.

아깝다. 삼계 슬기가 나오지 못하고 꾀가 없어 속절없이 문을 열어 도적을 들여 어리석었구나!"

빈 말로 대명을 위하여 개탄하는 뜻을 붙인다. 슬프다!

논하는 자가 또 말하길, '오삼계가 이자성의 불러들임에 가지 않아 부친의 죽음을 서서 보게 되었으니 충성하고자 한 것이나 효를 손상한 것이니 이는 조포(趙苞)와 죄가 같은 것'이라고 한다.

한나라 영제(靈帝) 때 조포가 요서태수가 [11b] 되어 고을에 이르러 사자(使者)를 보내 모친을 맞아 모셔오라 했는데, 길에서 선비(오랑캐 나라 이름) 만여 명이 요새에 들어와 노략질하는 것을 만났다. 선비가 포의 어미를 겁탈하고 볼모하여 요서를 치거늘, 포가 나와 싸우려고 진영을 대하였는데 선비가 포의 어미를 보여 포를 뵙기에 포가 슬피 부르짖어 어미에게 말하기를

"자식이 되어 내세울 만한 것이 없고 얼마 되지 않는 녹으로 조석을 봉양코자 했는데, 화가 될 줄은 몰랐습니다. 옛날은 모친 아들이 되었는데 이제 임금의 신하가 되었으니, 개인적 은혜를 돌아보면 충절을 하지 못할 것이니 마땅히 일만 번 죽어도 죄를 씻지 못하겠습니다."

하니 어미가 멀리서 말하길

"사람이 각자 팔자가 있으니 어찌 서로 돌아보고 충의를 잊을 수 있겠는가? 너는 그 힘을 써라."

하였다.

포가 즉시 북을 치고 나아가 싸워 도적을 다 격파하였는데, 그것이 도적이 그 어미를 죽게 했다. 포가 돌아와 장례를 마치고 마을사람에게 말하기를

"녹을 먹으며 난을 피하는 것은 충성이 아니요, 어미를 죽여 의를 온전케 함은 효가 아니니 이렇듯이 하면서 무슨 면목으로 천하에 서겠는가?"

하고 드디어 피를 토하고 죽으니, 삼계가 아비 돌아보지 않은 것이 조포가 [12a] 어미 돌아보지 않은 것과 같다는 것이다.

내가 말하길

"삼계가 조포와 일이 같지만 지위가 같지 않으니 조포는 그릇되고 삼계는 옳다. 조포는 요서 한 고을을 지키었으니 한 고을의 존망이 천하의 흥패에 관계하지 않으며, 어미의 생사는 오직 한 몸의 향배에 달려있으니 마땅히 의리의 경중을 헤아려서 그 어미를 살릴 묘책을 구했어야 한다.

선비가 요서를 치는 것은 그 땅을 이득으로 생각해서가 아니라 일시 노략함을 위하여 왔으니, 원하는 것은 불과 재물과 보화와 가축뿐이었다. 그러니 조포가 마땅히 한 고을의 재물을 다 쏟아 부어서라도 모친

의 몸값을 치르겠다고 했다면 이익을 좋아하고 재물을 탐하는 선비족의 마음으로써 그 욕심에 딱 맞았을 것이니, 어찌 따르지 않을 이유가 있겠는가? 또 만일 따르지 않는다면 급히 한 장의 상소 두어 줄로써 분한 마음을 토해내어 사람을 시켜 몰래가서 나라에 고하고 그리고 나서 나아가 항복하여 모친의 목숨을 보전한 이후에 서서히 나라로 돌아오기를 도모하는 것이 또한 어찌 불가할 리 있겠는가?

포가 나설 줄을 알지 못하여 칼날을 도적에 향하여 밀어 그들이 노하게 하여 어미가 오랑캐의 손에 고기되게 하여, 비록 조순(趙盾)의 임금 죽인 방법으로 해도 [12b] 내가 걱정컨데 포가 스스로 알지 못할까한다. (춘추 때 노나라 태자 조순이 그 아비 병에 약을 드리는데 맛보지 않고 드렸더니 그 임금이 약 먹은 후에 죽으니 공자께서 춘추에 쓰시길 조순이 그 임금을 죽이다 하셨다.)

삼계는 그렇지 않아 한번 항복한 즉 천하 일이 다시 바랄 것이 없다. 어찌 감히 지아비 죽기를 불쌍할 것이오? 삼계가 조치한 바가 또 살펴 했으니 어찌 조포와 같다고 말하겠는가?

천지 사이에 임금보다 중한게 없고, 이따금 사직이 임금보다 중하고 또 부모보다 중한 것이 없는데 천하 일이 이따금 부모보다 중한 것이 있으니 그 일이 그만 못하나 그 처한 바 땅이 같지 않으니 한가지로 논할 수 없을 것이다."

논자들이 또 말하길

"그때를 당하여 명의 종묘사직이 아직 망하지 않았고 천하의 형세도 여전히 바랄만한 것이 있었으니 나라를 위하여 그 아버지를 돌보지 않는 것이 진실로 옳았을 것이다. 지금 나라가 망하고 임금이 죽어서 천하의 형세가 이미 할 수 있는 일이 없게 되었으니, 비록 다시 종묘 사직을 위하여 계책을 내고자 해도 충성할 곳이 없을 것이다.

오삼계는 마땅히 옛날의 망국의 눈물을 거두어 그 아버지의 위기에 처한 목숨을 구했어야 했다. 그런데 다만 위로는 이미 망한 나라를 구원하지 못하고 아래로는 장차 죽게된 부친을 구하지 않았으니 이는 충과 효를 모두 잃은 것이다."

[13a]라고 한다.

그러나 이는 그렇지 않다. 명의 신하로써 이자성은 같은 하늘 아래 함께 하지 못할 원수이다. 그런데도 오삼계의 부친인 오양(吳驤)은 이자성에게 잡혀 자결하지 않고 구구히 아들이 항복해 오기를 바라고 구차히 살기를 빌었다. 오삼계가 만약 부자간의 사사로운 정에 이끌려 이자성에게 한번 무릎을 꿇어 아버지를 죽지 않게 했다면 이는 부친을 불충무의(不忠無義)한 죄에 빠지게 하는 것이고, 자신도 임금을 잊고 원수를 섬기는 죄악에 빠지게 되는 것이다.

종사가 이미 망하여 바랄 것이 없을지라도 마땅히 의로써 도적을 꾸짖어 그 아비가 도적에게 재촉하는 것이 의(義)에 편안할 것이다. 일 때문에 부자가 모두 나라에 죽으니 효도가 아니라고 말할 것인가? 만일 논하는 자의 말같이 그 아비의 잘못을 유순하게 하는 것은 불충에 빠지게 하는 것이니 어찌 효라 말할 것인가?

삼계는 이에 충과 효를 다 얻었다. 내가 걱정하건데 십분 도리로서 책망하여도 의심할 것이 없다. 자성이 만일 임금의 원수가 아니라면 논하는 자의 말이 또한 도리가 될 것이다. 알지 못하겠으나 후에 서로 논하는 군자가 내 말이 어떠하다고 할 것인가?

(언해본에서 한문본으로 번역한 강재응이 아래와 같은 안을 추가로 썼다.)

"내가 살펴보건대 숭정(崇禎) 17년 4월 오삼계가 산해관에 구원하러 들어갔는데 수도가 함락되었다는 소식을 듣고도 앞장서서 출정하지 않았다. 이자성이 오삼계의 아버지인 오양을 인질로 붙잡아 오삼계를 불러들이는 글을 썼는데, 오삼계가 이자성에게 항복하려 하였다가 자신의 애첩(혹자는 그녀의 이름이 원원(圓圓)이라 한다.)이 이자성에게 붙잡혔다는 소식을 듣고 크게 분노하여 청에 사신을 보내어 항복하고 함께 이자성을 토벌하기를 구하였다. 이에 청병이 산해관에 들어가 공격하여 크게 쳐부수었다. 또 살펴보건대 영력제 16년에 황제가 미얀마(緬甸)에 있을 때 오삼계가 청의 평서대장군이 되어 이미 전검(滇黔) 지역마저 함락하고 미얀마 사람들에게 영력제를 붙잡아 보내오게 하였다. 오삼계는 이 공로를 인정받아 평서왕(平西王)에 봉해졌고 운남 지방에 주둔하였다. 청 정부가 오삼계의 아들 오응태(吳應熊)를 부마로 삼았으나, 2년 후에 오삼계는 운남 땅을 가지고 배반하여 자칭 황제라 하고 청과 계속 전쟁하였다 …… 이와 같다면 오삼계는 진실로 태어난 이래 악한 기운이 모인 부모도 없고 군주도 없는 적(賊)이다. 가득한 악행을 차마 적을 수 없을 지경이다.

오삼계가 병사를 일으켜 배반하였으니 오삼계는 청인(淸人)들이 분하여 이를 갈 상대이다. 당연히 기록한 내용이 필시 선한 것은 감추고 악한 것은 드러냄에 여력이 없을 것이다. 어쩌면 오삼계의 당시 사건의 진심은 명나라 주씨(朱氏) 왕조의 재건을 위해 계획하여 시행하고 참람되이 황제를 자칭한 절개였는데, 혹시 와전된 것이어서 혹 중간에 근본이 되는 실마리가 있는데도 청 사관이 기록할 때 모두 말살하고 결점을 찾아내어 악한 점을 드러낸 것이 아니겠는가? 그러니 역사를 신뢰하기 어렵게 된 지가 오래 되었다.

오삼계는 그렇게 하지 않았다. 한번 항복하면 천하일을 회복할 가망이 없으니 어찌 부친의 목숨을 구조하려 할 수 있겠는가? 오삼계가 처리한 바가 대개 또한 살펴 한 것이니 어찌 조포와 동일 선상에서 말할 수 있겠는가?"

　이윽고 수역이 돌아와 일행이 인마와 짐바리를 먼저 수를 세고 관문에 [13b] 들이고 삼사 이하가 그 뒤를 따라 외성문으로 드니 길 오른편에 마을 집이 있고 마을 가운데 되(오랑캐) 5, 6인이 다리에 걸터앉았고 산해관 지키는 장군 이하 모든 관원이 우리 사신 일행을 검사하려고 다 모였다. 사신이 소임 맡은 역관을 보내 문안하니 이는 전례이다.

　내성문에 드니 문루가 3층인데 윗층의 현판은 '천하제일관(天下第一關)'이란 5자를, 가운데 층에는 '강구영고(□□□□)' 4자를, 아래층에는 '양경쇄약(兩京鎖鑰)' 4자를 붙였다. 세상 사람들이 전하길 '천하제일관' 5자는 진나라 이사의 글씨라 한다. 관문이 원래 진나라 때 세운 것이 아니고 옛날에는 글씨에 해자(楷字)가 없고 진나라 때까지 전자(篆字)로 대소전(大小篆)을 쓰니 대전은 주선왕 때 태사 사주(史籒)가 지은 전자이고 소전은 진나라 때 지은 전자이며 진시황 때 정막(程邈)이란 사람이 죄를 받아 운양옥에 갇히어 옛 전자를 바꾸어 해자를 만드니 정막이 죄를 얻어 노예가 되어 만든 것이라 이름을 예서(隸書)라 하고, 진나라 때 예서가 간단하고 쓰기 쉽다하여 공사상(公事上) 문자에만 쓰더니, 왕망 때에 견풍이란 사람이 예서로 고쳐서 이로부터 예서가 비로소 널리 쓰이고, 전자와 유문체(籀文體)를 없애고 쓰지 않았다. 과연 이사의 글씨 같으면 마땅히 전자나 유문체로 해야 하는데 이제 붙인 것들은 해자이니, 이사의 글씨가 아닌 것이 살펴보면 묻기를 [14a] 기다리지 않고도 한번 보면 가히 알 수 있는 것인데, 부회(附會, 이치에 맞지 않는 것을 억지로 끌어댐)하여 와전되었으니 가히 우습다. 다만 글자 모양이 신묘하여 구경할 만하다. 현판 왼편 아래 끝에 두 줄로 적은 글자가 있는데

산해관의 동쪽 문인 천하제일관

반드시 누가 썼다고 할 것이 있었을텐데, 높이가 여러 길이니 말을 세워 오래 눈으로 자세히 보아야 하는데 갑자기 어지러웠다. 마침내 알아보지 못하였다.

　명나라 때 병부의 주사 한 관원이 행인이 관문을 출입하는 것을 검문하는데, 물 긷는 계집과 나무하는 아이라도 나갈 때는 다 패를 주어 들어올 때 패를 반납하여 패가 없으면 출입을 허락치 않았다 했는데, 이제는 다만 다른 나라 사람이 출입하는 데만 엄하게 사용하고 연중 사람들의 출입은 묻지 않는다. 문에 들어와 1리를 가서 북으로 대성가(大聖街)로 드니 묘우(廟宇)가 남으로 향해 있고 현판에 성묘라 하였는데, 압록강을 건넌 후 사당과 묘우가 바둑 펴듯하고 별보듯 하는데 부처의 집이 아니면 귀신의 당이다. 이제야 비로소 부자(夫子)의 묘우를 보니 사람으로 하여금 소름이 끼치듯 두렵고 공경을 일어나게 하는구나!

　묘문 밖에 이르러 다시 꺾어 서쪽으로 가는데 일행 인마가 길에 막히었고 갑졸 수십 무리가 큰 매를 치고 몰아 앞으로 가지 못하게 하는데, [14b] 그 이유를 물으니

"연법에 우리나라 사행을 다 조선관에서 자게 하였는데, 찰원(察院) 집이 좁아서 사신만 마을 집에 들어가 자게하고 그 밖의 일행은 다 찰원으로 들이고 잠궈 다시 출입치 못하게 하니, 우리 역졸들이 다 관에 들지 않으려고 하여 다투어 전항(前炕, 앞 구들방)으로 흩어져 가려 하니 갑졸이 막고 보내지 않아 그렇다."

한다. 한인 왕가 집에 들었다.

심양에서부터 산해관에 이르기까지 13참이 있는데, 차지(次知, 궁방을 맡아보는 사람)하는 관원과 지키는 장군이 동팔참과 같다. 곽여항(郭如恒)이라는 나이 많은 수재(秀才)가 나를 찾아왔다. 역관이

"저 사람은 주역(周易)을 아는 자입니다."

라고 했다. 내 그 말을 들어 믿고, 또 나이가 늙음을 예우하여 의자에 마주앉히고 묻기를

"선생께서 사는 경계에 든 이후 빈번이 큰 수재를 만나면 한번 경서(經書) 뜻을 강론하고자 했는데, 이제 장자께서 어렵게 오셨으니 퍽 다행입니다."

하니 곽이 말하길

"비인이 경서를 약간 아나 어찌 감히 대수재라고 말하십니까?"

하였다.

내가 묻길

"들으니 장자께서 이(理)를 깊이 안다하니 가히 좀 얻을 만한 의논을 들어볼까 합니다."

곽이 말하길

"주역에 이(理)가 깊고 묘하니 어찌 감히 망령되게 말하겠습니까?"

하였다.

곽이 나에게 묻기를,

"존(尊)이 문진사(文進士)입니까? 존의 나이가 몇이십니까? 이제 무슨 벼슬을 하였나요? 대개 연법이 문진사와 무진사가 있는데 전대에는 없는 것이지요. 청인의 우스운 법입니다."

내가 답하길, [15a]

"진사가 어찌 호반(武班)이 있겠습니까? 전에 듣지 못하였습니다. 나이가 강사(强仕, 예기에 40이면 강하여 벼슬한다 하여 40을 강사지년이라 함)에 다다랐지만 미처 벼슬에 오르지 못하였습니다."

곽이 말하길

"벼슬하기를 원하지 않습니까?"

내가 답하길

"내가 높은 선비가 아니니 어찌 벼슬하기를 원치 않겠습니까마는, 다만 재주가 없어서 뽑히지 못해 참여치 못하였습니다."

곽이 말하길

"이는 족하(足下)가 겸손하여 하시는 말씀입니까?"

내가 말하길

"감히 헛되이 겸양하는 것이 아니라 진실로 그러합니다."

했더니 곽여항이 말하였다.

"조선에 진사(進士) 노가재(老稼齋) 김창업(金昌業)이 이미 별세했다는 소식을 들으니 슬픈 마음을 떨치지 못하겠습니다. 편지를 하나 부쳐서 조문하고자 하니 족하(足下)께서 제 부탁을 승낙해 주시겠습니까?"

내가 대답하였다.

"무엇이 어렵겠습니까? 제가 돌아올 날에 편지를 써서 보내십시오. 존자는 어떻게 노가재를 아십니까?"

하니 곽여항이 말하였다.

"노가재가 사행을 따라 왔을 때 서로 친해져서 십여 년 동안 서신으로 왕래했습니다. 그와 서로 주고받은 시와 편지가 매우 많습니다."

내가 말하길

"그 시찰을 한번 볼 수 있겠습니까?"

했는데, 곽이 대답하지 않고 명나라 때 야사(野史)에 우리 인조대왕(仁祖大王)을 무욕(誣辱)한 말을 옹정(雍正)이 고쳐 주기를 허락한 기별 한 장(연경 유관(留館) 때 정월 초 4일에 기록이 있음)을 내어 보여 주었다. 대개 북경의 『조보(朝報)』를 인쇄한 것이니 북경은 『조보(朝報)』를 인쇄하여 배포하는 것이 법으로 정해져 있었다. 내가 받아보니 그 글에 우리나라 사성어휘(四聖御諱)가 [15b] 계시어, 내가 관(冠)을 거듭 단정하게 하고 곧게 앉아 읽은 후 물었다.

"우리나라의 선군(先君)이 사책(史冊)에서 무욕받은 것은 장자(長者)께서도 이미 다 알고 있는 바입니다. 우리나라의 군신들은 밤낮으로 새로 인쇄한 사기(史記)를 반포하여 볼 수 있기를 바라고 있습니다. 공경히 묻겠습니다. 사기의 수정이 완료되어 다시 간행하여 반포하는 일정은 어느 때쯤 되겠습니까? 이번 사신이 회환할 때 받아서 돌아갈 수 있겠습니까?"

곽이 대답했다.

"사기가 어느 해에 완성될지 알 수 없습니다."

내가 말하길

"비록 사기에서 무욕(誣辱)한 내용을 고칠 것을 허락받았으나, 다시 완성된 사기를 반포하기 전에는 선조(先朝)께서 입으신 무욕은 전과 같은 것입니다. 우리나라의 군신이 설움과 분을 품어 밤낮으로 정성을 들이고 있으니, 혹시라도 빨리 개간(改刊)하여 반포하게 되기를 바라기 때문입니다. 지금 그대의 말씀을 들으니 매우 실망스럽습니다. 이 글을 가져가 잠깐 부사(副使) 노야(老爺)께 보이고자 하니 허락해 주겠습니까?"

하니

"이 글은 단지 족하(足下)께서만 보실 것이요, 다른 데는 보낼 수 없습니다."

하기에

"그대가 이미 두터운 마음으로 나에게 보여주셨으니, 두어 걸음 옮겨 건넌방에 계신 부사 노야께 보이지 못한다는 것은 어떠한 의리입니까?"

하고 두세 차례 군이 청했으나 끝까지 고집했다. 그래서 비싼 값에 사기를 청했으나 그것 또한 허락하지 않았다. 이때에 정환(程瑍)이 백수채(白受采)를 데리고 나를 찾아와 [16a] 문밖에 와 있었다.

나중에 역관에게 말을 전해 들으니, 정환과 백수채가 내가 곽여항과 함께 문답하는 모습을 보고 들어오지 않고 문밖에서 살펴보다가, 내가 곽여항이 가져온 조보(朝報)를 받아 자세를 고쳐서 꿇어 앉아 읽는 모습을 보고 백수채가 역관에게

"왜 그가 자세를 바꾼 것인가?"

라고 물어보기에 역관이

"우리 선왕의 사적(事蹟)이 있기 때문입니다."

라고 대답하였더니 백수채가 정환을 돌아보며

"조선이 예의지국으로 이름을 드러낸 것은 이유가 있구나."

라고 말했다고 하였다.

정환과 백수채가 문을 열고 들어와 자리에 오르며 나에게 읍을 하였다.

내가 백수채를 알고 즉시 써 묻기를

"정수재로 인하여 두터운 이름을 익히 듣고 꾀하던 날이 오래 되었는데 이제 굽어 찾아와 주시니 감격스럽고 퍽 다행입니다."

백이 말하길

"비인이 또한 정형(程兄) 때문에 향기나는 이름을 익히 듣고 한번 보고 싶었는데 이제 저 같은 어리석은 사람이 군자를 뵙게되어 다행스럽습니다."

곽여항이 정환, 백수채를 보더니 즉시 하직하고 갔다. 같은 도성 안에서 서로 면식이 없을 리 없으나 한번도 말을 섞어 본 적이 없기 때문만이 아니다. 정환과 백수채가 들어오는 것을 보고 곽여항의 안색이 변하여 즉시 일어나니 짐작이 간다. 내가 곽과 더불어 음식을 반도 못하고 두어 말 문답에 벌써 그 위인을 알았다. 내가 정백에게 말하길

"부사 노야가 여러분들 이름을 듣고 한번 보기를 바라시니 [16b] 가 뵙지 않겠습니까?"

정백이 허락하여 영공께 데리고 가 뵈었는데, 영공이 써 묻기를

"강상사(姜上舍)로부터 오래 좋은 얘기를 들었는데 이제 서로 만났으니 다행입니다. 나이가 어떠하며 어느 해에 무슨 글로 무슨 과거를 마치시고 무슨 벼슬을 하셨습니까?"

백이 대답하길

"초야의 더러운 사람이 명성이 마을에 나지 않았는데 대인께서 어찌 소리를 들으셨겠습니까? 계묘과(癸卯科)로 과거를 마치고 글 제목은 '말은 충성을 생각하고 일은 공경을 생각한다'이며 나이는 서른여덟을 헛되이 지내고 벼슬은 하지 못하였습니다."

백이 묻기를

"동평위 정부마가 병이 없으십니까?"

영공이 대답하길

"이미 죽고 삼년이 지났습니다."

백이 묻기를

"영속(令續, 대를 이은 아들)이 있습니까? 없습니까?"

영공이 말하길

"소후손(所後孫)이 벼슬이 학사입니다."

백이 말하길

"을유년에 일찍이 인연을 맺고 걱정이 되어 지금에 이르러 잊지 못하더니 듣자니 이미 옛날이 되었고 슬픔을 이기지 못하고 어진 손자가 능히 이었다하니 멀리서 기쁘게 위로드립니다."

정백이 간간히 나에게 그 집에 모여 야화(夜話) 나누기를 요구하는 것을 영공께 알렸는데 영공이 말하길

"사기 무욕과 자문(咨文) 무욕한 일을 알아낼 길이 없으니 그대가 조용히 [17a] 물어보라."

하시어 내가 간다고 하니 정백이 즉시 하직하고 가려 하자 영공이 각각 종이와 부채를 주시었다.

"마두 수만이 길을 알거요."

라고 하셨다. 저녁을 먹고 수만을 데리고 걸어 먼저 백거인의 집에 가니 그 집 대문에 정문을 세워 첩보(捷報, 승첩함을 알림) 두자를 금(金)자로 현판하여 붙였는데 연나라 법이 과거를 하면 나라에서 시켜 그 고을에서 도와 집에 금자로 정표를 한다.

백거인이 내가 말하는 것을 보고 넘어지듯 맞으며 같이 정환이 집으

로 가니, 정환이 백거인과 담을 사이에 두고 이웃이었다. 정환과 그 동생이 같이 있었다. 백이 써서 말하기를

"현주인(賢主人)이 있는데서 하룻밤을 주무신다니 받들어 모시겠습니다."

내가 답하길

"진실로 이역에 특별한 만남이고 티끌만큼한 세상에 좋은 모임이니 촛불을 밝히고 허심탄회하게 말하여 오늘밤 길게 얘기를 나눌 수 있겠지요? 다만 언어가 통하지 않은 것이 흠입니다."

정환이 말하길

"글은 글자가 같으니 붓으로 혀를 삼아 문답하면 어찌 방해가 되겠습니까?"

이윽고 차를 내오고 먹고 나서 술과 과일을 권하고 촛불 아래 창밖에 사람의 그림자가 비춰지고 이따금 희미하게 향내가 들어온다. 후에 마두의 말을 들어보니 부녀자가 창밖에서 나를 엿보는 자가 열이 넘었다 하니 정백 두집 부녀가 다 모여 나를 구경한 것이었다.

내가 말하길

"이 모임이 어찌 두번 [17b] 있으리오? 금일에 당신들이 이역 사람 되는 줄을 잊었습니다. 당신들이 또한 한참 탐스러운 마음을 망가뜨리고 소홀히 여겨 밖으로 푸대접하지 마십시오."

백이 말하길

"맞습니다."

정환이 말하길

"형의 이 말 뒤끝이 거리낌이 있습니다. 저희들이 어찌 간곡한 정을 드러내지 못했겠습니까? 다만 형이 우리 마음과 같지 않을까 걱정입니다."

내가 말하길

"당신이 내게 숨기지 않으면 내가 당신에게 숨기지 않을 것입니다."

백이 묻기를

"귀국에 진사하는 과거가 진술축미(辰戌丑未)년으로 봅니까?"

해서 내가 답하길

"대비(大比)하는 과거는(식년 과거 3년에 한 번씩 하는 것을 대비지과라 한다) 자오묘유(子午卯酉)년으로 하고, 만일 나라에서 경사를 만나 과거를 베풀면 이 한 해에는 하지 않습니다."

백이 말하길

"경사를 만나 과거를 베푸는 것이 또한 정해진 법이 있습니까?"

내가 말하길

"정한 법이 있습니다. 작은 경사에는 급제만 쓰고, 큰 경사에야 비로소 진사 과거를 봅니다."

정환이 말하길

"듣자니 귀국이 급제를 한 연후에야 벼슬을 준다던데요?"

내가 답하길

"비록 급제를 못하여도 음사(蔭仕)하는 기준이 있고, 반드시 급제를 한 후에야 군신이 됩니다."

백이 말하길

"듣자니 귀국이 다만 초시를 마치면 이름이 없다 하는데 그러합니까?"

대답하길

"그렇습니다. 초시는 열 번 하여도 칭호가 없습니다."

백이 말하길

"우리는 초시라도 마치면 칭호가 있고, 마치지 못하면 칭호가 없으니 귀국과 같지 않습니다."

내가 묻기를

"귀국이 초시를 하면 거인이 되니 거인도 은전이 있습니까?"

정환이 말하길 [18a]

"은혜로 패방을 주어 정문(旌門, 과거 급제함을 알리기 위해 집 앞이나 마을에 세우던 붉은 문)하는 것이 진사와 같습니다."

내가 묻기를

"거인이 된 사람도 즉시 들어가 벼슬을 합니까?"

백이 말하길

"예. 그렇습니다."

내가 말하길

"그러면 백거인이 어째서 벼슬을 하지 않는 것입니까?"

백이 말하길

"진사를 하고자 하여 조금 기다리는 것입니다."

내가 말하길

"벼슬에 난 후에는 다시 진사를 하지 못합니까?"

백이 말하길

"그렇습니다."

내가 말하길

"거인으로 들어가 벼슬하는 자가 진사하면 복잡하지 않은가요? 또한 다른게 없는가요?"

정환이 말하길

"거인과 진사 모두 지현과 지주에 올라 구분이 없어, 백형이 벼슬하지 않는 것은 높은 재주가 적게 이루어 달게 여기지 않아서입니다."

내가 말하길

"거인으로 들어가 벼슬하는 자가 능히 지위가 재상에 이르는가요?"

백이 말하길

"능히 재상에 이르지만 이름이 높지 못합니다."

내가 말했다.

"그대(白受采)가 문장(文章)에 익숙하고 또한 팔자(八字)에 통달했다는 것을 익히 들었습니다. 팔자를 아는 데 있어서 무슨 법을 쓰십니까?"

백수채가 대답했다.

"귀곡자(鬼谷子)와 이허중(李虛中)과 서자평(徐子平)의 법을 사용합니다."

내가 말하길

"내가 술업(術業)에 아는 것이 하나도 없으니 비인의 팔자를 자세히 알아봐주십시오."

하고는 내 형제 생년월일을 써 보였는데, 백이 보고 의논하고 말하기를

"존형이 재주가 민첩하되 정신이 촉급하니 이후에는 고쳐 도량을 넓히고 화완(和緩, 온화하고 완만함)하면 수명이 길고 복이 두터울 것입니다."

내가 말하길

"비인이 천성이 노둔하니 재주가 민첩하다 하면 존이 낯으로 아첨할 분은 아니나 이는 얼굴만 보고 [18b] 말한 것입니다. 비인이 평생에 서문표(西門豹, 중국 전국시대 위나라 수리전문가)를 공경하고 급한 병이 있어 그런 줄 알고 늘 경계하여 고치는 공부를 더하였으나 학문하기를 힘쓰지 못하여 마침내 기질을 변화하지 못하였으니, 진실로 썩은 나무는 아로새기는 것이 어렵습니다. 이제 존의 가르침을 받았으니 마침내 백호로 한번 침을 맞은 것 같으니, 청건데 날마다 존의 말을 외워 옛사람

의 가죽을 차던 것처럼 다하고자 합니다. (옛날 서문표가 급한 병이 있어 가죽을 차니 성격이 누그러졌다는 것을 배우려 함이다) 어진 사람이 한 말을 준 그 은혜가 큰 것이니 감히 절하여 사례하지 않을 수 있겠습니까?"

백거인이 팔자를 얘기해주니 다만 깊이 궁리하고 통달하여 자세히 하고 수(壽)를 말하지 아니하여 내가 다시 묻기를

"이제부터 나이는 얼마나 살겠습니까?"

백이 답하길

"예로부터 밝은 사람이 수(壽)의 숫자를 정하지 않았고 천지는 또한 다할 숫자가 있으니, 어찌 화제를 돌려 오늘밤의 다른 얘기로 회포를 풀지 않겠습니까?"

백이 물어 말하길

"존형의 선대 산소의 풍수가 병화행용(丙火行龍)과 인묘술국(寅卯戌局) 이 아니어서 물이 서북으로 나며 정산(丁山) 계향(癸向)에 자오분금(子午 分金)을 하였습니까?"[3]

하여 내가 대답하길

"선대에 의리(衣履, 옷과 신발)를 매장 한 곳이 한 곳이 아니고 내가

---

3 '병화행용(丙火行龍)'이란 원칙적으로는 부모산에서 혈성(穴星)으로 연결되는 과협(過
峽)에서 격정(格定)한 것을 이르는 것이나 이곳에서는 대충 입수룡(入首龍)이라 말하는
것 같다. '인묘술국(寅卯戌局)'이란 삼합국(三合局)으로 인오술국(寅午戌局)이 있는데
오(午)자가 묘(卯)자로 오타(誤打)일 수도 있다. 그러나 묘(卯)자라도 억지로 해석하면
안 되는 것은 아니다. 결국 입수룡(入首龍)이 병(丙)이라면 그 밑에서 인오술(寅午戌)이
화국(火局)으로 결혈(結穴)해야 왕상(旺相)하므로 화국(火局)으로 재혈(裁穴, 하관할 때
정확한 혈처를 찾는 작업)하기 마련이다. 좌향(坐向, 좌는 시신의 머리 방향이고, 향은
발의 방향을 가리킴) 이야기가 나오는데 병화행용(丙火行龍)에서는 사좌해향(巳坐亥向)
을 가장 많이 쓰고 이곳의 글처럼 정좌계향(丁坐癸向)에 병자(丙子), 병오(丙午) 분금(分
金)으로도 재혈(裁穴)을 한다. 묘지(墓地)의 기운(氣運)이 모자라므로 묘를 힘 있는 곳으
로 옮겨야 함을 말하는 것 같다.

풍수하는 기술을 전혀 배우지 못하여서 아무 산 아무 향인 줄을 일일이 알지 못합니다. 존이 묻는 것이 반드시 의견이 있으실 것이니, 알지 못하겠으니 어떤 뜻인지요?"

백이 말하길

"형의 형제 두 팔자를 보니 이 기운을 얻어 [19a] 태어난 듯하여 물었습니다. 또 형이 자꾸 수명이 떳떳치 못함을 염려하는데, 존형의 선대 산소가 매장한 것이 많아 앞에 남은 땅이 적으니 기운이 아니 엷겠습니까? 어찌 다시 새 산소를 구하여 자손들을 두텁게 하지 않습니까?"

내가 답하길

"선대 산소가 기운이 엷으면 이 기운을 타고 나오는 사람이 장차 엷어 족히 장수하는 것을 얻지 못한다?"

하니 백이 말하길

"존형! 얻은 바가 이에 아름다운 기운입니다. 존의 형제 두 팔자가 다 글에 밝으니 가히 알 것입니다. 다만 기운이 엷어 마음이 약하니 다시 이름난 지관(地師)을 구하여 두 군데 좋은 땅을 구하여 이미 장사를 지냈으면 이장하고, 장사를 지내지 못하였으면 다시 묘 터를 잡으면 항상 대대로 영화하고 현달함이 있겠습니다."

중정(仲程, 정환)이 말하길

"아까 형의 뒤를 좇아 부사 노야의 높으신 관상을 보니 복이 심히 아름답습니다만 눈썹에 살기가 띠었으니 성격이 강렬할 것 같습니다."

내가 답하길

"부사 노야가 조정에 임금을 섬김에 극진하고 아첨하지 않으며 벼슬에 임하여 정사를 함에는 칼로 벤듯이 하시니 강렬함이 과연 존의 말 같은데, 속은 진실로 온화하고 어질고 착하며 공손하고 자혜로워 바라

보면 엄연하여 가히 두려운데 나아가면 온순하시니, 존이 홀로 기다릴
때 가까이서 기상을 보지 않았던가요?"

정환이 말하길

"진실로 그렇습니다."

내가 중정(仲程)에게 묻기를

"존이 부사 노야의 눈가에 살기가 있는 줄을 아니 존의 [19b] 관상이
신묘하니, 한번 내 관상을 봐 주십시오."

중정이 말하길

"우연히 논한 것이지 제가 관상을 알지 못합니다."

하고 여러번 거절하고 마침내 말하지 않았다.

정환과 백수채가 말마다 반드시 나에게 형이라고 부르는데, 나는 그
들의 변발과 호복을 혐오하여 서로 형과 아우라고 부르는 것을 부끄럽
게 여겨 허락하지 않았다. 다시 생각해보니 그들이 비록 변발하였으나
본래 중원 사람이요, 하물며 정환은 정명도(程明道) 선생의 자손이라 하
니 더욱 귀하게 여길 만하다. 또한 벗을 삼는 것은 마땅히 재덕(才德)으
로써 논해야 하는데, 우리 조선이 재덕을 묻지 않고 출신을 논하는 것
은 말세의 좁은 습속이므로 그러한 관습을 마음속에서 항상 하찮게 여
겨왔다. 이제 정환과 백수채가 한번 만나봄에 대뜸 대등한 벗으로써
대접해 준 것은 비록 우리 조선을 사모하는 뜻에서 나왔으나 이는 진실
로 대국 규모의 관대함이요, 내가 기꺼이 형이라고 부르지 않는 것은
좁은 나라의 비루한 소견이다.

자하(子夏)가 말하길

"사해(四海) 바다 4개 안에 모든 사람이 다 형제다."

하는 것이 비록 병통은 있으나, 자하는 공자의 문인 중 10안에 드는

높은 제자이니 그 말은 버릴 말은 아니다. 저들은 다 연중의 아름다운 선비이다. 몸은 되(오랑캐)이나 마음은 중원이니 어찌 더러움이 있겠는가? 또한 연중이 조선을 존중하고 흠모하여 수재들이 나에게 와서 보는 자가 태반이 선생이라 하고 감히 형이라 [20a]하는 사람이 없고, 정환도 나와 친한데 오히려 감히 대적할 벗으로 대접하지 않고 백거인이 처음 보면서 그들 형이라 함은 재덕이 있는 것이니, 내가 허락치 않으면 저들을 사랑하는 뜻이 아니고 저들이 또 탐탁하지 않을 것이다.

하여 내가 드디어 형으로 불러 말하기를

"백형은 팔자를 말하지 않는데 정형은 관상 보는 것은 어떤가요?"

백이 말하길

"정형은 진실로 관상을 알지 못합니다."

내가 인조반정(仁祖反正)을 변무(辨誣)하는 일과 무욕(誣辱)을 탄원하는 일에 대해 묻기 위해서 먼저 다른 일로 말머리를 꺼냈다.

"대국이 편안하면 소국이 든든하니 소국이 힘입는 바는 오직 대국입니다. 얼핏 들으니 몇 해 전 군사를 징발하여 서역을 정벌하게 하는 역(役)이 있었다고 하던데요. 서역이 이제는 이미 평정되었습니까? 또 몽고가 간혹 침노하여 어지럽히고 성읍을 빼앗아 웅거한다고 들었는데 과연 그렇습니까? 다른 깊은 근심이 있어서 말하지 못하는 것입니까?"

백수채가 쓴 것을 보고 붓을 들어 대답하려다가 마두 수만(壽萬)이 곁에서 있는 것을 돌아보고 여러 번 눈치를 주면서 즉답하지 않았다. 북경에서는 감히 사적으로 나라 사정을 말하지 못하는데 그 법이 매우 엄하고, 또 북경에는 비록 부녀와 노예일지라도 글자를 모르는 자가 없으므로 우리나라 역졸도 글자를 아는지 의심하여 혹시나 누설할까봐 염려했기 때문이다. 내가 즉시 수만에게 물러가라고 분부하니 수만이 물러갔다.[20b] 그제서야 백수채가 대답했다.

"지난해에 서역으로 정벌하러 간 대상은 진실로 변방의 작은 도적이니 근심할 만한 일이 아닙니다. 중국이 전성기이고 천자가 영민하고 존엄하니 어찌 작은 도적을 염려 하겠습니까? 몽고가 고을을 빼앗았다고 한 것은 잘못된 소식입니다."

내가 물었다.

"서역에서 난을 일으킨 자는 어떤 도적입니까?"

백수채가 대답했다.

"택왕(□□)이라는 도적입니다."

내가 말하였다.

"몽고가 땅을 빼앗은 일은 들은 것이 사실인데 어찌하여 외부에 비밀로 합니까?"

정환이 말하였다.

"전해들은 것이 진실이 아니기 때문입니다."

백이 말하길

"몽고가 서울에서 가까우니 과연 땅을 다투는 일이 있으면 군대를 보내 치면 되니 어찌 염려하겠습니까? 허망한 말이니 의심하지 마십시오."

내가 물었다

"아까 곽노항이 가지고 있던 조보는 조정에서 간행되는 것입니까? 아니면 개인이 간행하는 것입니까?"

정환이 말하였다.

"조정에서 간행하여 반포하는 것입니다. 어찌 감히 사적으로 간행할 수 있겠습니까?"

백수채가 말하였다

"조정에서 매일 조보와 정목을 간포하여 밖으로 반포합니다."

내가

"형들도 조보를 가지고 있습니까?"

라고 묻자 백수채가

"없습니다."

라고 대답하였다. 내가 물었다

"곽여항에게 조보를 사겠다고 청했는데 허락하지 않은 이유는 어째서입니까? 형들이 중재하여 조보를 팔라고 곽여항에게 권해 주는 것이 어떻겠습니까?"

백수채가 다음과 같이 대답하였다.

"진귀한 보배를 얻은 듯 생각하여 이로써 매번 조선 사신에게 자랑하여 뇌물을 얻으려는 계획이므로 결코 손밖에 내놓지 않을 것입니다. 또 비록 그와 같은 도성[21a] 안에 살고 있으나 취향이 다르므로 서로 왕래하지 않는 것입니다."

내가

"사서(史書)에서 인조를 무욕(誣辱)한 일을 형들도 아십니까?"

라고 묻자 백수채가

"약간 알지요."

라고 대답하였다. 내가 물었다.

"사서(史書)에 기술된 인조 무욕(誣辱) 부분을 고쳐주겠다고 한 허락을 얻었으니 장차 원통함을 풀 수 있을 까요?"

백수채가

"그럴 수 있을 것입니다."

라고 말하였다. 내가 다음과 같이 말하였다.

"명사(明史)를 개간(改刊)하여 반포하는 일이 언제 실현될까요? 인조
반정(仁祖反正)이 진실로 천하 후세에 할 말이 있고 종묘사직이 지금까
지 의지하였는데, 야사(野史)의 무욕(誣辱)을 당하심이 끝이 없습니다.
성덕과 대업을 악명으로 무욕(誣辱)하니 우리나라 군신들은 그 무욕(誣
辱) 부분을 고쳐준다는 허락을 얻은 후부터 주야로 북경을 바라보면서
간포(刊布)해 주기를 기다려왔습니다. 개간본(改刊本)을 이번 사행길에
얻을 수 있을지 알 수 없겠습니까?"

백수채가 대답하였다.

"연경에 이르면 자연히 알게 될 것이니 물을 만한 것이 못됩니다."

내가 물었다.

"지금 벌써 명사(明史) 개간(改刊)을 시작하였습니까? 아직 시작하지
못하였습니까? 이것은 비밀로 할 일은 아니니 자세히 말해주십시오."

백수채가 말하였다.

"책을 완성한 후에 개간(改刊)할 것입니다. 다만 명사(明史)의 완성이
정해진 날짜는 없는 듯합니다."

내가 물었다.

"무슨 이유로 정해진 날짜가 없다는 것입니까?"

백수채가 말하였다.

"대총재가 그 일을 맡아 차지하고 있는데 외부인은 참여하지 못하게
하고, 또 외부인에게 말하지 않게 하니 이 때문에 전혀 알 수 없는 것입
니다."

내가 말하길

"예로부터 사기를 이루는 법이 엄격하고 비밀스럽다고 하는 것은,
사관이 당대의 역사를 서술하는 것을 [21b] 말하는 것입니다. 대개 당

시 임금의 현우(賢愚)와 시절(時節)과 정사(政事)의 득실, 당시 사람들의
시비를 다 바른대로 쓰기 때문에 당시 임금도 감히 사초(史草)를 가져다
보지 못하였는데 하물며 외부 사람이 보는 것을 허락하겠습니까? 그러
나 지금 사기를 고치는 일은 예전 일과는 다른 것이니, 어째서 혐의(嫌
疑)를 두고 쓰겠습니까? 송(宋)나라 때 사마광(司馬光)이 『자치통감(資治
通鑑)』을 만들 때에는 나라의 서책을 내어주어 마음대로 가지고 다닐
수 있게 하였으니, 어찌 외부인이 듣고 보는 것을 금지했겠습니까? 지
금 중원이 비록 예전과는 다르나 일이 바로 이와 같으니 붓을 잡는 신
하가 비밀스럽게 외부 사람에게 말해주지 않는 점에 대해서 저는 어째
서 그러는지 알 수가 없습니다. 저들이 사기를 비밀로 저술하기에 외부
인이 그 사실을 모른다는 것은 이해하겠으나, 그것이 언제 완성될지도
모르겠다는 것은 어찌된 말씀입니까? 혹시 지금 사기의 찬수를 맡은
신하가 적절한 인재를 얻지 못하거나 찬수를 부지런히 아니하기에 그
러한 것입니까? 아니면 또 다른 곡절이 있는 것입니까?"

백수채가 말하였다.

"그 가운데 기휘(忌諱, 꺼리거나 싫어함)할 일이 많기 때문에 그렇습니
다. 형께서 어찌 이것을 모르시겠습니까?"

대개 대명(大明)은 중엽 이후부터 청인(淸人)과 원수의 적국이 되었다.
그때 사기에는 분명히 요즈음 청인들을 업신여긴 말들이 많았기 때문에
백거인(白擧人, 백수채(白受采))이 그렇게 말한 것이다. 내가 말하길,

"내가 알겠는데 언제 어떤 일이 있는데 싫다고 지우고 없애고 고치거
나 하는 것을 누가 못하겠습니까? 금일 다시 돌아보는 것을 어찌 꺼리겠
습니까? 듣기에 싫다하여 미뤄져 날을 보내고 해를 지나 이룰 날이[22a]
없으면 차라리 처음에 편수하는 체를 아니함만 못하는 것입니다."

백이 말하길

"편수하지 않는 것은 나라 체면이 아닙니다. 명나라 사기를 지금 말하기 싫어하는 것이 많으니 굳이 깊이 다그칠 것이 아닙니다."

하고 말을 마치고 서로 돌아보니 정색하는 빛이 있어 내가 말하길

"존의 말과 뜻을 알았습니다. 지난 동지사 편지를 들으니 내년 겨울 끝나가면서 개간을 마칠 것이라 하는 말이 있어 올 겨울(1727년)을 고대하고 이제 성대한 가르침을 들으니 바라지 못하여 그렇습니다. 고치기를 허락한 것이 수포로 돌아갈까 우리가 밤낮으로 바람이 진실로 이른바 빈 말을 정성껏 받들고 있을 뿐입니다."

정환이 말하길

"나라 일은 알 바는 아니고, 어찌 다른 말이 없어 오늘 밤을 지내지 못하겠습니까?"

내가 어리석게 묻는데

"우리나라 사람들이 사사로이 대국 사람에게서 은을 꾸어간 사람이 있어 이로 인해 우리나라가 많은 무욕을 받고 위로는 임금에게까지 미치니 형이 들어 아십니까? 모르십니까? 말해주십시오."

정환이 말하길

"형이 묻는 바를 아는데 호가패(胡嘉珮)의 일입니까?"

내가 말하길

"그렇습니다."

백이 말하길

"그것은 문서로 왕래하여 왕실 재물 창고의 은이라 받기를 재촉하는 것만 듣고 귀국에 해로움이 있는 줄은 몰랐습니다."

내가 말하길

"개와 쥐같은 무리들이 법을 어기어 물건이나 돈을 농락하고 속여, 우리 임금이 무슨 상관이 있다고 하자와 무욕이 위로 선조께까지 미치니 어찌 대국이 바라는 바이겠습니까?"

백이 말하길

"귀국의 임금이 무욕을 입은 것이 [22b] 어찌 장사치들의 일로만 말미암았겠습니까? 그 빚을 내어간 장사치들을 귀국 임금이 어떻게 조처하셨습니까? 원하건데 그 애기를 좀 들려주십시오."

내가 답하길

"호가패라고 하는 것을 빚내어 온 사람들이 200명이 넘는데, 반은 이미 죽은 귀신 이름이고 반은 잘못된 이름입니다. 있는 놈 약간을 자세히 조사하니 사람인지라 옳은 대로 자문에 회답하였는데, 저번에 봉황성에서 조회했는데 그 가운데 임금의 교지를 원한다 하면서 우리 임금을 지적하여 공연히 무욕하였는데, 피차 간사한 무리들의 꾀로 교묘히 속여 이용하는 이 조그만 일인데 어찌 번거롭게 위까지 미칠 수 있겠습니까? 설사 우리나라에서 이 일을 처치한 바가 있어도 조금 살피지 못함이 있을지라도 무욕하는 것은 그들 밖에 있고, 일이 지금 일어난 것이 선조로 돌려보내면 또 어쩌라는 것입니까? 대국이 평상시 폐방을 예의로 대접하던 뜻으로 보면 그윽이 걱정스럽습니다. 이 일이 결단코 귀국 황제가 한 것이 아닌가 하는데 혹 위 사람의 승락도 없이 아랫사람이 전례대로 처리하거나 거짓평계로 위조한 것입니까?"

백이 즉시 붓을 잡아

"자하(自下)로 가탁 위조하다."

는 여덟 자를 흐리어 없애 내가 묻기를

"흐리는 뜻은 그렇지 않다는 것입니까?"

백이 답하길

"진실로 그렇지 않습니다."

정백이 서로 말하기를 한참 있다 하나 내가 말을 알아듣지 못하고 대개 기색을 보니, 저들 나라에서 우리나라를 무욕함이 근거가 없음을 여기며 우리나라에서 그 빌려 쓴 놈들을 죽이지[23a] 않아서 나빠하는 듯하였다. 내가 백에게 말하기를

"부사 노야가 자제가 있어 장래에 침착하고 깊이 생각하는 것을 듣고 자 하니 형이 허락해 주시겠습니까?"

백이 말하길

"마침 존형을 위해 약간 아는 것을 꺼리지 않고 했으나 대방(大方)께 웃음을 보일까 걱정입니다. 부사 대인이 만일 더럽고 옅음을 웃지 않으 신다면 마땅히 가르침을 받겠습니다."

내가 말하길

"내년 봄 회환하는 날 찾아 갈 것이니 급하게 할 것은 아닐 것입니다."

백이 말하길

"알겠습니다."

내가 다시 말하길

"형이 내 팔자를 보니 가난한 집에서 몸이 마치지 않겠습니까?"

백이 말하길

"별이 문명하고 재주와 그릇이 민첩하니 어찌 두번 번거롭게 묻는 것입니까?"

중정이 말하길

"형이 이미 진사를 이루었고, 존의 뜻을 엿보니 우울한 듯하고 비인 같은 사람은 나이 삼십이 넘어 머리에 유생의 예관을 썼으니 그 민망함

이 마땅히 어떠하겠습니까?"

내가 답하길

"감히 벼슬이나 지위에 성급한 것이 아니라 노친이 나이가 많아서 보잘 것 없는 마음이 급하지 않을 수 없습니다."

정이 말하길

"피차 같은 마음입니다."

이윽고 마을 닭이 어지럽게 울어 정백과 베개를 나란히 하고 잤다. 내가 비로소 책문에 들어올 때 설인과 역졸배가 옛날 아는 되들과 더불어 손을 잡고 웃으며 즐거워함이 동향 친구같이 하고 주막에서 서로 마주앉아 먹으며 길에서 말고삐를 잡고 오는 것을 항상 보고 문득 토할 것 같았는데, 오늘은 정백과 함께 밤이 반이 지나도록 조용히 말하고 같은 곳에서 자는데 저들이 이미 속마음을 다 털어놓고 내가 또한 정이 없지 않아 [23b] 저들이 다른 류(類)가 되는 것을 알지 못하고 비로소 인정이 그러한 줄을 알았다.

산해관(山海關) 성에 대해 세상에 전해지기를

"진(秦)나라 때 몽념(蒙恬)이 쌓은 성이다."

라고 하며 혹자는

"당(唐) 태종이 요동을 칠 때 설인귀(薛仁貴)가 쌓은 것이며, 명(明) 때 중산(中山) 무녕왕(武寧王) 서달(徐達)이 증축하여 북쪽으로는 각산(角山)에 이르러 만리장성에 합쳐지고 남쪽으로는 바다에 접해 있으니 수로의 요충지를 막은 것이다."

라고 한다. 나는 일찍이 이를 의심해 오다가 산해관 지리책을 참고하고 또 거주민에게 물어 보고서야 비로소 두 설이 틀렸다는 것을 알게 되었다.

대개는 진나라 장성이 임도(臨洮, 강에 닿음)에서 시작하여 만리를 뻗

쳐 각산을 걸치고 북으로 뻗쳐 태흑산(太黑山) 몽고 땅 경계를 지나 꼬
리가 요동에 그치고 또 각산으로부터 동으로 바다에 닿아 한일(一)자
성이 되었는데, 대명(大明) 처음에 중산왕 서달이 연(燕)을 지키여 비로
소 옛 한일자 성을 주위를 둘러 쌓아 관문을 세우고 마을을 만들고 유
관(榆關)을 여기다가 옮기고 이름을 산해관이라 하고, 또 오화성(五花城)
이라 하니, 옛날 있던 성이 주위가 7리이고 서쪽 나(□)성이 6리이고
동쪽 나(□)성이 3리이고 남쪽 새로운 성이 1리이고 북쪽 새로운 성이
1리이고 성 동남쪽에 고(□)산이 있어 바닷가에 접해있고 각산이 북쪽
에 일어섰고 커다란 바다가 남쪽에 뻗쳤으니, 진짜 오랑캐 중화의 험준
한 땅이고 연경의 목구멍이다.

높은 데로 올라가 보면 [24a] 만리장성이 남으로부터 와관(□□)성에
닿았으니, 눈 아래 보이는 곳은 진나라 장성 주위가 은은하게 멀리 보인
다. 관문이 초저녁에 자물쇠로 잠그고 아침 해가 뜰 때 비로소 연다.
관원은 성수위 1명, 좌령 7명, 필첩식 4명이 있어 심양장군에게 속해있
고, 통반(□□) 1명이 있어 영원에 속하였고, 초관(□□) 감독 1명이 관문
에 출입하는 조세를 받는 일을 한다. 조세 받는 은이 28,200냥이고,
머물러 지키는 군인이 364명이다.

술집들이 조밀하고 시장 가게가 번화하고 마을 집과 마을이 번성하
고 화려함이 통주에 버금가지만, 다만 성가퀴가 이따금 무너지고 내외
성문 누가 비가 새어 기울어 있은 지 오래되어 전혀 수리하지 않고 심
양의 완고함만 같지 못하였다. 대명 때에 쓴 연대(煙臺)가 산해관에서
끝나고, 산해관 안에는 돈대를 세워 5리 사이에 둘 셋씩 설치하고 높이
와 너비는 연대에 비하면 5분의 4로 작고, 형상이 아래는 크게 하고
위에는 쌓은 듯이 하고 위에 작은 담을 쌓아 성가퀴로 하고 가운데 집

각산(角山)과 각산장성(角山長城)의 입구

시내에서 이곳까지는 대략 3km 정도의 거리이고, 정면으로 보이는 주봉(主峰) '태평정(太平頂)'의 높이는 해발 520m이다.

하나를 짓고 대 밖에는 사방으로 흰 회를 칠하여 용과 호랑이를 그리고, 대 앞에 높은 대를 세우고 대 위에 누런 기를 달아 기 위에는 '길에 복병하여 이상한 것을 살펴라'라고 여덟 자를 쓰고 대 곁에 작은 집을 지어 군병을 감추고 검과 창, 활과 화살을 놓았다. [24b]

그 대와 집이 가히 10명을 숨게 하였으니 대개 높은 곳에 올라가 보고 살펴보는 곳이니, 산해관으로부터 북경에 이르기까지 다 그러하였다. 군졸들이 모두 우리 사행을 대 위에서 일어서서 보았다. 듣자니 명나라 때 산해관 밖에는 연대를 두고 관 안에는 작은 돈대를 두어 봉화를 준비해 놓고 표식을 하고 하여야 할 바를 기록하였는데 지금 돈대는 그 법규로 인하여 더 만들어 두었다 한다.

생각해보니 한나라 광무황제 때 변방의 일의 완만하거나 급한 일을 적절히 처리하기 위해 흙으로 높은 대를 만들어 나무와 풀을 그 위에 두어 도적이 있다고 알리려면 즉시 불을 질러 알렸는데, 대개 명나라 연대와 청나라의 돈대가 모두 한나라 건무 때 하던 법을 따랐다 한다.

• 1727년 12월 20일 신축일 맑음

먼동이 틀 무렵 일어나 정백과 함께 이별할 때 백거인이 칠언절귀 하나를 지어 보여서 즉시 흘려써서 차운하여 남겨 이별하고 성 동문으로 나가 10리를 가서 징해루에 오르니 대개 만리장성이 바다에 닿아 그치고 성이 끝나는 곳에 높은 언덕이 있고 언덕 위에 2층으로 높은 누각을 지어 사다리로 층층이 오르니, 그 누는 대명 때에 세운 것이고 강희 때에 고쳐 중창하였다. 바람벽 위에 중수기를 돌에 새겨 놓았는데 간략히 기록하길 진나라 장성이 한나라 진나라로부터 송나라 원나라 때까지 대대로 수축하여 명 중산왕이 연(燕)을 지키어 산을 의지하고 바다를 막아 둘러 성을 쌓고 관을 [25a] 짓고 천호소(千戶所, 명나라때 마을의 한 단위로 10개의 백호소)를 두어 관군 만 명을 두어 그 땅에서 농사짓고 이름을 산해관이라 했고, 중엽에 안과 밖에 일이 많아 날쌘 군사와 늙은 장수들이 바람 모이듯 구름 모이듯 하여 관문이 드디어 변방의 중요한 땅이 되었는데, 갑신년에 도적 이자성이 도성을 무너트리고 대청 세조 장황제가 이에 6사(師)를 거느려 도적을 석하 남쪽에서 격파하고 이에 도읍을 연경에 정하니, 다음 해에 두 지역을 하나로 합쳐 관의 성이 덕화를 향하는 으뜸의 땅이 되었다 하니 세조 장황제라 하는 사람은 칸(汗)을 말하고 관의 성이 덕화를 향하는 으뜸의 땅이라고 하는 것은 오삼계가 산해관 성을 헐어 들였음을 말하는 것이다. 혹자는

징해루와 노룡두

왼쪽의 숲 너머로 높은 지붕 하나가 보이는데, 그것이 징해루다. 오른쪽으로 내려와 바
다 물속에 멈 춘 성벽 끝머리는 노룡두라 불리는 곳으로 만리장성의 동쪽 기점이다. 노룡
두 성벽 위에는 적루 하나가 보이는데, 소위 '정치1호적대(靖齒一號敵臺)'다. 노룡두에
서부터 북경 북쪽의 거용관(居庸關)에 이르기까지 척계광(戚繼光)에 의해 건설된 1,200
여 개의 적루 중 제일 동쪽에 있는 1번 적루라고 할 수 있다. 사진은 노룡두 서남쪽 방향
에 있는 해신묘(海神廟)에서 찍은 것이다.

진나라 장성 끝에 또 돌을 쌓아 높은 언덕을 만들어 바다로 들어가 일
어선 듯하니 높이가 세 길이 넘고 길이는 높이보다 두 배나 하고 노룡
퇴(盧龍堆)라 하니 이는 명나라 장군 척계광이 쓴 것이고, 성 위에 누가
있으니 명나라 때 직방(職方) 왕치중(王致中)이 세운 것인데 부서져서 거
의 오르지 못하게 되었다 한다.

 혹자는

 "이 누(樓)가 앞으로는 큰 바다에 닿고 등 뒤에는 높은 산을 지고 높
기는 만리장성 위를 베고 물결은 만 리가 맑고 산등성이는 일 천 겹
겹쳐 있으니 어찌 구차스럽게 팽려호(중국 장시성에 있는 판양호의 옛이름)
나 동정호(중국 호남성 북부의 호수)의 그 좋은 경치나 웅장함을 비교하겠
는가?"

하였으나, 그 지은 사람 이름이 없었다. 벽[25b] 위에 또 율시 하나를

징해루와 노룡두의 중간에 서서
노룡두 쪽을 바라본 사진

노룡두가 무척 높게 보이는데, 2층에는 '웅금
만리(雄襟万里)' 1층에는 '징해루(澄海樓)'
라는 현판이 걸려있다. 2층 현판은 명나라
때 손승종(孫承宗)의 글씨이고 1층 현판은
청나라 융황제(隆皇帝)의 글씨이다.

돌에 새겨 붙였는데 그 시에 말하길

"위태한 누가 해문(海門) 서쪽에 절벽 선듯 하였으니 구름과 나무가 넓고 아득하고 희미하게 바라보인다. 물결이 긴 하늘에 닿으니 섬을 삼키고 돛에 외로운 칼을 달았는데 무지개가 둘렀다. 함께 한잔 술을 대하며 자주 저들을 비노니 다만 한 자 길이의 인끈으로 선우의 목을 맬 것이다. 여남(汝南) 무구(□□)가 쓰노라."

라고 하였다.

시가 강하여 불평한 의사가 있는 듯하고 뒷글의 글자

"선우의 목을 맬 것이다."

하는 것은 뜻이 너무 드러났다. 알지 못하겠지만 대명 때에 쓴 것이면 강희때 중창하는 날에 감히 마땅히 제멋대로 붙이지 못할 것이고, 만일 명이 망한 후의 사람이 지은 것이라면 신하됨이 부끄러워하는 사람이 다만 우리나라 사람뿐이 아니니 가히 귀(貴)하나 감히 제멋대로 현판한 것이 이상하였다. 이 밖에 현판한 문장과 글귀가 많이 있으나 바빠 미처 자세히 보고 외우지 못하고 또 가히 취할 것이 많은 줄을 모르겠다.

뜰에 한 옛 돌비석이 있는데 내려가 보니 반은 땅에 묻히고 글자가 다 지워져 가히 읽지 못하였다. 누로부터 조금 내려와 돈대 하나가 있어 바다 물결이 출렁거려 침식되어 무너졌고, 중수기에 말하길 노룡퇴

노룡두 서남쪽에 있는 해신묘

3간 패루의 정문을 들어서서 돌다리를 건너면 바다 위에 기초를 만들어 세운 여러 개의 전각 들이 이어져 있고, 정전에는 용왕(해신)의 소상이 안치되어 있다.

(盧龍堆)라 하였다. [26a] 징해루(澄海樓) 해와 달의 좋은 경치는 짧은 시간에 대강 짐작하여 붓끝으로 만에 하나라도 비슷하게 기록할 수 없을 것이다. 대체로 해와 달이 누대의 난간 밖에서 목욕하고 고래와 곤붕(鯤鵬, 큰 물고기와 큰새)이 처마 아래서 희롱하는 것과, 누대의 훌륭함과 성곽의 굉장한 모습은 말할 나위도 없이 동연경(東燕京)과 심양(瀋陽) 어양(漁陽)에서 으뜸이니 참으로 이 세상에 우뚝하고 뛰어난 대단한 구경거리였다.

어렸을 적에 오성부원군문집(鰲城府院君文集)을 보았는데, 다음과 같은 내용이 있었다.

"연경에 조회하고 돌아오다가 산해관(山海關)에 도착하여 징해루에 올랐다. 일행이 모두들 입을 모아 '여기 오지 않았다면 일생을 헛되이 산 것이다.'라고 하였다."

나는 비로소 징해루라는 누각이 있다는 것을 알았는데, 하늘 위에 있는 듯한 이 누각을 이번 생에 한번 오르리라고는 생각지도 못했다.

그런데 뜻밖에 오늘 이곳에 올라 눈을 둘러 상쾌한 경치를 보니 가슴이 시원하게 뚫리는 끝없는 경치를 깨닫게 되었다. 그러나 내가 한번 징해루에 올랐으니 일생을 헛되이 보내지는 않았다고 한다면 듣는 이가 무엇이라 하겠는가?

서남으로 15리를 가서 심하(深河)를 건너니 너비가 수십 보였다. 7리를 가서 홍화점(紅花店)을 지나고 20리를 지나서 범가점(范家店)을 지나고 10리를 가서 대리점(大理店)을 지나고 5리를 가서 봉황점(鳳凰店)에 도달하여[26b] 아침을 먹고 마을이 100여 호였다. 5리를 가서 망해점(望海店)을 지나니 북경에서 동쪽으로 나오면서 여기에 이르러 '바다를 보다'라는 이름일 것이다. 10리를 가서 심하보(深河堡)를 지나니 성이 있는데 주위가 3-4리이고 성가퀴는 완전하였다.

11리를 가서 망자점(網子店)을 지나니 흙으로 연이은 집이 한일(一)자로 긴 행랑이 된 것이 거의 4-50호였다. 여기부터 일기가 흐려 흰 기운이 안개같이 하늘에 닿고 땅에 덮여 점점 어두워 지척을 분별하지 못하고 의복이 다 젖으니 일행 중에 말하길 바다가 가까워 장려한 기운이라 하는데, 뜻하는 바는 날씨의 변고라 사람이 반드시 상할 것이니 다부지게 마음 먹으라는 것이다. 10리를 가서 유관점(榆關店)에 다다르니 날이 이미 어두워, 한인 조탄(趙坦)의 집에 들어가 잤다. 유관은 곧 옛 중원의 변방의 요새 문이다. 서쪽에 유하(渝河)가 있어 처음에 유관으로 불렀다가 진나라 몽념이 느릅나무를 심어 요새를 만들고 삼수 변 유(渝)자를 버리고 느릅나무 유(榆)자로 바꾸어 유관이라 하였는데, 지금까지 느릅과 버들이 무성하게 숲이 되어 옛 풍속을 느꼈다.

산해관 안에서부터 큰 길 좌우편에 모두 버드나무를 심고 그 뿌리를 굵게 북돋우고 다섯 걸음에 한 개씩 심어 북경에 이르러 천여 리에

[27a] 다 그렇게 하니, 다 나무심기를 좋아할 뿐 아니라 나라 명령이 있었다 한다. 유하(楡河) 위에 임유산(臨楡山)이 있는데 수양제(隋煬帝, 수문제인데 착각을 한 것 같음)가 개황(開皇) 중에 고구려를 공격할 때 한왕(漢王) 양양(楊諒)이 병사를 이끌고 유관(楡關)으로 나갔다던 곳이 이 지역이다. 유관 북쪽 바다에 옛 성이 있고 성 북쪽에 열파산(裂坡山)이 있어 자못 높이 솟아 모든 산보다 뛰어났다.

▌한문본『상봉록』권5

• 1727년 12월 21일 임인일 맑음

닭이 울 때 떠나서 남으로 3리를 가니 영가장(榮家庄)을 지나고 길 오른편 마을 서쪽에 소나무 수풀이 한 언덕에 가득하였는데, 압록강을 건넌 후에 소나무를 흔히 보지 못하다가 여기에 와 희귀하게 보았다. 5리를 가서 위 아래로 백석포(白石鋪)를 지나 요동 들이 여기를 다 두르고 여기서부터 언덕 위로 따라가 한 고개를 넘고 3리를 가 오관영(吳管壘)을 지나니 동쪽이 비로소 밝아지고 있었다.

서남으로 8리를 가서 두어 산을 넘어 한 고개에 오르니 비석이 있는데 의총(義塚)이라 하는데 어찌하여 절의 무덤인지를 알지 못하겠다.

1리를 가서 왼편 산 바위가 자못 기특하고 이상하였고 봉우리 위에 돌을 세워 비석같은 것이 무릇 두세 개가 있는데 어느 때에 무엇 때문에 세운 것인지 알지 못하겠으니, 혹시 옛날 돌을 세워 경계를 표시한 것인가 한다. 동악묘 앞으로 무령현(撫寧縣)에 다다라 성 동문쪽[27b]으로 들어가니 문 안에 관왕묘(關王廟)가 있고, 묘문에 '뜻이 춘추에 있다'는 네 글자 붙였으니 공자가 춘추를 만들었을 때 오랑캐를 물리쳐 중국

에 나오지 않게 하였던 것이다. 옛날이나 지금도 아래를 굽어보고 위를
쳐다보아도 다시 선비(志士)의 감동을 불러일으키는구나!

성의 동서가 겨우 1리인데 성가퀴가 다 완전하나 성 위의 문루가 거
의 무너졌다. 술집이 즐비하고 사람들이 다 분주하고 지나는 마을이
모두 가게집과 시장이고 사람의 집에는 패방과 정문한 것이 서로 이어
졌고 명나라 때 가정 연간 왕윤상(王允祥)의 패문이 높이 솟아 있었다.
설인이 말하기를

"이곳이 옛부터 인자한 사람이 많아 높은 급제에 오르며 현달하고
밝은 자가 대대로 이어 나오고 명인과 대유(大儒), 효자와 열부 또한 이
따금 난다."

하니 대개 무령 고을이 산수가 명려하여 토이산(兎耳山)과 화자산(鏵子
山), 대숭산(大崇山)과 년봉(□□)산 등 모든 산이 고을 남북으로 둘러 첩
첩이 가득하여 봉우리가 나는 듯하고 난새[鸞, 중국 전설에 나오는 상상의
새]가 춤추는 듯하여 그 기운이 사람에게 모여 나옴에 마땅히 영특하고
뛰어난 기질이 있으니 더욱 지리를 속이지 못할 것이고, 사람이 사는
데는 마땅히 산수가 좋은 곳으로 나아가 살음직하다. 무령의 지현(知縣)
은 구군괴(寇君瑰)란 사람이고 아래에 관원이 교유, 훈도, 전이 각 1명
이 있다.

무령현(撫寧縣)에 조선성(朝鮮城)이 있다. 『황명지도종요(皇明地圖綜
要)』라는 책에 [28a] 무령의 조선성은 기자(箕子)가 주(周) 무왕(武王)이
봉(封)한 명(命)을 받들던 곳이라고 하였다. 이는 반드시 증거로 삼을
것이 있을 것이다. 당시에 무령 고을도 조선의 경계임으로 기자가 비록
주 무왕께 신하된 것을 부끄러워 의(義)로 의자에서 감히 앉아서 왕명
을 받지 못하고 경계 위에 올라가 봉함을 받았다는 것일 수도 있고,

당시에 유관이 조선 경계가 되어서 중원의 첫 경계로 들어와 왕명을 받들었을 수도 있었다. 3대(하, 은, 주나라) 이전의 일이라 헤아려 볼 데가 없으니 의심되는 것이 있더라도 그만두어야겠다.

2리를 가서 양하(羊河)를 건너니 너비가 수십여 보이다. 맑고 얕아 흰 돌이 많은데, 여름이면 배를 띄운다 한다. 길 오른편 북쪽으로 보니 수 리 밖에 산이 있어 웅장하고 매우 뛰어나게 일어서서 와룡산(臥龍山)이라 한다. 홀연히 일어서고 엎드린 듯하여 끊어지다가 다시 이어지고 그 곳에 못이 있는데 깊이는 측정하지 못하겠고, 너비가 수십 보이고 가득 넘치어 스스로 양하가 되었다 하는데 기특한 경치이다. 윤판서 지인(趾人)이 연경 사신으로 올 때 화원을 데리고 와서 보고 그 산과 못을 그려 갔다 하는데, 이번에 오는 부방 마두 강충신이 일찍이 그때 사행을 따라와 올라 보았다고 길에서 나에게 알려 주었다.

길 왼편에서 남쪽을 바라보니 10리 밖에 푸른 빛 한 줄기가 붓끝으로 그린듯이 표묘(縹渺)하고 청수(淸秀)하였는데, 창려산(昌黎山)이라고 한다. 창려(昌黎) 마을이 그 아래 있으니 그 산의 봉우리와 산등성이가 [28b] 모두 빼어나고 가지와 잎이 첩첩이 쌓였는데, 한 봉우리가 우뚝 곧게 솟아 구름 가에 닿았는데 필봉(筆峯)이라고 한다. 세상에 전하기를 한퇴지(韓退之, 한유(韓愈)) 조상의 무덤이 그 아래 있고 한퇴지가 태어났다고 한다. 한(漢)나라 이후 팔대 문장이 쇠약한 기운을 다시 진기한 문장으로 변화시켰으니, 이 산의 기운을 타고났다고 한다.

『창려현지리지(昌黎縣地理誌)』를 살펴보니, 퇴지서원(退之書院)이 그 산 아래에 있다고 하였다. 퇴지의 아버지 중경(仲卿)으로부터 그 윗대가 모두 위(魏)나라 하내(河內) 하양현(河陽縣)에서 살았고, 대대로 한창려(韓昌黎)라 하였다고 세상 사람들이 전하는데 내가 감히 믿지 못하겠고, 다만 창려산이 퇴지를 태어나게 한 것은 거짓말이 아니다. 이를 기록하여 박고(博考)한 이를 기다리겠다.

또한 『창려현지(昌黎縣誌)』에서는 고죽성(孤竹城)이 창려현에 속한다고 하였다 하고, 그 아래 주에는 이곳이 백이숙제 글을 읽던 곳이라 하였는데, 헤아릴 만한 사적이 있는지 모르겠다. 창려산이 곱고 무르익어 맑고 빼어나 10여 리를 뻗쳐 와룡산과 함께 멀리서 마주 일어나 자못 자웅을 겨루는 듯하는데, 창려산이 기상이 뛰어나고 와룡산은 씩씩함이 뛰어나니 우열로 백중을 가리기가 어렵다.

들 가운데 냇가를 지나 5리를 가서 오리보(五里堡)를 지나, 산이 앞길에 가로로 막혔고 천태산(天台山)이라 한다. 그 등쪽으로 스쳐지나 낮으로 둘러지나니 표묘하여 가히 아름다웠다. 모든 산이 기특한 [29a] 바위이고 산 중턱에는 소나무와 잣나무가 빽빽히 무성하고 가운데 절이 있는데 천주사(天□寺)라 하였다. 길 왼편에 또 산이 있는데 길이 구불구불하여 거의 1리나 하고 모든 산이 다 잿빛 바위로 맑지 못하나 산이 없고 바위 없는 데보다 나았다.

노봉구(蘆峰口)를 지나니 마을이 두 산 사이에 있고 흙으로 위가 평평하게 쟁반 같은 집이 백여 호이고, 마을 앞에 작은 양하라는 시내가 있는데 그 근원이 열파 산(裂坡山)에서 나왔다 한다. 차붕암(茶棚庵)을 지나니 흙집이 수호가 있고 가운데 절이 하나 있는데, 중 한 사람이 절 문 앞에서 몸을 구부려 읍하는 듯이 하며 말하는데 쌀을 달랜다 한다. 5리를 가서 배음보(背陰堡)에 다다라 아침을 먹는데 수레 수십량이 지나가는데 수레에 각각 궤를 수십 개씩 실었고, 궤 크기가 한아름이고 길이가 한발 남짓하는데 말하기를

"영고탑에서 바치는 공물인데 궤에는 인삼이 가득하다."

노룡의 서북쪽으로 난하대교(灤河大橋)를 건너면서 서남 쪽으로 찍은 난하

하였다.

5리를 지나 요참을 지나 흙집이 두서너 호가 있다. 12리를 가서 부락
령(部落嶺)을 지나는데 이름이 령이라 한 언덕이었고, 그 위에 돈대가
있었다. 1리를 가니 마을이 있는데 동서로 각각 수십여 호이고, 앞에
패문을 세워 노룡현(盧龍縣)이라 쓰였는데 노룡현은 한나라 때 비여현
(肥如縣)이다. 2리를 지나 팔리보(八里堡)를 지나 한 언덕에 패문이 있어
노룡새(盧龍塞)라 써 있었고, 옆에 돈대가 있는데 유관과 노룡새[29b]는
모두 변방의 요새 문이다.

4리를 가서 한 시내를 건너니 길 왼편에 패문이 있고 '의로 사양하던
옛 풍속'[義讓古俗]이란 네 글자를 썼다. 노룡은 고죽국의 옛 땅이고, 고
죽국은 백이숙제가 있던 땅이다. 그 형제가 서로 임금 자리를 사양하던
일을 가리켜 옛 땅인 줄을 표한 것이다. 13리를 가서 여조(驢槽)란 마을
을 지나니 마을 오른편 시냇가에 큰 돌이 길거리에 편히 100여 보나
펼쳐 있고, 북쪽 언덕에 큰 돌이 두 개 있어 말구유 같은데 이름이 돌구
유라 하며, 세상 사람이 전하길 당나라 때 장과(張果)의 나귀 먹이던 구

유라 하였다. 대개 장과는 당이 개국할 때 신선의 도술을 배우는 선비
인데 4일 오래 살게 하는 기술이 있었다 해서 스스로 '나이가 수백 세
라' 하였고, 당 현종이 듣고 보고자 이르러 과연 변하여 재어 보질 못하
였다. 보통 흰 나귀를 타는데 다 타면 종이같이 접어 상자에 넣었다가,
타자고 하면 나귀 되어 타고 가다가 간간히 사양하고 산으로 돌아가곤
하였다. 현종이 은청광록대부(銀靑光祿大夫)라 하고 별호를 통현(通玄)
선생이라고 지어 주었더니, 항상 산에 들어가 언제 마쳤는지를 알지를
못하며, 마을 이름을 발여조(發驢槽)라 하였다. (발여조는 말구유를 냈다는
말이다.)

　3리를 가서 누역원(漏澤園)을 지나니 백성의 집이 셋이고, 중의 절이
하나가 있다. 2리를 지나 영평부에 들어가 만인(滿人) 황천보(黃天保)의
집에서 잤다. 영평지부(우리나라 부사 목사와 같음)가 명첩(명함 같음)[30a]
을 삼사신께 보내고 겸하여 과일을 보내와, 종이와 부채와 환약 등 물
건으로 답례하였다.

　영평은 춘추 전국시대 때 산융(山戎)과 비자(卑子) 두나라 땅이었다.
진시황이 우북평(右北平) 고을을 만들고 한나라 때 그 이름을 사용하고,
한나라 말에 공손도(公孫度)가 자리 잡고 지켰으며, 조조(曹操)가 노룡
고을이라 고쳤다. 북연(北燕)이 평주(平州)와 낙랑(樂浪) 두 고을을 만들
고, 원나라 때 영평부라 고치니 명과 청이 그 이름을 썼는데, 산해관
안에 웅장한 고을이다. 백성 집들과 시장이 웅장하고 성곽과 누대가
굉장하고 관왕묘와 중의 절이 다른 데보다 왕성하고 또한 정문한 것이
이따금 있었다.

　노룡산과 수양산이 좌우에 펼쳐 있고 난하(灤河)와 칠하(漆河)가 위아
래 띄우듯 하니 광여기(廣輿記))에 말하길 '산을 지고 강을 띄워 네 쪽

편이 막혀 굳었다' 함이 정말 그러하였다.

황명 때에 성 안에서 말하길

"만류장(萬柳庄)이 있는데 홍여승(鴻臚丞)이 벼슬한 이공의 집이다. 집이 양쪽으로 3칸이고 내를 끼고 있고 일만 버들이 가까이 있었는데, 이제 다만 터만 남았다."

하였다.

고을 남쪽 10리에 한 바위가 있어 호랑이가 앉은 것 같은데, 한나라 때 이광(李廣)이 우북평 태수가 되어 사냥하다가 어두워 돌아올 때 이 돌을 보고 호랑이라 하여 활을 쏘니 화살이 바위에 박혔는데 이제도 그 흔적이 있어 이름을 이장군 사호석(射虎石)이라 하고, 10리 밖에 땅이 있는데 이광이 진을 친 터이다. 또 부소천(扶蘇泉)이란 우물은 진나라 태자 부소가 [30b] 진시황에게 선비(오랑캐) 무찌르는 것을 간하다가 쫓겨나와, 몽념과 같이 만리장성 쌓는 일을 감독하다가 여기에 와서 우물을 먹어 부소천이라 전한다고 한다. 성 서편 모서리에 새로 중수하여 바로 쌓은 듯하나, 모두 성 문루가 반은 무너졌다. 지부는 오사단(吳師端)과 이수도(李守道) 두 사람이고, 큰 고을에는 태수 둘을 두는 것이 청나라 법이고, 교수가 2명이고 지키는 군사 관원이 1명이고 인정과 토전 구실 은세가 74,300여 냥이라 한다.

저녁 후에 수재 한 사람이 찾아와서 종이와 붓을 찾아 써 뵈어 말하길

"선생님이 멀리서 오시었으니 진실로 고생하셨습니다."

하여, 내가 답하길

"굽어 찾으시어 감사합니다만 선생이라 말하시는 것을 못받겠습니다. 또한 거짓 존대하면 예가 아니니 대접을 정성으로 하지 않으십니까?"

했더니 말하길

"듣자니 선생은 동쪽 나라 학식이 높은 선비라 하고 저는 하찮고 더러운 선비이니 감히 공경히 예의를 갖추어야 합니다."

하여 내가 말하길

"제가 저쪽 나라에 있을 때 여러 사람 중 가장 아래에 있어 따질 수가 없으니, 학식이 높은 선비라 말하시면 반드시 선생을 속이는 것입니다."

하니 말하길

"선생이 어찌 지나치게 겸손하십니까?"

내가 말하길

"선생이라 하는 것은 어떤 존칭인데 망령되이 사람에게 쓰십니까? 받는 자가 부끄러울 뿐 아니라 허락하는 자는 아첨이 아니니 망령됨을 족하께서 생각하십시오. 족하께서 더럽게 여기지 않는다면 다만 벗으로서 대접하면 만족하겠습니다."

[31a] 하니

"감히 못하겠습니다."

하여 내가 말하길

"헛된 예를 감히 외람되이 못받겠으니 그렇지 않으면 비인이 감히 다시 말하지 않겠습니다."

하니 말하길

"존명(尊命)께서 이토록 사양하니 삼가 가르침을 받겠습니다."

하여 내가 묻기를

"이름이 무엇입니까?"

답하길

"성은 이(李)이고 이름은 개(開)입니다."

묻기를

"나이가 몇입니까?"

하니 답하길

"37세를 헛되이 지냈습니다." 내가 말하길

"제가 한 살 존보다 많습니다. 일찍이 책을 몇 권 읽으셨습니까?"

하니 말하길

"글을 많이 읽지 못하여 갈 지(之)자 온 호(乎)자 귀 이(耳)자를 알고 있습니다."

하였다. 대개 그 뜻이 겸손하여 아는 것이 불과 어조사 두어 자를 안다고 하는 것이다.

내가 묻기를

"당신은 수재(秀才)인가요? 거인(擧人)인가요?"

그가 말하길

"올려서 생원입니다."

하여 내가 말하길

"귀국에 생원이란 칭호가 있음을 듣지 못했는데요?"

하니 그가 말하길

"처음 과거에 오르면 수재인데 스스로 겸손하여 생원이라 하고, 두 번 오르면 진사라 합니다."

내가 말하기를

"당신 집안에 문족(門族)이 많습니까? 적습니까? 또한 몇이나 현달하여 조정에 오른 사람이 있습니까?"

하니 그가 말하길

"냉족(冷族, 글 읽는 사람)이 수십 명이고 통현(通顯, 지위와 명망이 높아 세상에 널리 알려짐)한 자는 다만 2명입니다."

내가 묻기를

"수재와 거인을 모두 3년 만에 시험 봅니까? 무릇 과거를 12성에서 각각 실행합니까? 모두 북경에 모여 합니까?"

하니 그가 말하길

"수재는 해마다 보고 거인과 진사는 모두 3년 만에 보는데, 거인은 각 성에서 쓰고 진사는 다 서울로 모여 봅니다."

[31b] 내가 말하길

"산해관에 백수채와 정환이란 두 선비가 있는데 귀하께서 아십니까?" 하니

"백수채는 같이 글을 배우던 벗이고 정환은 일찍이 얼굴을 보지 못했습니다."

내가 묻기를

"백거인의 문장이 어떻고 팔자를 아는 기술이 어떠합니까?"

하니 그가 말하길

"백의 문장은 가히 볼 만한데 팔자 보는 이치는 심히 깊은 것이니 능히 알지 못합니다."

내가 말하길

"백의 팔자 보는 기술이 이미 해박하고 또 뛰어난데 어찌 깊이 알지 못한다 합니까?"

그가 말하길

"그 학업이 요새 더욱 많은 진전이 있었군요. 지난해에는 능히 알지 못하였습니다."

내가 묻기를

"이 땅에도 팔자를 알고 상을 보는 자가 있습니까? 없습니까?"

  이개가 말하길

  "명리(冥理)가 심히 알기 어려우니 이곳 읍에는 실로 아는 사람이 없습니다."

하여 내가 묻기를

  "연경이나 연경 가면서 점술이 뛰어나서 앞날을 잘 보는 사람이 몇 사람이 있습니까? 반드시 세상에 이름난 자가 있을 것이니 들었으면 합니다."

하니 이개가 말하길

  "북경 남문 안에 특상주(特尚周)와 주천상(朱天祥)이란 두 사람이 자못 하늘의 이치를 잘 알고 그 밖에는 모두 평범한 사람입니다."

한다.

  내가 물어 말하길

  "두 사람의 점술이 정말 신묘하고 기특히 맞추기를 옛 사람처럼 합니까?"

하니 이개가 말하길

  "옛 사람과 지금 사람이 서로 믿지 못한다는 말을 듣지 못했습니다. 다만 지금 세상에는 이치를 따지는 것이 가장 명백히 봅니다."

한다.

  내가 묻기를

  "외국 사람이 팔자를 물어도 됩니까?"

하니 이개가 말하길

  "저들이 이미 점술을 업으로 삼았으니 [32a] 내국 사람, 외국 사람을 묻겠습니까?"

하여 내가 말하길

"귀하의 계보는 어느 사람으로부터 났고 선대에 알려진 사람이 있습니까?"

하니

"저는 초야 사람입니다. 선군께서 도와주시어 양현사(養賢祠)에 있을 때 한번 은혜를 받고 성조 인황제(仁皇帝)때에 한번 은혜를 받았습니다."

한다.

내가 묻기를

"우리나라가 사책에 무욕을 입은 것을 족하께서 아십니까? 고쳐준다고 허락하고 조보에 개간한다 들었는데 족하께서 보았습니까?"

하니 이개가 말하길

"그 글을 알지도 보지도 못했습니다."

또 묻기를

"그 일이 이미 중원 밖에 간행하였는데 비밀히 할 일이 아닙니다. 외국인도 얻어 보았는데 족하가 어찌 그렇게 푸대접을 하십니까?"

하니 이개가 말하길

"우리 사람들이 사리의 경중을 알지 못하고 대다수 이익과 욕심을 내서 나라 안의 일을 전파합니다. 내가 비록 어리고 변변치 못하나 이러한 무리 유(類)가 아니고 저는 선비요 상인이 아니니 나라 정사를 감히 알겠습니까?"

한다.

내가 말하길

"오직 선비만 나라 정사를 알고 노예나 천인은 어찌 조정 정사에 참여하고 듣겠냐는 것입니까? 심합니다. 족하께서 고집하고 식견이 없으심이여!"

하였다. 이개가 말하길

"조정의 정사와 나라 일은 글 읽은 사람의 공부로 쓸 바가 아닙니다."
하여 내가 말하길

"어려서 배우는 것은 자라서 행동하고자 하는 것인데 선비가 되어 당세(當世)에 힘쓸 것을 익히 강론하지 않으면 어찌 어느날 아침 뜻을 얻어 펼치겠습니까? [32b] 이러므로 우리나라 선비는 모두 조정 일을 참여하여 듣습니다. 또 존의 말로라면 벼슬이 없는 선비가 글을 읽으면 『대학』에서 치국평천하를 뺀 것이고 『중용』에 구경장(九經章)을 보지 않은 것입니다. 금일 대국(大國) 사람의 규모가 이렇듯이 좁고 답답합니까?"
하였다.

이개가 말하길

"나라 다스리는 체면은 나라 임금을 계단 아래에서 뵐 때 드립니다. 이제 초야에 있어 말하더라도 어찌 지위에서 나온 것이 아니겠습니까? 하물며 선생은 높은 나라에 있고 비인은 중국에 있으니 만일 조정 안 큰 일을 말하면 이는 집안 말을 이웃에게 말하는 것이니 의(義)에 감히 못하는 것입니다."
하여 내가 말하길

"평상시 금(禁)하고 논(論)하지 않으면 어느날 아침 임금을 보면 급작스럽게 따라가 의논하고자 하나 말이 이미 정하여 있지 아니하여 궁색하지 않겠습니까? 또 제나라 안자(晏子)와 진나라 숙향(叔向)은 모두 옛날 말하길 어진 대부(大夫)였는데, 안자가 진나라에 가 사사로운 말을 하는데 두 나라 일을 통쾌하게 애기하여 서로 속임이 없이 나라의 깊은 말이라도 숨기지 아니하였으니, 저 두 사람이 다 집안 말을 이웃에 알

리는 혐의를 알지 못했겠습니까? 당시에 죄로 여기지 않았고 후대 사
람이 농락하지 않는 것은 어째서입니까?"

하니 이개가 말하길

"이제는 시대가 옛과 다르니 어찌 비교가 되겠습니까? 걱정하건대
선생이 인용한 것이 금일에는 안맞는 것 같습니다. 시원찮은 제가 가까
이 섬기고자 하는 것은 시[33a] 서(詩書)를 강론(講論)하고자 한 것이었
는데 나라 일을 물으시니 이는 저 같은 어리석은 사람이 감히 알 바가
아니니 청컨대 하직하고자 합니다. 지금의 상황이 어찌 옛날과 같겠습
니까?"

말을 끝내고는 부끄러워하며 유쾌하지 못한 기색이 있었다.

내가 말하길

"존이 억눌러 굴복하는 것을 부끄럽게 여기지 않고 엄연히 모욕을
당하는 그 뜻이 어찌 흠이 없겠습니까? 이는 반드시 우리나라를 가히
귀하게 여기어 주는 것입니다. 입으로 비록 말은 않지만 마음은 서로
진실로 비췄습니다. 제가 청하건데 하나의 말이라 웃어 주십시오. 대
개 선비가 된 자가 조정을 비방하면 의(義)로 성실히 다하지 않은 것이
고, 다만 전하는 말만 따른다면 어찌 같지 않겠습니까? 또 내가 묻는
바가 대국의 깊은 일이라 존이 진실로 마땅히 말하지 않은 것이니 이제
이 일이 이미 우리나라에서 말하였고 귀국이 개간을 실행하니 이 어찌
비밀이라 할 것이겠습니까? 금일 대국의 풍속을 보니 두려워하여 감히
마주 말하지 못하는 의사가 있으니, 이 어찌 진나라의 풍속을 모방한
것이겠습니까? 존이 고집하여 가히 굽히지 못함이 또한 풍습이 그러함
이니 금일은 그만 두십시오. 때가 아닌데 나왔구나 하고 다시 말하지
말고 다른 한적한 말을 해볼까요?"

하니 이개가 대답하지 않았다.

내가 묻기를

"일찍이 들으니 귀국이 목덕(木德)으로 왕하였다 하는데 오덕(五德) 종시(終始)의 운으로 받들면 목덕이 금일에 [33b] 같이 있지 않고 오늘 가다가 또 보니 빛이 검은 것을 숭상하니 수덕(水德)이 아닙니까?"

하니 이개가 말하길

"목덕입니다."

하고 또

"길한 일은 붉은 것을 숭상하니 나무가 불을 내는 것을 취한 것이고, 평상시 옷을 검은 것을 숭상하는 것은 물이 나무를 낸 것을 취한 것입니다."

하여 내가 묻기를

"귀국이 무릇 혼인과 상사(喪事)에 주자가례를 씁니까? 세속 예문을 씁니까?"

하니 이개가 말하길

"사대부(士大夫) 집은 문공가례(文公家禮)를 배웠으나 능히 행하지 못하고, 무릇 사람들은 묻지 못할 것이니 이웃 나라에 웃음이 됩니다. 그래서 가르침을 받는 것이 10년 글 읽는 것보다 낫습니다. 밤이 깊어 힘이 겨울까 걱정되어 하직하고자 합니다."

하여 종이 한 권과 부채 두 자루를 주어 보냈다.

청인이 목덕인 줄을 평소 의심하였는데 이개 말을 듣고 의심을 떨구지 못하니 대개 태호(太昊) 복희씨(伏羲氏)가 목덕으로써 왕하니, 그 후에 대가 바뀌어도 반드시 전에 행했던 바대로 생겨나는 바를 취하여 하우씨(夏禹氏)가 금덕(金德)을 얻고 은왕 성탕(成湯)은 수덕(水德)을 얻으니 주무왕에 이르러 은나라 수덕을 이어 목덕(木德)을 얻어 물이 나무를 낳게 하니 이는 오행(五行)이 마치면 다시 시작하는 것이라, 사략(史略)에 하우씨는 수덕을 얻고 은왕 성탕은 금덕을 얻었다 하니 이는 살피는 것을 소략히 하여 잘못 기록한 것이다.

추연(鄒衍, 전국시대 제나라 사상가. 음양오행설 제창)이 말하길

"주무왕이 화덕(火德)을 얻었다."

하니 대개 주무왕이 주(紂)를 치러 갈 때 불이 무왕이 살고 있는 곳으로 흐르는 상서로움이 있어 [34a] 주나라가 천명을 받은 징후이며 빛이 붉은 것을 숭상하는 연고가 있었을 것이다. 진나라가 주나라를 대하는데 마땅히 토(土)로 행할 것인데 이기지 못하는 바를 좇아 물이 불을 이겼다 하여 수덕이라 하고, 한(漢)이 처음에 토(土)로 행하니 수(水)를 이기는 것을 취한 것이다. 후에 고쳐서 화덕을 행하니 상생(常生)과 상극(相剋)에 모두 마땅한 바가 없으니 그 후에 위(魏)는 토로써, 진은 금으로써 하고, 유송(劉宋)은 수로써 하고, 소제(蕭齊)는 목으로써, 소낭(蕭梁)은 화로써, 진(陳)은 토로써 하고, 북조(北朝) 원위(元魏) 척발규(拓拔珪)가 처음에는 토로 하더니 효문제(孝文帝)에 이르러 이미 성을 원씨(元氏)로 또 고쳐서 수덕으로 정하여 진나라의 금덕을 잇고, 후주(後周)는 목으로써 하고, 수(隋)는 화로써 하고, 당(唐)은 토로써 하고, 후진(後晉)은 금으로써 하고, 후한(後漢)은 수로써 하고, 후주(後周)는 목으로써 하고, 송(宋)은 화로써 하고, 원(元)은 토로써 하였다. 상생하는 운에 합하였다가 대명(大明)에 이르러서는 자세히 갖춘 역사서를 보지 못하였으나, 일찍이 지봉유설(芝峯類說)(우리나라의 이수광(李晬光)이 지은 책이다)에 다음과 같은 말이 있다.

"황조(皇朝)는 동지(冬至) 후에 세번째 술일(戌日)로써 납평(臘平, 한 해

동안 지은 농사, 형편, 그 밖의 일을 여러 신에게 고하는 제사)을 삼는다."

그렇다면 황명(皇明)이 화덕(火德)으로써 왕(王)을 하는 것이니, 이는 생극(生克)에 마땅치 아니한 것이다. 또 청인(淸人)이 목덕(木德)이라고 하였으니 또 취(取)한 바가 없었기에 매번 의심하여 오늘 이개(李開)에게 물은 것인데, 그가 대답이 이러하니 알 수 없는 일이다.

대개 상생(相生)하는 운(運)으로 미루어 보면 명(明)은 마땅히 금덕(金德)이 되고 청(淸)은 마땅히 수덕(水德)이 될 것이다. 상극(相克)하는 운으로 미루어 보면 명은 마땅히 목덕(木德)이 되고 청은 마땅히 [34b] 금덕(金德)이 되니, 두 가지 모두 맞지 않는다. 오늘 다니면서 검은 빛을 숭상함을 보니 수덕(水德)인가 싶어 이개(李開)의 말을 감히 믿지 못하니, 납평(臘平) 날을 보면 아무 덕(德)인 줄 아니 채옹(蔡邕, 후한 말의 학자)의 『독단』에 다음과 같은 말이 있다.

"목덕(木德)은 날의 간지인 미일(未日)로써 납평하고, 화덕(火德)은 날의 간지인 술일(戌日)로써 납평하고, 토덕(土德)은 진일(辰日)로써 납평한다."

대개 납평 날은 당시에 행하는 오행(五行)의 고장일(庫藏日)을 쓴 것이다. 북경 들어간 후 황력(皇曆)을 취하여 고증했는데, 책력(冊曆)에 아무 날로 납평하는 것을 쓰지 않았다. 설인(舌人)에게 납평을 어느 날로 쓰는 줄 알아보라 했는데 능히 알지 못하니, 역관에게 사정을 알아본 것이 모두 이러하였다. 우리나라가 납평을 미일(未日)로 쓰는 것은 대개 동방이 목(木)에 속한 연고 때문이다.

• 1727년 12월 22일 계묘일 음산하고 바람이 많고 혹한

동이 틀 무렵 출발하여 서쪽으로 1리를 가서 얼어 있는 칠하(漆河)를

건너니 너비가 거의 30여 보이다. 이름을 청룡하(靑龍河)라 하고, 비여하(肥如河)와 합류하고 영평성(永平城)을 돌아 서남으로 흘러 난하(灤河)로 들어가 또 이름을 호성하(護城河)라 한다. 2리를 가서 남허장(南墟庄)을 지나고, 또 2리를 가서 얼음으로 난하를 건너니, 너비가 칠하에 비하면 거의 배나 한다. 그 근원은 단산(團山)에서 나와 빙정(□□)과 난천(□□) 두 물을 합하여 북으로 흘러 고환주((□□州)를 지나 남으로 흘러 구북(□北) 개평(開平)을 경계로 들어 이 하(河)가 되고, 노룡(盧龍)에 이르러 칠하와 합하여 바다로 [35a] 들어간다. 산기슭을 경유하여 두어 마을을 지나 15리를 가서 고죽성(孤竹城)에 도착했다.

『대명일통지(大明一統誌)』를 살펴보니,

"영평부(永平府) 서쪽 15리에 고죽국 임금이 봉해진 땅이 있고, 그 서북쪽에 고죽국 세 임금의 무덤이 있다."

고 했다. 『괄지지(括地誌)』에,

"고죽의 옛 성이 노룡현(盧龍縣) 남녘 12리에 있다."

고 하였다. 『황명방여지(皇明方輿誌)』에는 요서(遼西) 땅이 곧 옛 고죽국이라 하니, 고금(古今)에 이름이 전하여 정확하고 의심이 없다.

그런데 우리나라의 이첨(李詹)이 황해도 해주(海州)에 있는 수양산(首陽山)을 옛 고죽국이라고 억지로 끼워 맞추었으니 참으로 우스운 일이다. 『통감(通鑑)』 전편(前編)에 다음과 같은 말이 있다.

"은왕(殷王)과 성탕(成湯)이 걸(桀)을 쳐 내시고 18년 후인 을미년 3월 병인일에 성탕이 동교(東郊)에 이르러 제후의 공과 죄를 의논하여 하우씨(夏禹氏)의 자손과 옛 성인의 자손을 세워 고죽 등의 나라에 차례대로 봉했다."

또한 『성보(姓譜)』에는 다음과 같은 말이 있다.

"고죽국의 임금은 원래 성(姓)이 묵태(墨台)였는데, 후에 성을 고쳐 묵씨(墨氏)가 되었다. 그의 이름은 초(初)요, 자는 자조(子朝)이며 맏아들의 이름은 윤(尹)이요, 자는 공신(功臣)이니, 곧 백이(伯夷)이다. 막내아들의 이름은 지(智)요, 자는 공달(公達)이니, 곧 숙제(叔齊)이다."

이(夷)와 제(齊)는 시호(諡號)라고도 한다.

『공총자(孔叢子)』 주에는,

"고죽국 임금의 성은 묵태이다. 또한 묵씨라고도 하며 이름은 이초(台初)이다."

라고 하였다. 사마천(司馬遷)의 『사기(史記)』에는 다음과 같이 되어 있다.

"고죽국의 임금이 작은 아들 숙제를 사랑하여 임금으로 세우려고 했는데, 고죽군이 죽자 백이가 말하였다. '아버님께서 명하신 것이니, 왕위를 숙제에게 사양하겠다.' 그러자 숙제가 말하였다. '형제의 차례는 천륜이니 이것을 어지럽힐 수는 없다.' 숙제 또한 백이에게 왕위를 사양하여 둘이 다 왕 노릇을 하지 않고 [35b] 도망치니, 나라 사람들이 가운데 아우를 왕으로 세웠다. 또 주무왕(周武王)이 주(紂)를 치려하자, 백이와 숙제가 그 말고삐를 잡고 간하였고, 또 은(殷)이 멸망하자 백이와 숙제는 주(周)나라 곡식을 먹지 않고 수양산(首陽山)에 숨어 굶어죽었다."

당현종 천보 7년에 조사하니 옛 충신과 의사 효부와 열녀가 사기에 실린 바 덕행이 가장 높은 자가 있던 곳에 마땅이 사우(祠宇)를 두고 일을 헤아려 제(祭)를 디스리라 하여 의사(義士) 8인을 선정해 제를 올리는데, 백이숙제가 그 중에 참여하였다. 고을 원으로 하여 날을 택하여 제를 올리게 한 것이 이때부터 비로소 제사하는 법전이 기록되어 대대로 제사를 받드니, 송(宋) 진종(眞宗) 대중 상부(大中祥符) 4년에 관원을 보내 백이숙제에게 제를 올리고, 휘종(徽宗) 정화(政和) 3년에 조서를 내려 유주(幽州) 창낙현(昌樂縣) 고죽 소현 묘에 나아가 백이를 봉하여 청절후(淸節侯)를 추증하고 숙제를 봉하여 인혜후(仁惠侯)로 추증하였다. 원(元) 세조(世祖) 지원(至元) 18년에 조서에서 대개 들으니 옛 백이와 숙제가 고죽국에 봉한 것을 사양하고 수양의 굶주림을 달갑게 여겨 벼슬을 사양하고 장유(長幼)의 차례를 밝혀 고치기를 간하여 군신의 도리를 엄격히 통제하니 가히 말하기를

"의를 행하여 도를 말하며 몸을 죽여 어짊을 이룬 자."
라고 했다.

옛 살던 데는 북해(北海) 물가인데 남긴 사당은 동산(東山) 위에 있다. 아름다운 빛이 천년의 세월에 드리워지고 남은 덕택이 한쪽으로 덮였다. 오래도록 맑고 높은 [36a] 바람을 생각하며 기리고 추증하는 법전을 본다. 오호라! 종국(宗國)을 버리고 주나라 곡식을 사양하였으니 어찌 이 공후의 벼슬로 가히 영화롭게 하겠는가마는, 의열(義烈)을 드날리며 맑은 티끌을 격동하게 하니 세상에 교화의 도움이 있음을 기약하는 것이다. 백이를 봉하여 소의 청혜공(昭義淸惠公)을 추증하고 숙제를 봉하여 숭양 인혜공(崇讓仁惠公)으로 추증하라 하고, 대명 성화(成化) 연간에 영평 지부(知府) 왕새(王璽)가 주문한 것을 따라 매년 봄가을 중삭(仲朔, 봄, 여름, 가을, 겨울 등 4계절 중 가운데 달인 2, 5, 8, 11월)에 예와 품계, 제물을 갖추어 백이숙제 신령에게 제사를 지내고, 축문을 짓는 의식을 만들어 지금까지 행하고 있다 한다. 고죽성이 난하 언덕 위에 있었는데 옛 터에 지금 오히려 있어 작은 성이 높은 언덕을 둘러 주위가 겨우 1리 남짓하니, 세상이 일컫기를 묵씨가 남긴 터라 한다. 성 문에 돌로 새겨 붙였는데 위에는 고죽성이라 하고 아래층에는 현인이 옛날 살던 데라 하였다. 이제묘가 성 가운데 있으니 묘문 10보 밖에 쌓으

로 비를 세워 네 개의 큰 글자로 왼편은 충신효자(忠臣孝子)라고 만력
때에 이이(李□)가 쓰고, 오른편은 '이제까지 성인이라 칭한다(至今稱聖)'
라고 하였는데 숭정 때 진태사가 썼다. 두 비석 사이에 옛 돌로 만든
패루가 있었는데 이제는 무너졌고, 묘문이 그 안에 있는데 오른편 좁은
문에는 고금사법(古今師法)이라 하고 왼편 좁은 문에는 천지강상(天地綱
常)이라 하였다. 그 문 위에 층루를 만들어 역대에 높이 기리며 제사하
던 법전을 돌에 새겨 네 벽에 붙이고, 문 안에 집 세 칸을 [36b] 세워
안에 세 개 비를 세웠는데, 모두 공자 맹자 이제가 논하던 말씀을 썼다.

비석 넣은 집이 또 셋이 있는데, 하나는 누런 기와집으로 잇고 그
가운데 비가 있는데 강희가 지어 쓴 것이다. 묘정에 세운 비가 무릇
수십 개가 넘는데 열중 여덟아홉은 대명 때 세운 것이다. 묘정이 두
층인데 모두 돌난간으로 두르고, 묘위 무릇 다섯 칸인데 가운데 이제
소상을 모셨다. 쓴 관과 의복이 엄연한 왕 의(儀)인데 눈썹을 찡그리어
불평한 의사를 띠는 듯하니, 은이 망한 후에 세워 맥수(麥穗, 은나라의
신하인 기자가 은나라가 멸망 후 지은 시에서 나온 말로 망국의 비탄)의 한이
의연히 어제 같아 사람으로 하여금 바라보니 실망하고 슬펐다. 처음으
로 묘문에 들어 부사(副使) 영공(令公)이 소상을 바라보고 서로 돌아보
고 말하길

"이는 이제의 참면목이 아니니 마땅히 참배하지 말아야 한다."
하니 상사(上使)가

"그렇습니다."
하였다. 서장(書狀)이 말하길

"내 의견은 그렇지 아니한데 감히 질정하여 말하지 못하겠습니다."
하였다. 내가 그 뒤에 있다가 영공께 말하길

이제묘가 있던 고죽성(孤竹城)의 서쪽 구역

"일곱 분의 화상을 그린 것도 혹 그 사람이 아니라 속이고 놀리는 것이 있는데, 하물며 흙으로 만든 형상이 망상하고 공중에서 지어내어 가짜이고 진실이 아닌 혐의가 있습니다. 그러나 소상은 본래 중원 법제이고 송나라 때 성묘(聖廟)와 현사(賢祠)에도 모두 이를 썼지만 가히 참이 아니라고 하며, 공경함을 일으키어 예를 다하지 않으면 못하는 것이니, 만일 여기다가 주먹만한 돌을 놓고 두어 자 만한 나무를 세워 서로 전하여 백이숙제 신위라 하여도 마땅히 공경하고 절할 것이니, [37a] 내가 사모하고 정성을 다하여 우러러 하는 것을 사람을 본떠 만들어서 하여야겠습니까? 어리석은 사람들의 뜻은 참배하지 않을 수 없을 것입니다."

하니 삼사가 모두 말하길

이제묘가 있던 고죽성(孤竹城)의 동쪽 구역

"옳다. 그대 말이 일리가 있다."

하고 의논이 하나로 되어 내가 이에 삼사신 뒤를 삼가 조용히 좇아 기운을 거두고 숨을 죽이고 허리를 굽혀 묘 앞에 나아가 계단 아래에서 절하니, 일행 역관이 혹 절하고 혹 절하지 않았다. 대개 옛날에는 목주(木主)를 만들어 신령을 붙이게 하는 것이 은주(殷周)로부터 그러했는데, 사마천에 말하길

"무왕이 목주를 싣고 행한다."

는 것이 이를 말하는 것이다. 당나라에 이르러 또한 그러하니, 당 개원(開元) 석존(釋尊) 앞에서 올리는 예의에 선성(先聖) 신위를 당 서편에 놓고 동쪽에서 배향하고 선사(先師)는 동북편에 신위를 놓고 남쪽에서 배향한다 하는 것이 당나라 때에도 처음에 위판을 쓰던 것을 알고 있다.

이제묘 앞에서 바라본 수양산

수양산(首陽山)의 철광석 생산은 오래 전에 끝나고 지금은 돌과 모래 등 건축자재를 채취하고 있다. 그 때문에 산 자체의 높이도 전보다 훨씬 낮아졌고, 산은 위가 평평하게 깎였으며, 주변에는 여기저기 토석채취 현장들이 있었다.

당 현종 개원 8년에 이르러 비로소 그 법을 고쳐 흙을 뭉쳐 형상을 갖게 하니, 한퇴지가 지은 〈건주공자묘비(虔州孔子廟碑)〉에 말하길

"새로 공자묘를 또 장인을 시켜 안자(顔子)로부터 자하(子夏)에 까지 열 사람의 형상을 만든다."

하는 것이 그 증거가 될 것이다. 그 이후 역대에 그 낡은 법을 좇아 잘못된 법을 이어서 지금까지 이르니, 대명 처음에 송념(宋濂)이 공자 묘당에 논하길 소상하는 법이 잘못된 것을 말하였지만 고치지 못하였다.

신상을 모신 탁자 좌우에 긴 패를 마주 달아 표 한 귀절

"어짊을 구하여 어짊을 얻으니 만고청풍 고죽국이요, 사나운 것이 사나운 것을 바꾸니 천추고절 수양산이로다."

이제묘의 안쪽 일부, 청풍대로 오르는 서쪽 계단이 있었던 지점 부근

라고 쓰여 있었다. 내가 동행에게 [37b] 말하길

"중원에 만일 눈과 오장을 가진 자가 있으면 저 한 귀절이 어찌 벽 위에 붙여 있는가? 경박하게 글하는 자가 대와 짝을 교묘히 구하여 스스로 성인을 업신여기는 데로 돌아감을 깨닫지 못하니 가히 슬프도다! 사나운 것으로 사나운 것을 바꾼다 함이 설사 백이숙제의 입에서 나왔을지라도 망발을 면치 못한 것이니, 하물며 후에 사람들에서랴? 그 시는 본래 시전에 올리지 않고 버린 시인데 우리 부자가 시전을 다듬고 정리하는 날에 버리고 빼서 올려 기록하지 않은 성인의 뜻이 반드시 흠이 있을 것인데, 사마천 작은 아이가 의리를 알지 못하고 감히 방자히 사기에 올리니 진실로 이른 바 '해를 짖으며 하늘을 꾸짖는 것'이고, '목주를 싣고 문왕이라 부른다'는 말에는 마음이 진실로 성인을 무욕하기를 능사로 삼는 것이다. 고로 내가 일찍이 말하길 '사마천의 백이전

(伯夷傳)이 장주(莊周)의 도적편(盜跖篇)과 다름이 없다' 한 것이니, 저 한 귀를 어찌 마땅히 벽 위에 붙여 두어야 하는가? 내가 그 패를 도끼로 깨뜨리지 못함을 한탄하노라!"

하니 영공이 말하길

"그대 말이 옳도다!"

하였다. 행중에 한 사람이 말하길

"글을 짓는 법이 각각 제목을 위한 것이니, 백이숙제를 위하여 짓는 것인데 어찌 이 귀를 인용하여 쓰지 못하는 것입니까? 너무 말이 인정이 없고 모집니다."

하여 내가 다시 다투지 않았다.

탁자 위에 화석(華石)으로 만든 향로가 있어 향로 전면에 다음과 같이 새겨 있었다.

"만력 10년 [38a] 칠월 기망에 만들다."

하고, 왼편에는

"만력 10년에 묘우(廟宇)를 중수하고 칙유비(敕諭碑)를 넣은 누(樓)와 익실(翼室, 대청 좌우에 있는 방) 동서 양원(兩院)과 정당(正堂, 관아) 각 3칸과 상방(上房) 각 셋을 세우고 화석(華石) 향정(香亭)과 화병(畫屛) 촉대(燭臺) 5쌍을 들여 영구히 드리운다."

하여 그 물건들이 다 있는데, 촉대 한 자리가 깨져 썩었다. 계산해 보니 150여 년 전이니 다만 옛 것이 귀할 뿐 아니라, 황명 때에 만든 것이므로 그 보배롭고 중한 것이 주 나라 종묘에 천구적도(天球赤刀)와 같았다. 묘 동서에 각각 월낭 14칸을 세웠는데 그 왼쪽 문은 염완문(廉頑門)이라 하고, 오른쪽 문은 입나문(立懦門)이라 한다. 묘우(廟宇) 뒤에 큰 집 5칸이 있어 현판에 읍손당(揖遜堂)이라 하고, 좌우에 재방(齋房)이 6칸에 오른편 문은 재명문(□□門)이라 하고 왼편 문은 관천문(□□門)이라 하며, 또 그 뒤에 대가 있어 험하고 높아 청풍대(淸風臺)라 하고 대 위에 정자가 있어 새가 나는 듯 하니 채미정(采薇亭)이라 한다. 대 높이가 두어 길이고 정자 무릇 5칸이니, 뜰 좌우편에 문을 세워 왼쪽 문에 '고도풍진(高蹈風塵)' 네 자를 붙이고 오른쪽 문에 '대관환우(大觀寰宇)' 네 자를 붙이고, 그 문으로 벽을 쌓아 층층이 계단을 만들어 대에 오르게 하였다.

　대 아래 푸른 바위가 100길이고 바람벽이 두어 리를 섰는데, 고목(古木)과 창등(蒼藤)이 벼랑에 엉켜 용사(龍蛇) 같고, 난하 물이 둘로 나뉘어 제비꼬리 같은데 하나는 남으로 흘러 벼랑 밑으로 둘러 띠 띄운 듯하다. 대 위에서 침을 뱉으면 물 가운데 떨어지고, 물 북쪽 언덕의 깨끗한 [38b] 모래가 평평히 깔렸는데, 강물과 모래 언덕이 모두 10리를 둘렀다. 강물 가운데 한 산이 섬이 되어 얼굴이 곱고 기운이 깨끗하고 빼어나 물 가운데 가로로 누웠는데, 온 산이 모두 푸른 바위이니 자못 기특하다. 묘우 바로 뒤를 갑자기 청풍대로 똑바로 서로 닿았고, 그 산 오른쪽에 고죽군의 무덤과 묘우가 있고, 그 뒤에 푸른 바위 두어 리를 이어 홀연히 솟아 일어나 난하를 끼고 한 들을 둘러 강물이 그 안을 따라 문뜩 뚜렷한 달 형상이 되었다. 채미정(采薇亭) 위에 앉아 두루 바라보니 대체로 앉은 땅이 넓고 멀고 높아 눈으로 보이는 범위가 넓고 밝되 아름다워 보이고 지경이 또한 맑고 깨끗하고 한적하고 구석지어 참으로 천하의 뛰어난 승경의 땅이다. 산수가 이처럼 기이하고 특별하게 청수명려(淸秀明麗)하니 백이와 숙제 같은 사람이 이곳에서 생겨남이 이상하지 않은 일이다. 두 사람의 맑은 절개가 서린 옛터에 이처럼 아름답고 뛰어난 경치가 겸하여 있으니, 이곳을 배회하며 바라보되 눈이 현란하고 마음이 취한 듯하여 몇 마디 말로는 그려내듯이 묘사할 수가 없었다. 자못 동아왕(東阿王)이 꿈속에서 처음 낙신(洛神)을 만날 때와 같았다.(조조(曹操)의 아들 조식(曹植)이 동아왕이 되었을 적에, 꿈속에서 낙수귀신(洛水鬼神) 이란 아름다운 여인을 만나 마음이 혹하자 낙신부(洛神賦)를 지어 그 일을 기록해 두었다.)

내가 부사 영공께 아뢰었다.

"이곳은 천하의 기특한 승지이니 원컨대 사행 중의 화원(畫員)에게 분부하여 경치를 그려내어 우리나라에 가져가 뛰어난 볼거리를 삼았으면 합니다."

영공이 말했다.

"아주 좋은 말이다."

화원 조만흥(趙萬興)에게 분부했으나, 조만흥은 재주가 변변치 못한 화공이라 경치를 충분히 그려내지 못했다. 나의 처음 생각은 이 경치를 그려다가 [39a] 벽에다 붙여놓고 매일 보려 하였던 것인데, 결국 뜻을 이루지 못하니 한스러웠다.

일행 역관들이 채미정 바람벽 위에 높이 올라가 모두 이름을 적으며 나에게도 이름을 적으라고 하는데, 내가 답하길

"이 집이 불과 100년에 무너져 다시 중창할 것이고 오래 전하지 못할 것이니 써서 무엇하겠는가? 여러분들은 천년을 전할 줄로 아는가?" 하니, 행중이 웃으면서 말하길

"세상 물정 어둡고 멀구나! 생원이 될 사람이여! 이름을 100년을 전하면 또한 멀다할 것인데. 백년을 아침저녁으로 아십니까? 세상 물정 어둡고 멀구나!"
하였다. 내가 답하길

"천년이 오히려 멀지 않으니 하물며 100년이야? 천지로 더불어 전할

데가 있으면 내 이름을 쓰겠습니다.”

하니 행중에서 말하길

“의사가 그러하면 또한 좋은데 의무려산(醫巫閭山) 관음굴(觀音窟) 절벽이 하늘이 상사를 위하여 이름을 적을 데를 내었다마는 애닯다. 오르지 못할가 하니!”

하였다.

묘우 앞으로 100보 밖에 성문 남쪽에 한 산이 있는데, 옛날이나 지금이나 사람이 전하여 수양산이라 한다. 그 산이 비록 심히 높지 않으나 이상하지 않은데, 또한 백이숙제 묘에 한적하고 외진 것을 돕는 한 경치가 되었다.

살펴보니 마륭(馬融)이 말하길

“수양산(首陽山)은 위(魏)나라 하동(河東) 포판(蒲坂) 땅으로 화산(華山)의 북녘 하곡(河曲) 가운데 있다.”

하고 명(明)나라 때 왕직(王直)이 지은『이제십변(夷齊十辨)』이란 글은 다음과 같이 되어 있다.

“수양산은 대개 옛 진(晉)나라 땅이니 하동 포판에 있다.”

조대가(曹大家)는『유통부(幽通賦)』의 주에서

“수양산은 농서(隴西)에 있다.”

하였으며, 대연지(戴延之)는『서정기(西征記)』에서

“낙양(洛陽) 동북에 수양산이 [39b] 있는데, 그 산에 이제사(夷齊祠)란 절이 있으니 지금 언사현(偃師縣)의 서북쪽이다.”

하였다.『사략(史略)』의 주에서는,

“수양산은 하동부(河東府) 하동현(河東縣) 남쪽에 있다.”

하고,『사기정의(史記正義)』에는,

"수양산은 기양(岐陽) 서북쪽에 있으니 바로 이제(夷齊)가 굶어 죽었
던 곳이다."
라고 하였다. 그런데 오직 원(元)나라 때 왕유(王□)는
"수양산은 요동(遼東) 양평현(襄平縣) 서쪽에 있으니 황제(黃帝) 헌원
씨(軒轅氏)가 구리 캐던 곳이 이곳이다."
라고 하였다. 이 산을 수양산이라고 부른 이는 오직 이 사람 하나뿐이
었다. 서적에 잡스럽게 기록된 것이 이처럼 같지 않으니 어느 말이 옳
은지는 알 수가 없다.

또 『연경기보통지(燕京畿輔通志)』라는 책을 찾아보니 다음과 같이 되
어 있었다.

"산천 이름을 억지로 끼워 맞춰 황당한 것이 반산(盤山)을 반곡(盤谷)
이라 말한 것과 고죽국(孤竹國) 곁의 산을 수양산이라 하는 유(類)와 같
은 것이니 다 고쳐 증정(增訂)한다."

대개 모든 옛글을 절충해 보면 이 땅이 고죽국 옛 성(城)이라는 것은
의심할 바 없으나, 이 산이 수양산이라는 것은 모두 억지로 끼워 맞춘
것이 전해진 것이다.

"백이숙제가 주무왕이 주(紂)를 치는 것을 간하다 듣지 않아 굶어 죽
었다."

함을 왕안석이 썼으나 이 일이 없었다고 논(論)하여 밝혔는데, 반복
하여 변론함이 오백여 사람이고 그 말이 되어가는 형세를 보고 지나온
시대로 미룰 따름이다.

홀로 의리로 결단하지 않고 오히려 미진한 뜻이 있으니 어찌하겠는가?
백이숙제가 주(紂)의 사나움을 피하여 북녘 바닷가에 가 살았고, 백
이숙제가 눈 아래 주(紂)의 따돌림을 받은 군주가 된지 오래 되었고,

또 무왕이 주를 친 것이 무왕이 [40a] 친 것이 아니라 하늘이 치심이니 무왕을 의롭지 않다고 여긴다면 이는 곧 하늘을 헐뜯는 것이다. 백이숙제의 어짊을 즐겨서 남과 달리 고고한 체하고 인정(仁情)을 어기고 천리(天理)를 배반한 것으로 당시 비처럼 쏟아지는 군사를 저해한 것이냐? 그때 당시 구리 기둥에 모진 불꽃이 사해(四海)를 혹독하게 병들게 하여 하늘이 덮은 바나 땅에 실은 바, 일월에 비치는 바나 이슬과 서리에 떨어지는 바, 무릇 혈기가 있는 자가 가슴을 두드리고 애가 썩어 숯불 가운데 있는 듯하지 않은 것이 없었다. 무왕의 군사로 조금 2~3년 늦게 해도 그런 사람 유(類)들은 얼마 있다 다 죽지 않았겠는가? 언제 망할까하는 원망과 오시면 살리라하고 바라는 마음이 하걸(夏桀, 하(夏)나라의 마지막 군주(君主)로 제발(帝發)의 아들이다. 재위 기간은 약 B.C.1652년부터 B.C.1600년까지였다. 역사상 유명한 폭군(暴君)으로 황음무도(荒淫無道)하여 제후들과 백성들의 원성이 자자했다. 이에 말희(妺喜)와 상(商)나라의 대신인 이윤(伊尹)이 은밀히 계책을 짜서 하(夏)나라를 멸망시켰다.)의 때보다 더욱 심하니 천리[天吏, 성인이 하늘 명을 받아 사나운 것을 치고 백성을 건져 내는 일을 천리라 한다]의 벌을 행하는 것이 어찌 가히 하루라도 늦추겠는가? 이에 백이숙제가 주나라 무왕에게 간언하여 저지하려한 것은 곧 그들의 마음이 끓는 불속에 사람이 빠졌어도 오랫동안 구원하지 않고서 죽게 내버려 두고자한 것이니 어진 사람도 진실로 이러한가?

은나라 억만 생영(生靈, 살아 있는 사람과 죽은 혼령)이 무왕의 이 행동거지를 기다려 거의 살기를 바라고 있는데, 좇아가 만류한다면 내가 걱정스러운 것은 비록 태공이 붙들어 보고 천사의 병기 칼날에 벗어남을 얻더라도 은나라 군사를 도로 집어 저들 앞 군사를 치는 창과 환도가 먼저 그 몸에 미칠까 하니, 수양산에 가 굶기를 기다리지 않고 죽은

지 오래 되었을 것이다. 그윽이 비교하건데 민생이 넓은 물과 무서운 불 가운데 [40b] 빠져 매우 약해 모두 죽기에 다다르니 한사람의 힘이 능히 있어 구제할 만하여 바야흐로 손으로 건지려고 하거든 또 한 사람이 있어 그 곁을 좇아 못하게 말린 즉, 그 다투는 바 시비는 아직 의논하지 않더라도 능히 어질지 않은 사람이란 조롱을 면하겠는가? 백이숙제가 주나라를 치는 것을 간하였다 말함이 어찌 다 이와 다르겠는가?

또 어질지 않음과 의롭지 않음이 마찬가지이다. 그러니 의리를 지키려고 주나라 곡식을 먹지 않았으면 또한 마땅히 어질지 않은 은나라 주왕의 곡식도 먹지 말았어야 했다. 그런데 어찌 이토록 늦게 굶어 죽었는가?

천하에 둘이 다 옳고 둘이 다 그른 것이 없으니 이미 주를 피하여 그 땅에 살지 아니하고 또 주 무왕을 부끄러워해 그 곡식을 먹지 아니한즉 묻노니

"백이숙제 어느 곳에 가서 좇고져 하는가?"

이미 어질지 못한 은나라 주왕을 섬기지 않았으면서도 어진 주나라 무왕을 또 섬기지 않았으니 이는 곧 여기 있든 저기 있든 간에 둘 다 결국 무군(無君, 모실 임금이 없음)한 것이다.

장남헌(張南軒)이 말하길

"이제의 마음이 만세에 임금이 없을까 염려함이다."

하는데 이제의 그 몸이 이미 임금이 없었기 때문이다. 어느 겨를에 멀리 만세를 염려하겠는가? 공자 맹자가 그 당시에 태어나셨다면 반드시 무왕 태공망의 일을 행하셨을 것이오. 결단코 백이숙제의 일을 행하지 않으셨을 것이다. 백이숙제가 한 바는 곧 공자 맹자가 하지 않으셨을 바이니, 백이숙제를 성인이라 할 수 있겠는가? 어찌 공자 맹자가 [41a]

백이숙제가 한 바를 하시지 않을 것을 알았겠는가? 맹자가 주(周)나라
를 위하지 않으시고 공자도 땅을 바꾸어 앉으신 즉 또한 그러 하시니
이로써 알겠다. 그래서 말하건데 백이숙제가 진실로 이 간한 일이 있은
즉 족히 백이숙제가 되지 못할까 한다. 또 맹자가 말하길

"백이는 사나운 사람의 조정에 서지 않는다."

하시니, 과연 백이가 주무왕의 조정에 서지 않고 굶어 죽기에 이른 즉
맹자 말씀이 그 무왕께 피곤하게 하지 않았겠는가? 춘추에 현자(賢者)
를 위하여 높이 불러 휘(諱)하니 맹자가 성인을 휘하지 않았겠는가? 맹
자가 또 말하시길

"백이가 은주(殷紂)의 때를 당하여 북녘 바닷가에 가 살아 천하가 맑
아짐을 기다렸더라."

하시니 주무왕이 일어나신 것은 진실로 이른바 성인이 일어나시고 참
임금이 나심이니 천하가 맑지 않았느냐? 도리어 부끄럽게 여겨 그 곡
식을 먹지 않은즉 천하가 맑기를 기다린 것이 어디 있느냐? 아성(亞聖,
맹자)의 두 말씀을 질정하면 가히 그 일이 없음을 알 것이다. 혹 말하길

"수양산에 굶주리다 함을 우리 부자(夫子)가 일찍이 말하였거늘 그대
어찌 공자를 믿지 않냐?"

하니 말하길

"부자가 이 말씀하신 뜻은 대개 가르친 바가 있는데 그 뜻이 대개
이르시길 제경공(齊景公)은 천개의 수레를 갖을 만한 풍요를 가졌는데
몸이 죽는 날에 덕이 가히 일컬을 만한 것이 없고, 백이숙제는 나라를
사양하고 도망하여 보잘 것 없는 필부가 되기를 달갑게 여겨 수양산
아래서 굶어 죽어 백성이 백이숙제를 말하고 [41b] 일컫는다."

하심이니 대개 일컬음이 있거나 없음이 나라가 있고 없음에 매이지 않

고, 다만 덕이 있으나 덕이 없으나에 있다라고 말하는 것이니, 대개 제 경공(齊景公)은 본래 나라가 없다가 나라를 두었고, 백이숙제는 마땅히 나라를 둘 것이나 나라가 없는 것이다. 최저(崔杼)가 경공의 형 장공(莊公)을 죽여 경공이 최저가 세운 바가 있어 최저를 정승으로 삼고 경공이 임금 되기를 편안히 여겨 묻지 아니 하니, 백이숙제 형제가 나라를 사양하고 비록 굶어도 원망하지 않는 것에 비교하면 그 어짊과 사나움이 정반대이니, 백이숙제로 경공에 대하여 말하는 것은 그 나라를 사양한 일을 올바로 칭찬하여 깊이 경공을 조롱하는 것이다. 사람이 천고에 썩지 않는 바가 어찌 부귀와 세리(勢利)에만 있겠는가? 그 '굶다'라는 말은 대개 필부의 가난함을 가리켜 경공의 천 개의 수레를 갖은 부유함에 대하여 말하는 것이니, 어찌 반드시 은주(殷紂)를 치는 것을 간하다가 굶어 죽음만을 말하는가?

이 진실로 내 말이 하나의 도움이 될 것이오, 족히 주나라 조를 먹지 않은 증거가 되지 못할 것이다.

백이숙제가 과연 은나라 주왕을 정벌하는 일에 대해 간언한 적이 있었다면 공자 맹자께서 백이숙제에 대해 논한 것이 한두 가지에 그치지 않았을 것이니, 어찌 그 큰 절개를 조금도 논하지 않으셨겠는가? 백이숙제가 왕위를 사양한 절개와 행실을 지킨 고매함이 진실로 뛰어나 천고에 둘도 없을 것이니, 어찌 [42a] 주나라 곡식을 먹지 않았다고 말한 뒤에야 뛰어난 절개가 되었는가?

사마천의 『사기』에 말이 어긋나 그릇된 것이 많아 털어버리고 골라 써야 하는데, 다만 주부자(朱夫子, 주희)가 당연히 이 일을 취하여 증거하여, 〈논어주(論語註)〉를 해석하였는데 감히 알지 못할 것이다. 사마천의 사기가 그릇되고 꼬여 훗날 사람에게 의혹을 낳게 한 것이 태반이나 하니 그 일단을 말하여 밝히고자 한다. 사마천이 무왕이 은주(殷紂)를 치심을 기록하였는데 〈백이전〉에 말하길

"아비 죽어도 영장하지 아니하고 방패와 창을 쓴다."

하고 〈주본기(周本記)〉에는

"무왕이 필(畢)의 땅 문왕 무덤에 제사하고 은주를 치러 맹진(孟津)에 이르러 문왕 신주를 수레 가운데 실었다."

하였는데 주공(周公)이 예를 짓기 전에는 본래 묘제가 없으니 필에 제사한다 하는 것이 망령이오, 또 한번은 말하길

"필에 제사한다."

하고 또 한번은 말하길

"아비 죽어도 영장하지 않았다."

하니, 그 말이 그릇되고 망령되어 믿지 못함이 이렇듯 많으니 다른 것을 가히 근거를 대어 다 믿겠는가? 혹은 말하길

"그대 어찌 왕안석의 집요(執拗)한 소견을 한쪽 편을 들어 도리어 주부자가 정하신 의논을 의심하는가?"

해서, 말하길

"감히 그러함이 아니라 한번 백이전을 읽음에 마천의 마음이 오직 성인을 무욕하기에 있음을 보고 또 은주를 치기를 간하는 일이 인정상 마땅히 나올 수 없는 듯한 고로 평생에 항상 의심하였는데, 안석의 의론을 얻으면서 내 마음이 먼저 얻은 것이 기쁘나 다만 글을 [42b] 읽으며 일을 강론함에 능히 의심이 없지 못함이 이는 배우지 못한 병통이거니와, 어찌 감히 주부자 정론을 의심하는가?"

마침 고죽국을 지나다 백이의 일을 느껴 문득 행역의 수고로움을 잊고 붓을 잡아 좁은 소견을 기록하여 질정을 기다리겠다.

추론: 내가 어머니를 위하여 북정일기(北征日記)를 번역하다가 이 단
락에 이르러 당시의 내 의론이 다만 문인의 입버릇과 과거를 준
비하는 자의 문체를 가지고 쉽게 말을 내뱉고 억지로 의리(義理)
를 설명했다는 것을 깨달았다. 나는 어려서부터 글을 읽을 때 새
로운 의론을 좋아하고 기이함을 추구하는 습관이 가슴 속에 걸
려 있었는데 문득 병통이 되었다. 백이가 무왕에게 간언한 일이
없다고 주장했던 것이 또한 신기한 생각을 좋아하는 마음에 서
나온 것이다. 그 일이 있었는지 없었는지는 아직 논하지 말아야
하고, 이미 주자(朱子)의 판정을 지나치게 논했으니 그대로 두고
더 말하지 않는 것이 옳다. 만일 의혹되는 부분을 기록하더라도
단지 평범하게 말하는 것은 무방하다. 그런데 지금의 논의에는
왜곡하고 억지로 끌어다 붙인 생각이 많으니, 만일 그 말이 옳더
라도 그 마음은 이미 병든 것이다. 하물며 그 중 각박하여 맞지
않은 논리가 많은 것에서랴? 마땅히 그 서술은 삭제해야지 내버
려 두어서는 안된다. 하지만 이대로 두는 이유는 예전의 틀린 의
견을 남겨둠으로써 새로움을 [43a] 좋아하고 특이함을 추구하는
독자가 경계 삼도록 하기 위해서이다.

〈1741년(신유년) 1월 22일(음) 사양재 강호보가 연행한 14년 후 본 한
글본에 추가해 적다〉
〈또한 이와 관련하여 의론을 보내온 한진사 서신에 대한 사양재의 몇
마디 답변을 추가한다.〉

제가 논하길 '백이숙제가 무왕의 잘못만 보고 그의 옳은 점은 보지 못
했다고 한 것은 두 사람의 마음을 거의 안 것인데, 고명(高明)께서는
이것이 백이숙제를 폄하한 것이라 여기시니 그 이유를 모르겠습니다.
두 사람이 과연 무왕이 상나라 정벌하는 것을 옳다고 생각했다면 이미

그것이 옳다는 것을 알면서도 또한 정벌을 멈추기를 간언했다는 것이니, 그게 무슨 말인지 모르겠습니다. 그들이 마음으로는 무왕이 옳다는 것을 알면서도 단지 만고(萬古)의 망상(綱常)을 밝히고자 일부러 그렇게 했다는 의미라면, 저 두 사람은 술책을 부리는 자의 부류에 불과한 것이니 어찌 성인(聖人)이 될 수 있겠습니까? 이미 무왕은 하늘이 내린 위정자요 의로운 군대요 만고망상(萬古綱常)을 위한 계획이라는 것을 알면서도 간언하여 막고 비난하고 배척하였다면, 이는 마음으로는 무왕의 옳음을 알면서 입으로 그의 잘못을 비난한 것이니, 계산해서 작위적으로 행동하여 마음과 입이 서로 맞지 않는 것에 가깝지 않겠습니까? 제 생각에 고명(高明)께서는 이 문제에 있어서 원래는 두 사람을 옹호하려 한 것이지만 도리어 폄하하고 있습니다. 공자 맹자가 한마디도 정벌에 대해 간언한 일과 굶어 죽은 일에 대해 언급하지 않은 것은 끝내 감히 알 수 없는 것이 있었기 때문이니, 이런 일이 있었다고 여겼다면 공자·맹자가 반드시 언급했을 것이요, 이런 일이 없었다고 여겼다면 주자가 그 설에 대해 집주에 기록했을 것입니다. 이것이 감히 입을 열어 말할 수 없는 이유입니다.

대문 행랑 밖에 중의 방이 있어 안으로 들어가 아침을 먹는데, 난하의 생선을 사서 회를 쳐 놓았다. 먹는 것을 마치고 떠나니 이미 다 돌아보지 못하고 또 행색이 급히 서둘러 간단히 보고 미처 마음에 극진히 두루 구경하지 못하니, 가히 이 생애에 한스러웠다. 떠나며 상사에게 청하여 말하길

"돌아오는 날에 다시 들어와 청풍대 뒤로 절벽으로 내려가 난하 가운데 섬 산에 올라가 고죽국의 무덤과 사우에 올라가 보면 한이 없겠습니다." 하니 상사가 기쁘게 허락하지 않았다. 20여리를 가서 안하점(安河店)을 지나 외롭고 조용한 초가집이 두어 집 있다. 또 1리 길 오른편에 패문이

옛날 풍윤성(豊潤城)의 중심지인 네거리

남쪽에서 북쪽을 향해 찍은 사진으로, 네거리 동북 코너에 작은 공원이 보인다. 네거리 오른쪽 길을 내려가면 옛날의 동문 자리가 나오고 동문 채 못 미쳐서 옛날 향교 자리에 풍윤빈관(豊潤賓館)이 있다.

있어 글을 썼는데 '노룡현(盧龍縣) 서쪽 안하보(安河甫)'라 하였으며, 다만 복병대(伏兵臺)만 있고 초가집이 두어 집이 있다.

　노룡은 곧 춘추때 비자국(卑子國)이고, 용산(龍山), 동산(洞山), 쌍자산(雙子山), 주정산(周正山), 마안산(□□山), 탕산(□山), 회산(灰山), 필가산(筆架山) 모든 산이 이어 닿아 빙빙 돌아 지세가 뛰어난 땅이었다. 또 12리를 가서 야계타(野鷄坨)를 지나니 가게집이 반 리를 뻗쳤는데, 여기서 털로 만든 모직물이 가장 으뜸이라 하였다.

　8리를 가서 사하보(沙河堡)를 지나니 마을 집이 수십 호고 마을 남북에 수목이 삼대처럼 빽빽이 서서 10여 리를 뻗쳤는데, 모두 대추와 밤이고 다른 나무가 없다. 『기보통지(畿輔通志)』에 말하길

　"과일 동산이 있는데 나라에 바쳐 해마다 바치는 것이 정해진 것이 있다."

하였는데 [43b] 이런 곳을 가리킴이었다.

　여기를 지나 무릇 10여 리를 갈 때까지 땅이 모두 모래이고 다닐 때

사람의 다리가 다 빠지니, 사하(沙河)라는 이름이 대개 이렇게 해서 생겼다. 비록 바람이 없어도 가루 모래가 날리어 낯에 부딪히니 가까운 거리도 어렵고, 옥전(玉田)의 사류하(沙流河)도 또한 그러했다. 12리를 가서 사하역(沙河驛)에 다다라 조선관(朝鮮館)에 들어가 잤다. 성이 있어 주위가 수 리인데, 성가퀴가 다 무너지고 다만 동서 두 문만 남았다.

• 1727년 12월 23일 갑진일 맑음

새벽에 떠나 수 리를 갔다. 길 왼편에 홀연히 산이 솟아 일어섰고 돌이 그 위에 덮였다. 15리를 가서 칠가령(七家嶺)을 지나니 동쪽이 비로소 밝았다. 대명 때 여기에 역이 있었는데 이제는 폐허가 되었다. 마을로 동북 30리 밖에 도산(都山), 망산(蟒山), 단산(團山), 황용산(黃龍山), 농천산(□□산), 쇄갑산(曬甲山) 등 모든 산이 있는데 도산이 더욱 높아 특별히 빼어났다. 5리를 가서 신점(新店)을 지나니 옛 성이 있어 주위가 1리 남짓하였는데 이제 무너져 동서 문만 남았고 성안에 인가가 또한 쓸쓸하였다. 5리를 가서 건하초(乾河草)를 지나니 초가집이 수 십 호 있고 중의 절이 세 곳이 있었다. 또 5리를 가서 강우교(扛牛橋)를 지나고 7리를 가서 청용교(靑龍橋)를 지나니 높이가 6-7길(丈)이다. 큰 내를 거쳐 넘어 다리 위에 관왕묘가 있고 또 보제당(普濟堂)이 있어 현판에 '백성의 생활을 윤택하게 한다'라고 쓰였는데, 이는 다리 아래 물을 말하는 것이었다. 1리를 가서 진자점(榛子店)에 도착하여 조반을 먹었다. 이곳이 바로 옛적의 난주(灤州)이다. 『방여기(方與記)』에 이르기를

"예전에는 난주가 [44a] 없었는데 당나라 말기에 아보기(阿保機)가 평영(平營)을 쳐 함락시켰다. 유수광(劉守光)이 유주(幽州)를 지켜 백성들에게 포학하였는데 백성들이 견디지 못하여 도망친 이들이 많았다.

그러자 아보기가 이 성을 쌓아 도망치는 백성을 받아 웅거하였다. 명나라 때 이름을 난주라고 고쳤고 지금의 풍윤(豊潤)에 속하였다."
라고 하였다.

성이 거의 다 무너져 내외 성문만 완전하였고 마을이 수 리에 뻗쳐 있었다. 바로 남쪽 수십 리 밖에 돌이 있는데 기둥 같은 형상으로 큰 바다 가운데 섰다. 세상 사람들이 이름을 '천주교(天柱橋)'라 하는데 곧 '갈석(碣石)'이다. 5리를 가서 한 고개를 넘으니 온 산에 사나운 돌로 덮였다. 돌 빛이 모두 검고 형상이 큰 것은 사자 범 같고 작은 것은 이리 승냥이 같으니 둘러 가서 보기가 놀라웠다.

20리를 가서 철성감(鐵城坎)을 지나 마을 동편에 돌다리가 있는데, 큰 굴처럼 걸터 있어 높이가 5-6길(丈)이고 다리 아래에 물이 없었다.

1리를 가서 소령하(小嶺下)를 지나니 냇가 위에 초가집이 6-7호 있었다. 강을 건넌 후 마을 집을 보니 다 높은 기둥과 큰 들이 보였다. 오직 마을에 비로소 말(斗)만한 조그만 집이 보였다. 7리를 가서 판교(板橋)를 지나니 마을 동편에 암자가 있고 암자 앞에 쌀을 동냥하는 중이 있고 물 위 길가에 암자가 있는데 경관이 이따금 이러하였다. 25리를 가서 풍윤성(豊潤城)에 들어 수재 곡가성(谷可成)의 집에 들어가 잤다. 그 집 문에 정문을 세워 금자로 '효도와 우애함이 있다'라고 쓰였다. 곡(谷)이 무릇 형제 [44b] 3명이 다 수재라 말하는데 내가 곡가성(谷可成)을 불러 물었다.

"정표(旌表)가 마을 입구에 빛나니 마음에 매우 감탄하였습니다. 선대에 잘 알려진 사람이 있습니까?"

곡가성이 대답했다

"한(漢)의 간의대부(諫議大夫) 곡나율(谷邢律)이 먼 조상입니다."

내가 대답하였다.

"곡나율은 당(唐)나라 때 사람인데 어째서 한나라 때 사람이라고 말하십니까?"

곡가성이 말하였다.

"제가 고루하여 문견이 좁아 말실수를 했습니다."

내가 말하였다.

"곡나율은 해박하여 모든 서적을 관통하였으므로 저수량(褚遂良, 당나라 법가 문사)이 아홉 가지 경서를 넣은 곳, 구경고(九經庫)라고 일컬었는데 존자(尊者)는 또한 그 가문의 명성을 떨어뜨리지 않았습니까?"

곡가성이 말하였다.

"미약한 자손이 불초하고 학식이 전혀 없어 선조의 훌륭함을 다 실추시켰습니다."

내가 말하였다.

"존자의 집에서 행의(行義)를 닦아 나라에 알려져서 정표의 은전(恩典)을 받은 것이 화곤(華袞, 화려한 곤룡포)의 포상을 넘었으니 어떠한 행실로 이러한 데에 이를 수 있었는지 모르겠습니다. 대대로 쌓은 미덕의 빛을 감탄합니다."

곡가성이 말하였다.

"외람되이 정표의 은전을 받은 것입니다."

해서 다른 사정과 이 땅의 고적(古蹟)을 물었는데 다 대답하지 못하였다. 또 해답을 구걸하고 강탈하는 것이 장사치와 다를 것이 없으니 내행(內行)이 순전하고 독실한 자는 걱정하건데 이 같지는 않을 것이다.

정표의 은전을 받은 것이 도척(盜跖, 중국 춘추시대 큰 도둑)으로 꾸며 내 백이(伯夷)라고 말할 만하구나.

집이 화려하고 긴 행랑으로 둘러있고 담이며 집이며 온갖 물건들이 자못 개인집 모양이 아닌데 설인(舌人)이 오히려 말하길

"옛날에 비교하면 반 이상을 줄인 것이다."

라고 한다. 풍윤은 연경 가까운 지역인 기내(畿內)에 이름난 고을이니 옛부터 선비 마을이라 일컬어 빛나 광현(光顯) [45a]한 자가 많았는데 이제는 교양없고 무식하여 능히 글한다 하는 자가 대의를 통치 못하고 혹 글 읽은 자가 있어도 다 장사치의 모양이라 하니 전일 문명하던 풍속이 땅에 묻힌 듯하구나.

추로(鄒魯, 공자의 노나라, 맹자의 추나라) 현송(絃誦, 부지런히 학문을 닦고 교양을 쌓음)을 숭상하던 고을과 하낙(河洛)이 시서(詩書)를 읽던 땅을 비록 발로 그 땅을 밟지 못하였으나 더욱 변해가는 것을 생각하면 세 개 마을 모퉁이를 가히 짐작하면 알 수 있으니 슬프도다. 풍속이 교화로 옮기어 바뀌었으니 이 어찌 사람의 죄이겠는가? 그러나 연경 북쪽으로 과거를 본 사람들 중 빼어 난 이름을 아는 자는 오히려 무녕(撫寧) 풍윤 옥전 세 곳 마을에서 많이 나온다 한다.

황명 홍치 연간에 이 고을서 땅을 파다가 은나라 솥을 얻으니 무게가 300여 근이었다. 그 솥을 이제까지 고을 향교에 감춰 두었다 한다. 혹 말하길

"풍윤은 곧 진나라 때 풍성이니 뇌환(雷煥)이 땅을 파 보검을 얻은 곳인데 옛 그릇을 땅 속에 감춘 것이 어찌 이곳에서 많이 나는가? 이상하구나."

하니, 대개 진나라 무제(武帝) 때에 두우(斗牛) 두 별 사이에 항상 붉은 기운이 있었는데 장화(張華)가 뇌환에게 묻기를

"이 어찌된 경사인가?"

고려보촌위원회 정문

하니 뇌환이 말하길

"보배인 옛 칼의 정기가 위로 하늘에 사무쳐 꿰였으니 풍성현에 있을 것이다."

하여 장화가 즉시 풍성 현령을 하게 하였다. 뇌환이 풍성에 내려가 옥(獄) 가운데를 파서 두 보검을 얻으니, 이름하여 용천검(龍泉劍)과 태아검(太阿劍)이었다. 용천검은 장화에게 보내고 태아검은 뇌환이 스스로 차고, 뇌환이 죽은 후에 뇌환의 아들 화(華)가 [45b] 그 태아검을 차고 연평(延平) 나루를 건널 때 칼이 뛰어 물로 들어가 보니 용이 각각 길이 두어 길인데 물속으로 가기에 뇌화가 말하길

"선공의 이 칼이 나중에 변화하리라 한 것과 장공의 두 자루가 마침내 합하리라 한 말이 옳았다."

하니 풍윤이 풍성현이라 하고 혹은 또 말하길

"칼 파낸 풍성이 풍윤이 아니고 예장(豫章) 땅에 있다."

하는데 풍윤이 풍성이 아니라 함이 옳은 듯하였다.

풍윤이 성이 있는데 무너진 데가 많고 고을 아사(衙舍, 관아 집)가 바라보이고 자못 뛰어나 화려하고 관문 밖에는 적적하여 한 사람도 없었다. 지현은 장해(張解)와 채형(蔡邢) 2명이고 교수 전리(典吏) 각 1명이고 인정(人征)과 전토에 바치는 세가 은으로 13,291냥이었다. 성 안팎에 시장 가게와 술집이 또한 한 대도회(大都會, 사람이 많이 사는 번잡한 곳)였다.

• 1727년 12월 24일 을사일 맑음

날이 밝아 떠나 서쪽으로 2리를 가서 조가장(趙家庄)을 지나고, 1리에 장가장(張家庄)을 지나고, 또 1리에 환하교(還河橋)를 건너니 이제 다리는 없고 물이 너비가 수십 보였다. 4리를 가서 노가장(盧家庄)을 지나니 다 작은 마을이었다.

7리를 가서 고려보(高麗堡)를 지나니 마을이 오른편 수십 보 밖에 있고 길 아래는 모두 논인데, 두렁을 매고 이랑을 만들어 다름없는 조선 논이다.

연중(燕中) 풍속이 수수와 조를 갈고 혹 밭에 밭벼를 갈아 벼를 심는데 두만강을 건넌 후 논 한 곳을 보지 못하다가 여기 이르러 비로소 보니 대개 이 마을은 다 고려 사람의 자손이다. 고려 사람이 여기에 와서 [46a] 풍속을 옮겨와 논을 개간하였는데, 어느 때 무슨 연고로 여기에 와 사는지는 알지 못하였다. 대저 요동 땅에 고려인의 자손들이 많은데 본토인과 섞여 살고, 오직 이 마을이 순전히 고려인이 모였으므

고려보의 큰 길 남쪽 골목을 2~300m 정도 나가자 펼쳐진 논밭들

로 이름을 고려보라 한 것이었다.

  마을 사람들이 우리 일행을 보고 길가에 나와 구경하는 자가 남녀 수십여 명인데, 역졸에게 물어보라 하여

  "네가 과연 고려인의 자손이냐?"

하니 머리를 끄덕이며 말하길

  "그렇다."

하고 혹 성을 내는 듯 노하여 욕한다고 하였다. 1리를 가서 초리장(草里庄)을 지나니 초옥(草屋)이 몇 개 있었다. 10리를 걸어 연계보(軟鷄堡)를 지나 길 왼편에 남으로 바라보니 큰 나무가 드문드문 있어, 큰 띠처럼 수풀이 서 있어 넓은 들에 가로질러 뻗쳐 있어 멀리 쳐다보면 흐릿하고 이지러져 연기와 안개가 끼인 듯하다. 이곳이 이른바 계문연수(薊門烟

樹)라고 하는데 북경 팔경중 하나인 줄 실감하지 못하겠다.

부사 영공께서 나에게 말씀하시기를

"무술년(1718)에 왔을 때에도 물결이 일어나는 모습을 못보았는데 이번에도 그러하니 자네는 자세히 보게."

라고 하셨다. 10여 리를 지나도록 자세히 보았는데, 다만 푸른 연기가 나무 끝에 끼여 구름을 띄우고 안개를 머금은 듯하여 볼 수 있는 한 힘을 다해 보니 그림 속 풍경 같다.

연도팔경(燕都八景)은 이를테면 거용관(居庸關)에 쌓인 푸른빛, 옥천(玉泉) 폭포가 드리운 무지개, 경도(瓊島)에 봄 구름, 계문에 안개 낀 나무, 태액지(太液池)에 갠 물결, 서산의 개인 눈, 노구(蘆溝)에 새벽 [46b] 달, 황금대의 저녁 해를 말하는 것이다. 황명방여지에 연산팔경(燕山八景)을 기록하였는데 이것과 조금 다르니, 이를테면 계문의 날리는 비, 요도(遼都)의 봄 그늘, 태액지의 가을바람, 도릉(桃陵)의 저녁 해이고 그 밖에는 서로 같다.

2리를 가서 다붕암(茶棚庵)을 지나니 한 암자가 있고 마을이 없으니, 연(燕) 풍속에 길가 중의 암자를 다붕이라 말하는 것이 이따금씩 많았다. 12리를 가서 사류하에 다다라 아침밥을 먹었다. 옛 성이 있었는데 이제 폐허되어 다만 서문이 남았고, 길 좌우에 마을이 1리를 뻗어있다.

이번 길에 보니 중원 예법이 땅에 남은 것이 없었다. 다만 여자의 의복과 꾸밈은 아직도 중화의 제도를 유지하고 있음은 기쁘게 여겨, 역관 홍만운(洪萬運)에게 그 제도를 자세히 물었다. 홍만운이 말하였다.

"여염집의 여자들은 긴 옷을 갖추고 있지 못하니, 이는 창녀를 보면 마땅히 자세히 알 것입니다. 예전 노정에서 양한지 방에 들어가 요청하자 와서 보여 주었습니다."

내가 허락하였더니 수일 전에 역참에 들어 사람을 시켜 나에게 청하여 말하길

"양한지(養漢的) 방에 앉아 있으니 잠깐 와보라."

고 하는데, 내가 생각하니 발이 기생집을 바라보면 더러운 듯하여 피곤하여 가지 못하겠다고 사양하였다. 만운이 노엽게 여겨 와보고 말하길

"언약하였듯이 폐백을 허비하고 양한지 방에 가 기다리는데 어기면 어떻게 합니까?"

하였다. 내가 답하여

"중원 부녀의 의복을 보기 위해서인데 생각해보니 보아도 쓸 데 없고, 기생집에 드나들면 가히 부끄러우므로 가지 않겠네."

만운이 말하길

"언약을 저버리면 또한 [47a] 선비의 허물이 아닙니까?"

해서 내가 답하길

"언약을 잘못하였으면 버리고 행하지 아니하여야 허물을 고치게 된다."

만운이 내게서 속았다고 하여 그 후에는 항상 양한지 있는 역참에 들르면 와서 '해롭지 않다'고 늘 말하고 가기를 보채면서

"한번 언약을 시행하라."

하였는데 내가 말하길

"선비가 한번 발을 들면 제 몸 득실에 매일뿐 아니라 그때 풍속에 관계하고 남이 쳐다보고 듣는 것에 매이니, 오랑캐들이 우리를 우러러 보는 것은 예의가 있어서인데 내가 한번 기생집에 들어가면 오랑캐들이 반드시 '조선 선비도 기생집에 들어가느냐?' 할 것이니 또한 나라에 부끄러움이 되지 않겠는가?"

하고 끝내 허락하지 않았다.

오늘 역참에 이르러 홍만운이 일행과 함께 청루에서 모여 앉아서 나를 속일 것을 서로 의논하고는, 군뇌를 시켜 다음과 같은 말을 전하게 하였다.

"여기 기이한 구경거리가 있는데 어찌 와서 함께 보시지 않습니까? 조금 늦게 오면 미처 보지 못할 것입니다."

하여 내가 군뇌에게 묻기를

"무슨 구경거리가 있느냐?"

하니 군뇌가 만운의 지시를 받아 대답하길

"무슨 기이한 구경거리가 있는 줄 알지 못하는데, 다만 일행이 다 모여 둘러쌓아 앉아있어 보지 못했습니다."

내가 군뇌를 믿고 데리고 그곳에 가니 문에 갑옷 입은 군사 몇 명이 나를 막고자 하다가 군뇌가 말하길

"우리 노야이시다."

하니 그제야 들여보냈다. 세 겹 중문에 들어서 당 앞에 이르니 동행한 역관 변창화가 내려와 문을 열자마자 들이고 문 안에 들어서니, 이상한 향내 온 집에 가득하고 너무 심하여 아니꼬웠다. 눈을 들어보니 당 [47b] 위에 동행 십여 명이 통관과 장경(章京) 모든 관원 오랑캐들과 함께 동서로 나누어 앉고 미녀 7명이 그 사이에 앉아 가운데 큰 탁자를 놓고 음식을 차려놓고 술을 내오는데, 내가 그제야 홍만운에게 속았다는 것을 깨닫고 즉시 창루에서 도로 문을 밀치고 나오려 하였는데, 벌써 밖에서 문을 걸어 잠궜다. 이는 동행이 미리 지휘한 것이다.

내가 눈을 찡그리고 올라가지 않으니 변창화가 말하길

"벌써 여기에 오셨는데 너무 좁고 답답한 모습을 이국에서 보이지 마십시오."

하고 내 소매를 이끄니 내가 구들(炕) 아래 서 있는 것이 또한 욕되고
또한 일이 없는지라, 소매를 떨치고 말하길

"내가 오르겠으니 구박하지 말게."

만운이 자리를 비워 올려 앉히는데 나를 또 곤란하게 일부러 양한지
곁에 첫 방석으로 앉혔다. 모든 계집이 내가 문안에 들어옴을 보고 즉
시 일어서 있다가, 내가 올라가 앉으니 그제야 다 앉았다. 모든 계집이
다 절색인데 머리맡에 앉은 두 여자가 더 기이하고 고왔다. 내 앞에
나와 앉아 손으로 내 무릎을 치고 손을 들어 수다스럽게 말하여 무슨
말인지 묻는데, 내가 두세 자를 물러나 앉고 대답하지 않으니 그 여자
가 내 기색을 보고 즉시 무안하여 감히 다시 친하게 가까이 하지 않았
다. 홍만운에게 가서 나를 가리키며 말을 묻고 턱을 끄덕이고, 내가 만
운에게 물어보니 만운이 말하길

"저 계집이 묻는데 '가까이 가면 물러앉고 말을 물으면 대답하지 않
고 기색이 무서운데 어떤 사람입니까?' 하여 '세상 물정에 어두운 고상
한 선비이니 너희들과 친하고 가깝게 않는 것이다,' 하니 '그렇게 여
긴다.' 하였습니다."

그 [48a] 여자가 내 손에 있는 모선(毛扇, 털로 만든 얼굴을 추위에 막는
방한구)를 보고 만운에게 '무엇이냐?'고 물었는데 만운이 말하길 '추위
에 낯을 싸는 것이니라.' 하였고 그 여자가 나를 향해 꿇어 앉아 보기를
청하여 내가 허락하지 않았다. 두루 동행에게 나아가 달래어 보는데
내게 청하여

"보여달라."

요청하니 동행이 다 말하길

"주면 반드시 빼앗길 것이다."

해서 내가 그 연고를 물었는데, 모두 말하길

"우리가 갖고 있는 부채를 모두 저들에게 빼앗기고 상사(上舍)의 동관인 윤낭청(尹郎士, 윤도)가 홀로 부채를 주지 않아서 상사가 오기 전에 저에게 끈덕지게 보채서 상사에게도 또한 반드시 거리낌 없이 그럴 것입니다."

내가 웃으며 말하길

"반드시 감히 못할 것이니 여러분들이 시험해 보시게."

드디어 모선을 던져주니 모든 계집들이 각각 돌리며 낯을 싸보고 졸도하듯 웃고 통관 오랑캐들까지 보인 후에, 또 두번 돌려 모선 건을 올린 바느질한 것을 자세히 살펴보고 서로 떠들다가 마치고 꾸려 나에게 전해 주었다. 동행이 다 웃으면서 말하길

"과연 상사의 말과 같다."

하였다. 내가 마지못해 끌려가 있으니 바늘방석에 앉은 듯하여 드디어 옷을 떨치고 일어나니, 윤도가 나를 따라 나오려 하였다. 모든 계집이 윤의 옷을 잡고 즐기며 놓지 않아서 그 부채를 뺏고서야 그치니, 윤도가 웃고 나에게 말하길

"내가 금일에야 사람이 가히 지키는 것이 없어 못할 줄 알았는데, 그대는 가히 중국 남북에 사는 얕잡아 보는 사람들에게도 행한다고 말할 것입니다."

하였다.

계속해서 떠나 10리를 가서 양수교(兩水橋)를 지나니 두 물이 마을을 끼었으므로 이름이 양수로 되었을 것이다. 5리를 가서 양가점(兩家店)을 지나니 옛 성이 있는데, 주위가 수 리인데 [48b] 다 무너지고 다만 동서 문만 있었다. 18리를 가서 용지암(龍池庵)에 이르니 암자가 긴 담

으로 둘러 있고 담에 방이 붙어있어 그 대강을 썼는데

"이친왕(二親王, 옹정의 동생)과 패륵(貝勒, 혹은 부마[駙馬] 혹은 방백[方伯, 황제의 손자]이라함)과 만한(滿漢) 대신 등이 알리는데 아기나와(□□□□) 사색흑(□□□)과 윤아(允䄉, 옹정의 아우)와 윤제(允䄷, 옹정의 아우)의 무리가 강희 때부터 가만히 역적할 마음을 품어 동당(同黨)을 만들어 황제 되기를 도모하여 나라에 변이 있음을 다행히 여겨 임금을 업신여기고 법이나 도의를 지키지 않는 것을 꾀한다 하여 그 죄상을 20개 남짓 조목을 나열하여 올렸는데, 옹정이 재판하여 혹은 가두고 혹은 귀양 보내고 혹은 목을 베었다."

하고 끝에 말하길

"이 일을 방을 써 천하에 널리 알리고 중국 바깥 사람에게도 명백히 알게 하라."

하였다. 그 방이 큰 종이 20여 장 남짓이어서 가늘게 써 그 일 처음과 끝, 죄상의 논한 말을 자세히 기록하였는데 가히 여기에 올리지 못하겠다. 그 형제 자리를 빼앗아 서는 것을 다투고 도리에 어긋나 담 안에서 싸우는 변을 약간 스쳐 알겠다. 여기를 지난 후 계주(薊州)와 삼하(三河) 고을 관문 밖에 모두 이 방을 붙었다.

암자에 들어가니 비록 화려하지는 않지만 또한 극히 사치하고 부처의 화상과 불경책을 좌우에 나열해 두었고, 서늘한 당과 덥게 한 방이 각각 있다. 동편 바람 벽에 부처의 옛 화상 그림을 걸었고, 그림 글자를 오도자(吳道子)라 썼고, 한 젊은 중이 그 방에서 문을 닫고 경을 외우고 바람벽을 향해 공부를 한지 이미 여러 해라 [49a] 하니, 그 맑고 깨끗하고 조촐하여 거동이 눈과 눈썹에 넘쳐 말하는 소리가 조촐하고 맑아 쇳소리 같고 성품이 또한 청렴하고 온순하여 압록강을 건넌 후 항상

보니 중의 무리가 악독하고 욕심내고 자못 보잘것없는 사람보다 많이
심하였다. 중의 모양 있는 자로써 만수사(萬壽寺)의 몽고 중과 이 중을
보는데, 몽고 중은 교만하고 이 중이 능히 또 손순(遜順, 겸손)하였다.
7리를 가서 옥전성(玉田城)에 도착했다. 회수관(懷綏館)(조선관(朝鮮館)의
이름이다)에 들어 한인(漢人) 길적시(吉迪時)의 집에 들어가 잤다.

　오랑캐놈 하나가 와서 소동파(蘇東坡)가 쓴 글씨 한 축(軸)을 가져와
사라고 하기에 살펴보았다. 내 평생 소동파의 글씨 재주가 뛰어나고
기운이 호탕하여 연화식(煙火食, 불 때는 그을음이나 냄새)의 기운이 조금
도 없음을 매우 좋아했는데, 이 글씨 또한 기상이 있고 기이하여 준마
가 굴레를 벗어나 다시 제어하지 못하는 것과 같았다. 글씨를 사고자
하여 그 값을 물으니

　"은 50냥 밑으로는 팔 수 없다."
고 하였다. 돈을 마련할 길이 없어 사지 못하였는데 안타까웠다.

　성안에 인가가 태반이나 문 밖에 금자로 현판하였다. 대개 연(燕)의
풍속이 초시 하나를 마치고 한 진사에 오르면 표시하고, 한 벼슬을 하
여 하나 더 오르면 표시하고, 한 재주로 이름나서 한 행실이 있는 자에
이르러도 또한 그렇게 하므로, 그 정표하는 것이 과거에 오르면

　"금방에 과갑(魁甲, 과거에 으뜸으로 급제한 사람)이라."
하며

　"용문(龍門)에 이마를 점치다."
하며 (이어[鯉魚, 잉어]가 용문에 오를 때 이마의 점을 치면 용이 된다),

　"성균에 높이 빼어나다."
하며,

　"예원(藝苑)에 소리를 날리다."

하며,

"쌍으로 승첩하다."

하며 (양장[兩場]을 마친다),

"첩보(捷報)이다."

하였다. 벼슬하면

"한림(翰林)에 묘하게 빼어나다."

하며,

"청운(靑雲)의 높은 [49b] 거름이다."

하며,

"경륜(經綸)하는 높은 수단이다."

하며,

"옥당의 이름난 신하다."

하며

"금대에 준걸이다."

하였다. 선비이면

"경서를 밝게 알며 행실을 닦았다."

하며

"공맹의 남은 술업이다."

하며

"나라를 빛내는 큰 수단이다."

하며

"육경을 넣은 곳이다."

하였다. 호반(武人)이면

"호방(虎榜)의 장원이다."

하며,

"간성(干城)의 물망이다."

하며,

"장수할 높은 재주다."

하며,

"버들을 뚫는 묘한 재주다."

하였다. 효행과 정열이면

"백가지 행실의 근원이다."

하며,

"효도하며 우애가 풍요롭다."

하며,

"백주(柏舟)가 뜻을 맹세하다."

하며,

"송백(松柏) 같은 정열의 절개다."

하였다. 의원이면

"편작(扁鵲, 전국시대의 명의)의 묘한 손이다."

하고,

"화타(華佗, 후한의 의원)의 신기한 술이다."

하였으니, 이 같은 유(類)를 가히 모두 여기에 기록하지 못하겠다. 모두
고을이 나라 분부를 알아 패루를 세워 금자를 써 정표하니, 그 제목을
기리는 것이 아름다움을 극진히 하여 모두 과대하고 빛나게 하는 것을
으뜸으로 삼으니, 대개 명나라 때부터 들리는 명성과 습성이 한결같이
스스로 높은 체하여 자랑하여 조금 문장하는 한계를 엿보니, 문득 이미
한당(漢唐)을 낮게 보고 겨우 이기어 술 찌꺼기를 알아 감히 정주(程朱,

정자와 주자)를 억누르고자 하니, 왕감주(王弇州, 명나라 왕세정[王世貞]의
호이다)와 이공동(李崆峒, 몽양[夢陽])의 의론과 왕양명(王陽明, 명 유학자)
과 진백사(陳白士, 명 유학자)의 소견 같은 것이 모두 이러한 것이다.

점차 나아가 일대의 풍속이 일어 다만 보기에 아름다움으로써 으뜸
을 삼으니 광녕(廣寧)의 이상량(李成梁)의 패루와 영원(寧遠)의 조대수(祖
大壽)의 정문이 [50a] 또한 그 규범이나 끼친 풍속과 남은 습관이 금일
에 이르러 넘치니 괴이하지 아니하고, 곡가의 자식으로서 보건데 그
소금기가 없음을 꾸며내 당돌히 서시(西施, 춘추시대 월나라 미인)라고 한
것과 다름이 없다. 통도(通都)와 큰 고을에 왕왕히 그러하되 오직 무령
과 풍윤 옥전 세 곳이 더욱 많았다.

성이 있는데 주위가 4리 남짓하고 동서 문 밖에 인가가 또 수 리를
뻗쳤으며, 시장 가게와 술집거리가 풍윤보다 더 성황이었다. 성 동문
에 흥둔위(興屯衛) 세 자를 새기고, 문루가 이미 무너지고 서문루 홀로
온전하였으니 이것이 남전문(藍田門)이었다. 성 북쪽에 옹백(雍伯)이 옥
을 심었다는 밭이 있는데, 대개 옹백은 주경왕(周敬王)의 손자이니 춘추
말에 무종현(無終縣) 북쪽 60리 오동산(□□산)에서 살아 밭 한 곳을 갈
아 돌을 심어 옥을 얻었다. 후대 사람이 그 돌을 심던 곳에 네모 돌기둥
을 각각 한 길 남짓 된 것을 세워 표식하여, 그 돌기둥 가운데는 옛
옥 심던 밭이라 하여 지금까지 서로 전하여, 고을 이름을 옥전이라 함
이 이러했다. 고을 동북 30리에 산이 있는데 무종(無終)이라 하니, 그
위에 연소왕(燕昭王)의 무덤이 있다고 한다. 옥전이 옛날에는 어양(漁陽)
땅에 속하였으므로 구주기(九州記, 사해 구주를 다 기록한 책)에 이르길
"옛 어양 북쪽에 무종산이 있고 그 산 위에 연소왕의 무덤이 있으니
그 무덤 앞에 천년을 묵은 여우가 있어 변화하여 글하는 선비가 되어

진나라 때 정승 장화(張華)에게 가 뵈었는데, 장화가 알아보고 연소왕의 무덤 앞에 화표(華表) 나무를 갖다가 비취니 그 선비가 도로 변하여 여우가 되었다."

한다. 일이 비록 헛된 소리같이 괴상하나 이상한 소문이 [50b] 되었다.

다만 이역(異域)이라 감히 거리낌 없이 출입하지 못하여 한번 산에 올라가 소왕의 무덤 아래 가 공경하며 절하고 말세에 늦게 태어난 서러움을 풀지 못한 것이 한스러웠다. 다만 이태백이 지은 시

"사람이 준마의 뼈를 귀하게 여길 리 없으니 하늘을 바라보며 소왕을 우노라. 준골무인귀(駿骨無人貴), 호천곡소왕(呼天哭昭王)"

글귀 하나를 외워 밤중에 혼자 앉아 촛불 아래에서 일기를 쓰면서 읊조리니 마음에 사무치게 깊이 느낀다. 무종산 아래 무종나라 옛 터가 있어 남수(藍水)가 거기서 나니 한무제 때에 서낙(徐樂, 전한의 문학자)이 그 땅에서 낳았다 한다.

소천산(小泉山)과 무등산(□□山)이 모두 고을 동북 2-3리 안에 있고, 연산(燕山)이 서북쪽에 있는데 고을서 20여 리라 하니, 곧 소철(蘇轍, 북송의 문인, 당송 8대가)의 시에 이르길

"연산이 긴 뱀 같아 천리를 오랑캐와 중원을 경계를 하였다."

한다. 그 산에 달린 벼랑이 있고 곁에 북모양을 새긴 돌북이 있어 땅에서 백여 길이나 하니, 바라보면 돌북 수백이 나열해 놓은 듯하고 북치는 방망이를 잡은 형상이 있어 북을 치는 거동 같으니, 세상이 전하되

"돌북이 스스로 울면 천하의 병난 사람이 일어난다."

하였다.

무종현에 석문협(石門峽)이 있는데 한(漢) 중평(中平) 연간에 어양태수(漁陽太守) 장순(張純)이 배반하여 영제(靈帝) 중랑(中郎) 맹일(한문본은 유

우로 기록)을 보내 공 손순(公孫□, 한문본은 공손찬으로 기록)을 거느려 석
문에서 싸워 크게 패하니 곧 그 땅이다. 그 곁에 용문산(龍門山)이 있는
데 그 산이 위에 합치고 아래는 열리었는데, 열린 데는 높이가 여섯
길이고 흐르는 물이 그 사이로 지나 남쪽으로 내려가 일곱 길 남짓 벼
랑에 거꾸로 쓰러지니, 물결이 굽어 바위에 내리는 소리가 [51a] 심히
사납고 굳센 장수 같고 바위를 찔러 우물이 되었는데 물 깊이는 측량
하지 못하고 흰 물결이 네 편으로 솟아 넘치니 엿보는 자는 정신이 놀
랍고 같이 있는 자는 흩어진다고 『방여지(方興志)』에 적혀 있다. 지현은
고홍준(高鴻俊)과 왕사달(王師達)이고, 전리 1명, 교유 2명, 인정세는 은
7,698냥이다.

• **1727년 12월 25일 병오일 아침에 흐리고 늦게 개임(입춘)**

날이 밝아 떠나는 것을 보니 상방(上房)의 주방 물건인 주전(廚傳)을
실은 복마군(卜馬軍)이 말에게 짐을 실어 길거리에 나와 사행이 나오는
것을 기다렸다. 고삐를 잡고 앉아 졸다가 깨니 손에 쥔 말을 잃어버렸
다. 상고별장(商賈別將)을 머물게 해 조사하여 찾아오라 했다. 서쪽으로
8리를 가서 팔리보(八里堡)를 지나니 마을 가운데 한 묘우가 가장 굉장
하고 아름답고 현판에 원통사(圓通寺)라 하였다. 8리를 가서 채정교(彩
亭橋)를 건너니 다리 아래 물은 곧 무종산에서 나오는 남수 하류였다.
마을이 다리를 끼고 1리를 뻗치고 묘우 세 곳이 있는데 향약소(香藥所),
삼관묘(三官廟), 관음당(觀音堂)이었다.

19리를 가서 봉산점(蜂山店)을 지나고 2리를 걸어 나산점(螺山店)을
지났는데, 마을 뒤에 있는 산을 나산(螺山)이라고 한다. 『위씨토지기(魏
氏土地記)』를 살펴보면 어양성(漁陽城)의 남쪽에서 5리 떨어진 곳에 나

산이 있다고 하나, 지금 일컫는 나산은 어양성의 동쪽에서 20리 떨어
진 곳에 있으니 어찌하여 이름은 같은데 장소는 다른 것인가? 8리를
가서 별산점에 이르러 아침을 먹었다.

채정교를 지나 7-8리를 간 후부터 길 동쪽에 [51b] 묘가 있어 가보니
묘 허리에 돌줄이 층층이 줄이 있어 마디마다 띠 띄우듯 하여 그 형상
이 혹 벌 같으며 혹 우렁 같고 혹 자라 같아 이름을 봉산 나산 별산이라
하는 것이다.

별산 이마에 한 암자가 있어 바위가 사이에 걸쳐있었다. 길 왼편 1리
밖에 성이 하나 있는데 송가장(宋家庄)이다. 세상이 전하길 대명 말년에
송가성 옛 사람이 집이 심히 부유하여 종족을 모아 한 마을에서 살고
그 마을을 둘러 성을 쌓아 스스로 호위하니 한 성중에 다른 성이 없는
것이다. 돈독하고 서로 사랑하여 장공예(張公藝)에 끼친 풍속이 있더니,
노라치(魯剌赤, 누르하치[후금의 초대 황제])가 연경에 들어갈 때 백가지로
쳤는데 마침내 능히 무너트리지 못하였다. 대개 그 성을 지키려 성가퀴
에 올라온 자가 다 자제들이고 성이 또 완전하여 두텁고 또 임기응변을
잘하는 연고로 누르하치가 중원을 갖고 살았는데도 지키었으니, 임금
이 돌아와 잘하던 것을 아름답게 여겨 한 성을 모두 둘러 조세 등을
면세해 주는 복호(復戶)를 주고, 지금까지 하나의 성안이 다 송씨라 하
고 또 송씨는 지금까지 다 벼슬하지 않고 벼슬하고자 하는 자 있으면
감히 성 안에서 살지 못하고 밖에 나와 산 연후에야 감히 벼슬을 한다
하니, 자못 믿지 못하겠다. 또 누르하치가 연경을 향할 때 철기병을 새
로 배불리 먹여 길게 몰아 향한다면 앞이 없고 눈 아래 중원이 없어
보이니, 저 탄알과 사마귀같이 조그만 성은 바로 목화 부리로서[52a]
차고 던져도 넘어뜨릴 수 있는 것을 마침내 능히 무너뜨리지 못하는

것은 또 어찌된 일인가? 성중 사람이 이제까지 오히려 청에 벼슬하지 않은 것은 온 성중 사람이 다 왕촉(王燭, 기원전 3세기 제나라 어진 사람)과 공승(龔勝, 전한 초나라 어진 사람)의 어진 것이 대대로 생겼는가? 허노재 (許魯齋)는 송나라 때 끼친 백성이고 또 학문이 독실한 대유로 일컬었는데, 오히려 원나라에 벼슬하는 것을 부끄러운 줄을 알지 못하였다. 이제 이 성중 사람들은 그 학식이 사람마다 허노재의 소견보다 높이 시를 짓는가? 내가 감히 모르겠다.

동행한 홍만운이 이전에 연행에서 일찍이 한번 보니 그 성이 과연 견고하고 교밀함이 다른 성과 다르고, 또 오히려 농사짓기와 글 읽기를 부지런히 하여 한 성중이 다 그러하여 규모가 이렇다고 하였다. 세상 전하는 이러쿵저러쿵 말하는 것이 다 그러하다고 쓰지는 못하지만, 그러나 이런 이름을 세상에 얻음이 또 반드시 써 말하는 것이 있을 것이니 아름답구나. 또한 이로 인하여 대국 규모가 넓고 큰 줄을 가히 볼 것이니, 작은 나라의 협소한 것 같지가 않구나. 송씨가 사사로이 성을 쌓았으나 당시에 금지시킨 이유가 없으니, 누가 말하길

"대명 법제가 인정이 없고 모질다."

라고 할 것인가? 범민이 스스로 지킬 계규를 위하여 나라를 막고 보위하는 법을 옮겨 도적처럼 훔치고 사사로이 스스로 성 둘레에 해자를 깊게 만들고 성가퀴를 높게 하여 사는 것을 금하지 아니하니, 가히 너그럽지 않다할 수 있겠는가? 우리나라 사람들이 사사로이 스스로 성을 쌓을 자가 [52b] 있을까? 강도와 반역을 꾀한다고 아니하겠는가? 그 성을 무찌르고 모든 시장을 헐지 아니하겠는가?

13리를 가니 길 오른편에 산이 우뚝하게 높으니, 대개 별산(鱉山)이 길 옆으로 서쪽으로 이어져 이곳에 이르러 우뚝 일어선 것이다. 그 위

에 송(宋)나라 때 충신 무목왕(武穆王) 악비(岳飛)의 서원이 있다. 고목이
울창하게 사당을 둘렀는데 길에서 1리는 되었다. 돌로 새긴 사람 한
쌍이 있는데 남녀의 형상을 하여 몸을 벗겨 놓고 얼굴만 나오도록 두
팔을 젖혀 결박하고, 바로 묘우(廟宇) 앞의 길가에 마주하여 꿇어 앉혀
놓았다. 그 모습이 더럽고 추하여 차마 볼 수가 없으니, 이는 진회(秦檜,
남송의 대신이자 간신) 부부의 형상이다. 이미 악왕묘를 세우고 또 진회
의 상을 만들어 치욕을 받게 한 것은 진회의 무덤에 똥을 누는 뜻과
한가지이다. 일찍이 명나라 때의 문장 양신(楊愼)의 문집『승암집(升菴
集)』을 보니

"지금 악왕(岳王, 악비(岳飛))의 묘우(廟宇) 앞에 적회(賊檜)의 형상을 만
들어 문 밖에 결박하여 꿇어 놓았다."
라고 하였다는데 과연 그러하다. 오랑캐 금나라가 송의 원수인데 악무
목(岳武穆)이 송의 장수가 되어 거의 금을 멸하게 되었는데, 진회가 송
나라 정승이 되어 금에게 뇌물을 받고 금을 위해 악무목을 죽였기 때문
에 훗사람들이 진회를 만들어 무목의 묘우 앞에 꿇게 해 분을 풀려는
것이니, 우리나라 임장군 경업씨 사우 앞에 만일 이 법을 모방하여 김
자점의 형상을 만들어 매여 꿇게 하면 가히 신인(神人)에게 분함을 유쾌
하게 할 것이다.

8리를 가서 한 물을 건너니 너비가 가히 10여 보이다. [53a] 또 1리를
가서 어양교(漁陽橋)에 이르니 세상에 전해지는 말로는

"이 다리는 안록산(安祿山)이 쌓은 것이라."
하는데 다리가 이제 태반이나 모래 속에 잠기고 나무다리를 그 아래
만들어 사람들이 다니니 너비가 수십 보이다. 이 물 이름은 용지하(龍池
河)이고 또 일명 어수(漁水)이니, 근원이 어양군 동남에서 나와 남으로

흘러 호수(□水)로 들고, 다리 아래 배가 있어 반은 물 가운데 잠겼으니 고을 이름이 어양이라 함은 이 물로 해서 붙인 것이다. 세상에 전해지는 말로는

"안록산(安祿山)이 당(唐)나라 충신 안고경(顏杲卿)을 이 다리에서 격살(擊殺)하였다."

라고 하였는데, 우리나라 문인 유몽인(柳夢寅)은

"상산 태수 안고경이 어양(漁陽)의 다리에서 죽임을 당했다."

라고 하니 깊이 헤아리지 못한 것이다. 안록산이 이미 동경(東京)을 함락시키고 안록산의 장수 사사명(史思明)이 상산(常山)을 함락하고 안고경을 잡아 낙양(洛陽)으로 보냈는데, 안록산이 안고경에게 항복하라고 하였으나 안고경은 꾸짖고 욕하며 항복하지 않았다. 그래서 낙양 중교의 기둥에 안고경을 묶어 놓고 톱으로 죽였다. 그런데 어양의 석교를 중교로 오인하여 이 다리라고 하였는가? 낙양과 어양이 천리나 멀리 떨어져 있으니 또한 잘못 말한 것이 아니겠는가? 유몽인은 해박하면서도 이렇게 잘못 말한 것은 어째서인가?

1리를 가서 계주(薊州)에 다다라 동문으로 드니 성곽이 극히 높은데 견고하고 완전하여 성 문루에 '옛어양'이라 세 자를 현판하고, 그 아래 층에 기동쇄약(畿東鎖鑰)이란 네 글자를 돌로 새겨 붙였다. 이 성은 곧 두자미(杜子美, 두보) 시에 이른 바

"녹산이 북으로 웅무성(雄武城)을 [53b] 쌓았다."

함이 이 성을 말하는 것이다. 북문에 이르러 다시 서쪽으로 꺾어 저자 집 사이에 위치한 독락사(獨樂寺)로 들어갔다.

독락사 산문 바깥 처마 밑에 걸려있는 현판
명나라 가정(嘉靖)의 치세(1522-1567) 중 20여 년이
나 권력을 휘둘렀던 엄숭(嚴嵩)의 글씨라고 한다.

금분상

독락사(獨樂寺)의 중심 건물인 관음각(觀音閣)
요나라 때인 서기 984년에 세워진 것으로 중국에서는 가장 오래된 목조 건물이다.

법당에는 금불상이 있는데 높이가 서른 여 길(丈)(사람의 키만한 길이)
이고 너비는 거의 여덟 아름이며, 얼굴은 마당 같고 귀는 말 밥 그릇

같고 코는 쇠북 같고 손가락은 허리 같으니, 극히 웅장하고 유별나 사람을 놀라게 만든다. 법당은 위에 두 층루가 만들어져 있어 사다리를 타고 첫 층루에 올라가 보았더니 벌써 위태로워서 아찔했다. 또 사다리를 타고 두번째 층루에 올라가서야 비로소 부처의 얼굴을 마주 볼 수 있었다. 부처의 머리에 작은 부처 10개를 얹었는데 작은 부처 크기가 어른만 하였다. 부처를 둘러 사면으로 마루를 놓았는데 집이 그윽한 듯하여 낮에는 박쥐가 날고 제도가 뛰어나게 높아 마치 허공에 있는 듯하니 위태롭고 아슬아슬하여 마음이 수그러들어 제대로 숨쉬지도 못할 정도였다. 다른 일행들은 모두 일어서 다녔지만 나는 시원스럽게 일어서지 못하였고, 정사 이하는 모두 층루 가장자리로 다가가 창문을 내려다보며 일어선 채 굽어보았지만 나는 쉽사리 가장자리로 다가가지 못하고 조금 멀찍이서 두 손으로 마루를 짚은 채 앉아 있었다.

내려다보니 오히려 매우 두려워 기백이 남만 못함을 깨달았다. 누 위에 남쪽 기둥 앞에 큰 부처의 왼편으로 자는 부처가 옷을 다 벗고 탑 위에 누웠는데 길이 또한 수십 척이다. 비단 이불로 덮고 채색 요로 깔았으니 사람을 누이고 이불로 덮은 형상이 흉한 듯하였다. 세속이 이 절을 일컬어 와불사라 말하는 것은 이러해서이다. 설인과 역졸들이 [54a] 혹 말하길

"이 누운 부처는 이태백이 술 취하여 누운 형상이다."

하니 그 무식하고 우스워 족히 말할 것이 아니었다.

이 절이 대명 때부터 이미 있었으니 언제 창건한지를 알지 못하겠는데 오래되었다. 잘 모르겠지만 몇 천금과 많은 재산을 허비하여 이 무익한 거대한 조각을 만들어 어린 백성의 눈을 놀라게 함이 무슨 뜻이 있는가? 이를 이룬 자는 큰 사업을 하려 함인가? 누 위에서 북문 여러

성중을 굽어보니 창고와 관아 불당과 민가가 크고 거마(車馬)와 시장이 번성함이 한번 머리를 들면 다 눈 아래에 있으니 진실로 웅장한 고을이다. 풍성하고 넉넉하고 장려함이 이와 같은데 당(唐) 명황이 공연히 비단 기저귀에 싼 아이를 내주고는 그 돗자리를 밀어 펴듯하는 형세로 쉽게 밑천을 삼으니 가히 개탄하도다. 한인(漢人) 왕정서(王貞書)의 집에서 유숙했다.

계주는 곧 우공(禹貢, 중국 구주의 지리지)에 기주(冀州) 땅 경계이고, 진나라와 한나라 때에 어양 고을을 만들고, 당 고조 때에 없애고 유주(幼州)에 속했고, 당 현종 개원 연간에 옛 계문관(薊門關) 이름을 취하여 계주라 하였다가 천보 연간에 다시 어양군으로 하였는데 녹산의 난 후에 다시 계주를 만들어 고치지 않았다.

고을서 북쪽으로 한나라 때 장감(張堪)의 사당이 있는데 장감이 어양 태수가 되어 백성이 농사와 나무심기를 가르쳤는데 끼친 사랑이 지금 쇠하지 않아 묘우를 세워 제사한다 하였다. 고을 동북 10리 밖에 양귀비(楊貴妃) 사당이 있는데 행중 역관이 일찍이 여름에 연경 들어가다가 장마를 만나 물을 피하여 길을 [54b] 돌아가서 그 앞을 지날 때 들어가보니 살찌고 고운 계집을 만들어 앉히고 또 녹산의 형상을 만들어 가로로 앉혀 모시고 위하기에 그 사당을 지어 위하는 사연을 물으니 사는 사람이 말하길

"당시에 만일 옥환(玉環, 양귀비)를 어양에 두었던들 녹산의 난이 일어나지 않았을 것이라, 그 형상을 만들어 두어 이 땅에 길이 난이 일어나는 변이 없게 한다."

하니, 중원 사람이 본래 일을 좋아하는 것이 많겠지만 가히 한번 웃게 했다.

독락사의 백탑

독락사의 중축선 위에서 관음각 남쪽으로 3백미터 가량 떨어진 거리에 서 있다. 평면은 8각이며, 돌과 벽돌의 혼합 구조로 아름다운 조형미를 보여 주는 이 탑은 높이가 30미터에 달한다. '독락사탑(獨樂寺塔)', '관음사탑(觀音寺塔)', '어양군탑(漁陽郡塔)' 또는 그냥 '백탑(白塔)'이라고도 부르는데, 원래는 이 탑이 있는 구역도 다 독락사의 경내였으나 후대에 들어와 현성이 세워지면서 탑과 관음각 사이에 다른 구조물들이 들어선 것으로 보인다. 그럼에도 불구하고 이 탑의 상륜 부분엔 관음각에 안치된 11면 관음의 시선이 천년이 넘도록 머물러 있다.

어양현에 상간수(□乾水)란 물이 있는데 모용준(慕容儁, 16국 시대 전연의 2대왕)이 도읍했던 곳이다. 반룡산(盤龍山)이 서북에 있고 공동산(崆峒山)이 동북에 있으니, 『운서(韻書)』에 말하길

"하우씨가 9년간 물을 다스릴 때 구주 안에 안가신 데가 없고 그 다닌 발자취 안에 공동산이 세 곳이 있는데 황제 헌원씨가 광성자(廣成子)에게 물으러 가신 공동산은 예주(豫州) 땅에 있고, 두시(杜詩)에 이른바

공동산에 소맥(小麥, 밀)이 익었다 한 공동산은 임도(臨洮) 땅에 있으며, 또 그 하나는 안정(安定) 땅에 있다 하나 계주 공동산은 운서에 말이 없었다. 살펴보니 당나라 때 진자앙(陳子昻, 당나라 시인)이 계주서 옛일 생각하며 지은 시에 말하길

"북으로 계구(薊丘)에 올라 바라보고 옛 헌원씨 오르시던 데를 찾는도다. 오히려 광성자를 생각하니 끼친 자취가 흰구름 가이로다."

하였으니 진자앙이 반드시 살펴보는게 있어 이렇게 말한 것이다. 대개 황제 헌원씨가 탁녹(涿鹿)에 도읍하시니 탁녹은 지금 유주 땅이고 유주는 계주에서 가까우니, 황제가 광성자에게 도를 물으신 곳이 계주 땅에 있을 듯하니 [55a] 계주 공동산이 황제 오르신 땅인가 한다.

계주 땅에 박육성(博陸城) 옛터가 있는데 한무제가 곽광(霍光)을 봉하여 박육후(博陸侯)를 삼으셨다고 한 주(註)에 문영(文穎)이 말하길

"박육은 크고 편하다는 말이니 그 아름다운 이름을 취한 것이고, 박육이란 고을이 없으니 곽광이 봉한 곳이 북해와 하동 두 고을이라."

하고 설찬(說纂)이 말하길

"어양성에 박육성이 있으니 수경(水經)이란 책을 살펴보면 알 것이다."

하였으니 문영의 말이 잘못된 것이다.

계주 땅에 송나라 때 두의(竇儀)가 살던 옛 마을 터가 있는데, 두의는 어양 사람이니 그 아비 우균(禹鈞)이 주(周)에 벼슬하여 간의태위(諫議大夫)가 되었다. 다섯 아들을 낳으니 이름이 의(儀), 엄(儼), 간(侃), 일(□), 희(僖)니 송 태조 때에 서로 이어 과거를 하니 사람이 두씨오룡(竇氏五龍)이라 불렀다.

성 주위가 8-9리이고 성 동문이 준화주(遵化州) 길로 통하니, 몽고와 달자(㺚子)가 그곳으로 왕래하였다. 지주는 황위(黃蔿)와 고탁원(高卓遠)

이고, 학정이 2명, 이목(吏目)이 1명, 인정과 지세는 은이 7,698냥이다.

내가 원래 능히 시를 하지 못하고 또 괴롭게 읊조리기를 좋아하지 않아 길에서 혹은 일행의 강박한 바가 있어 이따금 남의 글을 차운하여 짓는 체하되, 소견이 좁고 천성이 통분함을 능히 용납하고 참지 못하여 긴 노정에 시부를 읊조린 것이 태반이나 감개하고 슬프고 분하여 전혀 함축하지 않고 문득 꾸짖고 욕하는 빛을 드러내어 무섭고 위태한 말이 많아 일기에 쓰는 뜻과 같으니, 부사 영공이 항상 글을 볼 [55b] 때마다 경계하시되

"능히 기질을 고치지 못하여 짓지 않으면 그만 두고, 지으면 반드시 경계를 범하니 붓을 묻혀 종이에 올림에 위엄 있고 씩씩하게 붓을 들고 아침에 뉘었다가 낮에 다시 도로 그러하였다."

생각해보니 송이 금과 화친한 후에 송사신이 금에 들어 갈 때 별장을 지어주는 자가 오랑캐 나라로 가는 줄을 바로 쓰지 않고, 비록 감개 비분한 의사가 있어도 드러내지 않아 문자를 깊게 감춰 쓰니, 삼가하는 것을 위할 뿐 아니라 도리 또한 마땅한 것이다. 하물며 나는 발로 이 땅을 밟고 말을 가리지 않고 도리 아닌 줄을 스스로 알아 항상 옛 사람을 배우고자 하되 능히 못하니, 진실로 시는 성정에서 나오는 것이지 억지로 꾸며 내기는 어렵다. 그래서 항상 경계하여 두려움을 갖고 시고 (詩稿)와 일기(日記)를 밀봉하고 깊숙이 감추어 주머니에 넣고 조금도 몸에서 떼어 놓지 않았다. 그런데 오늘 계주(薊州)에 이르러 시고를 찾 았지만 찾지 못했으니, 아마 옥전(玉田)에서 떠날 때 피곤하여 아팠고 또 바빠서 미처 살피지 못한 채 잊고 온 것이다. 어느 곳에서 잃어버렸 는지 생각나지 않았으나 오랑캐 놈이 가져갔을 거라고 짐작했다. 일찍 이 들었는데 서파(西坡) 오판서(吳判書)가 상사로 연경 올 때 한 시(詩)에

약간 불평한 말이 있었는데 우연히 가는 길에서 잃어 한 오랑캐가 그 시를 갖고 묵는 곳에 이르러 포효하며 말하길

"누구냐? 시 지은 자가? 내가 장차 북경으로 가져가 주문(奏聞, 임금에게 아룀)할 것이다!"

하니 행중이 몹시 두려워해 일행의 은화를 써서 천금의 재산과 뇌물을 [56a] 쓰고 여러가지로 달래어 겨우 풀려났으나 내 시는 다만 불평할 따름만이 아니라 자못 돼지로 보고 개로 꾸짖기보다 더 심해 오랑캐 눈에 보이면 분노하여 그 눈시울을 찢어버리지 않겠는가? 그 중에 또 한 우리나라에서 꺼리는 말이 많이 있으니 장차 나라에 화를 끼칠 것이다. 내 몸이 가루가 되는 것은 족히 돌봐주지 못할 것이다. 평생 우환이 10중 8-9은 글자 아는 것이 빌미가 되었는데 이제 또 망녕되게 지어 그 화가 어느 지경 누구에게 알려질지 알지 못하니 내가 잘못한 것이니 무엇이라 하겠는가?

내가 또 생각하건데, 나 때문에 가령 우리나라와 명(明)나라를 위해 북경에 와 죽는다면 내 진실로 웃음을 머금고 죽음에 나아갈 것이다. 이제 그 말을 삼가지 못하여 이 지경에 이르렀으니, 장차 망령된 사람으로 죽는 것을 면하지 못하게 되었으니, 비록 내가 죽는다고 하더라도 누가 불쌍히 여기겠는가? 다시 거듭 헤아리니, 이 일이 결코 그치지 않을 것이니 내가 죽을 것이다.

청인(淸人)이 사서(史書)에

"조선 선비 강 아무개가 용납되지 않는 말을 시에 많이 썼으므로 죽였다."

라고 쓸 것이다. 그렇다면 후세 사람들이 나를 부질없이 죽었다고 여기지 않겠는가? 이제 천하가 마땅히 말을 공손히 하여야하나 입에서 나

와 붓으로 쓰는 것이 다 말이니, 입에만 삼가고 붓끝만 삼가지 못하면 '말을 삼간다' 하겠는가? 하물며 경계에 들어서 풍속을 묻고 나라가 금하는 명령과 예문을 물었으니, 내가 군자를 속이고 농락함을 면하지 못할 것이다. 일이 발각된 후에는 반드시 더디고 느릿느릿하게 하지 못할 것이니, 일을 미리 염려하는 것만 [56b] 같지 못하다. 해서 이에 노친께 편지를 써 이 일의 자초지종을 대략 기록하여 귀국하지 못하는 이유를 전하고, 끝에 '불효자'라고 썼다. 또 사제 정숙(동생 위보의 자)에게 영결서를 쓰고, 행장을 점검하여 집 노비 기생(耆生)을 불러 연고를 말하고 다음과 같이 분부하였다.

"며칠이 못되어 내가 반드시 주검이 될 것이다. 너는 미리 행장을 가지고 이리이리 하거라."

하면서 밝게 적은 것을 내어줬는데, 기생이 듣기를 그만두고 당황하여 능히 말을 하지 못하고 소리나는 줄을 깨닫지 못하고 소리내어 울부짖기에, 내가 말리며 말하길

"불행하여 여기에 이르니 또한 명이고, 또 이 일이 마침내 숨기지 못하는 것이니 발각되기 전에 부사 영공이 만일 먼저 아신다면 반드시 크게 슬퍼하여 밤잠과 진지에도 편안히 못하실 것이다. 내 또한 대답할 말이 없으니

"아직 비밀로 잠시동안 누설하지 말라."

하고 일렀다.

이윽고 주방 하인이 저녁을 내왔는데, 내가 먹기를 태연히 했더니 동관 이익화가 나를 위하여 근심하여 수저를 던지고 먹지 못하였는데, 내가 권해도 능히 먹지 못하였다. 내가 밥을 먹는 것을 보고 목석같은 사람으로 알고 밥 먹는 것을 그만두고 의기가 어지럽고 기운이 없이

홀로 앉았더니, 동행 역관 오태령이 와 나를 보고 말하길

"기쁘지 않은 듯한 소식이 있다는데 어떤 것입니까?"

하니 내가 대답하길

"나그네 회포를 생각하면 자연히 그러는 것이다."

태령이 말하길

"상사께서 항상 작은 선비의 평상시 태도에 거리껴서 유람하고자 아니하여, 항상 길가다가 술파는 가게에 모여 마시는데 감히 청하지 못하였는데 이제 이 고을은 옛날 연(燕)나라 시장이니 당시의 형가(荊軻, 중국 전국시대의 자객으로 연나라 태자의 부탁으로 진시황제를 암살하려했던 자객)와 고점니(高漸離, 중국 전국시대 말 연나라 축 연주의 명수, 형가의 친구)의 무리인 모든 호걸들과 협객들이 술 먹는 사람과 개 잡아먹는 놈들과 함께 술을 사 마시던 곳이 곧 이 땅이니 남아가 이 땅을 지나면서 어찌 술을 사 마시지 않겠습니까? 상사께서 홀로 주객들과 더불어 놀지 않겠습니까? 상사께서는 남아의 뜻이 없습니다. 내가 술가게로 향하여 떠나려 하다가 상사님을 청하러 왔습니다."

하였다.

내가 바야흐로 심란히 있다가 그 말을 들으니 호기로운 협객의 뜻이 있으니 가히 기쁘고 또 시름을 잊고자 하여 드디어 그 뒤를 따라 동행 몇 명과 함께 소매를 나란히 하고 시장을 뚫고 술파는 가게 가운데 들어가니, 열 칸이나 한 집 가운데 긴 탁자를 집 길이와 같이 놓고 의자를 그 탁자 좌우로 놓았는데, 각각 의자에 걸터앉아 술을 먹고 사람마다 앞에 각각 잘 차린 음식을 놓았다. 각각 양대로 먹고 반은 취하여 소매를 떨치고 돌아오니 또 썩은 선비의 한번 호기로운 행동거지였구나!

예로부터 계주가 술을 잘 빚기로 천하에 유명한데, 그 맛이 과연 달

고 매워 이상한데 또 사람을 심히 취하게 하지 않았다. 나는 적은 양이라 평생에 한잔에 지나지 않는데, 문득 많이 먹어 계속해서 4-5잔을 쏟아 기울여 심난함을 위로코자 하였으나 구태여 매우 취하지 않고 다만 얼큰하였다. 우리 사행이 이 고을에 이르러 반드시 술을 많이 사서 실어 가는 것이 법이 되었다. 상고별장(商賈別將)이 잃어버린 말을 옥전 성중에서 찾아 밤중에 좇아와 도착하니, 처음에 말 스스로 놓아져 간 것이지 사람이 [57b] 도적한 것이 아니고, 또 감추는 자가 없으니 풍속이 오히려 순수하고 의심할 나위가 아니었다.

▌한문본『상봉록』권6

• 1727년 12월 26일 정미일 맑음

날이 밝으면서 떠나 서문으로 나가니 성 높이가 우리나라 도성보다 배 남짓하였다. 반리를 가서 돌다리를 건너니 다리 아래 물이 너비가 10 보이고 밑이 침침하여 자못 깊었다. 또한 다리를 건너 5리를 가서 오리교(五里橋)를 지나니 길 왼편 산에 바위가 층층이 띠여 봉산 같고 악왕묘가 있었다. 7리에 임가점(□家店)을 지나고 4리에 부가점(□家店)을 지나는데 다 작은 마을이었다.

길 왼편 산 중턱에 흰 탑이 홀연히 서 있어 바라보니 돌사람 같았다. 여기부터 백성들 집이 땅에 때려 눕혀진듯 끊어지듯 이어지듯 연속되어 서울이 점점 가까워지므로 인가가 자자하였다. 3리에 손가장(孫家庄)을 지나니 바로 북으로 한 산 봉우리가 솟아 일어나 공중으로 꽂혔는데 반산(盤山)이라 한다.

역관 변창화가 이전에 사행을 따라 가보니 산이 기이하고 수려하게

둘러앉고 땅을 굳게 차지하고 막은 것이 10여 리나 되고, 가운데 반곡
(盤谷)이라는 계곡이 있는데 두 산 사이를 둘러 형세가 막혀서 경치가
그윽하며, 5리에 수석이 굽이굽이 가히 구경할 만하니 세상이 일컬어
이원(李愿)의 반곡이라 하였다. 『기보통지(畿輔通志)』에 억지로 끌어다
붙여 분변하였는데

"그것이 참인지 거짓인지 아직 의논하지 말고 천하의 절승한 곳."
이라 하였다. 그 계곡 바위에 우리나라 월사(月沙, 이정귀)와 간이(簡易,
최립)이 이름을 올린 것이 있다 한다.

반산을 끼고 4리를 가니 길 오른편 산위에 절이 하나 있는데 소나무
와 측백나무가 빽빽하고 무성하여 네 편으로 둘러있고, [58a] 굉장히
높고 경치가 그윽하였다. 항상 중의 집이 시장과 백성들 집 사이에 섞
여있는 것을 보다가 비로소 이 절이 외따로 떨어져 으슥히 바위 사이에
있는 것을 보니 잠깐 난야(蘭若, 고요한 절)의 광경이 있는 듯하였다. 절
앞 1리 밖에 큰 마을이 있어 산을 의지하고 들을 옆에 끼고 자못 한적하
고 구석진 경치가 있었다. 5리를 가서 길 오른편에 큰 길이 있는데 설
인이 말하길

"이 길이 곧 요동 심양으로 질러가는 길이니 예로부터 바로 이도정
(二道井)에 닿고 우리 사행이 먼저 보내는 선래군관(先來軍官)이 반드시
이리로 간다."
하니 『황명사기』를 살펴보면

"성화(成化) 15년에 조선이 건주(建州) 여진(女眞, 지금 청인의 조상)이
막아 겁탈하는 바가 된다."
하여 조선 사신이 공 바치러 오는 길을 고쳐달라 했는데, 병부낭중(兵部
郎中) 유대하(劉大夏)가 고집하여 '불가하다' 하여 말하길

"조선이 공하러 오는 길이 아골관(鵶鶻關)으로부터 요양 광녕으로 해서 전둔(前屯)을 지나 산해관으로 들어오는 것인데, 서너 큰 진을 돌게 하는 것이 조종(祖宗)의 깊은 뜻이니, 만일 압록강으로부터 전둔위와 산해관으로 직접 닿게 하면 길이 너무 짧아 다른 날 근심을 끼칠까 걱정한다."

하였다. 조정이 그 말을 들어 드디어 조선 사신의 요청을 좇지 않았다 하였으니, 이로 보아도 압록강으로부터 산해관에 이르는 지름길이 있다고 믿겠지만, 이제 설인의 말은 이로부터 산해관으로 가지 않고 바로 이도정으로 닿는다 함이 심히 그렇지 아니하니, 대개 지세를 [58b] 알지 못해서이다.

어찌 그러한가? 산해관은 곧 육로로 연경 들어오는 지도리이니, 만일 수로로 가면 제(齊) 땅으로 가나 노(魯) 땅으로 가나 아무데로 가도 산해관을 버리고 동으로 갈 것이고, 만일 육로로 가게 되면 날아서 지나지 않고서는 산해관을 버리고는 다시 길이 없다. 산해관을 버리고 다시 길이 있다는 것은 몽념의 장성이 어찌 찢어진 그물로 고기 막는 것과 다르겠는가? 뜻하건데 이 길은 산해관 가는 첩경이다.

2리를 가서 방균점(邦均店)에 가서 아침을 먹었다. 옛 성이 있었는데 이제 무너지고 다만 동서문만 남아 문 동서의 길이가 거의 1리나 하고, 성 안팎에 백성 집과 시장이 수 리 넘게 뻗쳤는데 집마다 패문을 세워 크게 쓰길

"아무 집 오랜 가게 강침(剛針) 파는데."

라 하여 이 땅에서 나는 바늘이 천하제일이 된다 한다. 동문 밖에 한 집 문밖에 가로로 쌍기둥을 세워 주홍색으로 칠하고, 두어 집 지나 또 그러하였는데, 과거한 것을 표한 것이었다.

11리를 가서 백간점(白澗店)의 마을 가운데 큰 절이 있어 이름이 향화암(香華庵)이었다. 법당이 무릇 세 겹인데 뒷전에 누를 만들었고 누 높이가 대여섯 길이다. 누 위에 금불을 앉혔는데 큰 것과 작은 것 합하여 10여 개이고, 누 아래 전(殿)을 만들어 또 불상을 앉히고 가운데 절 뜰 가운데 껍질이 흰 소나무 두 그루가 있는데, 전체가 다 희여 껍질이 은 같고 잎만 푸르니 형상이 잣나무 같다. 아래는 가지가 없고 위에는 가지 5-6이 있어 눈 덮인 줄기와 서리 입힌 가지에 푸른 잎이 그 위를 덮어, 바라보면 흰 용이 푸른 덮개를 덮은 [59a] 듯하니 또한 기이한 광경이다. 삼중전(三重殿)이 대문 좌우에 행랑이 있는데 전과 행랑에 다 부처를 앉혔고 제도가 극히 장엄하고 화려하고, 사는 중은 없고 다만 중 10여 사람이 가고있는데, 설인이 말하길

"강희가 일찍이 심양갈 때 여기를 지나가다 한 젊은 여자를 보고 사랑하여 하룻밤을 데리고 자고나서 버리고 가까이 하지 않아 승이 되어 이 절에서 사니, 중들이 감히 이 절에 살지 못하였다."

그 여자가 지금까지도 있다 한다. 한 여승이 흰 솔씨를 파니 설인이 이르길

"여러 번 사다 시험하여 심었는데 마침내 나지 않아, 혹 이르길 '그 씨앗을 취하지 못하게 하여 쪄서 판다' 하여 내가 시험하려고 기생으로 하여금 사라고 하였더니, 연경 돌아온 후 심었는데 과연 나지 않았다."

흰 솔 좌우에 비석이 여러 개 있는데 모두 이 절 중수하는 사적을 기록하였으며 다 만력 때에 세웠다.

8리를 가서 공낙점(公樂店)을 지나니 마을이 길을 끼고 2리나 뻗쳤다. 그 끝에 또 마을이 있어 단가령(段家嶺)이라 하고, 또 수 리를 뻗쳐 바야흐로 길가에 장이 섰는데 각각 파는 것을 앞에 놓고 길 두 편에

한 줄로 앉았고 살피는 오랑캐들이 길을 메우고 수 리를 뻗쳤는데, 외롭고 쓸쓸하여 조금도 들리는 소리를 듣지 못하였다. 길에서 10여 수레를 만났는데 다 대포를 싣고 다 누런 기를 꽂고 능에 쓰는 것[陵用]이라 두 자를 썼다.

15리를 가서 나무다리로 호타하(滹沱河)를 건너니 이 하(河)는『주례』(周禮, 주나라 관제를 적은 책) 직방씨(職方氏)에 말하길 '호지(虖池)'[59b]라 한 물이다. 물이 너비가 5보이고, 그 근원이 대군노성(□□□□)에서 나와 동으로 흘러 역수(易水)로 함께 합하여 문안현(文安縣)에 이르러 바다로 든다. 이 하(河) 가에 옛 맥반정(麥飯亭)이 있고, 풍이(馮異, 東漢, 개국명장이자 군사가)가 한나라 광무(光武)에게 보리밥을 드렸던 곳인데, 지금은 정자는 없고 다만 터만 있었다.

일찍이 사기를 읽을 때 호타하가 큰물인 줄 알았는데, 이제 와보니 작은 나루였다. 한나라 광무황제가 왕망에게 쫓겨 올 때 하수(河水)가 반쯤 얼었다가 즉각 얼음이 합하였던 이상함을 생각하니, 하늘이 대개 높다 하여도 사람을 좌우하는 영향이 이렇듯 하니, 이 일이 우리 익조대왕(翼祖大王)이 적도(赤島) 섬에 물러나던 상서로움과 전후가 같은 것이라, 제왕에게 일어나는 것이 진실로 마땅한 것이다.

우리나라 익조대왕이 목조대왕(穆祖大王)이 하시던 일을 이어 원나라 오천호소(五千戶所) 달노화치(達魯化赤)란 벼슬을 하시어 위엄과 덕이 점점 왕성하였는데, 모든 천호의 손아래 사람들이 마음을 다 돌려 모든 천호가 시기하여 남을 해치려고 하여, 익조가 집 사람들과 같이 배를 타고 두만강을 흘러 내려가 적도 섬에 모이기로 약속하고 스스로 손부인(孫夫人)과 더불어 경흥(慶興) 뒷 고개에 이르러 바라보니, 도적의 군사가 뒤에 쫓아오는 것이 많아 선두가 거의 닿을 만큼 다가와 있었다.

익조대왕이 부인과 함께 말을 달려 [60a] 바다 언덕에 이르시어 언덕으로부터 적도에 이르는 거리가 약 5-600여 보이고, 물이 깊어 가히 건너지 못하고 기약한 배가 또한 도착하지 못하였는데, 물이 물러나 익조부인과 함께 한 백마를 타고 건너시고 좇아 모시고 오는 사람들이 다 건너니, 물이 다시 크게 일어나 도적이 건너지 못하고 가니 익조대왕이 드디어 살으셨다.

5리를 가서 삼하현(三河縣)에 다다르니 고을이 칠도하(七渡河)와 포구하(鮑丘河) 임순하(臨洵河) 세 개 물이 가운데 있어 이름을 삼하라 하였다. 고을에 성이 있는데 새로 중수하여 성가퀴가 높고 험하고 문루가 휘황하고 높고 굳세어 어양성에 지지않고, 문 동서가 거의 3리나 하였다. 산해관 안에 모든 성이 한결같이 무너져 엉망이 되어 거의 다 평이 하였는데, 대개 산해관 성을 갈고 닦지 않는 것이 더불어 한 뜻인 것 같다. 계주와 삼하와 통주 세 고을 성이 크게 수리하여 극히 견고하고 완전하니, 어찌 기보(畿輔, 북경 수도)에 가까운 땅이라 그러한 것인가?

산해관 안 도로에 거지가 이따금 무리를 이루어 말 앞에 꿇어 슬프게 말하고 비는데, 저들이 비록 오랑캐이나 또한 하늘 아래 백성이라 보니 측은하였다.

사는 오랑캐에게 물으니 말하길

"작년에 관내 흉년이 들어 집을 없애고 거지하는 자가 심히 많았다." 한다. 동문을 따라 1리를 가다가 남으로 [60b] 꺾어 가서 조선관을 지나 한인 마치(馬治)의 집에 드니, 날이 오히려 일렀다.

용지암에서 옹정의 아우 윤아의 죄상을 논한 방을 바빠서 미쳐 베끼지 못하였는데, 말에서 내려 조금 쉬고 다시 말을 타고 성중을 두루 돌아보니 고을 관문 밖에 과연 그 방을 붙였는데, 동행중 능히 글씨

쓰는 자 5-6인을 불러 단락을 나눠 베끼게 하였다. 두어 줄을 겨우 쓴 후에 문 지키는 군사들이 관원의 분부로 금지하여 쓰지 못하게 몰아내어 마침내 무료하여 돌아왔다.

관문 밖에 방을 붙여 말하길

"금년 12월 21일에 봉인하여 돌아오는 1월20일에 봉인을 연다. 황지를 받은 것이다."

하니, 그 법이 대명 때로부터 있었는데 일찍이 보니 황명법이 1월 1일부터 15일까지 백관이 휴가를 얻어 모든 마을이 봉인하여 온갖 업무를 그치고 폐하게 하였으니, 이것이 그 끼친 법이다. 우리나라도 또 한 고려 때에는 정조(正祖) 전후에는 7일 휴가를 주었는데, 우리 조선에 이르러 이 법이 없어졌다.

고을 북쪽으로 15리에 영산(靈山)과 고성산(□□山)이 있고, 그 서북에 타산(駝山)과 토아산(兎兒山)이 있었다. 삼하 땅이 옛날에는 계주에 속하였는데, 원나라 때에 여기에 속했고, 명나라 때 고을을 만들어 지금에 이르렀다. 지현은 하덕기이고, 교유와 훈도와 전리 각 1명이며, 인정과 지세은(地稅銀)이 3,619냥이다.

설인이 요동 오랑캐를 따라 오는 자의 말을 [61a] 들으니, 우리나라가 사행 떠난 후에는 큰 비가 3일 왔다 그치는 것이 옛날에는 없었다 하는데, 연중(燕中)에는 금년 겨울이 일기가 더운 것이 봄 같고, 하루도 비나 눈이 없었는데 우리나라 기별이 이러하니 가히 이상하였다. 어제부터 시고를 잃어버려 스스로 한번 죽기로 결단하여 할 일 없는 땅에서 치우게 하고 다시 다른 생각이 없어 마음이 스스로 태연하려고 하는데, 밤에 누우면서 이리저리 뒤척이며 능히 잠을 이루지 못하여 뜬 눈으로 밤을 새우니 전신과 기운이 어수선하였다. 옛 사람이 죽기에 임하여

자신 만만한 데가 있듯 평일같이 생각하고자 하나 능히 부끄러움이 없
지 않았다. 하지만 침상에서 나이 드신 어머니 심사를 생각하니 자연
잠을 이루지 못하였다.

• 1727년 12월 27일 무신일 아침에 맑고 저녁에 약간 눈

  먼동이 틀 무렵 떠나 남문을 따라 나가 반 리에 다리가 있는데 활처
럼 긴 무지개 같다. 지나가는 다리마다 다 돌을 새겨 난간을 만들었는
데, 이 다리에 새긴 것이 더욱 기이하였다. 다리 아래 물은 곧 포구하로
너비가 가히 수십 보였다. 또 반 리에 남점(□店)을 지나니 시장이 자못
성황하였다. 6리를 가서 조림장(棗林庄)을 지나니 길 좌우에 백성들 집
이 거의 1리이고, 집이 쓰러지고 담이 무너진 데가 많은데 흉년으로
정처없이 떠돈다 한다. 마을 뒤에 수목이 한 언덕을 덮었는데, 다 대추
숲이라는 마을 이름처럼 그러하였다. 또 10리를 가서 백부도(白浮圖)와
신점(新店)을 지나니 두 마을이 다 고요하고 조용한 초가집이 [61b] 8-9
개였다.

  길에서 한 되(오랑캐)놈을 만났는데 붉은 보를 싼 것을 안고 말을 타
고 앞서가고, 또 두 오랑캐가 누런 보를 싼 것을 지고 말을 타고 뒤따르
고, 또한 고운 어린 소년이 백마를 타고 머리에 공작털 세 점 무늬가
찍힌 것을 꽂았는데 연법(燕法)이 오직 왕자와 왕손이어야 세 점 무늬인
삼점문(三點紋)을 꽂는다고 한다. 말고삐를 쥐고 가는데 풍채가 빼어나
남과 다르고, 돌아보지 않고 자못 위에 있는데 말하길

  "이는 황손이 바야흐로 향을 받아 정월 초하루에 이르러 계주 강희황
제 능에 가는 자라."

한다. 바라보니 의연히 다른 되(오랑캐)와 다르니, 저들이 또한 말하는

바가 있는데 기운을 옮기고 기르는 것이 몸을 옮기는 것인가?

네 명의 오랑캐 놈이 활과 환도를 차고 좌우로 부축하고 호위하여 가고, 또 한 오랑캐가 그 뒤에 따라 가는데, 다만 사람을 통제하지 않고 말을 타고 가는 자는 내리지 않는 것이 대개 연법이 비록 황제라도 그렇다 한다.

6리를 가서 황친점(皇親店)을 지나니 백성들 집이 겨우 10여 호였다. 망망한 넓은 들 가운데 길에서 5리나 10리나 하는데 백성집이 끊어지지 않고 수목과 담과 집이 바라보이는 가운데에 둘러 있어, 그 백성이 풍성하고 넉넉함을 가히 알 것 같다. 또 6리를 가서 하점(夏店)에 도착하여 아침을 먹었다.

동서에 마을 문(里門)이 벽으로 쌓아 성문 같고, 문안에 가게들이 길을 끼고 거의 1리인데, 집마다 담과 바람벽을 다 벽으로 쌓아서 그 높이가 성 같으니 지나오면서 심양에서부터 다 그러했지만 여기에 오니 더욱 성하였다. 내가 이익화(李益華)와 윤도와 함께 밥을 먹으려할 때 기생(妓生)이 밖에서 급히 들어와 내가 잃어버린 시고(詩稿)를 주기에, [62a] 바삐 받아보니 그 삼분의 일이 없어졌기에 물어 보았다.

"어떻게 찾았느냐?"

기생이

"부방 마두 강충신(姜忠信)에게서 찾았습니다."

라고 말하였다. 즉시 강충신을 불러 그 연유를 물었더니 강충신이 말하였다.

"옥전(玉田)에서 사행이 이미 나가신 후에 무엇을 잃은 듯한 느낌이 들어 도로 들어가 보니 이 종이가 창 앞에 있었습니다. 그래서 가져왔는데 쓸데없는 휴지인 줄 알고 동행과 나누어 썼는데, 기생이 마침

그것을 보고는 이것은 노야(老爺)께서 지으신 시라고 하였기에 드린 것
입니다."

내가 물었다.

"나머지 반은 어디 있느냐?"

강충신이 말하였다.

"어제 이미 불쏘시개를 만드는데 썼습니다."

물어 말하길

"되(오랑캐)놈의 손에 더러 들어갔느냐?"

하니 충신이 말하길

"불쏘시개 만든 것은 다 타고 남은 것은 그 것뿐이니, 한 글자도 오랑
캐 손에 간 일이 없습니다."

내가 말하길

"너희들 아니었으면 내가 거의 큰 화를 면치 못하였을 것이다. 옥전
서 떠날 즈음에 너희들 마음을 알고 다시 들어가게 한 것이 또한 하늘
이구나!"

이익화가 성을 발끈하여 충신을 꾸짖어 말하길

"네가 이미 얻었는데 어찌 알리지 않고 수일을 묵묵하여 사람 마음을
애태우게 하느냐? 네 죄 마땅히 중히 매를 칠 것이다."

하고 즉시 죄인을 다루는 병졸을 불러 다스리고자 하여 내가 말리어
말하길,

"버린 종이를 얻었는데 쓰지 않는 휴지로 알고 알리지 않은 것이다.
알리지 않은 죄는 적고 주워 얻은 공은 크니, 죄가 족히 그 공을 가리지
못할 것이다. 나는 그 공을 상주기를 생각하는데 그대는 죄를 다스리고
자 하는가?"

익화가 오히려 고집해서 내가 또 말하길

"이 놈이 아니면 내가 그것을 면하겠는가? 비록 하염없이 된 일이나 그 공이 어찌 적겠는가?"

하니 익화가 성을 풀고 [62b] 웃으며 나에게 말하길

"나도 상사의 경우를 당하였다면 미쳐 죽은지 오래였을 것입니다. 계주에서 밥을 부지런히 먹음을 보니 상사는 가히 쇠간과 나무창자라 말할 수 있을 것입니다."

해서,

"밥상을 물리라."

하고 내가 말하길

"그저께 능히 먹지 못한 것은 옳거니와 오늘도 먹지 못한 것은 어떠한 것이냐?"

익화가 말하길

"기쁨이 극하여 마음이 가득하니 배부른 듯하여 먹지 못한 것입니다."

하였다. 내가 웃으며 말하길

"심하다! 그대의 생각이 좁음이! 서글퍼도 먹지 못하고 기뻐도 또한 능히 먹지 못하니, 어찌 반드시 먹지 아니한 후에야 비로소 가히 사람의 근심을 근심하고 사람의 즐거움을 즐기는 것이 되겠는가?"

내 이틀간 밤에 능히 자지 못하면서 부끄러워 하였는데, 그대 도리어 철간목장(鐵肝木腸, 쇠간 나무창자)이라 하느냐?"

익화가 즉시 들어가 부사 영공께 뵙고 그 일을 자세히 아뢰었는데, 영공이 놀라 얼굴빛이 변하여 오랫동안 있다 겨우 숨을 쉬고 즉시 내 시초를 찾아다가 말에 맨 쌍가마 속에 넣어 감추고 말하길,

"꺼내고 집어넣을 때 반드시 나에게 알리고, 황제 앞에 가져가지 마라."

하고 또 말하시길,

"이후는 삼가하여 다시 시를 쓰지 마라. 변변치 않은 시를 어느 곳에 쓸 것인가? 다만 화만 부를 것이다."

라고 하였다.

다시 떠나 6리를 가서 유하둔(柳河屯)을 지나니 쓰러진 집과 무너진 담이 또한 많이 있었다. 7리를 가서 마기포(馬起鋪)를 지나니 또한 그러하였다. 길에 한 오랑캐 놈이 누런 달마(達馬)가 높이 우러러 보이는 말을 타고 사행에게 자랑하여 팔고자 하는데, 앞에 넓은 길에 달려 순식간에 5리 남짓 갔다가 순식간에 달려 돌아오니 아래 다리는 물 흐르듯 하고 위에는 터럭도 움직이지 [63a] 아니하니, 진짜 준마를 보게되어 즐거웠다.

3리를 가서 길 왼편에 돌이 있어 크게 의총(義塚)이라 썼고, 넓은 들 가운데 초목이 없는 황폐한 산(童山)이 왼쪽 길 북쪽 10리 밖에 있는데 흙언덕 같고 위에 호천탑(護天塔)이 있으니 곧 통주(通州) 고산(高山)이었다. 5리를 가서 연교보(烟郊堡)를 지나니 보에 성이 있고 동서 거의 2리이다. 동문 위에 옛 연나라 시장이라(古燕市) 세 글자를 돌에 새겼는데 진짜 옛날 말하는 연나라 남쪽 시장이니, 금일 시절이 정(正)히 복받치고 한탄하여 슬프게 노래할 때이다. 이제 어찌 옛날 개잡던 호걸들이 없는 줄을 알겠는가? 지금에 이르러 성중이 술 팔아 먹고살고 그 맛은 계주보다 낫다고 한다. 성 밖에 인가가 또 수 리였다.

5리를 가서 삼가장(三家庄)을 지나고 3리에 등가장(鄧家庄)을 지나니, 적막한 집이 두서넛 있었다. 4리에 호가장(胡家庄)을 지나니 마을이 수 리를 뻗쳤다. 또 3리에 습가장(習家庄)을 지나니 마을이 호가장의 반은 되었다.

2리를 가서 얼은 백하를 건너는데 일명 노하(潞河)라하고, 일명 백수하(□遂河)라 하고, 일명 동노수(東潞水)라 한다. 『토지기(土地記)』에 말하길

"노성(潞城)에 노하가 있다."

하니 노성은 통주의 별호다. 『수경(水經)』에 말하길

"포구수(鮑邱水) 안낙현(安樂縣)을 지나니 세속이 동노수라 한다."

하였다. 그 물 너비가 우리 한강 3분의 1에 미치지 못할 것이다. 황명 때에 개울을 파 이 물을 황도로 보내 대궐 담 안으로 흘러 들여 금천교(金川橋)로 말미암아 태액지(太液池)를 만들고, 옥하 하류와 함께 서로 합치게 하여 혹 말하길

"원 세조 때에 곽수경(郭守敬)이 [63b] 도수감(都水監)이 되어 세조께 여쭈어 개울을 파서 통주에서 배로 실어 날라 연경으로 통하게 하고, 이름을 통회하(通會河)라 하였다."

하니 지금까지 북경으로 조운하기를 다 이 물로 말미암았다. 하(河)가 통주성을 동북을 둘러 안았으니, 동서남북 바닷배와 남경 장사치 배 천여 척이 와 닿았다가 겨울을 만나 물이 얼어 머문다.

강남 뱃사람들이 배로 집을 삼아 배 가운데 방을 만들어, 온 집을 다 배에 실어 가는 곳마다 머물고 그친다 한다. 물가에서 통주성 서문에 이르기까지 거의 수 리 남짓하며, 인가가 즐비하여 집이 닿아 담이 연결되어 시장이 번화함과 백성의 번성함이 요동부터 보지 못한 바이다. 이미 성에 들어오니 장엄하고 화려하고 씩씩하고 훌륭하여 생활이 풍부하고 물품과 재화가 첩첩이 쌓이고 좌우 가게가 성 안팎에 10리를 뻗쳐, 아름다운 색깔로 눈이 어지러운 그림같고 안에 성 문루가 새로 단청하였다. 성에 들어가 1리를 가니 시장 문에 방을 달았는데

"진상하는 여러가지 색의 향 만드는 가게."

라 하였는데, 그 앞을 지나는데 향내가 사람의 옷에 품기어 수 리를
지나도록 냄새가 없어지지 않으니, 대개 통주향이 천하제일이고 북경
향이 버금이라 한다. 성 주위가 몇 리 되는지는 알지 못하고 우리 도성
보다 커 보인다. 세상이 말하길

"연경 북쪽이 강남에 비하면 극히 조그맣고 보잘 것 없다."

하나 오히려 이러하니, 갈수록 가히 중국의 부유함과 천하가 큰 줄을
볼 것이다. 통주는 삼대(三代)때 기주(冀州)와 경계이고, 진나라 때 상곡
군(上谷郡) 땅이 되고, 당고조(唐高祖)때 연주(燕州)를 만들고, 현종 때에
귀덕군(貴德郡)을 만들고, 헌종 때에 없애고 유주(幽州)에 [64a] 속하여
유도현(幽都縣)을 만들었는데, 원 때에 이름을 고쳐 통주라 하여 순천부
(順天府)에 속하게 하여 지금까지 내려왔다.

조조(曹操)가 오환(烏桓)을 칠 때 원소(袁紹)의 아들 원상(袁尙)의 무리
가 호타하로부터 노사(□□)로 들어갔다 하니 곧 이 땅이다. 고을 서쪽
편에 낭산(□山)이 있어 고량수(高粱水)가 거기서 나와 동으로 홀로 통주
에 이르러 포구수로 들고, 그 산 위에 연(燕) 역왕(易王)의 무덤이 있다
한다. 고을 경계에 등용의 옛날 진 친 곳이 있는데, 한나라 광무가 팽총
(彭寵)으로 어양태수를 삼아 노현을 다스리게 하였는데 팽총이 반대하
여 광무가 등용을 보내 치라 하였는데, 융이 노수 남쪽에 진을 쳤다
한다. 광무가 반드시 패할 것이라 말했는데, 과연 팽총에게 패한 바가
되었으니 지금 옛 진 터가 있다 하고, 또 통노정(通路亭) 옛 터가 있는데
왕망이 통노현을 만들어 정자를 여기에 세웠었다.

일행은 관중(館中)으로 부사 일행은 한인 정문영(程文英)의 집에 들어
가 잤다. 통주에 있는 관원 물건을 싣고 나르는 것을 관리하는 양향안찰
사(糧餉按察使)는 고광(高廣)이고, 지주(知州)와 판주(判主)와 이목(吏目)

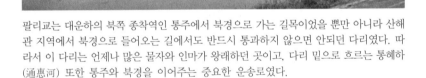

팔리교는 대운하의 북쪽 종착역인 통주에서 북경으로 가는 길목이었을 뿐만 아니라 산해
관 지역에서 북경으로 들어오는 길에서도 반드시 통과하지 않으면 안되던 다리였다. 따
라서 이 다리는 언제나 많은 물자와 인마가 왕래하던 곳이고, 다리 밑으로 흐르는 통혜하
(通惠河) 또한 통주와 북경을 이어주는 중요한 운송로였다.

각 1명이고, 학정(學正)이 2명이고, 지정세은(地丁稅銀)이 6,187냥이다.

• 1727년 12월 28일 기유일 맑음

  날이 밝아 떠나 7~8리를 가서 비로소 바깥 서문을 나가니, 문 밖에
다리가 있는데 태평교(太平橋)라 새겼다. 여기부터 연경까지 4리이고,
사이에 인가가 연이어 있어 거의 끊어지지 아니하고 인가가 아니면 무
덤이었다.

  10리를 가서 팔리교(八里橋)를 건너니 길이가 백여 보이고 너비가 가
히 다섯 수레 가깝고 높이가 10여 길이나 하니, 큰 배가 돛을 달고 다리

동악묘

[64b] 아래로 왕래하였다. 대개 백하(白河)로부터 파서 물을 끌어 들여 말미가 아마 황성으로 들어가는 물일 것이다. 또 10여 리를 가서 대왕장(大王庄)에 이르러 아침을 먹었다.

6리를 가서 홍문(紅門)에 이르니 길 오른편 길가에 돌로 만든 패루가 3칸이 있는데 제도가 기이하고, 그 위에 새겨 쓰길

"일등공(一等功) 풍도뢰(馮□□)의 무덤."

이다. 안으로 새겨 쓰길

"일품부인(一品夫人) 각나씨(覺羅氏)의 무덤."

이라 하였으니, 풍도뢰는 강희의 외조(外祖)이고 각나는 그 짝인 외조모이다. 분칠한 담이 둘러있고 그 안에 풍가(馮家)의 족산(族山)으로 묻었는데, 무덤이 무릇 11기(基)이고 돌 비석이 13개이다. 으뜸인 비석에 쓰길

"각나씨가 강희 황후를 낳고 풍도뢰 장수되어 자주 싸워 큰 공을 세워 일등공을 봉하다."

하고 다른 비에 모두 조칙(詔勅, 제왕의 선지를 일반인에게 알릴 목적으로 적은 문서)에 칭찬하고 장려하는 말을 새겼는데, 그 공덕을 기리는 것이 극히 융성하고 태반이 지금 사국총재관(史局總裁官) 장정옥(張廷玉)의 글씨였다.

무덤이 다 높이가 한 길 남짓하고 동그랗게 하였는데, 그 배를 부르게 하고 밑동과 위를 조금 싼 듯하게 하였다. 질로 만든 단지를 엎은 듯하고 쇠북을 세운 듯하되, 전체를 다 회로 칠하여 빛이 하얗다. 무덤 앞에 전나무 잣나무를 심어 무릇 여섯 줄로 행렬을 이루어 모두 차례가 정연하고 어지럽지 않다. 무덤 뒤에 흙을 쌓아 산을 만들었는데 길이가 수백 보이고, 높이 두어 길 남짓하고, 그 위에 잡나무를 심었다. 묘정(墓庭) 왼편에 단청한 집이 한 언덕에 가득 차 금벽이 빛이 나고, 그 속에 신주를 앉혀 뵙고 제사 지내는 집이다.

1리를 가서 미륵원(彌勒院)을 지나 길 북쪽에 무지개 같은 [65a] 문이 있는데 곧 동악묘이고, 가운데 들어가 보니 그 웅장하고 화려하며 씩씩하고 뛰어남은 북진묘보다 배나 낫고 정교함이 미치지 못할 듯하였다. 묘 위에 겹겹이 지어 거의 17겹이니, 맨 위 두 전(殿)이 무릇 5여 칸이고, 다 2층 누를 짓고 누 위에 옥황전(玉皇殿)과 나한전(羅漢殿)과 세존전(世尊殿)이 있다. 옥황전은 곧 정전(正殿)이니 대종성전(岱宗聖殿)이라 현판하고, 남녀 소상을 모셨으니 곧 옥황이라 일컫고, 천제세(天帝世)라 하니 세상이 전하길 원나라 때 소문관학사(昭文館學士) 예원(倪□)이 손수 지은 것이라 한다.

옥황은 하늘 신령인데 사람의 형상을 만들어 위하는 것이 의리에 말이 되지 않고, 하물며 감히 소상을 모셔 이름을 옥황이라 하는 것이 도리어 무례하고 방자하지 아니한가? 원나라와 더불어 금일 청인은 책

조양문 자리, 동악묘 서쪽 5백여 미터 거리

망할 것이 없으니 대명 때에도 중원의 사람이 눈과 창자가 있는 자가
이런 것들이 있던 줄을 알지 못했을 것이다. 그 앞 동서 행랑에 바람과
구름과 우뢰와 비를 만드는 각각의 귀신이며 혹 신선 관원이며 혹 귀신
사자며 혹 부인이며 혹 아이며 혹 준마를 차려 나열하였는데, 그 수를
자못 여기에 기록하지 못하고, 그 형상하여 버린 의리를 또 자세히 알
지 못하겠다.

이 묘우(廟宇)를 원나라 인종 연우 연간에 비로소 세우고 명나라 때
중창하였는데, 묘정 비석을 살펴보려고 하나 바빠서 보지 못한 것이
한이 [65b] 되었다. 전(殿) 앞 좌우에 팔자각(八字閣) 두 집이 있어 팔랑
팔랑 나는 듯하고 누런 기와로 이었는데, 강희가 쓴 비를 넣었다. 전정
안팎에 세운 비는 그 수를 헤아리지 못하고 좌우와 전후에 누전(樓前)과
행랑을 겹겹이 지어 깊숙하고 그윽히 광활하니, 비록 수일을 보아도
다 보지 못할 것이다.

동악은 태산이니 노나라 땅에 있는데, 여기다 묘를 쓴 것을 가히 알
지 못하겠다. 황명 때에 묘우 안에 도사(道士)가 평상시 지내는 자가 만

여 명이고 조석으로 분향하고 경을 외웠는데 이제는 있는 자가 없고, 또 명 때에는 우리나라 사행이 여기에 이르면 회동관(海東館) 지키는 놈이 기한보다 앞서 여기와 기다리다가 술과 음식을 장만하여 대접하였는데 이제는 또한 그러하지 않았다. 삼사신이 여기부터 사모관대하고 가마를 버리고 말을 타고 북경으로 들어가는 것이 전례였다.

2리를 가서 신교(新橋)를 지나니 너비가 가히 3-40보니, 이 물이 백하로부터 궁성으로 들어가는 것이었다. 1리를 가서 조양문(朝陽門)을 들어가니 이는 곧 북경의 도성문이다. 성문과 밑의 옹성문(甕城門)에 다 3층 누가 있고 성문 위에 조양문 세 자를 돌에 새겨 붙였는데, 그 오른편에 청인의 글자로 또 썼다. 이미 성안에 드니 백성집과 시장 가게들이 웅장히 크고 사람과 수레마차가 성황을 이루어 땅에 우뢰가 치는 듯하고 하늘에 닿은 듯하다. 시장에는 기 꽂은 누와 정자가 좌우에 휘황하니, 그림 가운데로 들어가는 듯하다. 광채가 눈에 놀라워 가히 여기에 기록하지 못하니, 진실로 천하의 [66a] 장려한 구경이다.

동떨어진 우리나라(偏邦)의 작은 눈구멍이 황홀하여 혼백이 현란하고 정신이 흐린 듯하니, 비하건데 가난한 거지가 나와 아욱국만 먹다가 하루아침에 부귀한 사람이 보배로운 차반을 큰 상에 차려 놓은 것을 보면 놀라서 수저를 잃어버리고 무슨 음식인지를 모르는 양 같았다. 구경하는 오랑캐들이 길에 모이고 능히 빨리 몰지 못하여 고삐를 잡고 천천히 가서 7-8리를 가 간어후동(乾魚衚衕)이란 고을에 새로 정한 관으로 드니, 이 집이 옛날 광동총독(廣東總督) 벼슬하던 만주인 만비(□□)의 집이었다. 죄가 있어 그 집을 몰수하여 나라 집이 되었다하니, 그 집이 광장히 크고 화려하여 문을 다 아로새겨 채색으로 그리고, 사랑 대청이 가운데 있는데 무릇 10칸이고, 동서 거의 30보이고, 남북이

옥화관 자리

옥하관이 있던 자리에는 지금 중화인민공화국 최고인민법원(最高人民法院)이 들어
서 있다. 천안문광장의 동쪽, 정의로(正義路)의 서쪽이다. 정의로는 옥하(玉河)가 흐
르던 물줄기였다. 옥하는 어하(御河)의 다른 이름인데, 중국어에서는 옥(玉)과 어(御)
가 같은 발음이다.

또한 20보이다.

가운데 칸의 북쪽으로 큰 문을 내고 그 앞으로 판으로 문을 만들어
문을 가리워 세웠는데 길이가 두어 길이고, 바람과 구름과 해와 달을
새겨 그리어 금으로 그 위를 바른 것이 네 쪽이니 병풍 같은 것을 인군
(人君)이 앉으시는 뒤에 치고

"의를 본받아 산다."

하니, 연중(燕中) 풍속이 그렇게 하는 법인데 대개 분수에 지나쳤다. 일
행 복물(卜物, 선물)과 세폐(歲幣, 공물)과 방물 수백 짐바리를 다 그 청사
(廳舍) 가운데 두었는데, 오히려 비어 있는 것 같으니 이른바 재상의 청

사이다. 또 밖에 사랑으로 청사가 있는데 큼이 이와 같으니 사행을 대접하는 제독관원 오랑캐들이 들어가고, 안집 정당은 상사들이 들어가고. 그 뒤에 또 안집이 있는데 부사와 서장이 나눠 동서 방에 들어가고, 일행이 각각 짝을 [66b] 약속하고 동료들로 한 방에 두어 사람씩 들어가고, 나는 윤도와 한방에 드니 대개 행중의 사족이 오직 윤과 나뿐이었다. 그 집이 큰 담으로 두르고 또 겹문을 하였는데, 담과 문이 남북은 세 겹이고 동서는 다섯 겹이니 다른 집 같았다.

일행이 그 중에 흩어 들어가면 거의 서로 찾지 못할 것이다. 이 집의 장려함이 북□의 으뜸 집이 못된다 하였는데, 그 반을 잘라 백성에게 세들이고, 다□ □ 반으로 우리 사행을 들였다. 일행이 모두 346명이고 말이 240필인데 □□ 맞아들이니, 그 굉장하고 훌륭한 것을 가히 알 것이다. 집이 대강 □□려 200여 칸이니, 이른 바

"높고 맑은 집은 귀□□ 그 있는 데를 본다."

하는 것이니, 패하고 죽고 □수하여 들이는 것이 마땅하지 않은가? 다만 외양간이 없어 말을 다 □□에 매었다.

우리 사행이 옛날에는 옥하관에 □었는데, 대비달자(大鼻㺚子)가 100여명이 지금 먼저와 들어 있다. 들□□□

"대비달자가 작년에 은을 예부에 바치고 □하관을 크게 중수하여 고치고 그 터를 가장자리로 더 물려 넓게 하고 □ 가운데 절을 지어 부처를 위하고 그 사람들이 북경에 조공하러 올 □□는 집으로 삼는다."

하는데, 예부 이번원을 맡은 관원이 그 원하는 □로 특별히 황제께 주문(奏聞)하여

"대비달자가 중수한 후에는 다른 나라 사신이 □람과 말을 많이 데리고 오는 것을 들이지 말라."

하여 우리 사행이 작년부터 관을 이곳으로 옮겨 정하였다 한다. 우리나라 사행이 관에 들어가면 보통 제독 한 관원을 내어 [67a] 하여금 보살펴 대접하는 것이 본래 법인데, 이번에는 한 관원을 더 내어 두 제독이 왔다 하니 그 연유를 알지 못하겠다. 각각 숙소 들어갈 데를 정한 후에 일행이 서로 하례하여 말하길

"어느 해에 이 길이 없겠습니까마는, 어찌 이번 길같이 평안히 길(吉)한 적이 또 있겠습니까? 이 길이 반드시 동지에 서울을 떠나 음력 섣달(12월) 그믐께야 연경에 들어오니, 북쪽 사막의 바람과 겨울의 마지막에 추위에 큰 눈이 깊이 두어 자나 쌓이고 손과 발이 얼어 터지고 낯과 몸이 터져 열 사람 중에 아홉이 병이 들어 역졸이 죽는 자가 비일 비재하고, 혹 모진 바람이 넓은 들에 걷어치우면 티끌과 모래가 하늘에 닿아 지척의 사람 얼굴을 분변치 못하여 소리를 들은 후에야 누구인 줄 알고, 혹 밝은 날에도 어두컴컴하여 가지 못하고 서로 붙들고 모여 앉았다가 조금 바람이 그치기를 기다렸다가 가고, 혹 희미하여 길을 잃어 역참에 닿지 못하고 넓은 들 가운데서 밤을 지새고 하늘이 밝기를 기다려 가는 적이 이따금 있었는데, 이번 길은 강(압록강)을 건넌 후에 한번 바람을 만나지 않았고 한 점 눈을 보지 못하고 날이 더운 것이 따뜻한 봄같아 무사히 연경에 이르니, 이 길로 하여금 항상 이와 같으면 누가 연경 여행이 어렵다고 말하겠습니까?"
하였다.

내가 든 방이 청사 오른편 상사가 든 왼편에 있었고, 미처 수리를 못해 찢어진 창에 바람이 쏘듯하여 폐쇄한 방에 얼음이 엉긴 것을 치워 떨어버리고 밤을 지냈다. 연경 지리와 형세를 옛사람이 장안과 낙양에 [67b] 비교하였는데 약간 문견을 캐어 아래 조목으로 나열하겠다.

북경이『천문지(天文志)』에 미성(眉星)과 기성(箕星) 두 별이 맞닿아 우리나라와 함께 분야가 같다. 제요(帝堯) 도당씨(陶唐氏, 요 임금)이 화숙(和叔)을 명하여 삭방(朔方)을 만드시니, 말하여 유도(幽都)이니 곧 이 땅이다. 처음에 기주(冀州) 땅이니, 중원 땅이 본래 9주이니 즉 기주·연주(兗州)·청주(靑州)·서주(徐州)·양주(揚州)·형주(荊州)·예주(豫州)·양주(梁州)·옹주(雍州)이니 합하여 9주인데, 순임금이 말하길 "기주 남북편이 넓고 크다" 하여 위수(渭水)를 나눠 병주(幷州)를 만들고, 북경으로써 북쪽을 나눠 유주(幽州)를 만들고, 청주가 바다를 건넌다 하여 요동 땅을 쪼개서 영주(營州)를 만들어 12주를 삼았는데, 하우씨가 9년 치수(요임금 때 9년간 계속 홍수가 있었음)를 평정하시고 다시 유주·병주를 아울러 기주로 합하고 영주를 도로 청주로 합하여 9주가 되었다.

주무왕이 은주(殷紂)를 치심에 요의 자손을 계주(薊州)에 봉하시고 소공석(召公奭)을 연(燕)에 봉하시니 지금 북경이 소공석의 도읍이고, 진시황(秦始皇)이 6국을 멸하여 연경을 상곡군(上谷郡)으로 삼고 항우(項羽) 장도(臧荼)를 봉하여 계주에 도읍하였는데, 한나라 때 탁녹군(涿鹿郡)을 만들고 한헌제(漢獻帝)때에 요동 사람 공손도(公孫度)가 연땅을 보전하고 살았다. 조비(曹丕) 사마의(司馬懿)를 명하여 공손연을 쳐 평정하고, 진 혜제(晉惠帝) 후의 후조(後趙) 석늑(石勒)에게 함몰하게 했는데, 석늑이 패하여 모용준이 살았고, 진왕 부견(符堅)이 그 땅을 빼앗았는데 후에 도로 모용수(慕容垂)가 얻었고, 또 후위(後魏)에 [68a] 돌아갔다. 도무제(道武帝)가 연군을 만들었는데, 수문제(隋文帝)가 고을을 폐하고 그 땅을 탁군에 합하고, 당고조(唐高祖)가 천하를 얻으면서 연땅을 합하여 유주(幽州) 총관부(摠管府)를 만들었는데, 당현종(唐玄宗)이 고쳐 범양군(范陽軍)을 만들어 안록산이 연으로 스스로 연왕(燕王)이라 일컫었다. 녹산이 멸하면서 숙종(肅宗)이 다시 유주를 만들고, 후에 유인공 (劉仁恭)이 연땅에 살았는데, 후당(後唐) 장종(莊宗)이 잡히고 후진(後晉) 고조 천복(天福) 원년에 유주·계주등 16 고을로 나눠 요(遼)나라에 선물 하여 구원하고 세운 공을 갚으니, 요가 유주를 고쳐 남경 유도(幽都)라 하였다가 또 연경이라 고쳤는데, 금이 요를 멸하여 옮겨 도읍하고, 원 이 금을 멸하여 연경 노총관(路摠管) 대흥부(大興府)를 삼았다가 후에 옮 겨 도읍하고, 대명이 원을 멸하고 처음에 변경(卞京)에 도읍하였다가 태종(太宗)이 연경으로 도읍하였고, 청이 명을 멸하여 또 도읍하였다.

북경 도성은 원나라 순제(順帝) 지정 4년 갑신에 쌓았는데, 대명 태종 영락(永樂) 19년 신축에 대궐을 경영하여 짓고, 원나라가 쌓던 옛성을 허물고 고쳐 쓰니 주위가 40리이고 성문이 9개이다.

남은 정양문(正陽門)·숭문문(崇文門)·선무문(宣武門)이고, 동은 조양 문(朝陽門)·동직문(東直門), 서는 부성문(阜城門)·서직문(西直門), 북은 안정문(安定門)·덕승문(德勝門)이다. 겹으로 쌓은 성은 대명 세종 가정 23년 도성 남쪽 모서리를 둘러 동서 모서리에 닿아 남쪽 겹성에 [68b] 다섯문을 내고, 동서편 겹성에 각 한 문씩 내고, 내성 아홉 문에 다 옹 성을 만들어 문을 가리고, 또 성을 둘러쌓아 두 겹 문을 만들었다.

도성 안에 또 궁성이 있고, 궁성 안에 대궐 동산이 있고, 동산 뒤에 태액지가 있고, 태액지 안에 섬을 만들어 이름을 경화도라 하고, 만세 산(萬歲山)이 태액지 위에 있다. 세상이 전하길

"이 산은 대명 때에 흙으로 쌓아 만들었다."

하는데 이것은 와전된 것이다. 사직단(社稷壇)이 궁성 장안문(長安門) 남 쪽에 있고, 6조(六曹)와 백사(百司) 마을이 각각 벌여 지었다. 도성과 궁 성과 궁궐과 마을은 다 명나라 때 옛 것을 고치지 아니하였다.

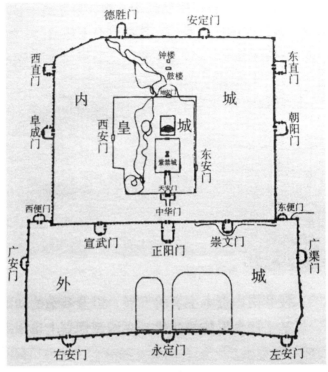

북경의 성문

　운하는 원나라 때 판 것이니, 그 전은 강남과 복건(福建)과 4해(四海) 9주에 진공하는 것을 실은 배가 다 대강(大江)으로 모아 바다에 떠 통주 노하의 대하에서 풀어 북경으로 들이었는데, 원 순제 때에 비로소 운하를 파 노하를 따라 도성으로 들여 조운하는 배가 바로 북경까지 이르게 하였다. 물 들어오는 데를 두 쪽 편으로 돌을 깎은 듯이 쌓아 무너지지 않게 하고, 또 문을 만들어 이름을 패(□)와 삽(□)과 홍이라 하여, 안의 물이 적으면 문을 닫아 물을 내보내지 않게 하고, 밖에 물이 많아 넘치게 되면 또 문을 막아 물을 들이지 않게 하되, 그 제도가 공교하여 극히 기특한데 번역하여 적어 올리는 것이 쓸데없어서 기록치 아니한다.

옥하(玉河)는 근원이 완평현(宛平縣) 옥천산(玉泉山)에서 나와 즉시 큰 호수가 되어 이름을 열백호(裂帛湖)라 하고, 또 동으로 [69a] 흘러 도성 서북 모서리에 이르러 한 가지를 나눠 도성을 띠같이 둘러서 이름을 성하(□河)라 하고, 또 한 가지는 성 서북 모서리로부터 성안으로 흘러 들어 이름은 수관(水關)이고, 두 번 동남에 모여 이름을 북해자(北海子)라 하고. 이로부터 궁성을 뚫어 들이니 이름을 이하(裏河)라 하고, 황극전(皇極殿) 앞으로 끌어들여 대궐을 둘러 흘러 다시 동남으로 향하여 나오니 이름이 옥하교(玉河橋)이다. 정양문과 숭문문 둘 사이로 성 아래 수문으로 따라 나와 성하와 더불어 합하니 옥하이다. 다시 동으로 흘러 겹성 동편 문 곁에 성 아래로 뚫고 나와 큰 다리를 걸터 있으니, 이름을 대통교(大通橋)라 한다. 다리 아래로 흘러 바로 통주에 이르러 노하와 합쳐서 조운하는 배를 통하고, 또 흘러 고려장(高麗庄)에 이르러 상건하(桑乾河)와 더불어 다 백하로 들어간다. 또한 패하(□河)와 양수하(兩水河)가 있는데 옥하보다 자못 적었다.

또 해자 둘이 있으니 하나는 궁성 서편 3-4리에 있어 모든 곳의 물이 다 모이고, 하나는 성 남쪽에 있으니 온갖 짐승을 기른다 한다. 역수(易水)는 도성 서북 30리 밖에 있으니 동으로 안차현(安次縣)으로 흘러 지난다 한다.

노구하(蘆溝河)는 그 근원이 대(代) 땅에서 나니, 또 이름을 소황하(小黃河)라 한다. 봉성주(奉聖州)로부터 흘러 완평현을 지나 도성 40리 밖 동마곡(□□谷)에 이르니, 원 순제때 금구(□□)를 파 두 물을 만들었다 한다. 3관은 용정관(龍井關)과 고북관(高北關)과 거용관(居庸關)이고, 천수산이 북으로 [69b] 100리에 있으니 이 산이 곧 연경 주산(主山)이다.

그 산 아래 영안성(永安城)이 있고, 성안에 대명 헌종황제(憲宗皇帝) 능이 있다 한다.

각산(覺山)과 앙산(仰山)과 향산(香山)과 노사산(盧師山)과 평파산(平坡山)과 쌍천산(雙天山)과 옥천산(玉泉山)과 오화산(五華山) 보살산(菩薩山)과 취봉산(翠峰山), 모든 산이 다 도성 북쪽 30리 안에 있어 용이 나는 듯하고 봉이 춤추는 듯하여 연경을 향하여 읍하는 듯하였다. 명나라 때 해진(解縉)이 말하길

"북경 지형이 강한 것은 진실로 천하에 씩씩하고 뛰어나고 험하고 중요하여, 동으로 넓은 바다를 끼고 나아가 바라는 것을 다하고, 앞으로 미저(□□)와 대륙의 이로움이 있고, 북으로 겹겹한 관이 하늘을 삼킨 험함이 있다."

하였다.

역대 제왕 묘는 도성 서쪽 부성문 안에 있다. 대명 때에는 요와 원이 오랑캐라 하여 뺐는데, 순치(順治) 2년에 요태조(遼太祖) 이하를 더 넣어 본래 16위였는데 21위가 되었고, 배향한 공신이 34인에서 39인이 되었으니 봄가을 이중(2仲, 한계절의 두 번째 달)에 관원을 보내어 제를 지내거나 혹 임금이 직접 나아가 제하니, 태호 복희씨(伏羲氏)와 신농씨(神農氏)와 황제 헌원씨(軒轅氏)가 한 집이고, 소호(少昊) 금천씨(金天氏)와 전옥(顓頊) 고양씨(高陽氏)와 제곡(帝嚳) 고신씨(高辛氏)와 제요(帝堯) 도당씨(陶唐氏)와 제순(帝舜) 유우씨(有虞氏)가 한 집이고, 하우씨(夏禹氏)와 은왕(殷王) 성탕(成湯)과 주무왕(周武王)과 한고제(漢高帝)와 한광무(漢廣武)가 한 집이고, 당태종(唐太宗)과 요태조(遼太祖)와 금태조(金太祖)와 금세종(金世宗)이 한집이고, 송태조(宋太祖)와 원태조(元太祖)와 원세조(元世祖)와 명태조(明太祖)가 한 집이다. 동서무에 각대(各代) 공신을 배향하니

풍후(風后)와 [70a] 고요(皐陶)와 용백(龍伯)과 백익(伯益)과 부열(傅說)과 소공석과 소목공호(昭穆公虎)와 장량(張良)과 조참(曹參)과 주발(周勃)은 동무(東廡) 제일단(第一段)이고, 역목(力牧)과 기백(夔伯)과 백이(伯夷, 순의 신하 백이이고 고죽국 백이숙제가 아님)와 이윤(伊尹)과 주공(周公)과 태공(太公)과 방숙(方叔)과 소하(蕭何)와 진평(陳平)과 등우(鄧禹)는 서무(西廡) 제일단(第一段)이고, 풍이와 방현령(房玄齡)과 이정(李靖)과 이성(李晟)과 허원(許遠)과 한세충(漢世忠)과 곡나간이불(斛羅幹離不)과 백안(伯顔)과 유기(劉基)는 동무(東廡) 제이단(第二段)이고, 제갈량(諸葛亮)과 두여회(杜如晦)와 곽자의(郭子儀)와 장순(張巡)과 조빈(曹彬)과 악비(岳飛)와 점몰갈목화려(粘沒喝木華黎)와 서달은 서무(西廡) 제이단(第二段)에 앉혔다.

축문에 말하길

"연월일 황제는 공손히 아무개를 보내어 아무 제(帝)와 아무 제(帝)께 제사를 올립니다. 우러러 생각하니 모든 황제가 여기 다 하늘을 받들고 세상을 어루만져 다스리는 법을 지어 백성을 편안케 하였으니, 공덕을 갚기를 잊지 아니하여 봄가을 때로써 제사하나니, 삼가 희생과 폐백과 술과 서품의 예의로써 모든 신과 황제께 제를 올려드립니다."

하였다.

선성(先聖)과 선사(先師)는 강희 24년에 비로소 또한 11위를 문화전 동편 전심전에 앉혀 모시어 제사하고, 태호 복희씨와 신농씨와 황제 헌원씨와 제요 도당씨와 제순 유우씨와 하우씨와 은왕 성탕과 주문왕과 무왕 9위는 한 줄로 벌여 남으로 향하고, 주공은 왼편의 서로 향하고 공자는 오른편의 동으로 향하고 축문에 말하길,

"천지의 양의(兩義)가 이미 개벽함에 다스림과 도를 전하는 근원을 열었고, 앞뒤 천성(千聖)이 같이 돌아가니 [70b] 임금이 되며 스승이 되

는 법을 세웠다. 오제(五帝)는 하늘을 여심에 때로 인하여 운을 이으시고, 삼왕은 세상을 다스림에 숭상함이 다르지만 공이 같았다. 예문을 제작하심은 주공(周公)께서 크게 갖추었고, 경서를 편찬하심은 공자께서 모아 이루었다. 닦고 밝게 하신 후를 잇고 우러러 법전을 생각하며, 도(道)와 법(法)의 자세한 것을 살펴서 멀리 학문하던 법을 사모하는도다. 갱장(羹墻, 성덕대업)에 뵙는 듯한 열성(列聖)을 한 당에 모았고, 조두(俎豆, 제사때 신앞에 놓는 나무)가 향내나니 사문(斯文, 도의)을 만세에 이었다. 여러 이으신 도통이 길이 힘입음을 생각하니, 오르며 내리는 신령이 멀지 아니함을 바라는도다. 엄숙히 명인을 내오니 엎드려 하늘과 땅의 신령은 감응하시기를 바라는도다.”

소위 종묘는 후전(後殿)의 조조(肇祖) 원황제와 황후는 1실이고, 흥조(興祖) 진황제(晉皇帝)와 후는 좌1실이고, 경조(景祖) 익황제(翼皇帝)와 후는 우1실이고, 현조(顯祖) 선황제(宣皇帝)와 후는 좌2실이고, 이상 네 신주는 다 추숭(追崇, 모두 왕위에 오르지 못한 제왕)한 것이다. 중전(中殿)의 태조 고황제와 효자(孝慈) 고황후(高皇后)는 중1실이고, 태종 문제(文帝)와 효단문황후(孝端文皇后)와 효장 문황후(孝章文皇后)는 좌1실이고, 세조 장황제(章皇帝)와 효강장황후(孝康章皇后)는 우1실이니, 강희는 미처 기록하지 못하였다.

동서무 배향이 혹 왕이며 혹 공이니, 동무 배향은 4공 3왕이고, 서무 배향은 4공 1왕이었다. 종묘의 정월 초7일부터 주야로 등불을 켜 17일에 이르러 비로소 등불을 끄는데, 종묘안 전문(殿門)에는 [71a] 등이 한 쌍이고, 좌우 문에는 각 한 등씩이고, 밖의 대문 좌우문에 또 그렇게 하고, 그 밖에 홍문이 있는데 또 그렇게 하니, 중전 전후에 다 같이 하고, 동서문에는 각 한 등씩 달았으니 대개 불법(佛法)이었다.

소위 능침은 조조(肇祖)와 흥조(興祖)가 한 산에 묻었고, 흥경(興京) 서
북 10리에 있는데, 순치 8년에 봉하여 계운산(啓運山)을 삼았다. 경조와
현조가 한 산에 묻었는데, 심양 동남 120리에 있어 봉하여 적경산(積慶
山)을 삼았다. 순치 15년에 경조와 현조의 능을 옮겨 흥경에 묻고, 흥경
능을 높여 영릉(永陵)이라하고 제사하는 궁전을 능 아래 짓고 이장하는
뜻으로 돌비석을 세웠다.

태조의 능은 심양 동북 20여리에 있으니 복릉(福陵)이라 하고, 봉하
여 천주산을 삼았다. 태종의 능은 심양 서북 10리에 있으니 소능(昭陵)
이라 하고, 봉하여 융업산(隆業山)을 삼았다. 세조의 능은 준화주(遵化
州) 봉대산(鳳臺山)에 있으니 효능(孝陵)이라 하고, 봉하여 창서산(昌瑞
山)을 삼았다. 각 능에 경계를 만들어 경계 안에 초목(樵牧)을 금지하고,
보좌를 제사하는 궁전 안에 임금이 앉는 어탑(御榻)을 만들고, 병풍과
휘장과 이불과 의자와 감실(신주를 모셔 두는 곳)과 온갖 용기를 공부(工
部)에서 일체로 종묘 쓰는 것과 같이 만들어 보냈다. 각 능 관원이 이부
(吏部)에서 낭중(郎中) 1명, 원외랑(員外郎) 2명, 독축관(讀祝官) 2명, 찬례
랑(贊禮郎) 4명, 필첩식(筆帖式) 8명을 베풀고, 병부에서 총관 1명, 갈날
대(□□□) 2명, 팔기장경(八旗章京) 1명과 병 8명을 베풀고, 또 부장 1명
과 수비 2명과 천총 [71b] 2명과 파총(把摠) 4명, 병 600명을 베풀고,
내무부에서 낭중 1명과 원외랑 2명, 포의대(□□□) 2명, 태감 2명과 사
다선인(司茶膳人) 30명을 베풀고, 난의위(鑾儀衛)에서 교위 24명을 베풀
고, 호부에서 마법(□□) 2명과 발십고(撥什庫) 1명을 베푸니, 각양 각색
의 관원과 군졸을 320명씩 부린다 한다.

종묘와 능침(陵寢) 두 조목은 비루하여 굳이 기록할 만한 것이 아니
지만, 굳이 기록하는 이유는 중원을 참람(분수에 지나침)되게 하는 자취

와 전해진 대(代)를 이어 간 차례를 알 수 있게 하기 위해서이다.

제사하는 법은 하늘에 하는 제사와 종묘 제사에 모든 풍류는 쓰되 풍류가 다 글이 있고, 동지에 하늘을 원구(圜邱, 천자가 동지에 천제를 지내는 곳)에 제사하고 종묘에 사시(四時) 맹월(孟月, 봄 여름 가을 겨울의 첫 달 음력 1, 4, 7, 10월)로 시제를 지내고 섣달 그믐날 합제(祫祭)를 지내고, 각 능 제사는 섣달 그믐날과 청명과 중원과 동지로 4대제(四大祭)를 지내고, 또 월삭(月朔)의 전헌(奠獻)이 있고 만수절(萬壽節)에 각 능에 대신 1명을 보내어 향촉을 올리며 주과(酒果)를 드려 독축치제(讀祝致祭)하고, 또 만수절에 관원을 보내 모든 귀신의 사당과 사악묘(四嶽廟)에 제사를 행하니, 생일을 중하게 여겨 두루 제사 지내는 것이 대개 오랑캐의 본 법(本法)이었다. 역대 제왕묘와 곡부(曲阜) 공자 분묘에 다 제사하는 정한 법이 있고, 장백산(長白山, 백두산 북쪽 영고탑의 남쪽에 있다)이 처음으로 일어난 중요한 땅이라 하여 오악(五岳)을 위하는 법을 본떠서 매년 춘추에 영고탑 장군으로 장막을 베풀고 망제(望祭)하였다. [72a]

상사(喪事)에 예문은 '황제(皇帝)'라 하는데, 죽으면 그날로 백관이 성복하되 관원은 관모 위에 영자(瓔子, 갓 끈을 다는 고리)를 떼고, 부녀는 수식(首飾, 겉모양을 화려하게 꾸미는 것)을 하지 않고, 무릇 재궁(梓宮, 임금의 시제를 넣는 관)을 움직일 때마다 풍류하고, 왕공 이하 각색의 관원이 첫날부터 매일 두 번씩 들어가 향을 올리며 차반을 차려 술을 삼헌(三獻)하고, 세 번 고두하고 일어나 울되 사흘만에 그치고, 제사일에 제왕과 패륵(貝勒)과 패자(貝子)(청조 만주인 종실과 몽고 외번들에게 준 6가지 작위중 하나)와 공후(公侯) 비빈(妃嬪) 등이 각각 마을에 물러가 몸과 마음을 깨끗이 하여 자고, 한산관(閑散官)의 벼슬 없는 자는 독공전(篤恭殿) 앞에서 몸과 마음을 깨끗이 하여 자기를 18일을 하게 하다가, 후에 고쳐 27일만에 그치게 하였다. 왕공 이하 문무관은 풍류하지 못하며 가취(嫁娶, 시집가고 장가드는 것)하지 못함을 무릇 백일간 하고, 서울에 있는 사람은 관영(冠纓, 관의 끈)을 떼고 흰 옷 입는 것을 27일 만에 벗고, 혼인 못하는 것을 한 달을 하고, 풍류 못하는 것을 100일을 하고, 계견우양(鷄犬牛羊)을 죽이지 못함을 무릇 49일을 하고, 굿하고 빌지 못하고 제사하지 못함을 무릇 27일을 하였다.

궁실은 태화전 정궁 외에 또 건청궁(乾淸宮)과 경인궁(景仁宮)과 숭건궁(崇乾宮)과 영수궁(永壽宮)이 다 궁성 안에 있는데, 다 순치 12년에 지었다. 또 이궁(離宮)이 원명원과 창춘(暢春)에 있으니, 다 도성 밖 4-50리에 있었다.

고적(古跡)은 주선왕의 돌북이 도성 안 동북쪽 숭교방(崇敎坊) 국자감(國子監) 묘문 안에 있는데, 높이가 두 자이고 너비가 한 자 남짓하고, 그 수가 10개이다. 그 글씨는 [72b] 유문체(籒文體)이고, 그 글은 다 송(頌)인데, 글자가 다만 환하여 가히 알아볼 것이 325자이고, 오직 한 북(鼓)이 글자가 없다 한다.

○황금대(黃金臺) 터가 조양문 안에 있는데 높이 우뚝 솟아 하나의 흙언덕이다. 『상곡군도경(上谷君圖經)』 책을 살펴보니 말하길 "황금대 역수(易水)가 동남 18리에 있는데 옛 연소왕이 천금을 대 위에 두어 천하 선비를 맞으니 이름이 황금대라 하였는데, 훗 사람이 그 이름을 사모하여 연경에 또한 이 대를 세워 옛 성안에 있다." 하였는데 이로 보면 이는 연소왕이 지은 옛터가 아니였다.
○간의대(簡儀臺)는 동문 5리 안에 있는데 원 세조때 야율초재(耶律楚材)가 곽수경(郭守敬)과 함께 천문 보는 기구를 만든 것이다. 하늘과

별과 해와 달이 도는 천문과 분촌(分寸, 아주작은 것)이 어긋나지 아니하니, 신기롭고 공교로워 조화를 빼앗았다 한다.

○송 승상 문천상(文天祥)의 사당이 학궁 가운데 있다. 그 땅을 말하길 "교충방(教忠坊)이니 곧 문승상 죽던 시시(柴市)라."

하는 곳이였다.

○옛 구리로 만든 사람이 태의원(太醫院) 안에 있는데 서로 전하길, "바다 조석수(潮汐水)가 솟아나 얻은 것인데, 그 속이 비어서 물을 부으면 침 주는 구멍마다 물이 나오니 침질과 뜸을 놓는 혈을 찾는데 쓰는 것이다. 오랜 빛이 푸르되 그 광채가 눈에 쏘인다."

한다.

○원나라 때 소나무(松)가 국자감 이륜당 앞에 있는데, 원나라 때 허형(許衡)의 손으로 심은 것이라 하였다.

○옛날 등(藤)나무가 이부(吏部) 마을 오른편에 있는데, 등이 본래 덩굴지어 뻗었는데 이 등이 홀로 줄기에 바로 올라 높이가 천 자이나 너비가 온뜰에 덮여, [73a] 바야흐로 여름에 꽃이 피면 찬란하여 구슬을 낀 듯하고 붉은 빛이 뜰에 가득하여 향내가 깨끗하고 담백하여 멀리 퍼진다 한다. 황명 때 이부시랑(吏部侍郞) 오관(吳寬)이 손으로 심은 바라 하였다.

○원 세조 때에 지은 옥황상제 모시는 사당이 성중에 있다 하였다.

병제(兵制)는 경성 내외에 순라하는 참장(參將)이 3명, 유격(遊擊)이 3명, 동서남북 내외에 각 처를 지키는 장수가 22명, 좌우 천총이 6명, 내성(內城) 구문(九門)에 문마다 성문위(城門尉)와 성문교(城門校)와 천총이 각 2명이 있고, 겹성 7문에 또한 성문위와 성문교 각 1명과 천총

2명이 있다. 문마다 지키는 군사가 합하여 980명이고, 순시하는 3부 군사가 합하여 3,300명에 1,100명은 보병이고 1,200명은 마병이니, 서울을 지키는 군사는 도합 4,280명이다.

한나라 때 남군 북군과 당나라 때 부병(府兵) 위병과 송나라 때 금군(禁軍) 상군(廂軍)과 황명 때 오군도독(五軍都督)이 군인 총수가 모두 수만 이하로는 아니하는데, 이제 4,000병(兵)으로 결단코 도성을 지키어 호위할 리 없다. 팔기(八旗, 청이 전국 군대를 8가지 색의 기로 구분한 편제)에 도성 있는 자가 다만 이 금군(禁軍)을 말하는가? 팔기 외에 또 어피달자(魚皮㺀子)가 있었다.

관제는 대개 명(明)의 법을 따랐으되, 다만 명칭은 오랑캐의 제도를 쓴 것이 많다. 『백관지(百官志)』로 살펴볼 수 있는데 지번(至煩, 번거로움)하여 모두 기록할 수 없다. [73b] 군현은 처음에 명 태조가 남경에 도읍하시니 남경은 금릉인데, 태종이 북경으로 옮겨 도읍하시되 남경을 다스림이 옛 도읍 있던대로 하니, 남경 기내(畿內, 서울 가까운 지역)에 응천부(應天府) 등 18부에 다 속한 주현이 있고, 북경 기내에 순천부 등 11부에 또한 속한 주현이 있는데, 남경 주현과 북경 주현은 다 서울 6부에 속해있다. 또 천하를 나눠 포정사(布政司) 13도를 만드니 산서와 산동과 하남과 섬서와 절강과 강서와 호광과 사천과 복건과 광동과 광서와 운남과 귀주이니, 모든 부와 주와 현을 거느리게 하였다. 또 도사위(都司衛)를 두니, 우리나라 병사영장(兵使營將) 같은 벼슬이다.

부는 149이고 주는 218이며, 현은 1,100이다. 또 선위사(宣慰司)와 초토사(招討司)와 선무사(宣武司)와 안무사(安撫司) 벼슬이 있으니, 이는 다 명 때 법인데 지금은 옛법을 따른 것이다.

과거하는 법은 각 고을 거자(擧子, 크고 작은 과거에 응시한 사람)를 3년에 한번씩 각각 그 포정사에 다 모여 시험하되, 다 8월 내에 날을 정하고 사자(使者)가 먼저 큰 부에 가 그 부에 속한 고을 거자를 모아 그 글을 빼, 뽑힌 자를 포정사로 보내어 시험을 보니, 한 포정사에 올라가 뽑힌 자가 거의 6-7천명에 이른다. 포정사에서 뽑힌 자를 합격이라 하고 그 이름을 방에 올려 거인이라 부르는데, 각 성에서 뽑는 정수가 있다. 명년 2월에 각성 거인이 북경에 모여 예부에 회시하되, 보름만에 3장 보기를 마쳐 합해서 [74a] 시권이 2만여 장 이하로 되지는 않는다. 300 인을 정수로 뽑아 비로소 진사가 되니 이는 본래 법인데, 이제는 점점 덜해 진사 뽑는 수가 150여 명에 지나지 않는다. 회시에 참여치 못하면 파하고 돌아가 후에 회시를 기다린다. 또 무진사가 있는데 삼장(과거시험에서 초장, 중장, 종장을 합하여 이름)의 재주를 시험하여 100명을 뽑으니 이도 황명 때와 거법(擧法)으로 대강 같은데, 그 중에 기하진사(旗下進士)와 기하거인(旗下擧人) 뽑는 법이 순치 신묘 연간에 창개(創開, 처음 시작함), 순천부 학사자(學士者)로 하여금 팔기자제(八旗子弟)를 취하여 향시와 회시에 두 번 뽑아 인원수를 정하여 방을 낸다 한다.

풍속은 정조에 백관이 나라에 들어가 조회하여 하례하고 민간이 향을 피워 천지에 예하며 조상에 제하고, 존당과 사돈에게 가 뵈어 명함을 드리고 답례하여 말하길 '배년(拜年)'이라 하니, 새해에 절한다는 것이다. 대를 불태워 헤쳐 하늘에 등을 달며, 부녀가 채색승(彩色勝, 부인의 채색 머리꾸미개)을 꽂는다.(여자가 채색비단을 오려 꽃을 만들어 머리에 얹는 것을 당제(唐制)에 승이라 부르니, 한나라 때 사마상여(司馬相如)가 지은 부에 말하길 "서왕모가 학연한 흰 머리에 승을 얹었다." 함이 이를 말한다.)

정월 초하루 전후에 등을 구경하려고 밤에 놀며, 술을 먹는 것이 금오(金吾) 마을은 밤 순라를 가두어 금위(禁衛, 순회)를 하지 않고 민간이 태평고(太平鼓)를 치고 놀며 부녀가 벗을 청하여 무리지어 다니며 다리를 찾아 지나가 말하길 '주백병'이라 하니, 백가지 병을 쫓는다 [74b] 함이다. 싯귀에 숨겨진 말로써 집 바람벽에 붙여 말하길 '상등미(賞燈謎)'라 하고, 밤에 작은 잔에 등잔불을 켜 우물과 부엌과 방문, 대문에 두루 벌여 놓고 '산등(散燈)'이라 하여 등잔을 흩어 놓는다 한다.

입춘 전일에 봄을 동쪽 들에 가 맞고, 이튿날 새벽에 흙으로 소 채찍을 만들어 채찍을 하고, 봄을 맡은 귀신 소망(小芒, 가시)를 만들어 매어 집으로 들여 말하길 '진춘(進春)'이라 하니 봄으로 나온다 함이다.

초8일로부터 17일까지 장사꾼이 꽃과 구슬과 옥과 비단과 깁으로 등을 만들어 파니 '등시(燈市)'라 한다. 25일에 떡과 의이(薏苡, 율무)를 많이 만들어 배불리 먹어 말하길 '전창(塡倉)'이라 함은 곳집을 메운다 함이다.

2월 초2일에 집마다 각각 파와 마늘을 지지며 떡을 기름에 부쳐 먹어 말하길 '훈충아(薰蟲兒)'라 하니, 배 속에 버러지를 죽인다 함이다. 15일에 시장에서 파는 꽃을 움속에서 이날 시장에 내어 전시하고, 이미 활짝 피어 집마다 사 가며 '화조(花朝)'라 하니 꽃날이라 한다.

3월 3일에 술을 싣고 들에 나가 물가에 놀고 취하여 노래하고 남녀 다 버들을 꽂고 나가 무덤에 제를 지내고 종이로 기를 만들어 무덤에 꽂는다.

4월 초1일부터 초8일까지 중의 절을 찾아가 놀고 부처 목욕시키는 잔치라 하고, 10일부터 18일까지 노량교(한문본은 高粱橋라 씀)와 초교(草橋)와 홍인교(□□橋) 같은 승지(勝地, 경개 좋은 곳)에 가서 논다.

5월 단오일에 쑥을 문 위에 달고 창포를 머리에 꽂고 어린 계집은 종이에 부적을 [75a] 그려 차고 버들 꽃을 머리에 꽂고 말하길 '여아절

(女兒節)'이라 하니, 계집의 명절이라 한다. 이날 낮 12시(午時)에 각서떡 (웃기떡의 일종)을 만들어 창포술을 담가 합가(合家, 온 집안)가 마시고, 석웅황(□雄黃, 안료 일종)을 갈아 귀와 코에 발라 벌레 독을 피하게 하고, 또 하늘에게 제하는 단 아래 가서 말을 달려 희롱한다.

6월 초6일에는 나라 황제가 타는 가마를 볕에 쬐고 민간은 의복을 다 내여 걸어 볕을 쬐고 바람을 쏘인다. 이 달 해정(海定)에 연꽃이 만개하니, 연꽃에 나아가 술 먹는 이와 연꽃을 캐어 파는 자의 수레가 끊이지 않는다.

7월 7일에 부녀가 물을 떠 해 아래에 놓고 비단으로 바늘을 만들어 물 위에 던져 바늘이 물에 뜨면 물 밑을 보아 바늘 그림자가 공교하면 기쁘고, 공교치 못하면 서글퍼한다. 15일에 중의 절은 등불을 차려놓고 귀신들을 끌어들여 이름을 '우란회(盂蘭會)'라 하고, 민간은 무덤에 제하는 것을 청명 날까지 한다.

8월 15일에 달에 제사하고 실과와 떡을 차려 오이를 베어 연꽃 모양같이 하고, 종이를 달 형상같이 만들어 달을 향하여 절하고 그 종이를 불지르고 제물을 물려 집안 인명수를 세어 다 나눠준다.

9월 9일에 술을 싣고 병을 이끌고 좋은 동산과 높은 언덕에 올라 놀아 즐기며 말하길 '등고절(登高節)'이라 하니, 높은데 오르는 명절이라 한다. 시집간 딸이 부모의 집으로 이날에 반드시 더불어 돌아가니, 또 '여아절(女兒節)'이라 한다.

10월 초1일에 오색 종이를 말아 남녀의 옷을 만들어 말하길 '구한의(具寒衣)'라 [75b] 하니, 추위에 옷을 갖춘다 함이다. 음식을 갖추어 그 조상에 제사하고 종이를 아로새겨 불태워 말하길 '송한의(送寒衣)'라 하니, 추위에 옷을 조상에게 보낸다 함이다. 혹 무덤에도 제사하고 이날

돈과 은과 비단과 베를 많이 내어 절에 나아가 음식으로 시주하며 의복으로 시주한다.

11월 동지일에 백관이 조정에 하례하고 물러와 그 선조에 제사하고 명함을 갖추어 서로 절하기를 정월 초하루같이 한다.

12월 초일에 장빙(藏氷, 얼음을 떠서 저장함)하되 기한보다 앞서 얼음을 따로 두었다가 이날 굴을 파 놓은 속에 넣고, 팥과 실과와 찹쌀로 죽을 만들어 조반에 먹어 말하길 '납팔죽(臘八鬻)'이라 한다.

24일에 부엌에 조왕제(竈王祭)를 지내고 그믐날 선세(先世, 선대) 화상을 내어 걸어 절하여 제사하고, 어른과 아이들 모두 존장의 집에 나아가 절하여 말하길 '사세(辭歲)'라 하니, 늙은 해에 하직하다 한다. 복숭아 부적을 붙이고 귀신을 그려 문에 붙이고 관솔(明松) 불을 뜰에 켜고 제사한 음식을 물려 온 집안이 같이 먹으며 '수세(守歲)'라 하니, 제야(除夜, 섣달 그믐날 밤)를 새우는 것이다.

○혼례는 납채(納采, 신랑이 신부집으로 혼인을 구하는 의례)하는 날 작은 차례(茶禮)를 지내고, 납징(納徵, 혼인때 신랑이 신부집에 보내는 폐백)하는 날 큰 차례를 지내며, 그날 신랑의 집이 신부에게 화관과 머리 꾸밀 것과 채색 깁으로 폐백과 비녀와 양의 고기와 과실붙이를 보내되 빈부가 형세대로 하고, 혼인하는 전날 신부의 집에서 단장할 기구를 보내고, 혼인하는 날 친영(親迎)하여 동뇌연(同牢宴, 신랑과 신부가 술잔을 나누는 잔치)하고, 혼인한 이튿날 사당에 뵙고 신부의 집이 신랑의 집에 가 잔치를 베풀어 음식 이바지를 신부가 만든 것을 보이는 [76a] 것이라 하니, 금일 연속(燕俗, 연경 풍속)이 오직 혼례 예법에 가까웠다.

○상례는 4일을 기다리지 않고 성복(成服)하고, 3월을 기다리지 않고 영장(永葬)하고, 영장한 3일에 무덤에 제사하고 말하길

"무덤을 따듯하게 한다."

하니, 또한 우제(虞祭)하는 뜻이다. 영장을 마치면 상인(喪人)이 와서 조상하던 자와 장사를 지내는 곳에 참석한 자의 집에 가서 두루 가서 절하여 사례하고, 죽은 이를 위하여 중(僧)을 이바지하며 불경을 읽히니, 한번 하는 것이 천백의 비용을 쓴다고 한다. 청인이면 다 화장하고 흑관을 들에 두어 수삼 년이 지나 다 썩기를 기다려 태운다 한다. 거상(居喪, 부모의 상을 당해 입는 옷) 입기를 날을 세어 달을 바꿔 3년을 입는 자가 없고, 여막(廬幕, 무덤가에 지은 초가로 상이 끝날 때까지 거처하는 곳)을 반드시 흰 동아줄로 덮고 조상하는 자가 반드시 흰 포(布)로써 머리를 쓴다.

대개 진 혜제(晉 惠帝) 후에 다섯 오랑캐가 중원을 어지럽게 한 후부터 중원이 조금 틈이 있으면 밖에 융적(戎狄, 중국의 서쪽 북쪽 오랑캐)가 갑자기 감히 욕심이 생겨 침략하고 노략하여 짓밟아 들어와, 적게 하면 한 모퉁이에 웅거하고, 크게 하면 중국을 빼앗아 중원 사람과 더불어 혼동하여 섞이고 혼인하여 그 씨를 끼치고 더불어 사귀어 그 습관을 물들였다. 잠깐 시간에 청명하여도 그 끼친 냄새와 비린 것을 마침내 능히 씻어버리고 쓸어버리지 못하니, 이 말세에 점점 더 오랑캐의 풍속으로 들어감을 깨닫지 못하는 것이다. 하물며 북경이 진 회제(晉 懷帝) 때부터 문득 오랑캐 [76b] 땅이 되어 석륵(石勒)에게서 비롯하여 원위(元魏)에 융성하고 요와 금에 넘치고, 원 때에는 하늘에 닿아 대명에 이르러 비록 한번 씻으나 남은 풍속이 쇠하지 아니하고 민간 집들 사이에

귀신을 숭상하고 도불(道佛)을 존대하며 선비 방석에 정주(程朱, 정자와 주자)를 배반하고 석가를 으뜸하며 조사(朝士, 조선에서 벼슬하는 선비)된 자 혹은 친히 역사(役事)를 잡으며 군사된 자가 혹은 호상(胡床, 중국식 의자)에 걸터앉아 의복에 계층이 없으며 존비(尊卑) 분별이 없어, 마을에 있으면 위엄이 있어 엄숙하고 군중에 있으면 호령이 명백하되, 그 밖에는 다 차례와 기강이 없고, 평민의 상제(喪制)는 약간 염습과 관을 쓰되 영장하여 묻지 않고 혹 물가에 버리며 혹은 언덕 위에 두어 백골이 드러난다. 며느리를 얻는 집이 모든 사나이가 신부를 희롱하고 말할 때면 반드시 손을 젓고 머리를 끄덕이고 노하면 반드시 입을 모으고 자세를 바꿔 음식이 비리고, 귀천과 존비가 없이 한 그릇에 젓가락으로 돌려 먹고 머리와 옷의 이를 반드시 씹어 빤다. 맷돌을 갈 때는 반드시 나귀를 부리고, 걸어가는 자는 어깨에 메고 등에 지지 아니하고, 사람이 다 장사질하는 것으로 일을 삼아, 비록 높은 벼슬을 하더라도 은저울을 소매에 넣어 한 푼과 한 이익을 친히 다투니, 이는 다 대명 때에 풍속이다. 옛 오랑캐에게서 묻은 것이 없지 않은 것이다.

신부 희롱하는 법은 명 때에 양신(楊愼)이 『포박자(抱朴子)』〈질류편(疾謬篇)〉에 말하길

"세속에 신부를 희롱하는 법이 있는데 모든 자손들과 친척이 많이 모인 가운데 [77a] 신부에게 더러운 말로 물으며 그 대답하기를 책망하니, 그 더럽고 버릇없음이 가히 차마 논하지 못하겠다. 혹 매로 채질하여 구박하고 발을 매어 거꾸로 달고, 술취한 객(客)이 주정하여 희롱함이 한 구절씩 나눠하는 줄을 알지 못하여, 혹 상하여 피 흘리며 뼈와 몸이 부러지기까지 하는 때가 있으니 가히 탄식하도다. 지금도 이 풍속이 세상에 많이 있어 신부를 얻은 집이 신랑은 피하여 숨고 모든 남자

가 다투어 보채여 신부를 희롱하여 이름을 학친(謔親)이라 말하니, 혹 치마를 걷고 살에 침을 주며, 혹 신발을 벗기고 그 발을 꼼꼼하게 따지고, 사당에서 뵐 아내를 시장거리에 의지하는 창기와 같게 하니, 진실로 이른바 나쁜 풍속이다."

라고 하였는데, 포박자의 말로 보니 대명 때에 그럴 뿐 아니라 진나라 때부터 이미 그러했다. 천여년이 지나도록 능히 그 풍속이 변하지 않았으니, 가히 완고하구나! 중국으로 있을 때도 이러한데, 하물며 참 오랑캐 세계이니 어찌 가히 말할 것이 있겠는가? 이후에 비록 참 천자가 나올지라도 만일 능히 크게 고치고 매우 새롭게 하여 한결같이 변하여 도에 이른 즉 수 천 년 고황(膏肓, 심장과 황경막 사이 명치 끝)에 깊이 든 병을 없애기 쉽지 않을 것이니, 오호라 슬프도다!

단절되지 않은 중원의 옛 풍속이 여전히 많다. 예(禮)를 아는 자는 존자(尊者)의 앞에서 서서 모시고 앉지 않으며, 부녀자의 머리 장식과 옷과 [77b] 전족에 대한 풍속은 다닐 때는 반드시 수레를 타며 앉을 때는 반드시 걸터앉는 의자를 쓰며, 누군가를 만나서 인사를 여쭐 때는 반드시 손을 들어 읍하는 모습을 나타내며, 사례할 때는 반드시 머리를 조아리며, 손님을 맞이할 때는 반드시 차를 먼저 내오며, 차반을 들일 때 약간 제사에 차리는 차례 같으며, 말씀을 다 문자로 쓰며, 시장 가게에 모두 기를 달아 표하며, 집이 다 다섯 대들보로 짓는다. 제도가 넓어 이런 류(類)에서 중원의 옛 위의(威儀, 위엄있고 엄숙한 태도)를 여전히 밝혀 낼 것이 있으나 모두 기록하지 못한다.

전족은 중화의 제도이다. 사람들이 신분 고하를 막론하고 딸이 태어나면 삼일째 되던 날에 몸을 씻기고 즉시 붉은 비단으로 딸의 발을 싸서 단단히 묶어, 죽는 날까지 풀지 않는다. 그러므로 여자들이 비록 늙어도 발은 어린 아이 크기 같다. 중원의 남은 백성들이 지금까지 그 법을 지켜 행하고, 여진족 달자(韃子)들은 그렇게 하지 않는다. 내가 고루하여 이 법이 어느 때에 나왔는지 알지 못하여 설인에게 물었는데 말하길,

"옛날은 이 법이 없었는데 황명 중엽 이후로 청인의 못된 세력이 세차게 일어나 퍼져 해마다 들어와 도적질하여 사람과 우마를 노략질하여 가는데, 오랑캐가 나라에 여자가 더욱 귀하여 얻고자 하는 바가 있어 여자에게 이 법을 만들어 능히 걷지 못하게 하여 청인이 몰아가는 길을 막은 것이다."

라고 한다. 살펴보니 명나라 때 양신이 세속 선비가 예법에 거리낌을 비웃어 말하길

"근일에 의논하는 자가 '부녀가 마땅히 분을 바르지 말고 [78a] 발을 동여매지 말아야 옳았다' 하니, 이는 예법에 거리긴 탓이라."

하였으니, 이렇게 보면 부녀가 발을 동여매는 것은 반드시 황명 전에 생긴 것 같다. 부녀가 능히 걷지 못하나 오랑캐가 홀로 수레와 말이 없어 싣고 가지 못하는 것인가?

그래서 나온 법이면 계략이 심히 깊지 않은 것이다. 매번 볼 때마다 한족 여자들은 참새가 걷듯이 절뚝거려, 집안에서 가까운 거리를 가도 매우 느리고 공연히 큰 형벌을 받은 것 같다. 어느 시대에 시작된 제도인지 따질 것이 아니며, 결코 선왕(先王)들의 훌륭한 법이 아닌데도 전해져 내려오는 법제이다. 다만 글자음이 가히 괴이한 듯한 것이 많으니 그 와전된 것이 명확하다.

이제 중국 자음이 입성음(入聲音)이 없고 하나의 글자를 두자의 음으로 읽는 것이 많아, 걱정하건데 글자를 지어 이름을 나누면 본뜻이 아

닌 듯하다. 일찍이 선비의 말을 들으니 중원 자음은 여러번 호인(胡人)
이 번역하여 태반이나 본성을 잃고, 우리나라 자음은 최치운이 중원에
들어갔다가 돌아와서 3대(代) 정음(正音)을 얻었다. 대개 최치운이 중원
들어가실 때 정히 당나라 문장이 성할 즈음을 만나 물어 배워 얻은 바
가 반드시 옛 글자에 어긋나지 않을 것이고, 목은(牧隱, 고려 말 문장이니
우리 선조 통정공 1세 강회백의 스승이다)이 원나라에 들어가 오랫동안 우
도원(虞道園)과 구양국자(歐陽國子)가 문하에 있어 문장을 배워 그 끼침
을 받으니, 동으로 돌아올 때 문장을 외국으로 전하여 보내노라 하면서
한 말이 있는데, 도원과 국자는 비록 오랑캐 원나라 때에 태어났으나
[78b] 다 문장거벽(文章巨擘) 이고 겸하여 학식이 있고 또 중원 문학하
는 집 자손으로 내려오는 연원이 있어 그 가르치고 배운 것이 반드시
그릇되지 않을 것이라 하니, 우리나라 문장이 목은(牧隱)으로부터 전하
여 내려왔으니 우리나라 글자 기본 원리가 거의 옛날에 어긋나지 않았
을 것이다. 그러나 우리나라에서 읽는 자음이 옛 주(註)에 반절(半切)은
서로 틀린 것이 혹 있으니, 뜻하건데 우리나라 글자 기본 원리가 없어
진 것은 열에 하나 둘이고, 중원 자음은 와전한 것이 열에서 서넛이다.
좁은 소견(管見)을 기록하여 아는 자를 기다린다.

　땅 형세는 북경에서부터 남쪽은 가히 자세하지 못하고, 그 삼방(三
方, 세 쪽)은 잠깐 가히 영략(領略, 알아 살펴봄)해 본다, 천수산(天壽山)이
북쪽에 둘렀고, 서쪽 가지는 황옥산(黃屋山)과 태항산(太行山)을 끼고 하
남 경계에 이르고, 그 동쪽 가지는 동으로 돌아 삼하 계주를 지나 옥전
현 북쪽에 이르러 연산이 되고, 또 동으로 풍윤을 지나 진자점에 이르
러 또 나눠 두 가지가 된다. 그 남쪽 가지는 동으로 난주와 창려현을
지나 갈석산에 이르러 바로 바다에 닿았고, 그 북쪽 가지는 연산 가지

를 끼고 동으로 영평을 지나 무령 동녁에 이르러 바로 산해관에 닿았으며, 산해관 밖에서 또 이어서 동으로 광녕 서북에 이르러 의무려산이 되니, 북경으로부터 여기까지 산이 다 벌거숭이로 초목이 없다. 그 사이는 대강 북쪽과 태항산 동쪽과 연산과 의무려산 남쪽 수 천리 사이에 한 들이 되어 네 방향으로 평평하여 동으로 큰 바다로 통하고, 광녕 동편과 해주위(海州衛) [79a] 서편과 요동 북쪽까지 뻗어 들어가 큰 들이 되었으니, 곧 옛날 이른바 학야(鶴野)라는 들이다. 해주위 동녁에 비로소 안산(鞍山)이란 산이 있어 뻗어 남으로 와 천산(千山)이 되니, 이후로부터 겹산과 첩첩히 쌓인 뾰족한 봉우리로 창과 칼을 펼쳐 놓은 듯하고 병풍을 두른 듯하여, 동남으로 압록강에 이르며 동으로 야인(野人)의 경계에 들어갔다.

석문령 남쪽부터 산에 수목이 많고 물이 맑았다. 북경으로부터 압록강에 이르러 그 사이에 이름을 하(河)라고 하는 것은 다 작은 내이다. 비가 오면 창일하고 가물면 마르니 오직 오타하와 난하와 삼차하가 크고, 그 다음은 요하와 백하와 대능하, 소능하와 태자하와 팔도하이다. 북경으로부터 통주에 이르러 흙빛이 약간 누런데, 비록 가는 모래가 섞였으나 오히려 참 땅이고, 통주 지난 후는 대개 다 모래이다. 회하(□河)로부터 남쪽에 비로소 논이 많아 벼를 심고 땅이 기름지며, 서주로부터 북쪽은 논이 없다 한다. 요동으로부터 동쪽은 날씨가 늦게야 덥고 일찍 추워 오곡이 다 되지 못하고, 오직 기장과 수수가 된다 한다. 또 연중(燕中)이 산은 벌거벗고 냇가는 흐리고 땅은 모래이어서 척박하고 곡식이 귀하여 인물의 번성함과 누(樓)의 굉장함과 시장의 풍부함이 명나라 때부터 남경 소·항주(蘇杭州)에 크게 미치지 못한다 한다.

법제는 연법이 엄하고 비밀로 해서 누설하지 않아 가히 자세히 탐지하지 못할 것이고, 다만 안으로는 실로 형벌을 완벽히 하고 역사(役事)를 가볍게 [79b] 하고 세를 적게 받고 규모가 자못 넓고 크되, 밖으로는 비밀을 엄하고 두려워하여 감히 마주보고 말하지 못하는 풍속이 있는 듯하여, 거의 진나라 법인지 진짓 알지 못하겠다. 다만 훌륭한 법이 하나 있다. 10월 1일에 가을 시가(市價)를 정하고, 3월 1일에 봄 시가를 정하는데 풍년인지 흉년인지와 곡식이 부족한지 남는지에 따라 정한다. 그러므로 곡식이 너무 귀해지거나 너무 천하게 되는 폐단이 없다고 한다.

○ 무릇 태우(大夫)와 선비는 순장(죽은 사람이나 동물을 같이 묻음)하기를 금하되, 오직 부녀가 그 지아비에게 순장하기를 원하면 다만 정처만 허락하고, 즉시 정문하여 표하고, 첩은 순장하지 않는다 한다.
○ 책력 반포하기를 10월 초하루에 흠천감(欽天監, 명청 때 천문대)가 누런 탁자를 각 전문(殿門) 밖에 베풀고, 백관이 조복하고 반열(班列)을 차례로 정렬해서 나눠주는 책력을 받는다 한다.

병력은 진나라 달자가 외모는 비록 거칠고 씩씩하고 굳세고 사나우나 강하고 정성스럽게 애쓰는 속내는 한인에게 미치지 못하고, 한인 중에 강남 병(兵)이 더욱 강하다 하니, 사람됨과 행실과 풍습으로서 보아도 청인 개개인은 훌륭하고 진실되어 처음에는 모질고 사나운 듯하나 실은 겁이 많다. 강남인은 작고 약하고 세밀하고 교활하고 차례가 없이 함부로 괴롭혀, 두 진영이 대적하면 칼로 교전하여 승부겨루기를 기다리지 않고도 그 기상을 가히 알만하다.
천하의 병이 강함은 오직 우리나라와 일본이 으뜸이고, 중원은 사천 병(四川兵) [80a]이 가장 용감하여 우리나라 군사에 못하지 않되, 싸움을 하면 어리석고 고지식하여 우리나라 군사의 형세를 살펴 완만하고 서두르는 것을 아는 것에는 미치지 못한다. 달자의 병은 가장 꾀가 없는데, 다만 승부의 결정은 전혀 사졸의 용감하고 겁내는 것에만 따르지 않고 병을 쓰는 장수의 익숙하고 서투름이 어떠냐에 달려 있다.

우리나라 사람 속내 인심은 호인(胡人)을 두려워하되, 서북(관서) 사는 백성들은 호인 보기를 가볍게 여겨 견양(犬羊, 개와 양)같이 알고, 오늘 가는 길에 자주 보는 역졸과 마두(馬頭)의 호인 무리가 대접하는 것을 속이고 업신여기는데 조금도 거리낌이 없이 능히 다른 유(類)들 가운데 횡행하여, 호인이 항상 그 꾀에 빠지고 그 주객(主客)과 대소(大小)의 형세가 현격하게 다름이 오히려 이러하니, 풍기(風氣)가 강하며 약함을 이에 가히 알 것이다. 예로부터 중국 사람이 일컫길,

"고려 사람이 싸움을 잘 한다."

고 대개 하는 것이다. 또 듣자니 천하에 공교하고 간사하고 사납고 방자함이 우리나라 사람이 더 심하지 않다 하니, 땅이 하늘 동쪽에 있어 마땅히 나무 기운이 어질고 약한 성을 타서 얻었을 듯하여 서로 상반(常反)되니 어쩌겠는가?

그 성품과 기운의 강경함이 이미 이러하니, 다소 훈련하기를 잘하여 감사지졸(敢死之卒, 죽음을 두려워하지 않는 용감한 병사)를 만들어 이런 군사로서 어디를 가도 이기지 못하겠는가? 가히 천하에 횡행하여 능히 막지 못할 것이니, 아깝다! 내 제왕의 돌아가신 아버지가 뜻이 계시되 펴지 못하시는구나. 오호 슬프도다. [80b]

소위 황제 이름은 윤진이니, 강희의 넷째 아들이다. 처음에 옹친왕을 봉하였는데, 강희가 상(喪)이 났을 때 유조(遺詔, 임금의 유언)를 고쳐 스스로 섰다고 한다. 계묘년(1723) 11월 초7일에 강희가 해자(海子)에서 장

춘원으로 돌아왔는데, 초8일에 추위로 병이 났는데 증세가 대단하지 않아서 70년을 누린다 하여 경사(慶事)의 조서를 11일, 12일 2일간 연속하여 천하에 반포하고, 13일 아침에 내각 모든 대신들과 더불어 의논하여 마치고 기운이 홀연히 혼미함을 깨닫지 못하였다. 태학사 이하 문병을 가고 이에 나랏일을 물었는데, 강희가 눈을 뜨고 말을 못하더니 유시(酉時, 오후 6시)에 죽으니 비밀히 하여 초상을 알리는 절차를 하지 않고, 이경(二更, 밤 10시경)에 산 것처럼 대궐로 돌아오고 15일에야 태학사 마제(□□)와 구문제독(九門提督, 대궐 9개 겹문 수장)과 12왕 등이 서로 더불어 꾀하고 의논하여 강희 유조(遺詔, 임금의 유언)이 있다 일컬어 새 임금 옹정을 붙들어 세우고, 비로소 초상난 것을 슬피 알렸다. 21일에야 황제가 즉위한 조서를 반포하니, 이로써 사람의 말이 많아 다 말하길

"조서를 고쳐 자리를 빼앗았다."

한다. 14왕 윤정은 강희의 사랑하는 아들이고 또 백성이 찬양하는 것이 있었는데, 신축년에 군사를 주어 서적(□□)을 치라고 내보냈다. 임인년(1722) 4월에 들어와 조회하는데 강희가 친히 옥쇄를 주어 도로 서적(□□)을 치라고 보내, 계묘년(1723) 겨울 강희 병들던 첫날 밀조(密詔, 임금의 비밀이 내린 조서)로 불렀는데 미처 들어오지 못하여서, 강희 먼저 죽고 옹정이 즉위한 후에 그 병을 거느리고 밖에 있었다. 혹 나라 명을 받지 않을까 염려하여, 강희 조서를 위조하여 [81a] 만들어 하여금 들어와 조회하라 하고, 들어온 후에 그 기간 내에 어기어 즉시 오지 않았다는 것으로 죄를 삼고 즉시 불러 보지도 않고 강희 빈소인 경산 곁에 가 머무르게 하고, 전에 강희가 줬던 옥쇄와 밀조를 찾았는데 거부하여 들이지 못하였다. 말이 또 공손치 않다고 왕작을 빼앗아 폐하여 서인(庶人)으로 삼는다 하고, 또 폐태자(廢太子)와 황장자(皇長子)가 바야흐로

고장안(古長安)에 갇히어 있어 옹정이 이미 즉위하여 즉시 12왕을 보냈
다. 황장자가 활로 쏘려 하였으나 12왕이 급히 피하여 면하였다 하고,
처음에 강희 유조에

"14왕으로서 왕자리를 이으라."

하였는데, 옹정이 그 유조의 10자를 긁어버리고 '황'자로 고쳐 스스로
서서 14왕을 조절하여 죄로 얽어 서로 용납지 못한다 하니, 이국 사정
을 전해들어 얻은 것이 전혀 믿지 못하거니와, 용지암에 붙인 방으로서
보아도 그 형제 사이에 자리를 다투어 서로 싸우는 변이 대개 근본이
있음이니 가히 숨기지 못할 것이다.

강희 유조에 말하길,

'봉천(하늘을 우러름) 승운(운명을 이음) 황제는 조서를 내린다. 예로
부터 제왕이 천하를 다스림에 일찍이 하늘을 공경하고 조상 법 받기
로써 으뜸으로 힘쓸 것을 삼지 않을 리 없으니, 하늘을 공경하며 조
상 법 받는 진실이 먼 데를 사랑하고 가까운 데를 어루만져 백성을
이끌어 가는데, 사해(四海)에 이로움을 항상 하는 것으로 이로움으로
삼으며, 천하의 마음을 한결같이 하기로 마음을 삼아, 나라를 위태롭
지 않게 하여 보전케 하며, 다스림을 어지럽지[81b] 않게 하고 이루
게 하여, 밤낮으로 부지런히 하여 자나 깨나 빠트리면 편안하지 못하
고, 오래 되고 먼 기약을 하여야 거의 되는 것이다. 이제 짐이 나이
칠순에 이르렀고 황제 자리에 있은지 61년이니, 실로 천지와 종사에
가만히 도우심을 힘입었고 짐의 엷은 덕으로 이루어 놓은 바가 아니
다. 사책은 지나야 보니 황제 헌원씨 갑자년으로부터 지금에 이르러
4350여년에 합하여 301 황제로되 짐같이 자리에 오래한 자가 심히

적으니, 짐이 자리에 앉은지 20년이 되었을 때 30년에 이를 줄을 미처 헤아리지 못하고, 30년에 이를 때에 감히 40년에 이를 줄을 미리 헤아리지 못하였는데, 이제 이미 61년이 되었다. 『상서(尙書)』, 『홍범(洪範)』에 오복을 말하길 '하나는 장수함(壽)이오, 둘째는 복(福)이 있음이고, 셋째는 머묾이 편함(康寧)이고, 넷째는 덕을 좋게 여김이고(攸好德), 다섯째는 평안히 죽음이라(考終命) 하니, 오복에 편히 죽음을 다섯째로 열거한 것은 진실로 얻기가 어려움에서이다. 이제 짐이 나이가 장수하고 있고 복이 사해(四海)에 있고 자손이 150여명이고 천하가 편안하니, 짐의 복이 또한 두텁다 말할 것이다. 만일 피하지 못하여 죽을지라도 마음이 태연하다. 염려하는 것은 짐이 임금의 자리에 있는 동안(御極) 비록 스스로 말하는데 능히 교화를 행하여 풍속을 바꾸며 집마다 넉넉하고 사람마다 족하게 하여 위로 삼대(三代) 성인과 임금에게 기대지 않고 해내(海內, 나라안)가 태평하고 백성이 [82a] 안락하기를 이루고자 하여 부지런하고 급급하고 소심하고 공경하여 밤낮으로 빠짐없이 일찍이 조금도 게으르지 않게 수십 년을 마음을 다하여 행동이 바닥이 드러날 정도로 다하기를 한결같이 하였으니, 이 어찌 부지런하며 수고로우며 괴롭다는 세 글자로 다 능히 형용할 바이겠는가? 전대(前代)에 제왕이 혹 오래 살지 못하면 사기에 논하길 오직 주색에 힘써 귀결된 바라 하였는데, 이는 다 글 쓰는 선비들이 희롱하여 의논하기를 좋아해 비록 능한 임금과 아름다운 임금이라도 반드시 하자를 긁으려는 것이니, 짐이 이제 전대 제왕을 위하여 변명하여 말하는 것이다. 혹 장수하지 못함은 대개 천하를 둠에 일이 많아 가쁘고 피곤함을 이기지 못한 것이다. 제갈량이 몸을 구부려 힘을 다하여 죽은 후에서야 그칠 것이다 함은 사람의 신하된 자가 오직 제갈량 혼자라 능히 이러하였다. 만일 제왕이 맡은 바 소임이 중하여 곁에 맡길 데가 없으니, 어찌 신하를 비교하여 말하겠는가? 신하는 벼슬하고 싶으면 벼슬하고 그치고 싶으면 그치고, 나이가 늙으면 정사를 그만두고 돌아가 아들을 안고 손자와 놀며, 오히려 우유(優遊, 하는 일없이 편안하고 한가하게 지냄)하여 스스로 편히 즐기겠지만, 임금된 자는 부지런하고 수고로움이 일생에 조금도 쉬어 그칠 날이 없으니, 순(舜)같으신 이는 비록 하염없이 다스렸다고 일컬었으나 창오산(蒼梧山)에 가 죽으시고, 하우씨는 사해(四海)를 다니실 때 손이 굳은 살이 박히고 발이 부르트시고 나중에 [82b] 회계산에 가 죽으시니, 모두 다 정사에 근로하시고 순행하여 두루 빠짐없이 편안히 있지 못하심이지, 어찌 가히 하염없음을 숭상하여 맑고 고요히 스스로 편히 하셨다 말하겠는가? 주역(周易)의 돈괘(遯卦)는 세상을 피하여 숨는 일을 의론하였는데, 돈괘(遯卦) 육효(六爻)에 일찍이 사람과 임금의 일에 말이 믿지 아니하였는데, 사람과 임금이 쉬고 그칠 땅이 없어 가히 물러가 숨을 데가 없는 것을 볼 것이니, 몸을 구부려 힘을 다함이 진실로 이를 위한 것이다. 예로부터 천하를 얻어 바르게 함이 우리 조정같은 데가 없으니, 태조와 태종이 처음에 천하를 취할 마음이 없어 일찍이 군을 거느려 경성에 도달했다. 모든 대신이 다 말하길 '마땅히 취해야 한다' 했는데, 태종 황제가 말하길 '명이 우리나라와 함께 본래 화친하여 좋은 사이가 아니니 이제 취하고자 하면 심히 쉽지만 다만 염려하니 중국 사람이 바라는 마음이 걸리니 차마 취하지 못하겠다' 하고 도로 나왔는데, 후에 해적(海賊) 이자성(李自成)이 경성을 쳐부수고 숭정이 스스로 목을 베고, 신하와 백성을 서로 거느리고 맞이했다. 이에 이 도적들을 베고 멸하여 들어와 대통을 잇고 법전과 예문을 살펴 숭정을 안장하니, 옛 한고조(漢高祖)는 사상 (泗上, 공자가 가리킨 장소 혹은 문하) 우두머리(亭長)이고, 명태조는 황각 사(皇覺寺)의 한 중이니, 항우(項羽)가 병을 일으켜 진을 쳐서 천하가 마침내 한에 속하였고, 원나라 말에 진우량(陳友諒)이 벌 일어나듯하 여 천하가 마침내 명에 돌아갔는데, 우리 조정은 선대 공덕을 이어 하늘에 순응하고 사람을 순하게 하여 계속 천하를 두니, 이로써 보건 데 난신(亂臣)과 적자(賊子)가 [83a] 참 임금을 위하여 몰아내지 않는 것이 없었다. 무릇 제왕이 스스로 하늘 명이 있으니 반드시 장수를 누릴 자는 능히 하여금 장수를 누리지 못하지 않고, 반드시 태평을 누릴 자는 능히 하여금 태평을 누리지 못하지 않는다.

짐이 어려서 글을 읽어 고금 도리를 약간 능히 통하여 알고, 또 나이와 힘이 젊어 왕성할 때 능히 열다섯 섬 무게의 활을 달고 서른 줌 되는 화살을 쏘고 진을 치고 병을 쓰는 일이 다 쉬웠는데, 그러나 평생에 일찍이 한 사람도 망령되이 죽이지 아니하고 삼번(三藩, 청 초 기의 삼번의 내란)을 평정하고 막북(漠北, 고비사막 북방, 현 외몽고 지역) 을 소탕하되, 내 마음으로서 방법과 계략을 내고 호부(戶部) 금과 은 을 군사 쓰기와 흉년에 백성을 도와주는 것 아니면 망령되이 허비하 지 않았으니, 이것이 다 백성의 기름이기 때문이다. 나라안을 돌아 보는 순수 행궁에는 채식을 베풀지 아니하여 모든 곳에 허비하는 바 가 1-2만금에 지나지 않으니, 금을 허비하기에 비하면 황하수(黃河 水) 방비하는 공부에 해마다 300여만 금을 허비하는 것에 비하면 100분의 1에 미치지 않는다.

옛날 양무제는(梁武帝)는 또한 창업한 영웅이지만 능히 그 아들 양 제의 사나움을 알지 못하여 마침내 천명(天命)으로 죽지 못하였는데,

이는 분변하는 것을 일찍이 못해서 그러한 것이다. 짐의 자손이 150
여명이고 나이가 이미 70이고 제신(祭神)과 대신과 관원과 군민 시중
드는 사람들까지 짐의 나이가 늙었어도, 죽기에 가까운 [83b] 사람
을 사랑하고 아끼지 않는 것이 없고, 짐이 지금 장수하여 천명으로
써 죽는 것이 짐이 즐겁고 기뻐한다. 태조황제 아들 예친왕과 요여
왕의 자손에 이르러 이제 다 편안하니, 짐의 몸이 죽은 후에 너희
무리들이 만일 능히 마음을 화협하여 보존하면, 짐이 또한 기뻐 기
분이 좋게 편안히 죽을 것이다. 옹친왕 황사자(皇四子) 윤진이 인품이
귀중하여 짐의 몸과 깊게 같으니 반드시 능히 대통을 이을 것이니,
짐을 이어 황제 자리에 즉위하고 즉시 법제를 따라 상복을 입고 27일
만에 옷을 벗어라. 중외(中外)에 포고하여 다 들어 알게 하라.

소위 황후는 나랍氏라 하였다.

▌한문본 『상봉록』 권7

• 1727년 12월 29일 경술에 맑음

금일에 표자문(表咨文, 청 왕실과 각부에 보내는 표문과 자문)을 예부에
바치려 하여 일행이 닭이 올 때 일어나 옷차림을 든든히 갖추고 기다리
다가 이윽고 대통사 유만권(劉萬權)이 와 가기를 청하니, 일행이 30명
을 채워 다 사모관대하고 표자 문을 받들어 예부에 나아가니 예부가
관소에서 5리였다.

(이날 사양재가 건어후동 만민의 집, 관소에서 예부로 가는 동선은 동안문 유
적을 경유하여 황성 동남쪽 담장을 지나, 황성의 동남각(현 북경호텔 귀빈 루)를

동안문 유적

◀ 홍노시   ◀ 예부   ◀ 태청문자리
◀ 장안좌문 방향

천안문 문루 위에서 본 광장
좌측에서부터 장안 좌문 앞, 홍노시, 예부, 태청문 자리

지나 예부로 간다.)

　예부에 이르러 사신은 대문에 들어가 말을 내리고, 일행은 문밖에서 말을 내려 다 오른편 협문을 따라 들어가고, 삼사신은 오른편 행랑에 나아가 돗자리를 펼쳐 갖추어 앉고, 일행은 주객사(主客司) 문안에 들어가 벽 위에 앉으니, 주객사는 예부 낭관이 속국 사신을 맞는 관원의 청사이다. 수역이 타락차(駝酪茶, 우유 따위를 넣은 차)를 얻어 일행에게 권하는데, 그 맛이 비린듯하여 능히 먹지 못하였다. 이윽고 [84a] 한 관원이 말을 타고 들어오는데 두 되(오랑캐)가 앞에서 걸어 인도하여 갈

도(喝道, 큰소리로 꾸짖어 길을 치움) 소리를 하되, 그 소리가 급하고 빨라 끊어지듯 말듯 하였다. 그 관원이 주객사로 들어오니 겸종(傔從, 양반집에서 잡일로 시중드는 사람) 몇 명이 말을 타고 그 뒤를 따르니, 이는 예부 주객사 낭중이라 한다.

또한 얼마 안되어 한 재상이 가마를 타고 두세 사람이 메고 들어오는데, 두 오랑캐가 앞에서 갈도 소리를 하니 그 소리가 크고 길고 느긋하였다. 따르는 자가 겨우 5-6명인데 바로 예부 정아(正衙, 청사)로 들어가니, 이는 예부 한상서(漢尚書) 이주망(李周望)이라 하니 마을마다 한상서와 청상서가 있다 한다.

이윽고 예부 대청 처마 안에 큰 탁자를 놓고 탁자 위에 붉은 보를 펴고 통사가 말을 전하여

"표자문을 바치라."

하여, 사신 이하 일행이 다 탁자 앞에 나아가 차례로 동향하여 서니, 예부 정아가 서향으로 지어 그런 것이었다. 이윽고 이주망이 아문 안으로 걸어 나오는데, 앞에서 갈도하기를 처음과 같이 하였다. 이주망이 탁자 뒤에 와 서로 향하여 서서 삼사신이 탁자 앞 섬돌 위에 꿇어 앉고 통사와 장무역관(掌務譯官)이 좌우로 서 먼저 자문궤(咨文櫃)를 받들어 나아가, 상사가 받아 역관을 주어 탁자 위에 놓고, 다음은 표문궤를 받들어 나아가 부사가 받아 역관을 주어 탁자 위에 놓으니, 이주망이 굽어 일행을 보는데 낯빛이 살찐 듯하고 기쁜 듯하고 웃는 듯하며 말하고자 하는 듯하여 은근한 기색이 얼굴 위에 넘쳤다.

전례에 우리 사신이 표자문을 받들어 들이는 것을 마치면 예부 상서에게 향하여 장차 행례하였는데, 통사 및 역관이 의례(依例, 전례를 따름)로 사신을 인도하여

홍노시에서 조참 예행 연습을 하던 습례정

"행례하라."

하면 주망이 손을 들어 읍하는 거동을 하며, [84b] 말하길

"제례하시오."

하니 그 예로 대접하는 뜻을 또 가히 알겠다. 대개 주망이 비록 머리를 깎고 오랑캐 형상이 되어도 본디 대명에서 끼친 백성이니, 우리 일행의 의복과 예법에 맞는 몸가짐을 보고 기뻐하는 마음이 반드시 그런 것이 있다. 입으로 비록 말을 않으나 그 마음을 가히 헤아려 알 것이니, 간담이 서로 비치는 듯하니 가히 귀엽고, 또 주망이 수염과 눈썹이 반은 세고 낮이 네모로 번듯하고 이마가 시원히 넓어 풍채가 엄숙하고 씩씩하고 뛰어나 크고 거만하고 밉살스럽지 않고 얽은 체머리를 흔드는데

밉지 않고 사랑스러워, 그 겉모양을 보니 가히 중후한 맏아들인 줄 알겠다.

일행이 물러서 홍노시(鴻臚寺)란 마을에 나아가 연의(練儀)에 참여하니, 장차 대궐에 조회하려 하면 반드시 먼저 습의(習儀, 의식을 미리 익힘)함이 본래 전례였다. 홍노시 아문이 서쪽으로 향하여 지었고, 뜰로 북쪽에 중문 안에 한 집이 있는데 어렴풋이 우산 같다. 남향으로 짓고 누런 기와로 잇고 그 가운데 어탑(임금이 앉는 의자)을 놓았고, 그중 문밖에 넙적한 돌을 깔아 습의하는 곳을 만들었다.

일행이 그 위에 나아가 차례로 두 줄로 서되 처음에는 왼편으로써 위(上)를 삼고 통사가 그것을 바꿔 오른편으로써 위(上)를 삼으니, 대개 우리나라는 왼편을 높이고 중국은 오른편을 높이는 연유에서이다. 홍노시 관원이 전문(殿門) 동편에서 소리를 크고 길게 하여 조회하는 예의를 호창(呼唱)하면, 통사가 우리나라 말로써 번역해서 고하여 그 말대로 행례하니, [85a] 대개 그 예의는 절하지 않고 다만 한 번 꿇어 세 번 머리를 조아리고 세 번 꿇어 아홉 번 머리를 조아리니, 명 때에는 조회하는 예의는 다섯 번 절하고 세 번 머리를 조아렸는데 시방은 청인의 예문이었다.

돌아오는 길에 서양국(西洋國)의 천주당(天主室)을 구경하러 갔다. 남쪽으로 가서 태청문(太淸門)을 지나니 궁성의 남문이었다. 태청문은 명나라 때에 붙인 것인데, 지금 사용하고 있다. 원나라 때 대궐 문의 이름을 대명문(大明門)이라 하였는데 명나라가 원나라를 이었고, 명나라 때에 문의 이름을 태청문이라 하였더니 청나라가 명나라를 이었다. 이 또한 나라의 흥망(興亡)이 미리 나타나 보인 것이니 이상한 일이다. 태청문 밖에 돌로 수백여 보(步)를 둘러 목책(木柵)같이 울타리를 만들고

남천주당

가운데 문(門)을 내어 군사가 지키고 있었다. 석책(石柵) 앞으로 돌아 꺾어 서쪽으로 행하니, 태청문(太淸門)에서 바로 남쪽으로 삼백 보 밖은 곧 정양문(正陽門)으로 성(城)의 남문(南門)이다. 또 4-5리를 가서 천주 당(남천주당)에 이르니 천주당이 도성 남쪽 셋째 문인 선무문(宣武門) 안 에 있었다.

순치(順治) 초년(初年)에 서양국 사람 탕약망(湯若望)이 들어와 이 집 을 지어 귀신을 받들고 도(道)를 닦는 곳을 만드니, 그 후로부터 서양 학사(學士)와 화공(畵工)과 술사(術士) 모든 사람이 서로 계속 와 은총(恩 寵)을 입어 벼슬하여 지금까지 끊이지 아니하였다. 서양국은 곧 구라파 국(歐羅巴國)이니, 그 나라가 서해(西海) 밖에 있기 때문에 중국 사람이 서양(西洋)이라 일컫는다.

『연경기보통지(燕京畿輔通志)』에 말하길

"서양국(西洋國)이 강희 6년에 들어와 진공(進貢)하였다."

하고, 또 말하길

"그 땅이 멀기 때문에 진공하는 [85b] 기약을 정하지 아니하고 진공하는 길이 광동(廣東)으로 말미암은 것이니 이제 그 사람이 성중(成中)에 와 머무는 자가 있다."

하였으며, 또 말하길

"그 진공하는 것이 태반(太半)이 산호수(珊瑚樹)와 호박(琥珀)과 금강석(金剛石)과 가남향(迦藍香)과 소합유(蘇合油)와 파려경(玻瓈鏡)이다."

라고 하였다. 천주당 앞으로 수십보 밖에 돌로 문을 만들었는데 높이 40여 길(丈)이요, 문 위에 해와 달을 만들어 붙였는데 해와 달같이 저절로 돌게 하였더라.

천주당이 거의 수십 칸인데 대들보 없이 지었다. 칸마다 네 벽에다 무지개 형상을 만들어 그 안을 깊게 하고, 그 안에 귀신과 부처를 그리고 그 위에 각각 그 이름을 썼는데, 그 그림이 다 유동(流動, 움직여 다님)하고 발월(發越, 깨끗하고 훤칠함)하여 정신이 살아 움직이는 듯하여 엄연히 참사람 같다.

북쪽 벽 가운데 칸에 천주신상(天主神像)을 그리고, 서쪽 벽 한 칸에 한 고운 부녀(婦女)를 그렸는데, 일어섰고 머리 씌운 것이 내려져 손으로 그 터럭을 쥐었으니 실물과 거의 똑같아 사람 그림인 줄을 깨닫지 못하겠다. 당 가운데 아롱진 탁자와 채색 기둥이 처음에는 화반석(花斑石)이라 하였는데, 손으로 긁어 본 후에야 비로소 그림을 그려 놓은 것을 알았다. 당상(堂上)이 열 칸이 넘는데 한 담으로 수(繡)를 놓아 깔았고, 상하 좌우가 조촐하고 영롱하여 한 점 티끌이 없으니 사람으로 하여금 정신이 맑고 뼈가 시원하였다. 당 높이가 가히 십여 길(丈)이니 바라보기가 어지러웠다.

담 남쪽에 출입하는 문을 돌로써 무지개같이 문을 만들고, 문 위에 세 층 누(樓)를 만들었으며, 누 앞면에 양천침(量天針)이 있어 스스로 십이시(十二時)를 [86a] 가리키고, 누 위에 자명종(自鳴鐘)이 있어 시각을 따라가며 절로 울리되 제작(制作)이 다 정묘(精妙)하고 공교(工巧)하여 사람이 만든 것 같지 아니하니 천하에서 공교한 것을 극진히 하였다고 하겠다.

당에서부터 서쪽 담 밖에 또 당이 있어 북쪽 벽에 귀신을 하나 그려 앉혀 부처 위하듯 하고, 앞에 탁자를 놓고 그 위에 분향(焚香)하고 네 벽에 산수(山水)와 누대(樓臺)와 인물(人物)과 화초(花草)와 금수(禽獸)를 그렸는데, 그 그림이 말로써 형용하기 어려웠다. 대개 멀리서 바라본 즉 살아 움직이고 변환(變幻)하고 움직여 공중에 있는 듯하여 집이 칸칸(間間)이 따로 나 벌여 세운 듯하고, 사람이 따로 각각 정렬해 앉은 듯하고 초목(草木)과 금수(禽獸) 온갖 것이 다 그러했는데, 나아가 살펴본 즉 이내 붙여놓은 그림이었다. 세상이 말하길 서양국 그림이 신기함이 대개 이러함으로 빼어나거니와, 내가 보건대 사람도 요괴(妖怪)가 있고 금수(禽獸)도 괴이한 것이 있으니 재주도 또한 그러함이 있다.

그 그림이 진실로 꿈에 군말하는 것과 귀신의 변환(變幻)하는 것 같아서 가히 알지 못하겠는데 짐짓 요괴(妖怪)의 옛 재주라 말할 수 있으니, 서양인품(西洋人品)과 천주도술(天主道術)을 이에 또한 가히 한 모퉁이를 돌이켜 알 것이다. 천주당이 예전에는 하늘 거문고(天琴)라 하는 것이 있어 날이 오시(午時)가 되면 누문(樓門)이 저절로 열리고 현금(弦琴)이 스스로 타며 거문고 두어 곡조를 하다가 한참 있다가 소리가 그

치고 누문이 스스로 닫히니 그 기특(奇特)하고 공교(工巧) 함이 이러했
는데, 이제는 보지 못하니 대개 해가 오래되어 훼파(毀破, 헐어 깨뜨려
짐) 되었다.

뒤뜰에 기특한 풀과 이상한 꽃을 심었고 뜰 가운데 또한 한 점의
[86b] 먼지도 없으니, 신을 신고 그 위를 밟는 것이 아까운 듯하였다.
서양 사람이 있는 방에 들어가니 서양인이 나와 맞아 고두(叩頭)하니,
그 사람이 낯이 작았는데 빛이 희여 분같고 눈이 깊고 관골(觀骨)이 높
고 수염이 검어서 옷칠한 듯하고 성기고 길어 아름답고 푸른 눈이 정채
(精彩)를 감추고 재주가 있는 기운이 밖으로 드러나 나부끼듯 조금도
연화식(煙火食, 그을음처럼 희미함)하는 기운이 없으니, 그 재주에 공교로
움이 마땅하였다.

천주당 앞 왼편에 돌 비석이 있는데 대강 말하길

"서양 사람이 하늘 알기에 정(精)하며 인물(人物) 그리기에 공교함이
이미 천하에 유명한지 오래되었다. 황명(皇明) 때부터 이미 그 말을 조
차 책력법(冊曆法)을 고치고자 했는데 조정 의논이 시비(是非)가 많아 마
침내 정말로 못하였다가, 순치(順治) 초년(初年)에 비로소 은혜를 입어
들어와 벼슬하고 그 도술이 크게 행해졌다."

하였다. 서양인이 있는 방으로 들어가는 중문(中門) 한 짝에 먹으로 개
를 그렸는데, 중문의 반(半)만 나와 짖는 형상을 하였다. 일행이 다 진
짜 개로 알았다가 가까이 본 후에 그림인 줄을 알고 다 크게 웃었다.

삼사신(三使臣)이 외당(外堂) 탁자 앞에 나아가 교의(交椅, 의자) 위에
앉았는데, 대비달자(大鼻㺚子) 두 놈이 서서 따라 들어와 통관(通官) 유
만권(劉萬權)과 더불어 어깨를 대고 의자 위에 앉아 사신과 더불어 서로
향하여 만권(萬權)으로 하여금 말을 전하여 삼사신(三使臣)께 고하여 말

하길,

"대인(大人)을 모시고 말씀하고자 하였는데 하방(下方, 미천한 곳)에서 나고 자라서 예절을 알지 못하고 이로인해 황공(惶恐) 하나이다."

하기에 사신이 말하길

"할 말이 있거든 말하라."

하였다. [87a] 그 기색을 보니 황송하여 몸을 굽혀 편안하지 못하였는데, 이윽고 문으로 나가서 만권(萬權)에게 물으라 했다.

"너는 어떤 연고로 할 말을 아니하고 즉시 일어나 가는가?"

하니 답하기를,

"예모(體貌)를 잃을까 두려워 감히 오래 앉아있지 못하겠습니다."

하니 대개 우리나라가 본래 예의(禮義)로 사이(四夷, 넷 오랑캐)에 소문이 나서 저들이 우리 우의(友誼)를 보고 자연히 사모하고 공경하여 위엄(威嚴)이 없어 서로 두려움을 깨닫지 못함이었다. 듣자니 대비달자(大鼻㺚子)가 본래 사나워 연경(燕京)에 와 횡행(橫行)하니, 연경 사람이 할 일이 없어 다만 삼가 피한다 하였다. 홀로 우리를 두려워함이 이렇듯하니 예의가 무용(武勇)보다 더 강함이 이러한데, 대비달자가 의복과 모양이 청인(淸人)과 몽고(蒙古)와 대동소이한데 추하기는 몽고보다 심하고 사나운 거동이 터럭과 가죽에 나타나 보였다. 두루 보기를 마치고 파(罷)하여 돌아올 때 서양인이 고두(叩頭)하고 읍(揖)하여 보냈다. 관소(館所)에 돌아오니 날이 이미 오시(午時, 낮 12시)를 지났다.

천주(天主)의 이름은 예수(耶蘇)인데, 구라파(歐羅巴) 사람이다. 예수라는 이름은 세상을 구제함을 말하니, 존재하는 제일 큰 이다. 바다 밖의 성인(聖人)이라 하고, 하늘로 으뜸을 삼는 고로 또 이르길 천주(天主)라고 한다. 대개 그 학설이 입을 열면 반드시 하늘을 일컫고 일이 크나 작은 것 없이 깊으나 얕은 것 없이 다 반드시 하늘로써 근본을 삼는다. 이르길, 공자(孔子)와 맹자(孟子) 이전의 모든 성인은 학문이 하늘에 근본을 두어서 그 도를 얻으시고, 정자(程子)와 주자(朱子) [87b] 이후의 모든 현인은 그 학문이 다 능히 하늘에 근본하지 못하여 드디어 그 도통(道統)을 잃어버렸다고 하니, 그 무망(誣妄)하고 망탄(妄誕)함이 가히 밉고 또 가히 우습다.

또 그 학술이 맑고 조촐하여 욕심이 없는 것으로 공부를 삼고, 도를 얻어 앉은 채 변화하기로 효험을 삼는다 하니, 대개 불도(佛道)와 선도(仙道)를 합하여 하나가 된 것이다. 그 지은 글이 이른바 『천주진경(天主眞經)』과 『천주연의(天主演義)』라 하는 책들이 있으니, 그 말이 이따금 신기로워 가히 좋은 말이 없지 않은데, 그 속을 연구하면 필경에 탄망하고 허황하여 족히 한번 볼 만한 것이 못되었다.

야소(耶蘇)로부터 세 번째 전하여 이마두(利瑪竇)에 이르러 이마두가 지은 것이 『감여도(堪輿圖)』라 하는 책이 있어, 바다 안팎 모든 나라의 지형(地形)과 풍속을 기록함이 심히 자세하다. 또 스스로 이르기를

"배를 타고 오는데 하늘 위와 땅 아래를 가지 아니한 곳이 없어, 수십 년을 두루 돌아 다녀본 후에 이에 돌아와 비로소 이 글을 만들었다." 고 하였다. 또 말하길

"땅 형상이 구(球)와 같아 공중에 떴는데, 좌우와 상하에 다 세계가 있으니 땅 아래서 사는 사람이 땅 위에 있는 사람과 더불어 발바닥을 서로 맞추어 행(行)하니, 시방 이 세계는 천지(天地)로 말하면 사람이 다 가로로 서 있으면서 머리는 동으로 두고 발은 서로 두었다." 라고 하였으며, 또 이르기를

"내 말을 믿지 못한다면 북두성으로 가히 알 수 있다."

라고 하였다. 그 말이 조금 놀랍고 크게 괴이하여, 사람으로 하여금 눈을 휘둥그렇게 한다. 다만 술업(術業)이 [88a] 천문에 자못 정(精)하여 천지운기(天地運氣)와 성신도수(星辰度數)라 말함이 옛 사람의 말하지 못한 것을 발명한 것이 많다고 한다. 그것은 혹 괴이하지 않은데, 다만 은하수(銀河水)가 기운(氣運)이 아니라 모든 별이라 함은 진실로 놀라운 것이다.

구라파에 또 풍보보(馮寶寶)란 자가 있으니, 그 하늘 형상을 그린 데에 말하길

"하늘은 아홉 층이 있으니, 맨 위층은 별 다니는 하늘이오, 그 버금은 해 다니는 하늘이오, 맨 아래층이 달 다니는 하늘이다."

라고 하였다. 선유(先儒, 선대의 유학자)가 말하길

"하늘은 쌓인 기운이다."

라고 했으니 기운이 어찌 층이 있으며, 또 말하길

"하늘이 형체가 있음이 아니라, 땅 위는 모두 하늘이다."

라고 했으니, 층을 나누어 또 어찌 아홉 층 뿐이리오? 또한 가히 웃을 만하다.

구라파란 나라는 옛 사기(史記)에 전하지 아니하였고, 명 말에 이르러 서역(西域)으로부터 유전(流傳)하여 비로소 중국에 들어와 이미 배워서 들을 부분이 있었는데, 그 말과 글이 점점 전하고 성행하여 이제는 연중(燕中)이 사람마다 존대하지 아니하는 이가 없다. 우리나라 사람도 이따금 그 도를 숭상하고 그 말을 좇는 자가 있으니, 그 해(害)가 이미 천하를 덮었다. 슬프다!

성현의 글과 말씀이 해와 별같이 밝아 기둥에 채워지고 집에 넘치어 사람이 능히 다 읽지 못하는데, 서방 오랑캐 귀신이 남긴 침 뱉은 것과

남은 즙(汁)이 천지 사이에 덮여 방자히 행하여 금하지 못함은 어째서인가? 저들이 비록 재주가 높고 아는 것이 넓을지라도 글자 아는 괴귀배(怪鬼輩, 도깨비, 사람 형상을 한 귀신)가 되는 것에 불과할 따름인데, 사람이 그 도를 좇고 그 설을 믿는 이가 많음이 [88b] 저처럼 하니 더욱 가히 괴이하다.

옛날 석가(釋迦)가 서방에 났는데, 이제 예수 또한 서방에서 나니, 내 일찍이 이로 인하여 생각하건데 그 동방과 남방은 곧 천지 문명의 땅이고 천지간의 기운이 모여서 인걸이 생겨나 필경 아름다운 문명의 땅이 될 것이다. 그래서 삼대(三代) 때를 맞아 태백(泰伯)이 남월(南越)로 도망하시고 기자(箕子)가 조선(朝鮮)으로 들어오시니, 그 때를 당하여 남월과 조선이 머나먼 오랑캐 땅이 됨이 서만(西蠻, 서쪽 오랑캐)이나 북적(北狄, 북쪽 오랑캐)와 다름이 없었다. 그렇지만 두 성인이 자취를 의탁하심이 서북으로 가시지 아니하고 반드시 동남으로 오신 것은 대개 반드시 이유가 있는 것이다. 이러한 까닭으로 수천여 년이 지난 후에 양귀산(楊龜山, 양시(楊時))・이연평(李延平, 이동(李侗))・주회암(朱晦庵, 주희(朱熹))・채구봉(蔡九峯, 채심(蔡沈)) 등 모든 대현(大賢)이 남월(南越) 땅에서 나시고, 정암(靜庵, 趙光祖)・퇴계(退溪, 李滉)・율곡(栗谷, 李珥)・우계(牛溪, 成渾) 등 모든 선성(先聖)이 조선의 땅에서 태어나셨다. 대개 동남의 두 땅이 마침내 문물이 휴명(休明, 뛰어나고 분명함)한 땅이 됨은 태백과 기자가 이미 징조가 되시었고, 하늘이 두 성인으로 나누어 동남을 맡기시게 한 것도 마침 우연함이 아닌 듯 싶으니, 동남이 지리(地理)에 문명한 땅이 됨은 진실로 가히 속이지 못할 것이다. 『의서책(醫書冊)』에「천지국맥도(天地國脈圖)」가 있어 말하길,

"기운이 동남으로 모이어 문명이 너무 성(盛)하니 또한 천지의 한 병

(病)이다."

라고 하였으니, 대개 그 말이 또한 소견이 있는 것이다. 저 서방은 곧 그윽하고 그늘지고 숙살(肅殺, 쌀쌀한 가을 기운이 풀이나 나무를 죽임)한 땅이 되니 마땅히 그 명인(名人)이 나지 아니할 것인데, 전에 석가가 나와 감히 허무한 말로써 우리 성인의 도학(道學)과 함께 항형(抗衡, 서로 맞서고 대항함)하여 [89a] 도에 근심 끼치기를 지금까지 이르렀다.

또 야소(예수)를 등장시켜 허환(虛幻)한 학술로써 유자(柚子, 유자나무의 열매)의 남은 찌꺼기로 꾸며내고, 또 허튼 말과 괴이한 소문으로써 자뢰(藉賴, 빙자하여 의지함)하고 점점 온 세상을 몰아 따르게 하였다. 그해(害)가 또 장차 유도와 불도와 더불어 나란히 일어나서 서로 다툴 것이니, 세도(世道)의 근심이 다하겠는가? 전후(前後) 두 이적(夷狄, 오랑캐)의 귀신이 다 서방에서 나온 것은 대개 또한 이유가 있으니, 서방 매곡(昧谷, 서쪽에 있던 기상 관측소)에 해가 떨어짐에 북방 유도(幽都, 북쪽에 있던 기상 관측소)에 비하면 점차 밝은 고로 환한 남은 기운이 때에 반딧불 같은 빛을 빚어내 서방에 떨어지는 때에 비로소 밝으니, 석가는 동주(東周)때 석양에 나고 야소는 황명(皇明)때 석양에 났다. 서방 밝음이 어두운 때에 나왔기 때문에 그 사람들이 비록 약간 재주와 적게 아는 것이 있으나 다 이단(異端)의 유음(幽陰, 버들의 그늘) 한 무리가 먼저 힘쓴 것인데, 천도와 지리에 가히 속이지 못함이 이와 같은 것이다. 그러나 이는 억측의 소견이니 감히 스스로 믿지 못하여, 우선 기록하여 당세의 말을 아는 군자에게 질정하고자 한다.

서양 도술을 우리나라 근세 학사가 혹 존숭하며 혹 배척하여 의론이 하나로 일치되지 못하고, 변설(辨說)이 많고 고루하여 얻어보지 못하고 마침『몽예집』을 얻으니 논변한 글이 있어, 이에 캐서 아래 기록하고 겸해서 어린 소견을 그 아래에 나열하여 보는 이로 하여금 가려 택하게 하겠다.

예조참판 김공 시진(金公 始振)이 역법변(曆法辨)에서 말하길

"근일에 행하는 바 시헌력(時憲曆, 태음력의 구법에 태양력을 부합해 명 초기에 독일 선교사 아담샬이 만든 책력) 이 옛날 [89b] 행하던 대통력(大統曆, 명나라 태조 누각박사 원통이 만든 역법)과 함께 크게 같지 않은 것이 있는데, (시헌력은 청인이 행하는 책력이니 서양인 탕약망이 만든 것이고 대통력은 대명 때 행하던 책력 이름이다) 옛날 법은 한 날을 백각(百刻)으로 나누는데 새 책력은 한 날을 96각으로 나누고, 구력(舊曆)은 한 달 절후가 다 30일 5시 2각을 얻었는데 신력(新曆)은 하지(夏至) 전후 두어 달은 31일 남짓 얻고 동지 전후 두세 달은 29일 남짓 얻어 구력은 입춘으로부터 대한에 이르러 다 365일 3시가 되었는데, 신력은 금년 입춘 절후에서 명년 입춘 절후에 이르는 시각을 헤아려 365일 3시가 되니 이게 같지 않은 대강이다."

구력은 다 옛법을 쓰니 『서전(書傳)』의 「기삼백장(朞三百章)」에 선유(先儒)의 말을 살펴보면

"다 입술처럼 꼭 들어맞아 어긋나지 않는다."

하는데 논하는 자가 말하길

"구력이 또한 어긋나 잘못된 것이 있는데 이는 반드시 그 절후를 마련하는 법을 이미 없애 해마다 어긋나 물러가는 법을 능히 올바르게 알지 못하고 다만 죽은 법을 좇아 계산을 해내 변통을 얻지 못하여 절후 분수가 점점 어긋나 도달함을 말하는 것이다."

하니, 내가 역법을 알지 못하니 구력의 그릇된 것이 몇 번을 어긴 줄을 알지 못하고 대개 구력이 이미 오차(誤差)를 면치 못하여 신력이 비로소

입춘을 고쳐 두어 옛날 잘못된 것을 바르게 하였다 한다. 이제 신력을 보니 그 큰 법을 가히 바꾸어 고치치 못함즉 할텐데 오히려 어긋남이 저렇듯 하다니, 걱정하건대 옛날 그릇된 것을 능히 바르게 하지 못할 뿐 아니라 반드시 어긋나 그릇된 것이 옛법보다 더욱 심할 것이다.

이제 좋은 도리를 구해야 하는데 신구 두 책력이 [90a] 같은지 다른지는 내버려 두고, 해 그림자를 따라가며 마련하여 정하는 것만 같지 못하니, 우리나라 서해는 곧 중국 동해 동쪽이니 해지는 바다에서 더욱 어긋나서, 일찍 바다 위 높은 봉우리에 올라 해지는 형상을 바라보니 정히 거울을 매달아서 물에 잠기는 모양 같아, 점점 내려가 잠기어 남은 것이 겨우 버들잎만 하되 세상이 밝아 오히려 백주(白晝)이니, 이윽고 다 잠기어 말하길 잠깐 사이에 천지가 문득 어두어 지척을 분변하지 못하여 다른 곳보다 점점 어둡기가 다르고, 만일 동해는 해 나오는 데서 가장 가까우니 경상도 고을 이름을 영일(迎日)이라 함은 돋는 해를 맞는다 함이니, 중국 명도에서 나오는 해를 보는 것보다 더 낫다. 조선 땅이 동쪽 한 가에 닿았다면 그 동지와 하지에 해 길고 짧음을 헤아리기는 어렵지만, 춘분 추분에 출입하는 해는 오히려 알기 쉬우니 진실로 능히 널리 아는 선비를 많이 모아 두 바닷가를 헤아려 마련하여 옛법을 좇아 고쳐 바로 하게 하면 비록 맞지 않음이 있어도 대개 호홀사이(毫忽之間, 조금 어긋남)에 지나지 않을 것이다. 어찌 이른바 시헌력이 하늘을 어기고 이치에 패려(悖戾, 성질이나 행동이 도리에 어긋나거나 사나움)하여 가히 실행하지 못할 것 같은가?

저번에 황송을 무릅쓰고 옥당에 들어섰을 때 구라파국 사람 이마두가 만든 『감여도』를 얻어보니 그 말을 하였는데, 땅 형상이 구(球, 공)같고 공중에 떠 있어 아래 있는 자가 위에 있는 자와 더불어 발바닥을 맞춰

걸으니, 남으로 걸어 점점 멀리 가면 남극성이 [90b] 하늘 위에 있는 것처럼 보는 것을 중원 사람이 북극성을 보듯 하고, 거기서는 북극성이 땅속에 들어감이 중원에서 남극성이 감춰진다 하고, 또 스스로 몸소 본 것을 말하여 그 말을 믿고 증명하여 보면, 중국 사람과 더불어 발을 맞추어 걸으면 이는 그 발이 진실로 땅에 거꾸로 붙어 있는 것이고, 그 집을 세우나 그릇을 놓는 것이 반드시 다 거꾸로여서 물을 길어 거꾸로 담고 저울을 달면 거꾸로 달 것이니 천하에 이러할 리 있겠는가마는, 말하는 자가 감히 그 입에서 말을 내고 듣는 자가 글로 써내 판에 새겨 천하에 전하는 것을 금하지 않으니, 대개 오랑캐의 연경이 함몰되기를 기다리지 않고 진실로 이미 피비린내 나는 땅이 될 줄을 알 것이다.

저들이 이른바 시헌력은 서양사람 탕약망이 만든 것이라 말하니, 대개 그 사람도 또한 이마두의 무리이다. 대명 말년에 도학이 밝지 못하고 사악한 설(說)들이 방자하게 행하여 이마두와 탕약망과 같은 류(類)가 그 탄망무리(誕妄無理, 허탄하고 망령되이 이치가 없음)한 말을 드러내 보이니, 성왕이 나시면 이런 무리들을 반드시 베어낼 이유가 있다. 어찌 다만 하늘의 때를 어기어 죽이는 죄와 같겠는가? 책력 만드는 법이 복희씨로부터 주문왕 무왕에 이르러 몇 성인이 지은 것이며, 당나라로부터 송과 명에 이르러 몇 선비가 마련하여 지었는데, 다 한 법을 지키고 능히 바꾸지 못함은 그 가히 바꾸지 못할 우주 자연이 있는 것이고, 이제 이치가 있고 없음이나 수의 합하고 어김을 찾지 않고 오직 허탄한 것을 좋아하여 그 법 [91a]을 행하는데 의심치 아니하니, 이것은 머리를 깎고 왼편으로 여민 홍태시아(洪太始兒, 홍타이지, 누루하치 아들, 청의 2대 황제)의 자식이 복희씨와 헌원씨와 요순보다 더 성인이고, 바다 밖에서 여러 오랑캐 나라를 지나온 탕약망은 책력을 만든 대요(大橈)와 용성(容成, 흉노 본거지)보다 더 어진 것이라니, 오호라 그 패려(悖戾, 언행이나 성질이 도리에 어그러지고 사나움) 하도다!

『몽예집』에 논하여 말하길

"군자가 옛것을 스승으로 하고 중원을 귀히 여기면 허황되게 사모함이 아니라 그 어질음이 모였음이니, 이를 버리고 다른 데를 족히 취할 것이 없음이 아니고 대개 오직 어진 것을 좋음."

이라고 김공이 말하였는데 무릇 은나라와 주나라 이후 숭산(嵩山, 중국 하남성 정주 남서쪽에 있는 명산)과 낙수(洛水, 중국 하남성 섬서성을 흐르는 강) 이외에는 다 뒤섞여 혼탁하여 던져버리고 묻어버려야 했을 것이다. 그런데 도학과 술업을 의논하고 분변하는 것이 육예(六藝, 고대 중국 교육의 6가지 과목) 후에 더 많이 나온 것은 어째서인가?

일본국 칼과 안남국 뿔과 서양국 애체(靉靆, 안경과 천리경을 다 애체라 한다)가 진실로 천하에 가득하였으니, 다 물리쳐버려 쓰지 않은 후에야 옳으냐? 그렇지 않으면 어찌 홀로 책력법만 따로 의심하였는가? 365일은 해가 하늘과 더불어 만난 기약이고, 24기(일년 절후를 통틀어 24기이다)는 하늘과 해가 운행하는 도수를 따라가며 절후가 된 것이다. 그러니 해가 극남에 있으면 동지가 되고, 해가 극북에 있으면 하지가 되고, 남으로부터 북이 되고, 북으로부터 남이 되어, 남과 북 바로 가운데가 춘분과 추분이니 천지 운행함이 이 같을 따름이다.

예로부터 책력 만드는 법이 이 밖에서부터 나온 것이 있는가? 그러나 봄으로부터 가을되기는 항상 더디고, 가을로부터 봄되기는 [91b] 항상 빠르니, 그 사이에 절후가 따라가며 길고 짧음이 진실로 자연이 그러하다. 옛 책력에 춘분 전 2일에 주야를 평균하고 추분 후 2일에 주야를 평균하니, 이는 합하고 변하는 것을 알지 못해서이다. 춘분과 추분을 분이라 한 것은 주야가 평분(平分, 똑같이 나눔)한다고 해서이니, 이제 다만 날수를 균일하게 정하는 것은 하늘의 때가 어긋나짐을 헤아리지 못하는 것이다. 때를 어기면 죽이는 죄를 누구에게 물어야 옳으냐?'

또 말하길

"영일 고을이 중원 명도보다 나으니, 동지와 하지는 마련하기 어렵거니와 춘분 추분은 헤아리기 쉽다."

하니 더욱 알지 못할 바이다. 동지와 하지를 마련하기 어렵다함은 조선 땅이 동쪽 한 가장자리에 닿으니 해가 서쪽으로 빠짐이 쉬워 알기 어렵다 함이니, 그런즉 춘분과 추분 때에도 땅이 서로 옮기지 아니하여 해가 빠지는 것이 쉬운데, 동지 하지와 어찌 다르다는 것인가? 오히려 헤아려 고쳐 바르게 하고자 함이 그릇된 것이다. 대개 절후가 서로 옮겨지고 주야가 서로 바뀌면 해가 남북으로 가서 있으니, 만일 동서로 출몰하면 마땅히 왕중임(王仲任)이 말하길 해가 서쪽에 빠질 때는 그 아래 사람이 낮이라 일컫는 것이 옳다할 것이니, 어찌 땅이 동에 있으며 서에 있다고 해 그림자를 늘이며 줄일 것인가?

김공이 꽃이 피고 잎이 떨어짐이 절후되는 줄만 알고 해가 가는 것이 진실로 족히 살펴 마련하여야 할 것을 알지 못하였으니, 그 그림자만 보고 그 얼굴을 버리는 것과 어찌 다르겠는가? 땅이 공 같다 하는 의론은 자못 추자(鄒子, 중국 전국시대 사상가, 음양오행설 제창)의 의론 같은데 질정하여 말할 [92a] 것이 아니고 결단코 이럴 리(理)가 없다.

이것으로 말하면 중국이 함몰 운수가 크게 변할 것을 점쳐 베어 끊어버리고, 죄로 결단함을 또한 생각하지 못한 것이다. 이제 시험하여 하늘을 우러러 보면 북극의 땅에서 나와 수백 리 사이 이미 능히 어긋나 차이가 없지 않다. 막북(漠北, 외몽고)과 교남(交南) 같은 땅은 그 어긋난 것이 50여 도에 이르니, 아래와 위 두 땅 사람이 비록 발을 맞추기에 이르지는 않았으나 또한 반드시 몸을 굽히며 발을 기울였을 것이다. 집과 그릇이 비록 거꾸로 붙어 있지는 않으나 또한 반드시 기울고 미끄러져 편안하지 못할 것이었을 것인데, 그러한 줄을 듣지 못한 것은 어째서인가? 이제 닭의 알을 공중에 달고 개미를 그 위에 두면 진실로 능히 알을 밟아 그 아래는 거꾸로 갈 것이니, 개미가 다만 알을 밟아 갈 줄을 알 따름이고 어찌 스스로 그 거꾸러진 줄을 알겠는가? 사람이 적고 땅이 커서 다만 개미의 알 같을 뿐 아니라 큰 기운이 들어오고 조화가 몰려와 누가 능히 알 같은지를 알겠는가?

심존중(沈存中)이 말하길

"안남(安南, 베트남)으로부터 악대(嶽岱)에 이르는 것이 겨우 6,000리인데 북극성이 기울은 것이 무릇 15도에 이르니, 점점 북으로 가서 그치지 않으면 어찌 북극성이 사람 위로 바로 있지 않다고 알겠는가?" 하니 북극이 사람 위에 바로 있다 말한 것이 남극성도 그러함이니, 이 마두의 말을 눈으로 보기를 기다리지 않아도 이로써 차차 추이하여 [92b] 알 것이다. 이제 그 말을 배척하는 것에 만족하지 못하고 다시 오랑캐가 연경을 함몰하였다는 죄안(罪案)을 삼는 것은 송나라 때 휘종(徽宗, 중국 북송의 8대 황제) 흠종(欽宗, 중국 북송의 9대 황제)이 북으로 오랑캐에게 잡혀감이 또한 심괄(沈括, 북송의 학자이자 정치가이며 천문대장으로 천체관측법 역법 창시자)이 북극이 사람 바로 위에 있다고 한 말에서 말미암았는가?

대명 말년에 도학이 진실로 밝지 못하고 사악한 설이 진실로 방자히 행하였다. 그러나 그로 말미암아 온 바가 오래 되었고 많았으나 아는 자는 가히 손가락으로 셀 정도로 적으니, 이에 법이 어두운 오랑캐에게

서 나오고 때가 마침 말세를 만났다 하여 드디어 한결같이 쓸어버려 죄를 시헌력으로 돌려보내니, 과하도다 그 말이여!

또한 원나라 때 곽수경(郭守敬)이 수시력(授時曆)을 지었는데 대명 초년에 그 법을 써 책력을 지어내 이름을 고쳐 대통력이라 하였고, 원나라때 수시력은 김공 시진(金公 始振)이 믿는 것은 옛 말갈(靺鞨, 말갈)과 지금의 여진(女眞)이 다 같은 오랑캐인데 어느 것을 믿고 택하였겠는가? 또 말하길

"책력법이 복희로부터 송과 명에 이르러 한 법을 지키어 변하지 않았다." 하나 책력 만드는 법이 전해짐을 잃은 것이 이미 하나라 은나라로부터 그러하였고, 역대에 책력을 고침이 다만 수십 번이 아니니, 진실로 그것이 어떤 얘기인 줄을 알지 못한 것이다. 애석 하도다! 장래 일을 김공이 미처 보지 못한 것이니, 공으로 하여금 35064년에 이르러 허다한 산 두어 개 쌓은 것이 모두 비어있는 데로 떨어지면 거의 하늘이 기울어질 근심을 풀 수 [93a] 있겠는가?

또 말하길

"서양국에서 말하는 천주교라 하는 것이 자못 대명에서 행하니 대개 예로부터 서역에서 흘러들어 전하는 것인데, 그 도술이 심히 옅어 귀신의 도에서 나오지 않고 또한 크게 패려함이 없어 당시에 좇는 자가 많지 않았고, 또 문장하는 선비를 위하여 꾸며내고 심장을 뛰게 불교도같이 하는 자가 없으니, 생각하건데 마땅히 쇠하여 그칠 것이다."

내가 책력 만드는 법에 아득하니 신구력이 어느 것이 옳으며 그릇된 것인지 알지 못하나, 시헌력이 숭정 갑신후 11년 갑오로부터 비로소 행하였으니 이제 장차 18년이 되었는데, 옛날 5대(五代)시대 처음에 당나라 옛법으로 숭현력(□□曆)을 썼는데 후진(後晉) 고조 때에 이르러 사천

감(司天監) 마중적(馬重績)이 옛법을 섬기지 않고 조원력(調元曆)을 만들었고, 시행한 지 5년만에 점점 그릇되어 하늘의 때와 어긋나 가히 쓰지 못하여서 다시 숭현력을 썼다. 시헌력이 진실로 크게 그릇되고 어긋남이 있었다면 80년을 가히 행할 리 없었을 터인데, 그 대강법(大綱法)은 크게 그릇되어 말하지 않는 것인가?

하루에 각수(刻數)를 더하고 덜면 대개 하루 12시, 1시에 8각씩 나누고 자시(밤 12시)와 오시(낮 12시)는 각각 2각을 더해 하루 주야를 합하여 100각을 만들면 이것이 대통력법이고, 자시 오시에 더한 4각을 덜어버려 96각을 만들면 이것이 시헌력이니, 한퇴지(韓退之)의 시에 말하길 "120각이 작은 이랑 사이." 라 하였으니, 당나라 법은 하루 120각을 만들었는데 [93b] 1시에 10각씩 만든 것이다. 가히 1일 100각이 본래 일정하여 가히 고치지 못할 법이 아닌 줄을 알아서 4각을 덜어버리는 것이 신력의 병이 되지 않을 것이고, 춘분과 추분의 분이라 하는 것은 주야 똑같이 나누는 것에서라 함이 남공(南公)의 말이 진실로 옳은 듯하니, 이는 신력이 구력에 비하면 조금 나은 듯하다. 동지와 하지에 이르러 혹 더디고 혹 빠름은 내가 어찌하여 그러는지를 알지 못하니 감히 강력하게 억지 말을 못하겠고, 얕은 생각으로 하늘이 4계절을 균등히 나눴고 일월(日月)의 운행이 4 계절에 다름이 없으니 남공이 말한 바를 보면 가을 되기는 더디고 봄 되기는 빠르다 함이 어떠한 말인지를 알지 못하겠다.

대개 신구력이 같지 않음이 다 시각과 일후(日候)에 조금 어긋나는 것에 지나지 않는데, 홀로 윤달 두는 법이 서로 두어 달씩 바뀌더니 숭정(1644)후 26년 이후 기유년(1669)에 이르러서 대통력에는 윤달이 12월에 있고 시헌력에는 물러와 다음해인 경술년(1670) 2월에 있으니 이는 크게 어긋나는 것이니, 하나는 옳고 하나는 그릇된 줄을 능히 분변할 자가 있을 것이다. 다만 김공이 말한 바 역법이 당우(唐虞, 중국의 도당씨와 유우씨로 요순시대를 말함)로부터 송명에 이르러 한 법을 지키어 변치 않았다 하는 것이 거칠고 엉성하여 생각하지 못한 듯하니, 대개 상고때 역법이 다만 『상서(尙書, 서경)』, 『요전(堯典, 요나라 경전)』에 있어 4계절에 보이는 별과 윤달 두는 법이 약간 대법(大法)만 기록하고 그 밖에는 경전의 다른 데에 [94a] 기록한 바가 없어서, 3대(三代) 중간 1,000여 년의 문서나 장부가 없고 못쓰게 되어 살펴볼 것이 없다. 하우씨 손자 중강(仲康) 때에 당요(唐堯, 요나라 임금)을 지난 지 겨우 120여 년인데 책력을 만든 희화(羲和, 중국의 신화에 나오는 남성신)이 이미 그 소임을 잃어 천상(天象, 천체의 현상)에 혼미하고, 주나라 중간에 춘추 때에 이르러 노희공(魯僖公) 양공(襄公) 즈음에 두 번 윤달을 잃어버려서 3대(三代) 때부터 역법이 벌써 그릇됨이 많은 줄을 가히 알 것이다.

한(漢)으로부터 이후에 그 법이 비로소 자세하니, 계산하고 분수(分數)를 헤아려 위로 수천백년 이전을 구하여 반드시 갑자 초하루 아침 밤중 동지 일월(日月) 5성(五星)이 다 자방(子方, 24방위의 하나로 정북을 중심으로 좌우 15도)에 모인 때를 얻어내어 책력이 시작하는 끝을 만들었는데, 구양자(歐陽子)에 말하길 이 법이 과연 요순 3대(三代) 때에 나온 줄을 가히 생각하지 못하였을 것이다 함은 대개 문헌이 증거할 것이 없는 이유에서 말하는 것이다. 그래서 한나라 때 태초력(太初曆)과 삼통력(三統曆)과 사분력(四分曆)과 건상력(乾象曆)과 조조(曹操)의 황초력(黃初曆)과 유송(劉宋)의 원가력(元嘉曆)과 당나라 숭현력(□□曆)과 주나라 때 명현력(□□曆)과 촉나라때 영창력(永昌曆) 남당(南唐)때 제정력(齊政曆)과 주나라 흠천력(欽天曆)과 송나라 상기력(□□曆)과 원나라 수시력

(授時曆)과 명나라 때 대통력이 대(代)마다 각각 법이 있어 혹 같기도 혹 다르기도 하니, 가히 한 법을 지켜 변치 않았다고 말할 수 있겠는가?

역법이 비로소 한나라 때부터 자세하였는데 논하는 자가 의견이 분분하여 능히 하나의 법으로 정하지 못하여, 태초력을 행한 100여 년만에 그 법이 그릇되었다 하여 유흠(劉歆, 중국 전한 말기의 학자)이 삼통력을 고쳐 만들고, 동한(東漢) [94b] 명제(明帝) 때 또 사분력을 고쳐 만들었는데, 100년후 영제(靈帝) 때에 유홍(劉□)이 비로소 사분력이 하늘의 시간에 매여 성기고 어설프다 하여 또 건상력(乾象曆)을 만드니, 무릇 400년 사이에 세 번을 고치고 네 번 그 이름을 바꾸어 다른 대(代)에도 변하고 고침을 또 가히 짐작해 알 것이니, 남공(南公)이 속이고 희롱하는 것이 맞았다. 남공이 다만 일본 칼과 안남지방 뿔과 서양국 애체(靉靆, 안경과 천리경을 다 애체라한다.)로써 신력(新曆)을 가히 취해야 한다고 증거함은 말이 되지 못하고, 무릇 토지가 생겨나면 마땅한 바가 있는데 용기(用器)를 오랑캐로부터 취하는 것은 곧 우임금의 법제이고 회이(淮夷, 강가에 사는 오랑캐)가 가는 비단 깁과 도이(島夷, 섬에 사는 오랑캐)의 자개로 싼 것과 서융(西戎, 서방 이미족 오랑캐)의 가죽으로 싼 것을 바치게 함이 3대(三代) 때 법이 되어 만일 도술과 법제는 먼 오랑캐로부터 법을 취했다고 듣지는 못했으니, 어쩌겠나? 용기를 가히 취하는 것은 진실로 오랑캐의 땅에서 났으나 버리지 않을 것이고, 도술과 법제는 결단코 먼 오랑캐에게서 법을 받아 취한 것이 아닌 연고이다. 역법은 성왕(聖王)이 하늘 기운을 순하게 하여 사람의 때를 가르치는 바이니 그 도술 법제에 중하게 관계하여 그 능한 재주를 얼마나 뽐내고 자랑할 텐데, 가히 대수롭지 않은 용기에 비교하여 한결같이 더러운 오랑캐나 요괴스러운 귀신으로 임의로 바꾸며 옮기기를 좇아 하겠는가?

　김공(金公)이 논한 바 그 시비는 내 감히 알지 못하겠지만, 그 다루는 바가 바르고 소견이 깊으면 걱정하건데 후대 젊은 사람들에게 가히 미칠 것이 아닌가 한다. 하물며 서양국의 애체는 『방여승람(方輿勝覽)』을 보니 안경을 [95a] 말하는 것이 아니라 천리경을 말함이니, 어찌 가히 이러함이 또 없지 않겠는가? 다만 작은 아이를 한번 웃기게 하는 것이니, 무슨 일에 빠져서 가히 물리쳐 없애지 못하는 것인가? 남공이 서양 학술을 혐의로이 여기지 않고 애체를 아끼는 것이 이른바 집 위에 까마귀를 사양하는 것이냐? 남공이 또 쓰기를 황명 때 대통력이 수시력을 따라 한 것이고, 수시력은 곧 호원(胡元, 오랑캐 원나라)의 곽수경이 만든 것이니, 말갈과 여진 중 어느 쪽을 가릴 것인가? 했는데 이는 크게 그렇지 않으니, 곽수경이 비록 불행하여 호원의 세계를 만났으나 본래 송 백성이고 또 유명한 아버지의 아들로 대유(大儒)에게서 배워 학문이 해박하고 술업에 정묘하니, 당시 성인에 천자가 났을지라도 또한 마땅히 책력 만드는 소임으로써 맡길 것이다. 어찌 시절이 불행하여 호원이 망했다고 한결같이 말갈과 여진으로 보는가?

　수경으로 하여금 넋이 있다면 이 말을 듣고 만일 남공에게 말하길 "그대도 또한 불행하여 여진의 시절에 났으니 어찌 스스로 슬퍼하지 않고 망령되게 옛 사람을 의론하는가?"
하면 내 걱정하건데 남공이 대답할 것이 없을까 한다. 하물며 곽수경이 수시력을 만들 때 허형(許衡)과 왕순(王恂)이 함께 하니 두 사람이 다 중원 대유(大儒)요, 또 허형은 학문에 깊으니 비록 호원에 벼슬하기로써 후세 대현의 희롱하는 것을 면치 못하나 송 이후에 대유되기는 기이하지 [95b] 않을 것이니, 수시력을 어찌 감히 말갈의 법이라 하겠는가? 또 역법이 원나라에 이르러 더욱 갖추고 자세하여 당송 때보다 더 정확

하다 하니, 송나라 때 여러 대현이 나온 후에 이어온 효험이 있는 법이
니 수시력을 또 어찌 가히 잘못된 것이라 하겠는가?

 땅이 공 같다 함을 배척하는 의론에 대해서는 김공의 말이 십분 옳고
마땅하여 고쳐 의논할 것이 없는데, 이제 서양 학술에 편을 들며 달갑
게 여기고 힘써 다투거나 성내어 싸우지 않고 천하의 사람들 소견을
바꾸기를 생각하니 또한 이상 하지 않은가? 닭의 알과 개미로 비유하
는 것은 스스로 적당한 비유라 하는데, 나는 그게 말이 되는 줄을 알지
못하겠다. 알을 밟아 거꾸로 가는 것이 어찌 다만 개미뿐이겠는가? 무
릇 백 개의 발을 가진 벌레도 그럴 것이니 이 어찌 기운과 조화가 몰아
일으켜서 그러는 바이겠는가? 대개 그 생겨난 성(性)이 그러한 것이니
개미와 벌레는 능히 거꾸로 가는 것을 보고 사람도 또한 그럴 것이다
한다면 과연 얼마나 괴상한 말인가? 개미와 벌레 외의 다른 짐승이 능
히 거꾸로 갈 것이 있는가? 능히 거꾸로 가지 못하는 짐승은 홀로 기운
과 조화를 몰아 일으키지 못해서 그러한 것인가? 공(公)이 말하는 기운
과 조화가 어찌 그렇게 아롱지는 것인가? 남을 논박하여 말한다면

 "만물이 가지런하지 못하는 것이 만물의 정(情)인데 강력히 가지런하
게 한들 얻겠는가?"

 그 말이 혹 그렇다면 가히 [96a] 능히 남을 책망하기에만 밝다고 말
할 것이다. 어찌 도리어 생각하지 않는 것인가? 천지의 기운과 조화가
행하는 것이 이치를 따르는 것이오 이른바 이치는 순할 따름이니, 이제
거꾸로 행하며 역으로 베푸는 것이 큰 기운이 들고 조화를 몰아 일으키
는 것이라 함은 이른바 기운과 조화가 이치 밖에 있음이니 어찌 이치
밖에 기운과 조화가 있겠는가? 만일 그 말같이 땅 아래 또 세상이 있을
지라도 사람이 다 발이 둘이고 구멍이 일곱이고 하늘을 이고 땅을 밟음

이 우리 사람과 다르지 않을 것이고 그 작은 것이 반드시 개미같지 않고 발이 붙음이 반드시 벌레같지 않을 것이니, 그런데도 능히 거꾸로 가는가?

그 말하는

"큰 기운이 들고 조화를 일으킨다는 것을 알지 못한다."

함이 말하기가 공교롭고 이치를 모른다고 말하는 것이다. 이제 우리 사람이 앉으며 서며 걷는데 반드시 머리는 하늘로 발은 땅으로 하는 것이 또 어찌 기운과 조화가 일어나 그러한 것이냐? 먼저 말하는데 인물(人物)이 비록 발을 맞추지 않으나 반드시 몸을 구부리며 발을 기울이고, 그릇이 거꾸로 놓이지 않으나 반드시 의지하고 미끄러져 편안하지 못할 것이니, 이는 오히려 감히 바로 발을 맞추며 거꾸로 붙었다라고 하지 못하는 것이다. 개미 비유와 남극성 말로 말한 것은 바로 발을 맞추며 거꾸로 붙었다 함이니, 그 말이 어찌 탄토기구(吞吐崎嶇, 먹고 토하고 온갖 어려움을 겪음)하고 서로 어긋나는가? 옳은 이치를 [96b] 얻지 못하고 진실로 말을 잘한다면서 가히 꾸미지 못하는 바가 진실로 이러한가?

그래서 이마두의 눈으로 보기를 기다리지 않고도 가히 이치로 추이하면 알 것이라 하는데 가히 우습다. 내가 말하는데 이치로 추이하면 땅 아래를 눈으로 보기를 기다리지 않고도 반드시 그럴리가 없을 줄 알 것이다. 김공이 서쪽 오랑캐가 연경을 함몰하면 서방 도술이 성행하는 것으로 죄를 돌려보내야 한다는 것은 진짜 이치에 극진한 말인데, 기운을 왕성히 다투어 곁으로 끌어들이고 간곡히 증거하고 반드시 밝혀 벗긴 후에야 그치려하는 것은 또 어찌된 소견이냐? 그 말을 숭상하고 믿기가 자연히 그렇지 않아 못해서인가? 또 써서 말하길 대명 말엽에 도학이 밝지 못하고 사설(邪說)이 방자히 행하여 말미암아 온 것이 오래 되었으니 서쪽 오랑캐가 연경을 함몰한 화가 서방 도술이 성행한 탓이 아니라 하니, 어찌 그렇게 얕게 알았는가? 김공이 도학이 밝지 못하고 사설이 방자히 행하는 연유를 알았는가? 황명때 도학이 완전히 육씨(陸氏)의 선학을 숭상하여 유자(儒者)라 이름하여 성명(性命, 사람의 천성과 천명)의 깊은 이치를 높이 말했는데, 그 실(實)을 구한 즉 석가여래의 충신이오 관음보살의 정통이니 당시의 풍성기습(風聲氣習)이 어떠했는가? 단단한 얼음이 되는 줄을 서리밟는 날에 가히 점치듯 알게 되니, 서양 학술이 중국에 유전되기를 기다리지 않고 서방의 교화가 이미 천하에 끼쳐서 [97a] 서역 석가의 법이 왕성히 행한 끝에 서방 천주의 학문이 이어 들어옴이 마땅하였고, 오랑캐의 도술이 공연히 속여 혹하게 하여 방자히 천하에 행하는 것을 금할 리 없으니, 서쪽 오랑캐가 연경을 함몰하기를 기다리지 않고 이미 중국이 피비린내 나는 땅이 될 줄을 가히 알 것이다 함이 미덥지 않은가? 이는 형세가 반드시 일어날 것이고 이치를 보기 어렵지 않으며 반드시 변설로써 이기기를 힘쓰려 하니, 가히 그 흐르는 것을 보고 그 근원을 보지 못하였다 할 것이다. 또 말하길 서쪽 오랑캐가 연경을 함몰함으로써 이마두의 탓을 삼은즉 휘종 흠종이 북으로 잡혀감이 심괄의 말 한 마디로 말미암았다 하니, 심괄은 중국 사람이고 또 그 말이 크게 괴이하지 않으니 어찌 이마두의 말과 같이 견주어 말할 수 있겠는가? 김공이 그 말의 본뜻을 알지 못하였다고 본다.

또 천주의 교법이 그 술이 심히 얕아 귀신의 도에서 나오지 않았고, 또한 패려(悖戾, 성질이나 행동이 도리에 어긋나거나 사나움)하지 않았다. 당시에 좇는 자가 많지 않아 생각컨데 마땅히 쇠하여 없어질 것이다 했는데, 내 어찌 말해야 할지 알지 못하겠다. 이미 말했듯이 귀신의 도에서 나오지 않았다하고 또 말하길 크게 패려함이 없다 하니 그것을 말하는 것이 오히려 말이 되지 못하니 의리를 어찌 논하겠는가? 또 반복하여 논변하는 일천 개 남짓 말이 숭상하여 믿는 뜻이 아닌 것이 없고, 사람이 그 도술을 배척하는 자가 있음을 보고 말을 앞세우고 글을 짓고 주장하여 힘써 다투고, 흐르는 [97b] 물결을 헤치고 파묻은 불을 불어 불길처럼 일어나 도리어 말하니, 생각하건데

"쇠하여 없어질 것이다."

라 함은 어떠한 것인가? 스스로 그 이치에 어긋남을 알아 이 말을 한 뒷면에 달아날 길을 여는 것이냐? 김공이 말을 펼친 후에 저 도술이 마땅히 쇠하여 없어질 것이니, 그 글을 짓고 변파하는 자는 어찌 그렇게 쇠하여 없어질까를 근심하여 붙들고 구원코자 했던 것인가? 무릇 사람의 식견은 한번 어기면 말하는 즈음에 구비구비 어긋남을 깨닫지 못하여 언어와 문자의 공교함으로써 능히 미봉할 것이 아니니 저번에 말한 바를 진실로 변설로 가히 꾸밀 것이 아니라 함이 그렇지 않은가?

총명하고 민첩하게 능히 글 잘하는 선비가 보통 신기한 것을 좋아하듯이 근세에 해박한 선비들이 서양국의 의논에 들기를 즐겨하고 말하기를 좋아하여 좇아 이마두의 질이 안 좋은 것을 좇아 힘써 의논을 주장하고 포복하여 돌아가고자 하니, 홀로 잠고대 뿐만이 그렇게 아니라 문인재자(文人才子, 문인이나 재주가 있는 젊은 남자)의 유(類)에 지나지 않는다. 그 식견이 족히 세상에 높지 못하고 의논이 족히 사람을 움직이지 못하니, 다 족히 세도의 근심이 되지 않을 것이다. 그 사이에 궁리하는 선비가 이따금 그 의논에 빠져 간곡히 말을 만들어 공교히 의리를 이룸으로서 혹하는 자가 많으니, 걱정하는 작은 근심이 아닌가 한다.

그 말에 따르면

"천지 상하 사방이 본래 정한 위치가 없어 피차 세계가 서로 상하가 되며 서로 [98a] 동서가 된다."

하고 또 말하길

"주자가 이른 바 땅이 물위에 떴다."

하신 말씀이 이에 기록이 잘못된 것이라 하니, 이제 만일 주자 말씀을 제시하여 꺾어 저들이 주자 말씀을 즐겨 믿고 항복하지 않으니 내가 청하건데 공자 말씀으로 질정하겠다.

『주역(周易)』「계사(繫辭)」에 말하길

"하늘이 높고 땅이 낮아 건곤이 정하였다."

하시니, 만일 저들 말 같으면 하늘이 구태여 높지 않으며 땅이 구태여 낮지 않고 하늘과 땅이 정한 위치가 없으며 낮고 높음이 정할 리가 없다 하니, 그렇다면『주역』「계사」의 책을 열면 으뜸으로 첫 귀에 장차 천지의 이치를 알지 못하시고 말하신 것인가? 만일 말하길 공자가 다만 보이는 세계만 말하신 것이니 천지의 전체를 가르쳐 의논하심이 아니라 한 즉, 이는 전혀 그 글 뜻을 알지 못함이니 어찌 같이 더불어 도리를 의논하겠는가?

「계사」첫 귀로써 본즉 실로 천지 전체를 들어 말하시는 것이다. 도리로서 궁구한 즉 성인이 말을 세우심이 결단코 반을 꺾어버리고 그 반쪽만 말한 게 아니셨다. 저들이 여기에 변파할 말이 없으면 또한 장차 기록함이 그릇되었다 했는가? 그 또 말하길 상하 세계가 여기의 낮은 저기의 밤이고 여기의 아래는 저기의 위이고 남은 북이 되고 서는 동이 된다 하니, 말하는 바 주야가 서로 바뀐다 함은 말이 되지만 상하 사방이 서로 바뀐다 함은 그 말이 맹랑하니, 모름지기 다른 것을 증거할 것이 아니라 그 말이 항상 남북극으로써 증거를 삼아 즐겨 말하는 요긴한 [98b] 말마디이다. 하늘에 이미 남북극이 있으니 남북이 이미 정한 위치에 있고, 남북이 이미 정한 위치가 있으면 상하와 동서가 또한 바뀌지 아니하였으니, 저들이 이미 남북극으로써 증거를 삼은 즉 동서남북이 서로 바뀌는 것을 배척하지 못해 스스로 깨질 것이다. 만일 말하길 땅 아래는 남극이 되고 북극이 남극이 된다 하면 말이 되질 않을 뿐 아니라 그 말의 전후가 다르니, 점점 억지로 꾸며낸 말이 된다. 더불어 깊게 분변할 것이 아니다. 땅 아래 남북이 바뀌면 남방 아래는 춥고 북방은 더울 것이니, 천지 상하의 한 기운이 순환하면 더운 편 아래는 춥고 추운 편 아래는 더우니 어찌 한 기운이 아롱지어 사리에 어긋나고 온당하지 않은가? 동서남북이 이미 바뀌면 춘하추동이 또한 바뀔 것이니, 굽이굽이 패려하고 마디마디가 괴이하여 말마다 도리에 맞지 않음이 이와 같을 것이다.

그 말을 주장하는 자가 항상 말하길

"이런 깊고 먼 알기 어려운 이치는 보고 들은 바에 빠지는 좀소견에겐 가히 알바 아니다."

하니 또 가히 우습다. 글 읽는 선비가 다만 보고 들은 것을 증거하여 믿으면 좋은데, 문득 보고 들은 것 이외에 새 말을 지어내며 딴 의리를 만들어냄이 사람에게 어진 것이 아니다. 내가 또 두려워하는 바가 있는데, 인간 만사가 다 천지의 법을 밝히는데 군신 상하의 구분의 분명함이 천지의 정해진 위치와 같음이 더욱 큰 것인데, 이제 이에 말하길

"천지 상하가 본래 정한 위치가 없다."

하니, 이 말이 방자히 행하여 금하지 않는다면 장차 군신의 구분이 없

고 상하 자리가 없으니, 말세의 폐단이 얼마 있다가 난신 적자가 세상에 연이어 나오지 않겠는가? 그 혼란스러움이여!

언해본 『상봉녹』 권3

▌한문본 『상봉록』 권7

[1a]

• 1727년 12월 30일 신해일 흐리고 오후 바람이 세고 혹한

오전 10시경(巳時)에 예부 관원이 세찬(歲饌) 음식 세 개의 쟁반을 명하여 오니 통관과 제독이 다 뜰에 내려와 맞아들인다고 한다. 역관이 말하길

"세찬은 황제가 주는 것이니 삼사신이 마땅히 일행을 거느리고 섬돌 아래에서 명하여 받고, 사은례(謝恩禮)를 행한다 하니 부사 영공이 역관으로 하여금 예부관원에게 말을 전하여 삼사신이 천리 여행이 힘들고 흔들흔들 넘어지고 피곤한 끝에 어제 찬바람을 맞아 기운이 편하지 못하니 친히 명을 받기 어려우나 형편에 따라 일을 처리하는 방도로 역관으로 하여금 대신 받으면 어떻겠습니까?"

하니 예부관원이 고집하여 허락치 않았다. 부사 영공이 병이 들었다고 마침내 나오지 않으니, 상사가 서장과 함께 마지못해 관대를 입고 섬돌 아래 내려서 돗자리 위에서 영을 받아 삼궤구돈(三跪九頓, 3번 꿇어앉고 9번 조아림)하는 예를 행했다 한다.

그 세찬 한 개 쟁반은 각각 과실과 떡 이십여 그릇을 차려놓고 대추

와 배와 사과(楂果, 장미과 활엽 소관목)와 빈과(蘋果, 개구리밥과의 여러해
살이 수초)와 포도와 노귤(櫨橘, 레몬)과 유자가 각각 한 그릇이고 그 밖
에 이름을 알지 못하는 것이 또 수십 그릇이었다.

또 양주계저(羊酒鷄猪, 양과 술과 닭과 돼지)를 각각 삼사에게 주고, 또
일행을 다 나눠주니 대개 전례였다. 제독 통관 등이 매일 오전 8시경(辰
時) 이후에 비로소 관문을 열고 오후 4시에 즉시 잠그고, 만일 일이 있
으면 일찍이 열고 닫기를 또한 일찍하였다. 이역에서 묵은 해를 보내니
나그네 회포가 억제하기 어려워, 서로 맞대고 근심하며 일행이 [1b] 등
불과 촛불을 밝히고 떠들썩하고 적적하고 허전한 것을 위로하니, 우리
나라 사람 소리가 귀에 가득하여 이역인 줄을 깨닫지 못하였다. 설인이
말하길

"내일 정월 초하루 하례 규정이 마땅히 삼경(밤 11시~익일 1시)에 대궐
에 들어가니 만일 조금 늦으면 반드시 통관에게 시달림을 받는다."
하니, 밤 11시경(二更末)에 일행이 다 일어나 소세(梳洗, 머리를 빗고 세수
를 함)하고 앉아 새벽을 기다렸다.

▌한문본 『상봉록』 권8

• 1728(무신)년 1월 1일 임자일 흐림

닭이 울지 않았는데 통관과 제독이 와 관문을 열어 삼사신이 행중을
거느려 30명을 채워 공복(公服)을 입고 3리를 가서 동창문 밖에 이르러
궁성 밖 담을 끼고 남으로 300여 보를 지나 꺾어 서쪽으로 가서 또 100
여 보를 지나 동화문으로 들어가니, 동창문과 동화문은 다 궁성 밖의
담 문이다. 촛불 아래 보니 아롱진 무늬가 있는 붉은 비단 옷을 입은

자가 곤장을 잡으며, 혹 풍류하는 그릇을 가진 자가 길을 끼고 거리를
메워 그 수를 알지 못하니, 대개 임금 나들이 할 때 의식에 쓰는 무기를
찬 군사와 대궐 안에 호위하는 군졸이었다.

(조참행사 참여하러 가는 사양재 동선을 사진과 함께 표시하면 아래와 같다.)

동화문 앞에서

동화문 앞 동남쪽 길로

오문(오봉문) 안쪽
왼쪽부터 태화전과 정도문, 태화문, 소덕문, 금수교, 오문(오봉문)

우로부터 동화문, 오문(오봉문), 서조방

동쪽 담을 돌아 한 문에 들어 60여 보를 가고 또 한 문에 들어 일행이 다 말에서 내려 걸어가 4-50보를 가니, 오봉문(五鳳門, 오봉문은 황극전 정문인데 사양재는 오문이라고 썼음) 앞에 이르러 서쪽 월랑(月廊, 행랑) 처마 아래 나아가 차례로 앉아 하늘이 밝기를 기다렸는데, 이날 일기가 매우 춥고 또 큰 바람이 모래와 돌을 날려 사람의 낯에 부딪히니, 눈을 뜨지 [2a] 못하고 온몸이 얼고 굳어 능히 말하지 못하였다.

처음 들어 올 때 각각 사내 종과 역졸을 데려왔는데, 자리를 이미

오문 안쪽
왼쪽부터 오문(오봉문)과 금수교, 태화문

정하고 관원 금도군(禁徒軍) 2-30인이 채로써 낱낱이 몰아내 30명 밖에
는 한 사람도 머물지 못하게 하고, 혹은 은복(隱伏, 숨어 엎드림)한 자가
있는지 염려하여 불로 비추고 오르내려 순행하고 검사하여 없음을 분
명히 확인했다. 또 순행하여 사람을 세며 앞뒤를 살펴 찾아내기를 하늘
이 밝도록 그치지 않으니, 이 하나의 일을 보아도 그 법금(法禁)과 규율
이 엄명(嚴明)한 줄을 가히 알겠다.

후에 역졸의 말을 들으니 금도군이 그 사람들을 몰아내쳐 동화문 밖
에 이르렀고, 동화문 밖에 궁성을 호위한 군졸이 아롱진 옷을 입고 곤
장을 차고 진을 쳐 궁성을 둘렀다고 하였다. 때가 밤이 새지 않아 어두
운 가운데 보니 유리등 촛불을 밝혀 쌍쌍이 왕래하더니, 이윽고 유리등
을 가진 자 100여 명이 오봉문(오문)으로 부터 길을 끼고 좌우로 진을
쳐 행렬을 이루니, 설인이 말하길

"황제가 장차 당자(堂子, 제실(帝室)에서 토곡의 신을 제사 지내는 곳)에 행

차하려 하는 것으로 진을 친다."

하니, 대개 당자는 귀신을 받드는 곳으로 혹 말하길 등장군(鄧將軍)의
귀신이다. 태종 숭덕 초년에서부터 비로소 정식으로 매년 정월 초하루
에 친왕 이하와 부도통 이상을 거느리고 당자에 나아가 향을 올리고
삼궤구돈하는 예를 행하고, 친왕과 군왕과 패륵(貝勒, 6작위중 하나)과
패자(貝者, 6작위중 하나) 등이 차례로 날을 나눠 정하여 긴 대를 세우고
제사하고 또 심양에 당자가 있어 [2b] 봉한지 이미 오래 되었는데, 설
인이 말하길

"황제가 당자에 배알하고 돌아온 후에 마땅히 왕 앞에 나가뵌다."
한다. 일행이 웅성웅성하여 애써 기다렸는데 새벽 빛에 장차 나오지
않으니, 설인이 이르길

"강희 때에는 닭이 울면 즉시 나왔는데 이제는 늦게 나오는 것이 이
러하니, 그 전 사람에 미치지 못함을 또한 가히 알 것이다."
한다. 처음에 설인이 삼사신을 위하여 자리를 폈는데, 땅이 차가워 먼
저 낙복지유둔(落幅紙油芚)을 깔고, 또 돗자리를 깔고, 그 위에 모전(毛
氈, 털로 만든 요)를 펴고 앉았다. 호인(胡人, 오랑캐)가 유둔(油芚, 이어붙인
두꺼운 기름종이)를 가리키며 희롱하여 웃기를 못 참는데, 이는 글자를
쓴 종이를 공경하지 않고 깔고 앉아 웃는 것이다.

내가 부사영공께 아뢰어 말하길

"저번에 동악묘에 한 비석을 세운 것을 보았습니다. 세상 사람의 옳
지 못한 일을 하는 것을 경계하여 조목을 10가지를 나열했는데, 글자를
쓴 종이를 밟지 말라는 것이 셋째 조목에 써 있었습니다. 이는 중국
옛 풍속이니 글자를 쓴 종이를 밟지 아니함이 그 뜻이 심히 좋고 또
남의 나라에 와서 금하는 법을 물음이 예의인데, 이로써 저들에게 희롱

을 보이게 되어 가히 부끄럽습니다."

영공이 말하길

"그렇다."

하고 즉시 분부하여 유둔을 걷어 빼앗았는데, 상사와 서장이 또한 다 걷어 버리고 오히려 삼중석(三重席, 세 겹으로 겹쳐 깔아 놓은 좌석)에 앉았다.

연법(燕法)에 각노(閣老, 중국 명나라 때 재상을 이르는 말) 이하가 대궐에 드는 자는 다 스스로 단석(單席, 한 겹으로 깐 자리)를 끼고 앉았는데, 우리 사신이 외국 사신으로서 삼중석으로 앉았건만 호인이 묻지 않았다.

하늘이 밝아질 때 북소리가 동동(鼕鼕, 북 따위를 칠 때 잇달아 나는 소리) 궁중에서 나더니, 오봉문(오문) 위에서 또 북을 쳐[3a] 응대하여 이렇게 하는 것을 3번 한 후에 호황(胡皇)이 나오고, 통관이 일행에게 요청하여 뜰 오른편에서 지송(祗送, 백관이 임금의 수레를 공경하며 보냄)하게 하고, 일행이 차례로 서정(西庭, 서쪽 마당) 벽 위에 정렬해 섰다. 이윽고 붉은 옷 입은 군사가 오봉문(오문)으로부터 대청문에까지 길을 끼고 진을 쳐서 거가를 모시는 관원과 말 탄 군사가 먼저 앞에 가고, 유리등 두 쌍이 앞에 인도하고 호황이 누런 빛의 난교(鑾轎, 천자가 타는 마차)를 타고 그 뒤를 따라가는데, 조용히 소리가 없고 어두운 가운데 다만 말발굽 소리만 들으니, 그 엄숙함이 가히 보이고 위의(威儀, 예법에 맞는 몸가짐)는 자못 간략하고 갖추지 못한 듯 초라하였다.

얼마 지난 후에 북소리가 태청문 밖에서부터 천지가 진동하는 듯 들려오더니 이윽고 관원 수백 명이 말을 달려 먼저 들어오는데, 그 빠른 것이 나는 듯하고 홍의보졸(紅衣步卒, 붉은 옷을 입고 걷는 군사)가 곤장을 들고 길을 끼고 도열하여 서 있는 자가 몇인지 그 수를 알지 못하겠으나 다 가지런히 정돈되어 어지럽지 않았다. 다음에는 정기(旌旗, 정과 기 깃발을 꽂은 군사)가 들어오고, 그 다음에는 의장노부(儀仗鹵簿, 의장행렬)와 보련(寶輦, 황제가 타는 가마로 사방에서 여러 사람이 메게 되어있음)이 비로소 지나갔다. 말 탄 군사가 좌우로 껴 모시는데 따라오는 자가 또 몇인지 그 수를 알지 못하나, 위엄있고 성대하고 웅장함이 나갈 때는 초라하여 서로 다른 것은 조회에 참여하는 벼슬아치가 정렬하여 서 있는 행렬과 군사 행렬이 나갈 때는 궁성 문 밖에서 기다려야 하는 이유에서였다.

가장 뒤에 큰 코끼리 다섯 마리가 다 채색 안장과 비단 다래(말을 탄 사람의 옷에 흙이 튀지 않도록 가죽 같은 것을 말의 안장 양쪽에 늘어뜨려 놓은 기구)를 매고 한 되놈이 그 목에 타고 고삐를 잡고 들어오니, 연(輦, 임금이 타는 수레)를 메는 코끼리라 한다. 코끼리 높이가 두 길이 넘고 길이는 두 길 반이나 하고 쇠발이고 온몸에 털이 없이 흰 잿빛이고 머리는 길이 두 자 남짓하고 코는 길이 거의 두 길이나 하여 [3b] 드리워 땅에 닿고, 입이 코 안쪽으로 올라와 가운데 있으니 콩을 집어주면 코로 훔쳐 입에 넣으니 『지리지(地理誌)』에 이른바

"코가 입의 역사(役事) 되고 머리를 보면 꼬리 같다."

한 말이 정말 옳다. 두 어금니가 갈라져서 길이가 서너 자가 넘으니, 진실로 두툼하고 커서 큰 짐승이었다.

해가 나와 의장을 오봉문 좌우에 풀고 문무백관이 다 오봉문 안으로 들어오고, 통관이 일행을 인도하여 오봉문 서쪽 정도문을 따라 들어가 수백 보를 가 태화문에 들었다. 그 문이 돌로 쌓아 높은 대(臺)를 만들고 대 위에 문을 만드니, 문 좌우편에 행랑이 몇 칸인지 알지 못하겠다. 태화 서액 문을 따라 들어가 돌다리를 건너니, 그 다리 머리가 태화문으로부터 일어나 꼬리가 태화전 뜰 가에 박혔다. 너비가 거의 4-50 보

이고, 다리 아래 물이 가득하다. 이 물이 곧 북해자를 끌어들여 궁성을 뚫고 들어온 것이니, 이름을 이하(裏河)라 한다.

다리를 지나 태화전 뜰 서편에서 동으로 향하여 앉았는데, 통관이 와 설인에게 말하길

"대궐에 조참하는 예의를 마땅히 어지럽게 실례하지 말아야 하니 너의 사신 삼노야(삼사신)이 앞줄에 서고, 그 밖에는 세 줄로 나눠 한 줄에 아홉 사람씩 차례로 서서 삼궤구돈하기를 홍노시에서 연습한 대로 삼가고, 예를 마치면 부디 뒷걸음으로 서너 걸음 한 후에야 돌아서 어로(임금의 거동하는 길)을 등지어 왼편으로 돌아 종종걸음으로 나와 부디 실례하지 말라."

하였다. 두세 번 신칙(申飭, 타이르고 경계함)하고 갔다가 돌아와 이르기를 두세 번하니, 대개 사신이 실례하면 그들에게 책망이 [4a] 있어서라 한다.

문무 백관이 동서향을 나눠 앉았고 쓴 털모자와 입은 의복이 평상시와 같은데, 다만 평상시에 쓰는 털모자는 위에 붉은 실을 상모(象毛, 벙거지의 꼭지에 참대와 구슬을 장식하고 끝에 백로 털이나 긴 백지 오리를 붙인 모자)같이 가운데만 달았는데 조복에 쓰는 털모자는 위에 붉은 실로 다 덮어 붉은 독(纛, 임금의 가마 혹은 군대 대장 앞에 세우던 큰 의장기)같고 붉은 실을 가운데 두어치 모가 난 모자에 박았는데, 은이나 금이나 옥이나 석영이나 혹은 호박(琥珀, 지질시대 나무의 진따위가 땅속에서 굳어진 푸른 빛의 광물)으로도 하였으니, 대개 그 품수를 표하는 것이다. 입은 갑옷도 또한 여러 층인데 돈피(豚皮) 갑옷이 가장 으뜸으로 높은 품계가 입고, 위에 흉배(胸背, 관복의 가슴이나 등에 수놓은 헝겊 표장)이라 하는 것을 입었는데 5가지 색 수놓은 것으로 목을 둘러 앞은 짧고 뒤는 길고

어깨 덮은 데는 뾰족하고 등에 드리운 데는 둥그런데 끈이 없어 바람이 불어 나부끼면 문득 그 머리 위를 덮으니, 그 수 놓은 것이 우리나라 흉배와 비슷하여 키를 쓴 듯하고 칼을 멘 듯하여 모양이 절도 있다. 사람마다 두 꿰미씩 염주를 메어 목에 걸었는데 하나는 가늘고 하나는 굵게 하여, 혹 밀랍으로 혹은 호박으로 혹은 금패로 하고 목 뒤에 5가지 색으로 둥글게 짠 끈목을 주옥으로 꾸민 것을 드리웠는데, 길이가 4-5촌이고 바지를 다 무늬있는 비단으로 하였으니 이것은 모두 공복(公服, 공무원 복장)이며, 벼슬 없는 이는 그러하지 않았다. 오봉문 안에는 비록 왕공(王公, 신분이 높은 왕과 공)이라도 한 사람도 들이지 않아서 혼잡하지 않고, 전 뜰이 넓어 몇백 보인 줄을 알지 못하나, 문무관이 뜰 안에 가득하여 거의 보이는 땅이 작은 듯 가운데는 가득 차 보이니, 벌이 모인 듯 개미가 모인 듯 그 수가 [4b] 몇 백인 줄을 알지 못하겠다. 머리에 붉은 것을 얹어서 온 뜰이 빨갛고, 그 중에는 공작새 꼬리를 꽂은 자가 있는데 호반(무관)을 표시한 것이다.

정기와 의장이 임금의 길 좌우로 끼어 행렬을 이루고, 금과 은이 햇빛에 빛나고 비단과 터럭이 바람에 번득이고 그 벌여 놓은, 이름을 알지 못하는 그릇과 의장이 많으며, 둥그런 달 모양에 황금으로 발라 자루를 길게 하여 둥그런 부채 같은 것이 거의 수십 개나 하는데 맨 위층에 벌여 세웠다. 이윽고 위사(衛士, 대궐을 지키는 장교)가 전하여 말하길 "황제가 전상(殿上)에 나온다."
하는데 그 출입을 모두 전(殿) 뒤에서 왕래하니, 전이 높고 뜰이 넓고, 또 전 위에 햇빛 가리는 발과 돌섬 아래 깃발과 기에 은은히 빛이 비치고 어렴풋하게 다만 난간 밖에서 임금을 모시고 호위하는 신하를 겨우 보고, 전 위의 동정은 막연하여 자세히 알지 못하겠다.

태화전 뜰에 사양재 강호보가 서 있던 서편(왼쪽) 9품석 앞 위치와 태화문

　백관과 각 성에서 올린 정조하표(正朝賀表, 새해 신하가 임금에게 바치는 축하 글)를 다 정자(亭子)에 담아 안의사(按儀使)가 정자를 메고 교방사(敎坊司)가 풍류를 아뢰고 전 밖에서 채찍소리를 울리며 돌계단 아래에서 표를 읽으니, 다 황명 때 의주(儀注)를 모방하였는데 다만 음악 가락은 간략하였다.

　이윽고 기치(旗幟, 기와 깃발)와 의장이 세 번 일으켜 세우고 세 번 엎드려 호령하는 형상이 있는 듯하였는데, 높이 부르는 소리가 전 위에서 나는데 들리는 것이 하늘 위에서 나는 듯하였다. 다만 전각의 섬돌 위에서 누런 옷 입은 자가 벌여 서서 꿇고 일어나는 형상이 보이는데 설인이 말하길

　"이는 모든 왕이 조참하니 오직 제왕이 전(殿) 섬돌 위에서 행례하고 돈피(豚皮, 돼지가죽) 갑옷을 입어 빛이 누렇다."

한다. 그 다음에 백관이 행례하는데 차례로 따라하여 품석(品石) 아래 나아가 북쪽을 보고 [5a] 섰는데, 다 차례가 있어 어수선하지 않았다. 명찬관(鳴贊官)이 소리높여 부르면 백관이 일시에 삼궤구돈하는 예를 행하니, 천 마리 붉은 실이 온 뜰에 꽃이 핀 듯하였다.

일찍이 듣자니 청인이 조참할 때 천관백료(千官百僚)가 일시에 꿇었다 일어나 앞뒤가 어긋남이 없이 벤 듯하고, 중원 옛 예문대로 꿇는데 두 무릎을 나란히 꿇고 일어날 때는 두 무릎을 나란히 일어난다 했는데, 금일에 보니 대개 정돈하여 가지런히 자못 꿇고 일어나는 절도에는 익숙하나 오히려 혹 차이가 있어 가지런하지 못하여 혹 머리가 겨우 땅에 닿으며, 즉시 그 목을 들다가 도로 엎드리는 자가 있으니 본색을 감추지 못하는구나.

예를 마치니 각각 뜰 서편 원반(遠班)으로 돌아가 서로 향하여 앉고, 또 그 다음에 우리 사신이 행례할 때는 통관을 따라 점점 나아가 임금이 다니는 길 왼편 자리까지 나아가 서니, 뜰 좌우에 한 자(약 30cm) 남짓한 돌을 세워 몇째 품이라는 세 글자를 각각 새긴 이른바 품석이다. 내가 뒤를 따라 넷째줄 맨 끝자리에 서니 앞에 새긴 돌에 정9품 세 글자였다. 전(殿) 위를 바라보니 태화전 3자를 현판한 것을 어렴풋하게 알아보고, 전(殿) 집 위에 누런 기와로 잇고 기둥에다 황금을 발라서 아침 해가 비추면서 온 집이 다 현전황홀(炫轉怳惚, 밝고 황홀하게 바뀜)하고, 이른바 어탑(御榻, 임금이 앉는 상탑)이 멀고 아득하여 어떤 형상인지를 알지 못하고, 전(殿)은 극히 장려하여 높이가 몇 길인지를 알지 못하고 넓이가 몇 보인지를 측량치 못하겠다. 앞 기둥을 세니 무릇 열한 칸이고 한 칸의 넓이가 거의 5-6길이나 하여 그 높이를 바라보니 공중에 떠 있는 듯하고, 앞 돌섬이 [5b] 무릇 3층대이고 각 층대에 다 돌로 아로새겨 난간을 만들고 층대에 돌 난간이 또한 태화전 칸 수만큼 열한 칸을 만들었으며, 칸마다 황금 화로를 놓고 향을 피우니 향내가 하늘과 땅기운들이 서로 합하여 어렸다. 동서익랑(대문 좌우쪽에 잇대어 지은 행랑)의 심엄굉려(深嚴宏麗, 깊고 엄숙하며 크고 화려함)와 상하의 석난

(石欄, 돌로된 난간)의 요요기교(繚繞奇巧, 기교함을 두르고 마름)함을 다 형용하여 말을 짓지 못하겠다. 전 원편 4-50 보에 문이 있어 붉은 옷을 입은 군사가 지키고 있는데, 왕이 그 문으로 출입한다. 의식의 차례를 기다려 통관의 말대로 행례하고 예를 이미 파하여 호황이 들어갔는데, 다만 누런 빛 의장이 전 원편을 둘러 구불구불하게 가는 모습을 볼 뿐이었다. 백관이 비로소 기운을 펴 천천히 걸어 나오니 어탑이 비록 보였으나 비어 있는 상태로 지나가도 황송하여 몸을 굽히는 예의를 알지 못하겠으나, 또한 저들에게 족히 책망할 것이 아니었다.

우리 일행도 또한 따라 물러 왔다. 오호라! 태화전은 곧 황명 때 황극전이니 옛 천자의 정아(正衙, 정전(正殿))으로서 제후가 조회를 받던 집인데 한 오랑캐가 엄연히 그 위에 앉았으니 이미 가히 분개하고, 하물며 우리는 황명이 끼친 백성으로서 평일에 경전을 읽으며 의리를 강론하고 그 스스로 보며 저 오랑캐들을 보는 것이 이제 어떻게 하다가 아래서 조아려 절하는 것을 달게 여기니, 옛과 지금을 부앙(俯仰, 아래를 굽어보고 위를 쳐다봄)하며 눈물이 가히 뿌릴 것이 없다.

기자가 은나라 옛 대궐 터를 지나시다가 맥수가를 지으신 슬픔이 오늘에 비하면 오히려 대수롭지 않을 것이다. 파하여 나오다가 동화문에 이르니 모든 오랑캐들이 조참하고 [6a] 파하여 돌아와 모여들어 북적거려 문에 몰려, 일행이 문안에 이르러 약간 빠지길 기다릴 때 삼사신이 승상(繩床, 가죽으로 만들은 휴대하기에 편리 한 직사각형의 의자) 위에 걸터앉으셨는데 모든 되(오랑캐)가 지나가는 것은 묻지 않고 그 중에 체모를 아는 자는 눈을 잠깐 떠보이고 지나가고 혹 대관이라도 앞에 와 서서 친숙히 보다가 가니, 대개 그 풍속이 작은 예절을 소략히 하기에 그러하거니와 또한 우리 사신이 대접하는 것은 예경(禮敬, 부처앞에 절하

는 듯함)하여 거만하지 않은 줄을 볼 것이다. 오후 2시경(未時)에 파하여
돌아 왔다. 상방이 술과 안주를 성대하게 차려 일행을 먹였다.

• 1728년 1월 2일 계축일 맑고 바람이 세고 몹시 추움

예부에서 일행 인원수와 말 숫자를 세어 음식을 베푸는 것을 써 가져
왔는데

○조선국 정사와 부사와 서장관 세 사람은 항상 거위 각 한 마리,
생선 각 한 마리, 면 각 2근, 엄채(淹菜) 각 3근, 황주(黃酒, 갈색 술)
각 6병, 청장(연한 간장) 각 6양(兩), 된장 각 6양, 초 각 10양, 장과(醬
果, 즙이 많고 내부에 씨가 있는 토마토, 포도 따위의 열매) 각 4양, 향유(향
내나는 기름) 각 1양, 등유 각 1종, 찻잎 각 1양, 화초(산초나무 열매)
각 1전, 소금 각 1양, 쌀이 각 2되이다. 나물은 정사 30근, 부사 17근,
서장관 15근, 숯은 정사 20근, 부사 서장관 각 10근이고, 고기 3근,
양고기 1쪽, 타락(駝酪, 우유) 1선(鐥)은 삼사신께 합하여 주고, 실과는
5일에 일차씩 합하여 주되 빈과(蘋果, 사과류 과일) 50개, 배 50개, 사
과 75개, 포도 5근, 대추 5근이다.

○대통관 3명과 압물관 24명은 매일 닭 각 한 마리, 고기 각 2근,
면 각 1근, 엄채(淹菜) 각 1근, 두부 각 1근, 청장 각 2양, 된장 각
4양, 황주 각 1병, [6b] 향유 각 4양, 등유 각 1종, 찻잎 각 5양, 화초
각 5푼, 소금 각 1양, 쌀이 각 1되, 나물 각 10근, 숯은 대통관은 7근
이고 압물관은 5근이다.

○조참에 참여하여 상을 받는 30명의 종인 30명은 매일 누런 고기
각 1근 8양, 면 각 반 근, 엄채 각 2양, 소금 각 1양, 쌀 각 1되, 나물
각 4근 황주는 합하여 6병이고 등유는 합하여 6종이다.

○상을 받지 못하는 종 285명은 매일 황육 각 반 근, 엄채 각 4양, 된장 각 2양, 소금 각 1양, 쌀 각 1되, 나물 각 4근이다.

○말 243필은 매일 콩이 각 4되, 곡초(穀草, 곡식이 열리는 풀) 각 1속 (束, 단), 양초(□草) 각 1단, 나물 각 2근인데 합하여 5일에 주는 쌀이 17석(石, 가마) 4두(斗, 말)이고, 콩이 48가마 6말이었다.

일찍이 듣자니 관소에 머무를 때 삼사신에게 나눠주는 것이 각각 차 등이 있다 하였는데 이번은 일체로 마련하여 다름이 없거늘, 문서를 통관에게 구하여 얻어보니 대개 작년(1727) 7월 이친왕이 아뢰어 여쭤 정해진 것이라 하였다. 이친왕이라는 자는 곧 옹정의 아우 십상왕 윤상 이니, 옹정이 윤상을 사랑하여 나라 일을 다 윤상에게 맡겼는데 윤상이 또한 정성을 바닥이 들어날 정도로 다하여 정사를 도우므로, 백성이 의지하여 믿는다 한다. 부방이 술과 안주를 가져와 일행을 대접하니 상방 음식보다 배나 낫다 한다.

• 1728년 1월 3일 갑인일 맑고 일기가 조금 풀어짐

들어 머무는 관소(舘所)가 족히 일행을 만나 보는데 오히려 몹시 좁 고 구차하고 가난하여 폐가 없지 않고, 말을 다 한 곳에 메어났다. [7a] 그 관 반을 백성에게 세를 준 것이 오히려 많아, 이 연행 길이 이번 뿐이 아니니 이번에 바꾸지 않으면 바꾸지 못할 것이라 하여 일행이 서로 의논하여 설인으로 하여금 제독과 통역하여 세준 집을 더 **빼달라** 하였는데,

"제독이 예부에 얘기하여 장차 옹정에게 올려서 바꾸려 한다."

하였다. 제독 한 관원이 와서 대령하였고, 다른 제독은 사행이 관소에 이르던 첫날 잠깐 오고 그 후는 다시 오지 않았다 한다.

• 1728년 1월 4일 을묘일 맑음

제독이 여러 가지 과일을 삼사신께 나눠 보내와, 각각 종이와 부채로써 답례하였다. 김상명이란 자가 있는데 본래 우리나라 사람 자손인데 그 증조 모갑(某甲)이 병자난(亂)에 사로잡혀 돌아오지 못하여 청인이 되었고, 상명이 바야흐로 현달하여 벼슬하고 옹정에게 은전을 입어 지난해 사신이 돌아올 때 사책 변무하는 일로 상명에게 간청했는데, 상명이 홍정을 붙여 주선해 주겠다고 하였다. 금일에 상명이 통관을 시켜 역관 김시유를 보기를 청하여 김시유가 상명에게 간다고 아뢰는데, 부사 영공이 시유에게 이르기를

"이번 길에 그대를 데려온 것은 완전히 사책 조목을 위함이고, 내년 (1727) 섣달에 개간을 마칠 것이라고 한 말이 이미 상명이 작년(1726) 편지에 분명히 하였으니, 이제 이미 그날이 지났다. 이번 길에 개간한 본(本)을 만일 얻어가지 못하면 그 사람이 말하던 '작년에 주선한다'는 말이 거짓꾸민 말이 됨을 면치 못할 것이오. 이번 길에 임금께 아뢰어 청하여 들어온 뜻이 또한 장차 거짓으로 돌아갈 것이니 [7b] 그대 어찌 그 죄책을 도망할 것인가? 네가 상명을 보고 이 말을 전하되 말을 잘하여 헛되이 돌아가는 폐가 없도록 하라."

하시니 대개 작년(1726) 10월 5일 주강(임금 경연의 한가지)으로 임금을 뵐 때에 낙창군이 평상 앞에서 여쭙길

"소신이 저번에 임금을 뵐 때 이번 사행의 역관을 별도로 더 정하여 들어갈 일로 품달하여 성교(聖敎, 책봉할 때 내리는 제왕의 교명)이 이미 전례를 따라 더 데려감을 허락하셨는데 그때에 다시 임역(任譯, 통역 담당) 김시유를 더 정하여 데려갈 것으로 판단하시어 친히 허락하신 하교를 받았사옵니다만, 사역원(司譯院, 통역에 관한 일을 맡은 관아)이 이전 정

식을 적용해 별도로 물품 인원 등을 추가로 늘려 정하는 것을 막았기에 전례대로 정해진 수밖에 데려가지 못하는데, 다만 엎드려 염려하오니 사책 변무하는 일이 중요하고 크니, 지난해 저쪽 사람이 우리 사신에게 한 편지에 비록 명년(1727) 겨울로써 기약을 하였으나 이국 사정을 실로 미리 헤아리기가 어렵사오니, 반드시 임역들이 잘 흥정하여 주선한 후에야 거의 가망이 있을 듯하고, 임역 중에 이 일로써 처음부터 담당하여 사정을 자세히 아는 자가 오직 이추와 김시유 둘 뿐인데, 이추는 먼저 자자관(齎咨官)으로 지금 연경에 들어가 언제 되돌아 올 날짜를 아직 알지 못하고, 김시유는 무고히 있으니 별가정(別加定, 별도로 물품, 비용, 인원등을 추가로 정함)은 비록 들어가지 못하나 김시유는 이번에 데려가지 않으면 안되니 감히 우러러 아룁니다."

임금이 말하시길

"금번은 별도로 계청할 것이 아니고 사책 일이 지극히 중하니, 가정한 다른 역관은 데려가지 못하겠지만 김시유는 별도로 데려가라." 하시니, 그리하여 절차 외에 김시유를 데려와서 [8a] 부사 영공의 말씀이 이러했다.

김시유가 상명을 보고 이 뜻을 일렀는데 상명이 말하길

"사기 수정하는 것은 이제 비록 잠깐 마쳤으나, 개간하기 전에 먼저 황제께 드려 황제가 친히 보아 만일 미진한데가 있으면 황제가 찌를 붙여 표하여 내려오면 총재관이 고쳐 수정하여 드리는데, 고칠 때 혹 더 넣거나 빼므로 자 수와 줄 수가 차차로 서로 어긋나 한 줄을 고치면 문득 한 권을 다 고치게 되므로 자연히 일을 더디게 하여 시일이 미루어진다. 작년 11월 24일에 전질을 마쳐 황제께 드렸는데 이제 비로소 네 갑(匣, 작은 상자)을 보고 미처 보지 못한 것이 많으니, 그러므로 개간

하는 것이 쉽지가 않다. 내 선조가 장목대왕(인조임금)을 6년을 섬기셨
으니(상명의 증조가 인조 대왕 때에 벼슬이 병사였다고 말했다 한다) 내가 동
쪽 나라 보기를 내 임금같이 하는데 내가 어찌 이 일에 감히 털끝만큼
도 대수롭지 않게 하겠는가? 내 지금도 주선하는 도리가 있어 가슴속
에 새겨 잊지 아니하니, 그대는 조금 기다리라. 내가 장차 헤아려 잘
생각하는 일이 있다."
하였다 하니, 그 말이 확연히 다른 일로 핑계하고 거절하여 미봉하는
꼴이다. 사책을 이번 길에 얻어가지 못함을 결단해야 한다.

　정환 백수채 두 사람의 말이 과연 미덥구나. 사기 무욕한 시작과 끝
을 간략히 아래에 기록한다.

　죽천(竹泉) 김판서 진규씨(鎭圭氏)가 그 선부군 광성부원군 행장을 지
었다. 현종대왕 때 종실정(宗室楨) 등이 상소하여 말하길

　"황명 때 야사에 우리 인조대왕을 무욕한 말이 있는데 청컨데 청인에
게 변무(辨誣, 사리를 따져서 억울함에 대하여 변명함)하소서."

　[8b] 임금이 신하들에게 물었는데 신하들이 마땅히 변무해야한다고
말하는 자가 많아 부군이 아뢰었다.

　"이 일은 선묘조(宣廟朝, 선조)에 '나라 대대로의 계통에 무욕을 입었
다' 하여 대명에 가서 변무했던 일로 더불어 도리와 시세(時勢)와 사체
(事體, 이치와 체면)이 다 다름이 있어 이른바 도리는 신의 말을 기다리지
않았으나 전해 반드시 알았을 것인데, 만일 야사에 썼던 그 때에 변파
(卞破, 법을 깨뜨림)하면 마땅히 천하 만세에 정론이 되는데, 이제 명나라
사람이 짓고 청인이 고치면 어찌 후세에 말이 있겠습니까? 이른바 일
의 시세(형세)는 명나라 사람이 지은 바를 대가 바뀐 후에 고쳐주기를
청하면 저들이 즐겨 하락하겠습니까? 이른바 사체(事體, 이치와 체면)은

명조(明朝) 법전에 잃거나 어긋난 것이 있으면 진실로 마땅이 법을 깨뜨려야 하지만, 야사는 불과 한 사람의 사사로운 말이니 어찌 법을 깨뜨린다 하겠습니까? 고치기를 청하고자 하여도 야사는 나라에서 알 바가 아니고 금하는 것을 고치는 것도 우리나라가 가히 청할 바가 아니니, 고치기를 청함도 가하지 않고 금하기를 청함도 가하지 않으니, 장차 무슨 말로 법을 깨뜨리겠습니까?"

하니 대개 이때 정남(楨楠) 형제가 이미 간악한 꾀를 품어 나라 정사에 간여하고자 하여 이에 야사의 패설(稗說, 세상에 떠돌아다니는 기이한 내용 이야기)에 증거할 것이 없는데도 윗사람에게 알게 해 일을 크게 하려 했던 것인데, 이른바 무욕이라 함은 인조대왕 계해년에 광해를 폐하시고 반정하시던 일을 가리킨다. 그 글이 다만 그때 등주(登州) 순무(巡撫) 원가립(袁可立)이 우리나라 일을 사핵한 시작과 끝을 기록할 뿐이고, 실은 법을 깨뜨릴 만한 것이 없었다. 정(楨)이 [9a] 이미 그 의논을 끌어 일으켰는데, 모든 신하가 그 일이 선조와 관계함을 중히 여겨 대답하는 바가 다 입만 벌렸다 오므렸다 말도 못하였다. 부군이 그것이 가하지 않음을 가르쳐 베풀기를 심히 밝혔는데, 숙종대왕 초년에 이르러 모든 소인이 조정을 당하여 그 의논이 다시 일어나 이루기를 도와, 마침내 정의 아우 남(楠)을 연경의 사신으로 보내 그 일을 청하였다. 금하는 글을 얻어 본 연유를 힐문하여 크고 괴롭게 몰아 책망을 하니, 사람들이 부군의 선견(先見)에 항복하였다 한다. 전(前)의 사행 때 사기에 무욕한 것을 고치기를 의논하여 허락한 조보에 말하길,

"예부 등 아문은 삼가 장목왕이 무욕입으신 일로 모여 의논할 때 얻어 보니 조선 국왕(경종 임금)이 주문하여 말하길 '신의 6대조 소경왕(선조 임금)이 서자 혼(琿)을 세워 이을 것을 삼았는데, 후에 혼이 도리가

없어 왕대비가 하교하여 혼을 폐하고 소경왕 모든 손자 중에 어질고
덕이 있는 것으로 가려 능양군(인조 임금)를 맞아 세우시니, 곧 신의 4대
조부 장목왕(인조 임금)입니다. 임자년 배신(陪臣, 대부의 집에 딸려 모시는
사람들)이 사신으로 갔다가 우연히 『황명십육조기(皇明16朝紀)』란 책을
얻어 보니 본국 계해년 일을 기록하였는데, 바로 '찬역(簒逆, 임금의 자리
를 빼앗으려고 하는 반역)하였다' 썼으니, 신의 조부(현종 임금)이 책을 얻
은 후로부터 항상 마음을 썩여가며 황조에 알리어 문서를 바로잡기를
청하려고 하시다가 불행히 급작스럽게 뜻을 이루지 못하였습니다. 강
희 15년에 이르러 신의 선붕(숙종 임금)이 [9b]유계(遺計, 고인이 남긴 계
략)을 받들어 황조(皇朝)에 신유(申諭, 고하여 깨우침)하여 고치기를 요청
하니, 예부 자문(咨文)으로 회답하였습니다. '조선 나라가 계해년 임금
을 폐한 처음과 끝과 장목왕(인조) 사적이 스스로 정론이 있으니, 야사
에 사사로이 기록한 것을 캐어 믿을 수 있는 사적에 들이지 않을 것이
다.' 하였습니다. 또 무오년에 조공하러 갈 때 억울하게 누명을 쓴 정절
을 분한 사정을 들어 성을 내 변백하여 사관에게 명하여 다시 바로잡기
를 청하고, 만일 과연 개간하면 반드시 나눠 보기를 청하였는데, 예부
자문으로 회답하였습니다. '장목왕 사적 시말을 사신이 실상을 증거하
여 찬수할 것을 전일에 주문하여 자문을 심히 밝게 하였으니, 황지를
받들어 의논을 시행할 것이다.' 신의 선부(숙종)이 자문 사연을 받들어
항상 고친 정사를 즉시 쾌히 보지 못함으로써 한을 머금고 돌아가셨습
니다. 신이 유지를 받들고 어찌 한 촉각인들 마음에 잊겠습니까? 이제
들으니 황조에서 바야흐로 황명 사기를 닦는다 하니, 붓을 잡으신 해에
스스로 마땅히 실상을 증거하여 기록하여 실을 것인데 혹 걱정하건데
외국 사적을 미처 다 알지 못함이 있을까 하여, 이에 감히 선조 장목왕

무욕 받으신 대강을 베풀어 황상께서 슬프고 불쌍히 여겨 살펴드림을 바라니, 만일 사신(史臣)에게 밝게 명하여 잘못되고 기만한 것을 지우고 없애 실적을 밝게 실어 만세에 미더운 사기를 만들어 개간한 본을 가져와 작은 우리나라에 베풀어 보이면 신이 은혜를 받아 고마움을 굽어 간직할 뿐 아니라, 신의 선조부가 반드시 장차 [10a] 어둡고 아득한 가운데 감격하여 우실 것이라 하셨습니다. 살펴보니 강희 15년에 조선 국왕(숙종 임금)이 주문했는데, 선조 장목왕(인조 임금)이 명조 야사에 무욕과 훼방을 입고 계시니 덜어버리고 고치기를 청하였습니다. 예부가 의논하여 자문으로 회신하길, '본조(本朝, 청)가 명사를 찬수함에 시비가 반드시 공평하게 할 것이고, 조선 계해년에 폐립(廢立)한 사적 시말이 스스로 공론이 있으니 사사로이 기록한 것을 곁에서 캐어 믿을 만한 사기에 들이지 아닐 것'이라 하고, 황지를 받들어 의논을 시행하는 문안(文案)이 있습니다. 또 살펴보니 강희 18년의 조선 국왕(숙종 임금)이 주문했는데 다시 원통하고 무욕한 정절을 분한 사정을 들어 살핌을 입을 것이라 했는데, 예부가 의논하기를 '조선국 계해년 사적 시말을 마땅히 실상으로 찬수하겠다고 하니, 비록 기만한 말이 있어도 사사로이 기록하여 와전한 것은 기록하여 싣지 아니할 것이다. 하물며 조선국에서 사 가지고 간 『십육조기(16朝記)』는 야사이니 족히 근거를 대지 못할 것이다. 강희 16년 예부가 아뢰어 그 책을 거두어 예부로 모아서 불사르고 이미 자문으로 밝게 알렸으니 조선 왕이 의논할 것이 아니라' 하여 이 뜻대로 자문에 회답하고, 황지를 받들어 의논대로 시행하여 문안이 또한 있습니다. 지금의 조선 왕(경종 임금)이 주문했는데 선신(先臣, 임금의 돌아가신 아버지를 이르는 말) 장목왕(인조 임금)이 대비명을 받들어 소경왕 모든 손 중에서 어질고 덕이 있는지를 가려서 맞아 세우니 일국

신하와 백성이 감복하지 않을 리 없어서 아름다우신 덕을 일컬어 이제 말하길 쇠하지 않을 것인데, 『황명십육조기』에 [10b] 바로 찬역했다고 하였습니다. 신이 이제 들으니 '황조에서 명사를 닦는다' 하니, 바라건 데 '사기 닦는 신하에 명하여 와전한 무욕한 말을 고쳐달라' 하였습니다. 신(臣) 등이 엎드려 살펴보니 예로부터 패관야사(稗官野史)에 기록한 글이 대개 여염전문(閻閻傳聞, 백성들 집에서 듣고 전해진 말)하는 말을 기록하여 집마다 스스로 말을 만들고 말이 사람마다 다르니, 정사를 닦아 모으는 자가 다 취하지 않을 바입니다. 조선국 계해년 폐립(廢立)한 일이 황명 천계 3년에 하도진장(椵島鎭將) 모문룡이 조선 의정부 이문을 증거하여 대명 조정에 아뢰었는데, 당시에 조선 의논이 분분히 일어나 그 말이 한결같지가 않았습니다. 청나라 등주 순무 원가립이 아뢰어 청하여 사신을 보내어 실정을 자세히 조사하여 밝히니, 그해 겨울에 모문룡이 조선국의 공결(公決, 공정한 결정) 십이통(편지 12통)을 보내어 바치고 또 이르길, '저쪽 나라(조선)에 종실로부터 팔도 신하와 백성에 이르러 말을 한결같이 다 장목왕(인조 임금)를 일컬어 공순하다 하여 나라 일을 일체 통괄하여 거느림을 청한다' 하여 이에 황제가 드디어 인조를 봉하여 조선국 왕을 삼는다 하니, 이는 천계 3년 12월의 예부에서 주청한 상소에 실린 바입니다. 이제 조선국 왕(경종, 현재 임금)은 황상이 소식을 주시어 깊은 은혜를 입고 베풀기를 간곡히 하여 선대에 찬탈하였다는 더러운 누명을 밝게 씻기를 바랍니다. 황상이 그 정사가 간절함을 염려하여 신 등에게 명하여 같이 모아 의논하라 하시니, 엎드려 생각하여 어진이를 기리고 원통하게 누명을 쓰고 억울한 것을 풀어버리면 성왕(聖王)이 세상을 권하는 [11a] 커다란 도리가 되며 의심된 것을 권하고 믿는 것을 두면 사관의 일을 기록하는 어진 법이

오, 하물며 외국의 의심된 일은 빼놓고 소략하는 것이 있음직합니다. 조선 국왕(인조 임금)이 섰음을 명 때 모든 책에 기록한 바가 같지 않고 모문룡이 봉하는 것을 청하는 상소에 '저쪽 나라(조선) 신하와 백성이 장목왕(인조 임금)을 일컬어 공순하다' 하는 말이 있고, 또한 찬탈하다 함이 기만한 줄을 증거할 것이니, 신 등은 청컨데 조선 왕(경종 임금) 상소를 갖고 황명 사관에 맡겨 문장을 가려 모으는 여러 신하들로 하여금 조선 계해년 반정한 일을 잡말은 빼버리고 명 때의 사적을 정확히 살펴서 정한 의논을 짓고 만들어 조선 국왕이 주청한 정성을 위로하고 개간한 본을 널리 사람들에게 알리라고 한 말을 살펴보니, '사기 책이 비록 경계 밖에 나가기를 엄히 금하라'는 조목이 있으나 우리 국가가 덕이 넘치고 은혜가 널리 사해 안에 한 집이오 조선이 정성을 보내는 것이 가장 일찍이하고 충직함을 드림이 가장 부지런히 하여 안에 있는 땅과 같이 다함이 없으니, 반드시 명사가 다 이루어 개간을 마치는 날을 기다려 조선국 열전 안에 장목왕 기록한 것을 가져 조선 왕께 반포하여 성조(聖祖, 어진 임금이 다스리는 조정)이 먼 변방을 어루만지며 작은 나라 사랑하는 큰 어짐과 황상의 정성을 받들고 공도(公道, 공평하고 올바른 도리)의 지극한 뜻을 베푸시고 그 진주(進奏, 임금에게 나아가 아룀)한 예물을 도리어 왔던 사신에게 주고 뛰어 돌아가 공손히 명(命) 내리는 날을 기다리라 하고, 조선 국왕께 문서를 보내는 것이 [11b] 가능할 것입니다."

옹정 5년(1727) 5월 26일에 모여 의논하여 바쳐, 같은 달 28일에 황지를 받들어 의논한 대로 시행하게 하라 하였다. 곽여홍이 내여 보였던 것이 이 조보였다.

• 1728년 1월 5일 병진일 맑음

김상명이 북경 도성 아홉 문에 세를 받는 관원을 겸하여 서문 밖 수세소(收稅所, 세를 받는 곳)에 가 있어 통관으로 하여금 김시유에게 말을 보내어

"어의(御醫, 대궐안의 의원) 보기를 청한다."

하여, 김시유가 어의 오지철을 거느려 가 보았다. 대개 상명이 다리병이 있어 침맞기와 뜸뜨기를 의논코저 한 것이다. 시유가 또 사책 일로써 말했는데 상명이 답하길

"그대 이미 본국 대사로써 내게 의탁하였으니 내 마음과 힘의 믿는 곳이야 어찌 감히 정성을 다해 바닥이 날 정도로 도모하지 아니하겠는가?"

하였는데, 그 말이 항상 이러할 뿐이고 달리 가히 도모하여 일이 잘 되어가는 형세가 없으니, 오직 시유의 혀를 믿을 따름이었다. 수역 한홍의가 동정귤(洞庭橘, 품종이 좋은 귤)과 감자(柑子, 감자나무 열매) 각 한 그릇씩을 내게 보내왔다.

• 1728년 1월 6일 정사일 맑음

상사가 환술하는 사람을 불러 놀게 하고 일행을 청하여 보였다. 뜰 가운데 한 탁자를 놓고 환술하는 놈이 탁자 앞에서 주머니 가운데에서 사기잔 한 쌍을 꺼내어 그 잔을 거꾸로 들어 앉아 있는 전체 사람들에게 보여 그것이 비어있는 것을 보이고, 그 잔 하나를 탁자 위에 놓았다. 또 그 잔 하나를 그 위에 덮어 붉은 보를 꺼내 그 잔 위에 덮고 손으로 탁자 위를 그어 부적을 그리며 부처의 말을 외우고, 하늘을 우러러 공중에 손을 [12a] 휘둘러 잔으로 향하여 주워 담는 듯한 형상을 두어번 하다가 이윽고 그 보를 치워 없애고 위에 덮은 술잔을 여니 술이 잔 가운데

가득하였다. 곁에 있는 사람에게 맡으라 하여 나아가 맡아보니 술 냄새
가 코를 쏜다고 한다. 그 사람이 스스로 마시고 또 곁에서 구경하는
사람들을 다 마시게 하니, 술맛이 심히 맵다 한다. 그때 우리나라 하인들
이 구경하는 자가 거의 300명인데 사람마다 마시지 않은 사람이 없고,
마시니 문득 술기운이 있고 더욱 마시어도 술이 다하여 떨어지지 않았
다. 그 잔을 모두 비우고 역관에게 진짜 술 한 잔을 청하여 술을 가져다가
그 잔에 가득 부어 주니, 탁자 위에 받아 놓고 나머지 잔으로 덮고 또
붉은 보로 덮고 부적을 그리며 부처의 말을 외우고 아까처럼 하다가
보를 걷어 그 잔을 들어 거꾸로 드니, 잔이 말라 아무것도 없었다.

또 동그란 구슬 다섯 개를 내어 왼손에 쥐고 또 오른손 다섯 가락을
다 펴 셋을 보이고 즉시 빈 주먹을 쥐어 두 손을 한 자 남짓 띄워 서로
향하였다가 이윽고 열어 보이니 왼손의 구슬이 홀연히 오른손 가운데
에 있었다.

또 주머니 가운데에서 사슴가죽 말은 것을 꺼내니 길이가 한 자 남짓
하고 모양이 약간 뱀 같은데, 사슴 가죽인 줄을 사람에게 다 보이고
손으로 쓰다듬어 어루만지니 그 사슴 가죽이 점점 꾸물꾸물 움직여 머
리를 들며 꼬리를 흔들더니, 이윽고 탁자 위에서 뛰다가 날아 곁에 있
는 사람의 어깨와 등 위로 뛰어 올라 다니다가, 탁자 위에 내려 입을
벌리고 [12b] 혀를 내두르니 진짜 뱀이었다.

또 동다회(童多繪)라는 둥근 끈 목띠를 꺼내 칼로 가운데를 끊어 둘로
잘라 각각 나눠 사람에게 주어 돌려 본 후에, 도로 가져가 끈 두 끝을
잡아 부처의 말을 외웠는데, 이윽고 두 끝이 저절로 이어져 갖다가 자
세히 보는데 끊은 흔적이 없어 마침내 알아보지 못하였다 한다. 또 그
띠를 탁자 위에 사려놓고 잔으로 덮었다가 이윽고 그 잔을 치우니, 그

띠가 긴 뱀으로 변하여 꿈틀꿈틀하고 피락사리락(뱀이 움직이며 나는 의성어)하며 입을 열어 혀를 치켜 내밀어 사람을 깨물려고 하였다.

또 구부려 땅 네 군데와 가운데 다섯 곳에 부적을 그리고, 그 흙을 취하여 탁자 가운데 놓고 보로 덮고 중얼거리기를 오래 하다가 그 보를 떨쳐 없애니 대추와 밤이 무수히 떨어졌다. 사람이 다 주어 먹고, 환술하는 자가 그 대추 두어 개를 취하여 곁에 있는 역졸에게 입을 벌리라하고 그 대추를 입에 넣은 후

"입을 다물고 있으라."

하고 이윽고

"뱉으라."

하니, 대추가 변하여 다 말똥이 되었고, 혹은 변화하여 벌이 되어 날아갔다.

또 보로 탁자 위에 덮고 잠시 손으로 보 속에서 배와 유자 2-30개를 더듬어 꺼내니 역관들이 다투어 먹었다.

또 담요를 땅 위에 덮고 부적을 사방과 중앙에 그리고 금목수화토 다섯 글자를 나눠 각각 쓰고, 그 흙을 각각 취하여 담요 위에 쏟아 펴고 손으로 공중에 휘둘러 가져와 담는 형상을 오래하다가 담요를 조금 들어 화기(畵器, 그림을 그린 사기)를 무수히 내어 놓았는데, 대접과 탕기에 각각 잡실과(雜實果)와 침채(沈菜, 김치), 초채(醋菜, 봄나물)와 어탕과 육탕 담은 [13a] 것 등 스물 남짓 그릇을 더듬어 꺼내었는데, 채와 탕은 다 즙이 있어 그릇에 가득하고 혹 넘치어 땅에 흘렸다. 사람들이 다투어 가져다가 먹으니 먼저 취했던 자가 또 배를 불리었다. 또 보를 잡고 부처의 말을 외우다가 보를 흔드니 누런 밤이 많이 떨어지다가 나중에 참새 수십 마리가 날아 나오니, 혹 잡았다가 돌려보내 주었다.

또 물을 손바닥 가운데 붓고 주먹을 쥐고 입으로 불고 또 곁에 사람에게 불어달라 하여 잠시 후 그 쥔 주먹을 펴니, 물이 어름이 되어 크기가 계란만하였는데, 옆사람 입에 넣었다가 이윽고 뱉으니 다 먼지와 재가 되었다.

그 밖에 변화시키고 요탄(妖誕, 괴상하고 허무 맹랑함)하여 기기괴괴(奇奇怪怪, 외관이나 분위기가 몹시 기이하고 괴상함)하고 황홀하여 형상키 어려워 가히 다 기록하지 못하겠다.

또 잡스러운 놀이를 하는 사람이 있는데 화기사발(畫器沙鉢, 그림 그려 있는 사기 사발)을 한 발 남짓 길이의 막대 위에 놓고, 그 나무를 공중에 들어 뜰 가운데서 두루 돌고 달려 바쁘게 왔다갔다 하는데, 떨어지지 않고 혹 공중에 높이 쳐올렸다가 다시 그 나무로 받는데 백번에 한번도 떨어지지 않았다. 또 상자함을 열고 길이가 두어 치 되는 가짜 사람을 꺼내어 수족(손과 발)과 면목(얼굴과 눈)이 의연히 사람같은 것을 사발 옆에 놓으니, 가인(假人, 가짜 사람)이 스스로 사발을 두 손으로 붙들어 노끈으로 가인의 목을 매어 넓은 뜰 가운데 두루 두었는데, 가인이 사발을 붙들고 안아 마침내 떨어지지 않았다. 또 노끈을 공중에 길게 드리우니, 가인이 뛰어 노끈을 잡고 오르고 내리는 것은 사람이 시키는대로 하며, 또 큰 화기사발을 한 발 남짓한 나무 위에 놓고 또 한 발 남짓 나무 대를 그 나무 아래 꽂고 또 한 발 남짓한 큰 대를 그 대 아래 꽂아 이렇게 하기를 8~9층을 하니 [13b] 높이가 가히 10여 길이나 하였다. 사발이 그 위에 있어 거의 내려질 듯하다가 다시 제자리로 편안해지고 그 대를 들고 달려 온 뜰을 돌아다니니 보는 자가 늠늠히 위태로워 걱정하는데 사발이 마침내 떨어지지 않았다.

또 한 놈이 긴 환도(環刀)를 갖고 서로 핥아 침을 뱉고 입으로 부처의 말을 외우고 환도를 입으로 넣어 가슴 가운데로 내려 꽂는데, 두어 자 남짓 환도를 다 넣어 그 자루가 보이지 않게 다 꽂고 뛰놀며 두루 돌다가 잠시 후 빼었다. 또 늙은 오랑캐놈이 있어 환도를 합하여 아까처럼 다 넣어 삼키고 두루 돌다가 오랜 시간 후에 역졸이 말하길,

"그 환도 끝에 똥 같은 것이 묻어났다."

한다. 그 오랑캐 놈이 낯빛이 파랗고 질식할 듯하다가 오랜 후에야 진정하는데, 두렵고 마음이 불안하여 차마 보지 못하였다. 대개 그 환술이 요망하고 괴탄하여 가히 깊이 연구해도 알지 못하겠다.

대개 중원사람이 변환하는 술로써 사람을 요사스럽고 홀리게 하는 법이 이미 오래되어 어환(魚豢) 『위략(魏略)』이란 책에 말하길

"여헌(黎軒)이 기이하게 변환하는 술이 많아 입 가운데에서 불을 뱉으며 스스로 매이고 스스로 푼다."

고 하는 것과 당대에 안사고(顔師古)에 이르길

"칼을 삼키고 불을 뱉으며 나무를 심고 오이를 심고 즉시 꽃을 피우고 열매를 따 먹으며 사람을 죽이고 말을 베어 죽였다가 도로 살리는 술이다."

하는 것이나, 『열자(列子)』 「주목왕 편」에 이른바

"변화하는 사람이 있는데 물과 불에 들어가 쇠와 돌을 꿰고 산과 내를 두루 집어들고 고을과 성을 옮긴다."

했는데 [14a] 다 이런 환술을 말하는 것이다.

• 1728년 1월 7일 무오일 맑음
일기가 온화하여 봄기운이 이미 나타났다.

• 1728년 1월 8일 기미일 맑음

부사 영공이 드신 방이 서장관 있는 방과 같이 다만 한 칸 떨어졌는데 관소에 40일을 머물어도 마침내 한번도 가서 찾지 않으시고, 홀로 나와 함께 서책을 살펴보고 문자를 초록하여 쓰고 나날을 보내며 문을 닫고 자취를 끊으니, 사람이 혹 괴이하게 여기는데 영공이 또한 고치지 않는다.

십삼왕의 관소에서 연락이 와

"침 놓는 의원과 화언(華言, 중국어)를 잘하는 역관을 보자."

고 한다 하여 김시유로 하여금 오지철을 거느리고 가보니, 대개 십삼왕의 아들이 작년 창종(瘡腫, 피부 부스럼)이 있어 의원을 맞아 약을 묻고자 함이었다. 김시유가 저녁에 돌아와 말하였다.

"십삼왕의 집 문 앞에 이르니 그 문이 돌로 쌓아 아로새겼고 5가지 색으로 그려 영롱하고 문 위에 누를 만들었다. 십삼왕이 대궐에 가서 돌아오지 않아 문지기에게 온 연유를 말하니 문지기가 인도하여 문안에 한 집에 앉히고, 지키고 호위하는 군사가 활과 환도를 차고 있고, 문안에 섰는데 이윽고 전하여 말하길 '왕이 온다' 하니, 문 안 호위하는 군사가 분주히 나가 맞으니, 왕이 인교(人轎)를 타고와 안으로 들어가 사람으로 하여금 부른다 하여 그 뒤를 따라 분칠한 담 아래로 따라가 세 겹 중문을 지나니, 산이 문득 높고 그 위에 작은 집이 있는데 극히 소쇄(瀟灑, 맑고 깨끗함)하였다.

왕이 평상 위에 비단방석을 깔아 앉고 또 비단방석 둘을 곁에 놓아 [14b] 두 사람에게 '올라 앉으라' 하니, 청의 풍속이 제왕께는 한 번 꿇어 세 번 고두하는 것인데 두 사람이 우리나라 예의로 섬돌 앞에서 절하고 뵈는데, 왕이 여러 번 '방석에 오르라' 하는데 감히 하지 못해 사양하고 평상 앞에 모시고 앉아 묻는 말을 따라 대답하고, 오지철이 병 고칠 말을 약간 이르니 왕이 심히 기뻐 명일에 다시 오기를 청하였다" 한다.

"왕이 코가 우뚝하고 수염이 아름답고 기운과 성품이 뛰어나고 눈빛 이 사람에게 쏘이고 대접함이 은근하고 말씀이 온화하고 공손하다." 하니, 저들 황자로써 친왕 자리에 살면서 천하 일을 다 차지하여 다스 리니 그 존귀함이 어떠한데 스스로 가득한 체 아니하는 것이 이러하니, 그 처지가 핍박하고 형세가 거리껴 능히 윤아와 윤제의 싸우는 변(강희 제 아들로 황위 쟁탈전)에 참여하지 아니하여 위로는 옹정에게 우의를 잃 지 않고 아래로는 연중에 원망을 부르지 아니함이 또한 어찌 이유가 없어 그렇겠는가?

• 1728년 1월 9일 경신일 맑음

관우(舘宇, 북경 유숙하고 있는 관소)가 좁아서 제독으로 하여금 예부에 이문하였는데, 금일에 비로소 변경하여 관 서북편 담 밖 인가를 고쳐 넓혀 주어 담을 물려 쌓았다.

호인이 잔나비를 끌고 갓다 보이니, 개 몸에 사람의 수족이고 낯은 늙은 할머니 형상 같았다. 그 호인이 방울을 목에 매어 이끌고 장구를 치며 춤을 추게 하니, 잔나비가 풍류 마디를 따라 응하여 춤추었다. 그 호인이 큰 궤를 뜰 가운데 놓으니 잔나비가 춤을 그치고 스스로 그 궤 를 여니, 그 궤 가운데 조사(朝士, 조정에서 벼슬하는 신하)의 [15a] 관대와 장수의 갑주(甲胄, 갑옷과 투구)와 부녀의 의상인 각색의 옷과 의관이 가 득하였다. 잔나비가 각각 차례로 입고 쓰며 각각 그 복색(服色)을 따라 형상을 흉내내어, 선비가 쓰는 관을 쓰면 조용하고, 호반(무신)의 옷을 입으면 맹렬하며, 부녀의 치마를 매면 교태(嬌態, 아양을 부리는 태도)를 부렸는데, 나중에 늙은 할머니 형상을 하여 짧은 치마를 입고 막대를 짚고 구부리고 다니니 완연한 노구(老嫗, 할머니)였다. 역졸이 막대로 희롱하여 보채니 노하여 눈을 째려 뜨고 그 막대를 빼앗아 달려들어 장차 치려 하는데, 관리하는 되놈이 그 맨 것을 달래어 달려들지 못하게 하니 노함을 이기지 못하고 이를 갈아 소리를 내였다. 잔나비 울음소리를 듣고자 하여 맡은 되놈에게 시켜 울리라 하니, 찡그리고 즐겨 울지 않았다. 맡은 놈이 채로 치며 시키는데, 다만 아파 앓는 소리만 하고 눈썹을 찡그려 울고자 하다가 마침내 즐겨 울지 않았다.

김시유가 오지철과 같이 십상왕의 집에 가서 그 아들의 병을 보고 약을 알려 줬는데, 고자(내시)로 하여금 말하길

"사사로이 집에서 자주 청하여 보는 것이 극히 불안할 줄로 아는데, 진심에서 우러나오는 참된 정을 얻지 못하는 것이 있다. 내가 동쪽 나라(조선) 보기를 다른 나라와 다르게 살피니, 그대가 왕래하는데 거리끼거나 싫어하거나 하지 말고, 또한 귀한 공자라 하여 약쓰기를 어렵게 여기지 말라."

하고

"날마다 병을 봐 달라고 청하였다."

한다.

• 1728년 1월 10일 신유일 맑음

의주에서 묵을 때 역관 변중화가 연경 들어갔다가 돌아와 말하길,

"제주 사람이 풍랑을 만나 바람결에 떠서 흘러 유구국(琉球國)에 이르러 유구국이 [15b] 북경에 조공하러 오는 사신에게 붙여 보낸다."

하니,

"사행이 북경에 도착하면 만날 것이다."

라고 했는데, 오늘 비로소 들으니

"제주의 표류한 사람(漂海人)이 유구 사신과 같이 어제 북경에 들어와 삼관묘에 머물러 있다."

한다. 행중에 홍만운과 한수악으로 하여금 가서 표해인을 보고, 또 들어가 유구 사신을 보고 그 인명을 구제하여 신근(辛勤, 고된 근무)하며 데려온 뜻을 사례하려고 할 때, 내가 처음에 같이가 유구인의 거동을 보고자 하다가 고쳐 생각하니 몸을 박대하는 듯하여, 이에 그만 가지 않았다.

홍만운이 가보고 돌아와 이르길

"표해인이 사는 곳과 이름과 수를 예부에 정문(呈文, 하급 관청이 상급 관청으로 보내는 공문서)하여 예부가 황제께 주문하여 황지를 받은 후에야 마땅히 우리 사행이 있는 데로 보낼 것입니다."

하고, 또 이르길

"삼관묘 유구 사신 있는 데에 가니 거기도 또한 제독이 지키고 있어 제독에게 사신을 들어가 보고 사례를 표하고자 청하였는데, 제독이 말하길 '너희가 어찌 가히 스스로 굽히어 들어가 보는가? 이리로 불러 보는 것이 옳다' 하였습니다."

하니, 대개 그 뜻이 조선 사람을 존대하고 귀히 여기고 유구인을 가볍게 여김이었다.

즉시 유구 사신과 통하여 사신이 관복을 갖추고 나오는데, 머리를 깍지 않고 머리털을 풀어 검은 깁으로 머리를 칭칭 동여매고 그 뒤로 드리워 복건을 쓴 모양 같고, 의복을 채색 비단으로 하였는데 소매가 널려 무릎에 드리워 중의 장삼 모양 같았다. 서로 읍하고 평교(平交, 서로 나이가 비슷한 벗)처럼 하고 약간 두어 말을 하고 파하니, 제주에 표풍한 자가 무릇 9명이다. 홍만운 등을 보고 놀라고 기뻐 부모를 만난 듯하여 앞에 [16a]와 엎드려 울면서 소리나는 줄을 깨닫지 못하고, 능히 말하지 못하였다 한다.

환술하는 놈이 또 와서 상사 일행과 더불어 보니 그 기관(奇觀)이 어제 봤던 바에 불과하고, 사람을 유혹하게 하는 도섭인데 그 묘리(妙理, 묘한 이치)를 깨닫지 못하겠다.

• 1728년 1월 11일 임술일 맑음

부사(副使) 영공(令公, 李世瑾)이 무술년(1718)에 사신으로 왔을 때 중국 명화(名畵)를 구하여 얻어 화상(畵像)을 그리려 했는데, 여러번 이름난 화사(畵師)를 다 청하여 그렸지만 마침내 방불(彷佛, 같다고 느끼게 함)하지 아니하여 그만두었는데, 이번에 들으니

"서양국(西洋國) 화법(畵法)이 천하에 독보(獨步)적이다."

함에 홍만운(洪萬運)에게 천주당에 가서 서양인을 보고 영공의 화상 그리기를 청하였다. 서양인이 사양하여 말하기를

"내가 바다 밖에 있는 사람으로서 바야흐로 천자가 사랑하는 은혜를 입어 천자가 천주당을 너희 사신 들어오는 관(館)의 오른편에 따로 짓기 때문에 실로 잠깐도 틈이 없으니 실로 청하는 뜻을 따를 길이 없으며, 연경(燕京)의 화상을 잘 그리는 자가 있으니 내 마땅히 소개하여 천거하겠다."

하였는데, 금일에 마건(馬建)이란 자가 오니 서양인이 보낸 것이다. 방석(方席)을 주니 올라 앉아 영공의 얼굴을 우러러 자세히 보다가 앞에서

초본(草本)을 그렸는데, 또한 심히 방불치 않았다. 건(建)이 말하기를
"처음으로 그리느라 능히 같게 못하였으니, 명일에 마땅히 다시 그
려내겠습니다."
하거늘 영공이 종이와 부채를 주어 보냈다. [16b]

오지철이 십삼왕의 집에서 차반과 실과를 얻어다가 삼사신께 나눠
드리니, 그 중에 괴이한 음식과 이상한 맛이 많았다.

• 1728년 1월 12일 계해일 맑음

마건(馬建)이 와서 또 영공(令公, 이세근(李世瑾)) 화상(畫像)을 그리니,
어제 그린 것보다 약간 방불한 듯하지만 여전히 같지 못하였다. 건(建)
이 말하기를,

"내 왕공(王公) 귀인(貴人)의 화상을 그린 것이 전후(前後)에 무릇 몇
번인 줄을 알지 못하지만, 한번 붓을 내 그리면 다시 고치지 아니하여
도 방불치 아님이 없고, 혹 처음 그려내어 십분(十分) 같지 못하여도 두
번 그리면 똑같지 아니함이 없었는데, 이제 영공 화상은 두 번 시험했
는데 오히려 그리지 못하니 대개 대인(大人)의 높으신 상(相)이 과연 그
리기 어려운지라. 내 재주가 여기에 그치어 가히 시험하지 못할 것이
니, 서양인의 제자 중에 잘 그리는 자가 있으니 내 마땅히 데려 오겠습
니다."
하였다.

김시유와 오지철이 십상왕 집에 가니 왕이 시유에게 묻기를
"너희 나라가 왜국(倭國, 일본)과 지금까지 장사를 하는가?"
시유가 말하길
"지경(地境, 땅의 경계)에서 시장을 열어 물화(物貨)를 교역하는 정해진

것은 있어 지금까지 행합니다만, 왜국에서 나는 은이 옛보다 5분지 3
이나 덜 나서 우리나라 은이 없습니다."

왕이 또 묻기를

"듣자니 너희 나라가 쓸 것이 옛보다 점점 줄어 부족한 근심이 있다
하는데, 어찌 그러한가?"

시유가 말하길

"계속 흉년을 만나 세를 받는 것이 점점 줄어들 뿐 아니라, 다행이
선황제가 두둔하고 덮어 어루만진 덕택을 입어 경내(境內) 안녕하여 백성
이 번성하니 유한한 땅에서 무궁한 백성을 유지하다 보니 [17a] 백성이
살아갈 일의 빈궁함과 나라가 축적하는 것이 궁핍하게 되는 것입니다."

왕이 말하길

"네 말이 진실로 옳고, 천하가 다 그렇다 한다."

하였다.

• 1728년 1월 13일 갑자일 맑음

마건(馬建)이 다른 화사인 갈가(葛哥)를 데려와 다시 화상 한 본(本)을
그려 내었다. 그러나 마건이 그린 것보다 나은 점이 없었다. 영공이 사
례하여 보냈다. 김상명이 김시유에게 참외를 얻어 사신께 드리라 하니,
캐밀(哈密, 중국 신강 위구르자치구 동쪽에 있는 오아시스 도시. 천진산맥 남쪽
에 있으며 한나라 때부터 동서교역의 요충지)이란 땅에서 나는 참외라 한다.
캐밀이 북경에서 만여 리라, 절기가 지난 지 오래 되었는데도 맛이 심
히 달고 빛이 변하지 않아 처음 딴 듯하였다.

금일 호황이 원명원(圓明園)에 놀러 간다 한다. 원명원이 황성 서쪽
30리 밖에 있으니 열하(熱河)와 창춘원(暢春園)과 함께 다 호황이 놀이

하는 곳이니, 세 곳에 다 이궁(離宮, 태자궁, 세자궁의 총칭)이 있다 한다.

•1728년 1월 14일 을축일 맑음

주방이 상추쌈을 사서 조반에 놓으니, 그 크고 좋음이 여름에 딴 것 같았다. 묵고 있는 관소 뒤 담 북쪽은 큰 길이라, 수레와 말발굽 소리가 종일토록 소란스러워 우뢰와 같았다.

•1728년 1월 15일 병인일 맑음

예부 마을과 통하여 기별이 왔다. 황해도 소강(所江)에서 표류한 한인을 거느리고 온 역관 조광벽이 작년 12월 돌아가는 날에 봉황성에 이르러 부치고 돌아갔는데, 고국 기별을 듣지 못하니 더욱 답답하였다. 부방에서 약밥을 가져와 일행을 먹이고, 초경(저녁 8시경)에 또 작은 차반을 가져와 일행에게 청해 뜰 가운데 벌여 앉아 술을 먹고 놀다가 파하였다 [17b]

이날 밤에 명월이 의연하여 고국같아, 베개 위에서 집을 생각하며 이리저리 뒤척이다 능히 잠을 이루지 못하였다. 담 밖에서 순찰하는 군사가 목탁을 치며 순경하여 밤을 새워 쉬지 않으니, 대개 당나라 법이 밤이면 금오(金吾) 마을 군사가 해가 지고 어슴푸레 어두어지면 맡은 땅을 지키고 전달하고 소리지르는 것이 새벽에 이르러서 파하였는데, 이제 다 그 법으로 인해 순경하기를 엄하게 하니 우리나라와 같이 허술하고 미덥지 않게 아니하였다.

새벽 후에 잠깐 잠이 들어 꿈에 노친과 누님을 뵙고 깨어나니, 사모함이 두 배로 새로운 염려와 근심으로 도리어 생각이 많아져 종일토록 능히 억제하지 못하였다. 이 밤에 또 정재(靜齋) 윤공(尹公)이 꿈에 보였다.

• 1728년 1월 16일 정묘일 맑음

제독이 비로소 관문을 열고 여러 외부인이 출입하여 교역하기를 허락하여 역관이 말하길,

"살펴볼 오랑캐들과 서반(서반은 우리나라 서리(書吏) 같은 것인데 강남놈으로 북경에 와서 역을 맡은 놈이다)의 무리가 우리나라 사람과 물화를 교역하고자 하는 자가 각각 은을 내여 제독에게 뇌물을 주고난 후에 비로소 문을 열어 통하게 하는 것이 본래 전례인데, 전에는 제독이 한 사람이라 뇌물이 은 일천 냥에 지나지 않아도 오히려 마음이 족히 여겼는데, 이번에는 두 관원이 장차 반씩 나누게 되었으니 옛보다 두 배로 징수하려는 오랑캐들이 제독과 다투어 결정하지 못하여 문을 통과하는 [18a] 시간이 여기부터 더디다."

한다.

여기부터 각색의 서화와 잡된 노리개를 구경하였는데, 기기괴괴하고 사치스럽고 곱고 풍요롭게 아침부터 저녁까지 날마다 문이 메이고 뜰에 가득하여 조선사람에게 자랑하여 팔고자 하는데, 그 중에 이른바 춘화(春畵)라 하는 그림이 더욱 많아 하루 들어오는 것이 몇 수레에 실렸는지 알지 못하겠다. 대개 수양제가 날마다 황음(荒淫, 음탕한 짓을 몹시함)을 일삼아 화사에게 명하여 남녀가 매우 친하고 가까운 형상을 그려 구경하는 것을 삼으니, 이로부터 풍속이 되어 그 그림이 끊어지지 아니하였다. 이제 중원이 예의 땅이 쓰러지고 음풍(淫風, 음란하고 더러운 풍속)이 하늘에 닿아 그 그림이 더욱 성하여, 이따금 금은과 주옥으로 새기며 수놓은 함과 비단 궤에 담아 다투어 보배 노리개로 삼고 우리나라 사람도 사가는 자가 많으니 가히 부끄럽다.

역관으로부터 들으니 거인 조유괴라는 자가 북경 들어와 팔자 보는

법이 신묘하고 유명하다 하였는데, 영공께 고하여 청하여 와 영공이 자제 팔자를 물으니 지난 일을 공교히 맞히는 것이 많았다. 조유괴가 스스로 말하길

"강남 진강부(鎭江府) 사람인데 금대승지(金臺勝地, 아름답게 꾸민 대와 경개좋은 곳)을 보러 북경에 왔습니다."

하고 술을 잘 먹고 소탈하여 꾸미지 않았다. 저물어 내일로 기약하고 보냈다.

• 1728년 1월 17일 무진일 흐림

조유괴가 또 들어와 팔자를 의논하고 파할 때 종이와 부채로 사례하였다. 예부 마을서 소임 맡은 역관을 불러가고, 또 [18b] 제주 표풍한 아홉 사람을 유구관 중에 가 불러 예부상서 이하 다 모여 역관으로 하여금 말을 전하여 성명과 거주와 표풍하던 시종을 자세히 물어 일일이 기록하여 봉인을 연 후에 주문하려 한다.

묻되

"너희 아홉 사람 이름이 뭐냐?"

아홉 사람이 각각 성명을 말하고 또 묻는데

"너희 유구국에서 알린 성명과 한자가 어긋나는데 어찌 같지 않느냐?"

어떤 사람이 말하길

"우리 어음(語音)을 유구국에 가 서로 통하지 못함이 이렇듯이 같지 못함이 있습니다."

또 묻기를

"너희는 조선 어느 곳 사람이며, 동행이 얼마나 하며, 어떠한 배에 올랐다가 어찌하여 바람을 만나 유구국 땅에 표풍하여 이르렀으며, 가

진 것이 무슨 보화가 있으며, 동행중 혹 죽은 이가 있는지, 너희 배 위에서 혹 간사한 의사를 품어 흉한 일을 하려 함이 있었느냐? 옳은 대로 바로 아뢰거라!"

답하길

"우리 동행이 본래 아홉 사람이고 다 제주 백성입니다. 쌀을 팔아 오려고 같이 한 작은 배를 타고 바다에 떴다가 폭풍을 만나 유구국에 이르러 큰 은혜를 입어 좋게 살아나 여기까지 이르러 하나도 상한 것이 없고, 다른 간사한 계유나 흉한 일을 행한 일이 없습니다."

또 묻기를

"쌀을 팔아 어느 땅으로 가려고 했느냐?"

답하길

"우리나라 해남 땅으로 가려 했습니다."

또 묻기를

"해남 땅이 어디 있느냐?"

답하길

"바닷가 뭍 땅에 있습니다."

또 묻기를

"어느 해 어느 달 어느 날 길을 발하여 어느 날 바람을 만났으며, 어느 날 유구국에 이르렀는가?"

답하길

"옹정 3년(1725) 2월 초7일 집에서 몸을 일으켜 [19a] 그날 오후에 사나운 바람을 만나 바다 가운데서 40여 일을 정처 없이 흘러서 떠돌다가 3월 28일에야 스스로 한 모래 물가에 닿으니 이에 유구국 땅입니다. 이윽고 비로소 사람이 있어 와서 물어 조선 사람인 줄을 알고, 이에

밥을 주며 먹으라 하고, 즉시 본국 왕성(王城)에 통하여 아뢰어 왕래하
여 25일만에 유구국 왕성에 이르니 4월 27일이었습니다. 이리하여 왕
성 밖에 백성의 집에 머물러 의식을 이어주고 서로 대접을 심히 후하게
하니 일년을 머물러 옹정 4년(1726) 12월 12일에 유구 사신과 같이 배를
타 바다를 건너, 5년(1727) 정월 26일에 복건(福建)에 이르러 배에서 내
려 9월 26일에 또 떠나서 정월 9일(1728)에 북경에 이르렀습니다."

또 묻기를

"네 처음에 쌀을 팔려 한 것이 은을 가져왔는가?"

답하길

"은이 아니라 다만 바다 나물 약간 10여 섬을 배에 실어 오다가, 표풍
을 만난 후에 다 바다에 넣었습니다."

묻기를

"배가 깨어지지 않았는데 실어오는 물화를 어찌 바다에 던지는가?"

답하길

"갑작스럽게 악풍(惡風)을 만나 사생을 정하지 못하니 바다 나물을
무엇이라 아끼겠습니까?"

이렇듯이 여러번 힐문한 후에 이로써 주문하려 한다 하니, 자세하고
세밀함이 이렇하였다. 유구국 정사는 이목관 모여룡이고, 부사는 정의
태우 민정극(□□□)이라 한다.

서반이 오고 시장을 여는 방문(榜文)을 보이고 잡사람이 조선관에 함부
로 들어오는 것을 일절 금하고, 또 법을 범하여 매매하기를 금하였는데,
중국에서 금하는 것은 사기책과 흑황(□□)과 [19b] 자조(□□) 대화문(大
花紋) 무늬 놓은 서번대단(西番大緞, 중국에서 나는 비단)과 병기(兵器) 수은
(水銀)과 염초(焰硝, 옛날 진흙에서 구워내던 화약)와 쇠뿔과 잿빛 로(氌, 융단)

와 모관(毛冠)이었다. 우리나라가 금하는 물건은 넓고 가는 베(廣細布)와 채색문 무늬 놓은 돗자리와 대후지(大厚紙, 큰 두꺼운 종이)와 돈피(豚皮, 돼지가죽)과 토표피(土豹皮, 스라소니 가죽)과 해달피(海獺皮)[이상은 장형 일백 대, 징역 3년이다]와 암말과 벗나무 껍질과 석류황(石硫黃)과 말과 구리 쇠와 시우쇠(무쇠를 불려서 만든 쇠붙이의 하나)[이상은 장형 일백 대, 귀양 3000 리이다]니, 압록강을 건너 가져가지 못하게 하는 법이었다.

• 1728년 1월 18일 기사일 아침에 맑고 저녁에 흐림

일찍이 듣자니

"『황명사기(皇明史記)』를 간행하여 통행되는 판본이 있다."

고 하기에, 역관에게

"널리 구해 보라."

하였더니 오늘에서야 비로소 첫째 권(卷)을 얻어 왔다. 대개 우리나라 사람이 서책을 구하면 서반(序班)의 무리가 들여오는데, 먼저 책마다 첫 권을 들여와서 값을 정하고, 구매하기를 결정한 후에야 비로소 전질을 가져온다. 미리 전질을 가져왔다가 다 보고나서 내어주는 일이 간혹 있었기 때문에 미리 다 가져오지 않는 것이다.

『명사열전(明史列傳)』이 모두210권인데, 그 전(傳)을 벌여 놓음이 각각 분류 별로 나누되『한서(漢書)』를 따라 하였다. 그러나 그 목록을 보니 가소로운 것이 많았다. 방효유(方孝孺, 중국 명나라 초 학자이자 정치가)와 같은 이가『충의전(忠義傳)』에 실리지 않고 요광효(姚廣孝)와 같은 편에 실렸고, 구경산(具瓊山)과 설문청(薛文淸, 설선(薛瑄))은 모두『유림전(儒林傳)』에 실리지 아니하였으며, 이동양(李東陽, 명나라의 시인이자 정치가)의 부류 역시『문원전(文苑傳)』에 실리지 아니하였으니 이러한 종류가 심히

많았다. 그 시비의논(是非議論)은 전질을 보지 않아도 그 대강을 알 수
있었다. 차례로 172권에 비로소『외국열전(外國列傳)』을 벌여 두었는데,
우리나라가 가장 처음에 있었다. 황명(皇明) 때 [20a] 태사원(太史院)에
서 벌여 놓은 차례는 안남국(安南國)이 중원의 고을이 되었다고 하여 안
남을 가장 처음에 두었고, 오랑캐(兀良哈, 중국 주변에 살던 미개한 종족을
멸시하는 말)가 항복하여 중국에 붙좇는다 하여 두번째에 두었으며, 조선
은 예의를 아는 큰 나라라 하여 조선을 세번째로 하였다. 그런데 이제는
으뜸을 삼았으니 예의의 나라를 존대해야 함을 알기 때문이리라. 그
책은 몽재 호응린(한문본에는 胡應麟이라 했음, 호응린(1551~1602)의 호로 파
악된 듯하나, 이는 만력 연간에 사망한 호응린의 기록과 부합되지 않는 오기로
추정)이라는 자가 강희(康熙) 때에 순서에 따라 편집하여 사국(史局)에
들였던 것인데, 이제『명사(明史)』의 찬수를 시작하였기 때문에 이 책을
사국에 내려 참고한다고 하였다.

• 1728년 1월 19일 경오에 흐림

평양서 만난 옹정의 회답하는 자문 중에 무욕한 한 조목이 극히 놀랍
고 통분하여, 연경 들어온 후에 부사 영공이 수역(首譯)에게 엄히 분부
하여 내각에서 의논하여 옹정에게 주문한 문자와 예부에서 심양으로
보낸 이문을 얻어 가져오라 하였는데,

　"부디 답인(踏印, 관인을 찍음)한 문서를 얻어 가져오라."
함은 중간에 위조하여 속이는 근심이 있을까 함이다. 금일에 비로소
답인한 문서를 얻어 들이어 영공이 사자관(寫字官, 승문원과 규장각에서
문서를 정서하는 일을 맡아보는 벼슬)과 화원으로 하여금 그 문서와 봉인
친 것을 그 모양으로 본을 떠서 되돌아 간 후에 별첩으로 부쳐 임금께

아뢰려고 하시었다.

   그 문서에서 말하길,

   "의정대신(議政大臣) 화석과 이친왕(怡親王) 윤상 등은 삼가 주문하여 황지를 청합니다. 신 등이 모여 의논하기 전에 호부에서 먼저 의논하여 주문한 것을 보니 봉천장군(奉天將軍) 갈이필 등이 주문했는데, 매매하는 사람 호가패의 무리가 나라 은을 부족하게 하고 갚지 않는 일로 제왕과 [20b] 대신 등이 의논하여 주문하는데 호가패 등이 기한 내에 능히 전냥(錢兩)을 완전히 바치면 그 죄를 면하고 만일 기한 내에 능히 바치지 못하면 호가패 등을 법대로 죄를 다스리고 그 은냥으로 관계한 각 관의 관직을 다 삭탈해야 한다고 했는데, 황지에 그리하라 하여 심양으로 행문하였는데 원임장군(原任將軍) 작기가 호가패 등을 잡아다가 엄히 조사하고 신문하니, 호가패가 원통히 사정하여 아뢰길, '조선국 매매하는 사람 이명기 무리 247명이 빚을 내어 간 은이 67,380여 냥이니, 갖고 있는 문서가 분명하여 가히 증거가 있으니, 이 문서를 가지고 재촉하여 받으면 나라 빚을 갚게 합니다'라 하는데, 다만 조선 매매한 사람이 이곳 땅에 있는 백성과 다르므로 그 빚내어 간 허실을 알지 못하니, 마땅히 심양 예부 관원으로 하여금 조선국에 행문하여 호가패 은냥(銀兩) 일을 조사한다 하여 옹정 4년(1727) 7월 19일에 주문하여 심양으로 행문하였는데, 심양 예부 관원 은태가 주문하되 '호가패 은냥 일을 만일 호부 의논대로 조선국에 행문하여 조사하라 하여 사핵이 오거든 다시 주문하라' 하고, 원임장군 작기가 주문한대로 호가패 등 12명 내에 문서를 주관하는 두 놈을 불러 한 놈은 북경으로 [21a] 보내고 한 놈은 조선으로 보내어 대면을 시켜 물으라 했는데, 해장군(該將軍, 해당장군) 이예포 등이 주문하되 '이 은냥이 다 나라 재물이니, 만일 호가패와 같이 모의한 호정서 등을 조선으로 보내어 대면하여 조사하지 않으면 은 쓴 사람들이 서로 미루어 바른대로 아니할 것이니, 마땅히 미리 먼저 조선에 행문하여 은 준 놈과 빚진 놈들을 다 의주 건너편 중강 근처에 대면을 시키자' 하여 황지를 받아 행문하였습니다. 심양 예부 관원 은태가 주문하되 '조선국왕이 회답한 자문에 이르길 호가패 은화를 빚졌다 하는 장사하는 사람 이명기 등 247명 내에 혹 빚쓰고 갚지 않아서 이미 사형에 처하여 죽은 놈이 있고, 혹 이름은 없고 다만 직역과 나이와 얼굴만 기록한 놈이 있고, 혹 선비 구실도 하고 혹 농사만 짓고 장사질을 일삼지 않아 평생에 요동과 심양길을 알지 못하는 사람도 그중에 끼여든 자도 있고, 혹 제 몸은 빚진 바가 없는데 동행하는 사람과 혼동하여 그 중에 적힌 놈도 있고, 혹 죽으며 도망한 지 세월이 이미 오래 되어 자손과 친족이 하나도 없는 자도 있고, 진실로 쓴 놈들은 다 스스로 승복하니 사리로써 의논하건데 마땅히 일일이 받아 보내야 하는데, 다만 여러 해 흉년 끝에 조석을 보전치 못하니 형세가 각박하여 재촉하기 어려우니, 염려하건데 [21b] 천조(청나라)에서 두터운 어짊을 극진히 해 작은 나라를 염려하여 경중을 묻지 않고 다 어긋남을 탕감함을 쓰시어 다만 우러러 황은을 믿고 일일이 사실에 의거하여 회답하니, 번거롭게 바라는데 바꿔 주문하여 시행하라 하였습니다' 하고 이로 인해 원문을 갖고 주문하였으니, 헤아리건데 조선국 장사꾼 이명기 등 274명이 빚진 은 67,380여 냥이 다 나라 재물이니 사리에 반드시 재촉하여 받아 올릴 것이다 하여 나라 재물에 보태야 하는데 우리 황상이 먼데 나라를 근심하여 자주 어루만짐을 더해 오직 행문하여 조사하라 하면 소국이 두려움이 생길까 염려하고, 또 호가패 등이 아뢴 빚췄다는 은냥이 혹 바르지 못함이 있을까 하므로 빚진 사람의 이름을 붙이어 호가패와 같이 모의한 호정서 등으로 하여금 조선사람과 더불어 중강지방에 가 대면하여 질문하게 하니 거의 일이 엄하고 공평하니, 이는 성은이 관대하여 바깥 나라를 사랑하여 편안케 함을 극진히 주도 면밀하니, 조선왕이 스스로 마땅히 우러러 성자(聖慈, 성상(聖上))의 뜻을 받아 쓴 은냥을 낱낱이 조사하여 밝혀 반드시 갚을 것은 즉시 갚게 함이 바야흐로 마땅한데, 조선 국왕의 자문 회답에 '빚지어 사형으로 죽은 자가 조상주 등 3명이고, 또 내의원 고직과 초관 등은 다 그 이름은 없고 다만 소임과 [22a] 나이 얼굴만 기록하고, 혹 선비 공부하며 농사만 짓고 장사질을 일삼지 않아 평생에 요동과 심양길을 알지 못하는 사람도 그 중에 끼여든 자도 있고, 혹 제 몸은 빚진 바가 없는데 동행하는 사람과 혼동하여 그중에 적힌 놈도 있고, 혹 죽으며 도망한 지 세월이 이미 오래되어 자손과 친족이 하나도 없는 자도 있고, 그 진실로 쓴 놈들은 다 스스로 승복하니, 사리로써 의논하건데 마땅히 일일이 받아 보내야하는데 다만 여러 해 흉년 끝에 형세가 각박하여 재촉하여 받기가 어렵다' 하고 조선왕이 이르되, '조상주 등이 빚진 것에 사형으로 죽었다' 하니 이는 빚지는 풍속이 진실로 본래 버릇이 된즉 호가패 은화를 빚내어 간 것을 묻지 않아도 가히 알 것이고, 내의원 고직과 초관이라 하는 칭호는 이미 조선국 관역에 오른 즉 호적이 같이 실려 있을 것이니 저들 직업을 살펴 일일이 조사하여 밝힘이 어렵지 않을 것인데, 어찌 그 이름을 알지 못한다 일컬어 책임 면하기를 도모하는가? 하물며 호가패 등이 다니며 장사질하며 무역하기로 인해 이명기 등에 빚을 준 것을 이명기 등이 중원 안 땅에 들어와 행상하는 것이 아니고, 또 어찌 평생에 요동 심양 길을 알지 못한다 일컬어 벗는 계규를 하는가? 또 말하길 '제 몸은 빚진 바가 없고 동행인이 혼동하여 기록하였다' 하니, 그 동행한 자는 곧 빚내어 갈 때 옳은 놈들이니 어찌 성명을 자세히 조사하여 그 빚진 것을 받아 보내지 아니하느냐? [22b] 조선국 장사치가 혹 죽은 놈이 있을지라도 또한 반드시 자손이 가히 물을 사람이 있을 것이니, 호가패 행상하던 해를 계산하면 이제 15–6년에 지나지 않았으니 먼 해가 아니니, 어찌 '세월이 이미 오래되어 자손과 친족이 하나도 없다' 하였는가? 이 없어진 은화가 임금이 사사로이 쓰는 재물이니, 비록 실낱과 터럭 끝이라도 가히 빌리지 못할 것이니, 자수하여 승복한 자는 마땅히 재촉하여 갚게 할 것이고, 또 어찌 공교히 흉년을 핑계하여 매우 독촉하지 아니하는가? 보니 그 말씀과 뜻이 지루하게 종종히 꾸몄으니, 이는 이명기 등이 은냥을 빚진 것이 확실하여 의심이 없으니, 전 의논대로 호정서 등 12명과 황조상의 아들 황윤을 중강으로 보내여 조선 장사치와 함께 대면하여 조사하여, 응당 받을 수를 살펴서 내탕(內帑, 임금이 사사로이 쓰는 재물 창고)로 보내게 함이 옳으니 삼가 주문하여 황지를 원합니다."

옹정 5년(1727) 9월 5일 주문하였더니, 같은 달 6일에 옹정이 황지를 내려왔는데

"호가패 등이 조선국 사람에게 빚준 은 6만여 냥이 내탕 재물인데, 짐이 염려하건데 호가패 등이 아뢴 것이 바르지 아니하여 혹 해로움이 외국에 미칠까 걱정하는 고로 하여금 행문하여 물어, 중국 내에서 무역한 사람으로 하여금 조선의 빚진 사람과 중강지방에 가 대면하여 질정하기를 명백히 하여, 중외 사람으로 하여금 서로 미루지 못하게 하여 요란함을 그치게 함이다. 이제 조선국왕 [23a] 자문 회답을 보니 그 말씀이 심히 지루하고 뜻이 공교히 꾸밈이 많으니, 이로 보면 조선 사람의 은쓴 일이 분명하게 나타난다. 마땅히 의정대신의 의논대로 중외

사람으로 하여금 대면하여 질정을 명백히 하여 그 수를 살펴 재촉하여 받을 것이나, (이 아래는 숙종대왕을 기리고 경종대왕을 무욕한 말이 있는데 외설하고 분통하여 뺀다) 이 자문을 보니 다른 일을 핑계하고 거절하고 억지로 끌고 가 말이 반드시 배신한 바요 조선왕의 입기운이 아니니, 대개 능히 변통하여 얻지 못할 것이다. 이제 만일 변통하여 얻지 못할 일로써 맡기면 짐이 먼데를 사랑하는 지극한 뜻이 아니니, 이 문안을 구태여 면질(面質, 당사자들을 서로 맞대어 옳고 그름을 따짐)하여 대변하지 말고, 그 조선국 사람의 응당 갚을 은을 다 너그러이 탕감하라. 이는 짐이 외번(外藩, 국경밖 자기나라 속지)에 은혜를 더하는 것이오, 중국 내에서 법을 소홀히 함이 아니다."

• 1728년 1월 20일 신미일 맑음

연중 백각사(百各司)가 금일에 비로소 봉인을 열어 공사를 다스리니, 연법이 본래 정월 망후(望後, 음력 보름이후)에 개인(開印, 사무를 시작함)하는 날을 가졌었는데 금년은 전보다 약간 미뤘다 한다.

"김상명(金常明)이 옹정제를 따라 원명원(圓明園)에 갔다."

고 했는데, 오늘 원명원으로부터 잠깐 수세소(收稅所)로 돌아왔다고 해서 김시유(金是瑜)를 보내어 명사(明史) 개간(改刊)에 대해 물었다. 김상명이

"내가 알아서 주선하는 일이 있으니 그대들은 내 계획에 간섭하지 말게."

라고 하였다. 김시유가

"어떻게 주선하고 있습니까?"

라고 물으니 끝내 말하지 않고, [23b] 단지

"지금 천하의 일이 다 십삼왕(十三王)의 손 안에 있으니, 내가 오지철

(吳持喆)과 그대를 천거하여 십삼왕의 아들의 병을 고치게 하였다. 어찌
주선한 것이 없겠는가?"
라고 운운 했다고 하였다. 김상명의 의도와 김시유의 말은 모두 믿지
못하겠다.

• 1728년 1월 21일 임신일 맑고 바람

조유괴가 내게 편지하여 청심원 얻기를 청하여, 세 개 환을 얻어 편
지에 넣어 보냈다.

한 놈이 채색 배 한 척을 가져왔는데 그 길이가 4-5척이고, 금은 주
옥으로 꾸몄으며, 위에 누를 만들고 길이 두어 치 하는 가인(佳人) 수십
을 그 위에 벌여 앉히고, 아래 한 구멍을 통하여 열쇠를 구멍 가운데
넣어 잠근 것을 여니, 가인이 다 살아 움직여 혹 춤추며 혹 가고, 또
두 가인이 좌우로 나눠서 북을 치며 쟁을 치니 소리가 쟁쟁하고, 또
나무로 만든 사슴이 스스로 가니 대개 공교한 제도였다.

정사가 서양화가 그려진 족자를 사왔다. 그 족자에는 한 미소녀가
그려져 있었는데 매우 실물과 비슷했다. 오른손에는 부채를 쥐고 왼손
으로는 비단 장막을 걷어 올리며 밖을 바라보고 있었다. 모습이 생각에
잠긴 것 같기도 하고, 사람에게 말 하려고 하는 것 같기도 하였다. 곱고
예뻐서 언뜻 보면 진짜가 아닌 것을 깨닫지 못하여, 보는 이가 마음이
홀려서 그림 앞을 떠나지 못하였다. 그림이 이와 같으니 실물은 어떠하
겠는가? 진실로 나라를 기울게 하는 우물(尤物, 얼굴이 잘 생긴 여자)는
가까이 할 것이 못된다.

동천주당

• 1728년 1월 22일 계축일 맑음

서양인이 새로 천주당(동천주당이라 부른다)을 경영(經營)하되 우리의
[24a] 숙소에서 심히 가까운지라, 부사 영공이 기필코 서양 사람이 그
린 초상화를 갖고 싶어하였다. 또 다시 홍만운(洪萬運)을 보내 청탁하게
하였다. 내가 따라가서 문 밖에 이르러 서양 사람에게 알렸다.

서양 사람이 나와서 맞이하였는데, 어제 천주당에서 읍송(揖送, 읍하
여 송별 인사를 함)했던 자였다. 문에 들어갈 때면 반드시 읍을 하고, 손
님이 먼저 들어가도록 양보하였다. 방에 들어가서 안부를 묻고 나서,
서양인이 나를 안내하여 새로 지은 천주당에 갔다. 천주당을 짓는 일이
아직 끝나지 않아서 여러 공인(工匠)들이 천주당 안에서 일하고 있었다.
높은 사다리를 설치하여 판자(板子)에 그림을 그리는 일은 아직 반도
마치지 못하였다. 그 제도(制度)의 웅걸함이 선무문(宣武門)에서 보던

(남천주당이라 한다) 것에는 미치지 못하였지만, 그 공교하고 화려한 것은 차이가 없었다. 두루 보기를 마치니 서양사람이 다시 우리를 방으로 안내하였고, 아이를 불러 차를 내오게 하였다. 홍만운이 부사 영공의 뜻이라며 초상화를 그려 줄 것을 간청하였다. 서양사람이 말하였다.

"나는 이미 황지(皇旨)를 받아서 이곳의 일을 맡고 있는데, 어찌 그 소임을 버리고 등한(等閒, 대수롭지 않음)한 그림에 신경을 쓸 수 있겠습니까?"

여러 가지로 회유해 보았으나 끝내 허락하지 않았다. 서양인의 성(姓)이 낭(浪)가라고 했다.

• 1728년 1월 23일 갑술일 맑음

• 1728년 1월 24일 을해일 흐림

우리나라 표자문을 내각으로부터 청서(淸書)로 번역하여, 금일에야 비로소 원명원으로 주문했다 한다.

• 1728년 1월 25일 병자일 맑음

영공이 다시 서양 사람에게 가보라고 명하였다. 이에 홍만운(洪萬運)과 [24b] 함께 서양 사람이 사는 서쪽 담 밖으로 나갔다. 서양사람 낭(浪)씨가 입궐했다가 마침 퇴조하는 길이었다. 다시 초상화를 그려줄 것을 재삼 간청하였는데, 서양 사람의 태도가 더욱 냉담하였다. 그 얼굴이 이미 천지간의 별종으로 자신의 뜻을 고집함이 있으니, 그의 뜻을 바꾸기가 어려워 회유할 수가 없었다. 내가 홍만운에게 말하였다.

"스스로 욕되게 하는 것이니, 그만 두는 것만 못합니다."

결국 돌아왔다.

강당(講堂)이 길을 끼고 있어 여러 입으로 외우며 읽는 소리가 한 골 안에 가득하여, 드디어 들어가 보니 모든 아이가 무릇 10여 명이 좁게 앉아 글을 읽는데, 방 가운데 여러 겹 방석 위에 표피를 깔아 스승 앉는 자리로 하였는데 비어 사람이 없고 아까 나갔다 한다. 동쪽 벽에 앉은 자가 가장 크고 미목이 또한 청수하여 사랑스럽기에 그 나이를 물으니 바야흐로 16살이고, 이태백의 편지를 읽는다해서 한 번을 읽혔다. 글 자음이 우리나라와 다른 것이 거의 반이나 하고, 토를 달지 아니하고 다만 구절을 엄히 할 따름이었다. 책상 위에 글을 짓다가 초고를 쓰고 마치지 못한 것이 있는데, 물으니 그가 지은 것이라 하니, 곧 이른바 팔고문이라, 그 법이 우리나라의 이른바 의(義)와 의심(疑心) 같은 류 (類)이다. 그 밖에는 맹자를 읽으며 혹 한문(韓文)을 읽었다.

• 1728년 1월 26일 정축일 맑음

상사가 앵무새 하나를 샀는데 그 크기가 비둘기만 하고, 푸른 날개 에 붉은 부리와 매발톱과 매눈이며 형용이 조용히 품위가 있어보여 가 히 사랑스러운데, 다만 능히 말을 못하는 것이 가히 흠이었다. [25a]

• 1728년 1월 28일 기묘일 맑음

방물을 바치는 문서를 비로소 예부에 보냈다.

• 1728년 1월 29일 경진일

• 1728년 1월 30일 신사일

▌한문본 『상봉록』 권9

• 1728년 2월 1일 임오일

• 1728년 2월 2일 계미일

• 1728년 2월 3일 갑신일 맑음

옹정이 원명원에서 도성으로 돌아왔다.

• 1728년 2월 4일 을유일 흐림

'표문과 방물 문서를 예부가 호황께 진달한 후에 표문은 즉시 예부로 내려왔는데 방물 문서는 오랫동안 내려오지 않는다' 해서 사신이 역관에게 '그 연고를 알아보라'고 했는데 역관이 말하길 '이전부터 방물 문서가 오래 내려오지 않은 때가 있었는데 이러하면 의외로 좋은 일이 없지 않았습니다.' 하되 전혀 믿지 않는데, 오늘 아침에 예부(禮部)에서 문서를 하나 보내며 이르기를 '특산물 문서가 어제 저녁 비로소 예부에 내려 왔고 아울러 조선의 조공미를 줄여 준다는 황지(皇旨)도 있다'고 하였다. 문서의 내용은 다음과 같다.

정월 28일에 특산물 문서를 바치자, 2월3일 황지를 내렸다. '조선이 조공하는 법은 해 마다 쌀 백석을 바치는 것이다. 짐은 조선이 길이 멀어서 쌀 실어 보내기가 쉽지 않음을 염려하노니 백미 30석과 찹쌀30

석을 줄여 매년 찹쌀40석만 조공하게 하여도 제사에 올리기에는 충분
할 것이다. 이러한 규칙을 오래도록 정해진 법으로 삼을 것이니 조선
국 왕에게 문서를 보내어 알리도록 하라.'

관서(關西)[평안도]에서 계속 조공을 좋은 것을 가려서 멀리 보내던 오
랜 폐단이 이것으로 크게 줄어들었으니 우리나라에 있어 다행임을 이
루 다 말할 수 없지만, 옹정제가 은혜를 베푼 것이 매우 의외이니 지난
번에 십삼왕(十三王)이 김시유(金是瑜)에게 '너희 나라가 막대한 조공미
를 모으기 위해 사용하는 방법이 충분하지 못하냐'고 물었던 말에 숨은
뜻이 있었음을 이제서야 깨달았다. 현재 청의 크고 작은 일은 권세가
다 십삼왕에게 [25b] 있다는 사실을 또한 알겠다

• 1728년 2월 6일 정해일 흐림

날이 새지 않았는데 아문제독이 와 이르되 '방물 바치라 하는 문서가
비로소 내렸다.' 하여 소임 맡은 역관들이 장차 방물을 운반하여 바치
되 무릇 정공미(正貢米) 100석과 인정바치는 쌀 8섬은 행중쇄마(行中刷
馬) 50필로 실어가고, 종이와 화문석과 모시와 명지 같은 것은 아문으
로 수레와 말을 내어 실어가되, 수역 이하가 나눠 맡아 각각 거느려
일시에 바치니 역관이 나에게 이르길 '쌀은 호부에 바치니 호부는 궁성
뒤에 태액지 곁에 있고 방물은 궐내 각 창고에 바치는 고로 바친 후에
예사 후원에 들어가 구경할 것이니 상사가 태액지를 보고자 하면 쌀
바치는 데로 가고 후원을 보고자 하면 방물을 따라가시오' 하였다.

생각하니 궐내 후원에 기이한 구경이 많을 듯하니, 태액과 후원을
가히 겸하여 보지 못하니 차라리 후원을 봐야겠다. 드디어 모든 역관과

같이 동화문을 따라 들어가니 궁장(宮墻, 궁궐을 둘러싼 성벽) 밖으로 물을 끌어들여 개울을 팠는데 너비가 10보이고 깊이가 가히 배를 띄울 수 있게 했으며 좌우에 돌로 쌓았는데 칼로 벤 듯하였다.

두 겹 문을 지나 돌다리를 건너 오봉문(오문)을 왼쪽으로 보고 북으로 꺾어 50여 보를 가서 전성문(前星門, 태자가 있는 대궐문)을 들어가 북으로 수십 보를 가서 또 꺾어 서쪽으로 들어가니 10 보를 지나 길 왼편에 외태복(外太僕) 마을이 있는데 가운데 겹겹한 [26a] 긴 외양간이 몇 칸인 줄을 모르되 1,100필이 다 준마였다. 또 북으로 가서 수십 보를 지나 내태복문(內太僕門) 밖에 이르러 방물 실은 수레가 미처 도착하지 않아 일행이 머물러 기다렸다.

내태복 마을이 동익문과 함께 똑바로 서로 대하였으니 동익문은 곧 태화전 동편문이다. 문 좌우에 관인이 정렬해 앉았는데 무릇 수십여 명이었다. 내가 홀로 마두 수만을 데리고 내태복에 들어가 둘러 보았는데 이윽고 방물 실은 수레가 다 이르러 일행이 동익문에 이르러 층층히 돌섬으로 오르니 섬 높이가 17길이나 하였다. 문에 이르러 문 지키는 군사가 막아 들어가지 못하게 하여 섬 위의 제1 층에 일행이 둘러섰다, 관원이 가르쳐 인도하길 다만 수역과 당무 역관을 불러 들어가고 방물은 우리나라 사람으로 하여금 메고 들이게 하고 그 밖은 한 사람도 망령되게 들어가지 못하게 하고, 비록 되놈이라도 문에 들어가는 자가 다 붉은 패로써 내여보인 후에야 들어가기를 허락하고 대궐 뜰 안에는 엄숙하여 감히 훤화(喧譁, 시끄럽게 떠듦)치 못하고 적적히 사람소리가 없었다. 한 소년이 있어 한 환관놈을 앞세우고 안으로부터 나와 문에 이르니 문 지키는 장교와 관원이 줄지어 앉았던 자가 송연(悚然, 두려워 몸을 옹송거릴 정도로 오싹 소름이 끼침)하여 굽어 엎드렸는데, 물어보니

'이는 옹정의 아우 강친왕 윤례(允禮)라' 한다. 그 사람의 눈이 환하게 빛나고 번쩍이고 보는 모양이 예사롭지가 않고 코가 높고 눈이 길고 얼굴이 수려한데 야위고 뚱뚱하지 않았다. 우리 일행을 보며 무슨 말을 물으니 관원들이 [26b] 굽어 엎드려 꿇고 듣고 대답하였다. 또 늙은 되가 있어 안에 문에 이르러 두루 보니 강친왕이 또한 공경하여 예의를 갖추고 관원들이 엎드려 강친왕과 같이 대접하니 또한 종실 제왕이라 한다.

모시와 명주는 다 태화전 왼편 옆방에 바치고, 수역 이하가 나와 일행이 섬으로 내려 북으로 50여 보를 가니 한 궁전이 있고 그 왼편에 창고(곳집)이 있어 창고 맡은 관원과 함께 같이 창고 가운데로 들어가니, 창고를 동서 두 겹으로 지어 백면지(白綿紙, 품질이 좋은 흰 종이)는 동쪽 창고로 들이고 장지(壯紙)와 백지(白紙)는 서쪽 창고로 들였는데 다 우리나라 사람으로 하여금 메어 들였다. 동서 창고가 다 5-60칸이나 한데 그 가운데 가득히 메운 것이 다 우리나라 종이었다. 창고 맡은 관원이 한 장 종이를 내뵈며 말하길 '이 종이는 촉 땅에서 옛날 만들었는데 이제는 끊어져 아주 없어졌다.' 한다. 그 종이 안은 검되 사람이 비춰어 거울 같고 밖은 깊은 자주빛 같은데 미끄럽고 윤기가 나서 진짜 문방의 보배로운 구경이었다.

그 창고는 다 2층 누를 만들었는데 칸마다 가운데 문 하나를 내었는데 쇠로 문을 만들고 문안에 쇠로 세망(細網)을 만들어 발을 치듯 문에 껴 비오지 않을 때는 문을 닫지 않고 대개 바람과 햇빛을 쐬이어 썩거나 좀먹는 것을 막고, 문이 많이 높아 쇠사슬을 위에서 땅에 닿게 드리워 이것으로 닫으며 열게 하였다. 바치기를 마치고 파하여 나오면서 내가 역관에게 말하길 '어찌 후원에 들어가지 않고 바로 나가려 하는가?' 역관이 답하길 '옹정이 까다롭게 따져 살펴 강희같이 관대치 못하여 후원 맡은 관원이 외국 사람을 [27a] 들여보내지 않아 여러번 간청했는데 끝내 허락치 아니하니 할일이 없습니다.' 하니 호부로 가지 않은 것이 가히 애달프다.

도로 전성문 앞에 이르니 문 왼편에 또 한 문이 있어 그 가운데로 들어가니 이에 구감(狗監)이란 마을이 있는데 개를 기르는 마을이다. 가운데 집에 들어가니 개 10여 마리가 다 비단방석 위에 누었는데 다 사슬로 목이 매여 우리나라 사람들을 보고 노하여 일어나 물고자 하니 맡은 자가 꾸짖어 쇠사슬을 이끄니, 오히려 용을 쓰며 이를 갈아 모진 기운이 발발(勃勃, 사물이 한창 일어나는 현상)하였다. 맡은 자가 말하길 '이것은 남방에서 나는 노오(盧獒)라는 개인데 하나가 능히 범을 잡는다' 하니 그 큰 것은 망아지 만하였다. 오는 길에 저잣거리에 우리나라 사람들이 많이 모였는데 물으니 '죽은 용이 있어 구경한다' 하여 나아가 보니 길이 5-6척이고 두 개 뿔이 길이가 두어 치이고 등과 배에 다 비늘이 있어 다섯 가지 색이 분명하지 않으나 은은하여 가히 보니 네 발이고 발톱이 다섯이고 꼬리가 자못 긴데 대저 기이하였다. 또 천산갑(穿山甲)이란 것을 달았는데 머리는 꿩 같고 부리는 매 같으며 길이가 한 자는 넘고 비늘 크기가 돈만하고 단단하기가 쇠 같아 온몸에 입힌 꼬리 길이가 다섯 치이고 등 너비가 네 치나 하였다.

• 1728년 2월 7일 무자일 맑음

'이날에 옹정(雍正)이 신농씨(神農氏)의 사당에 가서 친히 제사를 지낸다'고 하니 곧 중국에 예전부터 전해진 예라고 했다.

내가 어렸을 적에 『독례통고(讀禮通考)』라는 책을 남의 집에서 잠깐

보았다가, 그 뒤에 매일 그 책을 얻어 보고자 하였으나 우리나라에는
가지고 있는 집이 매우 드물어 끝내 얻어 보지 못했다.

그런데 이번 사신 길에 풍윤(豐潤) 고을에 왔다가, 한 되놈이『천하명
산기(天下名山記)』라는 [27b] 책 다섯 갑(匣, 작은 상자)을 가져와 팔려고
하여 살펴 보았다. 대개 중국 고금 사람의 유산기(遊山記)를 모아 놓았
는데 12성(省)으로 나눈 것으로, 지역을 기준으로 글을 유취(類聚, 같은
부류끼리 모음)한 책이었다. 중원의 산천 중에서 노닐며 구경할 만한 곳
은 모두 실어 이 책에 빠진 것이 하나도 없었다. 우리나라 사람이 이
책을 얻는다면 천하의 명산을 누워서 구경할 수도 있는 것이었다. 그래
서 극구 사고자 하여 마두(馬頭)와 역관에게 '그 값을 흥정해 보라'고
했으나, 책 주인은 30냥을 달라고 하였다. 역관이 값을 다투었으나 끝
내 깎아주지 않아서 사지 못하였다. 북경에 들어온 후에 역관에게 '이
두 책을 구하라' 하고, 영공(令公)도 내 말을 듣고 역시 그 책을 사고자
하여 역관에게 엄히 분부하였으나, '그 두 책은 없다'고 하면서 들여오
지 않았다.

마두 수만(壽萬)은 내가 서책에 벽(癖)이 있다는 것을 잘 알고 있었고,
또한 위의 두 가지 책을 구했으나 얻지 못하고 있는 것을 보고서 조용
히 나에게 말하였다. '연경의 법은 오직 서반(序班)에게만 우리 사행에
게 책을 팔 수 있게 하였기에, 다른 되놈들은 감히 서책을 가지고 사신
이 머무는 관에 들어오지 못합니다. 서반은 모두 강남(江南) 사람들로,
연경에 올라와 입번(入番, 관아에 들어가 차례로 일을 함)하기 때문에 그들
이 멀리서 왔다고 하여 서책을 팔아서 남기는 값을 챙기게 한 것입니
다. 다른 길로는 서책을 구하지 못하기 때문에 길이 좁아 구하는 책을
얻지 못하는 것이 많습니다. 그런데 북경에 왕전장(王傳章)이란 자가 있

는데 이전부터 저와 친한 이로, 구하지 못하는 책이 없으니 제가 몰래
물어보도록 하겠습니다. 소인이 이전에 왕전장에게 빌려준 은냥이 있
는데, 아직 갚지 못했기 때문에 이번에 서책을 거래하면서 갚으라고
하겠으니, 서책을 받으시면 빚을 받을 수 있도록 해주시면 다행이겠습
니다.' 의주(義州)에서부터 [28a] 수만이가 매번 돈을 빌리려고 하면서,
북경 들어가면 빌려줬던 돈을 받아서 갚아주겠다고 하였으나 믿지 않
았다. 강을 건넌 후에는 되놈들이 수만에게 빚을 갚아 주지 않는다며
보채는 놈이 많은 것을 여러 차례 보았기 때문에 내가 꾸짖으며 말했
다. '네가 되놈들을 속여 빚을 많이 얻어 썼는데, 네가 되놈에게 돈을
빌려 줄 일이 어찌 있겠느냐?' 수만이 말하길 '다만 책 이름을 적어 주
시고 어떻게 되어 가는지 보십시오.' 나는 믿을 수 없었으나, 시험삼아
두 책의 이름을 적어 주었더니 며칠 후에 수만이 와서 말하였다. '왕전
장이 와서 구하는 두 책은 아직 얻지 못했으나 마침 다른 좋은 책을
얻었으니 우리 어른들께서 분명히 기뻐할 것이므로 가져왔습니다.' 내
가 가져와 보라고 하여 살펴보니, 하나는 『팔대가(八大家)』였고 하나는
강희가 선집한 『주서유취(朱書類聚)』였다. 내가 우리나라에 있을 적부
터 당판(唐板) 『팔대가』는 무수히 보았으나, 모두 판본이 닳고 얇아서
볼만하지 못했고 이번 사행길에도 역시 좋은 판본은 보지 못했다. 그런
데 왕전장이 가져온 판본은 과연 드문 판본이어서 구입했다. 『주서유
취』는 내각본(內閣本)으로, 종이가 두껍고 글자가 커서 부사 영공께서
구입했다. 그런데 서반 부가(富哥)와 범가(范哥) 두 되놈이 그 상황을 알
아내어 왕전장을 잡아내어 때리며 끌고 가 그 옷을 찢어버리는 것이었
다. 또한 내가 왕전장과 교역한 것 때문에 화를 내며 내 앞에 와서 이유
를 캐묻는데, 그 말이 불손하여 내가 군뢰(軍牢)를 불러다 두 놈의 등을

밀어 내쳤다. 두 되놈은 더 노발대발하면서 조그만 종이에 나를 얽어 소지(所志)를 써 영공(令公)께 청하니, 영공께서 웃으며 말씀하셨다. '왕 전장과의 교역에는 나 또한 참여하였으니 책망할 것이 있겠네.' 하고 역관에게 분부하여 [28b] 군뢰를 불러 그들을 내보냈다. 서반은 더욱 노하여 제독(提督)에게 드러내려 가겠다고 하였는데, 그 후로는 다른 소문을 듣지 못하였다. 그들이 쓴 소지(所志)는 다음과 같다.

'회동관(會同館)의 서반들은 두 노야(老爺)께 화가 나 있습니다. 저희 들이 마을에서 맡은 일은 청한(淸閑)함이 다른 이보다 배나 많습니다. 귀국 사신이 서울에 들어오매, 문서의 출입을 맡아 고생한 것이 많습 니다만 아무런 소득이 없고, 서책의 매매를 맡았으나 값을 남겨서 먹 는 것이 많지도 않습니다. 그런데 이번에 강진사께서는 조그만 이익을 탐하여 우리에게 물건을 구하다가 욕심을 이루지 못하고, 소매매인 왕 전장과 사귀어 사사로이 서책을 사서 값을 논하려 하였습니다. 어찌 귀국 진사가 재물을 탐하고 이익을 도모하여 체면을 돌아보지 아니함 이 이와 같을 수 있습니까? 만일 제독 노야께서 이런 줄을 아시면 그 죄가 장차 어디로 돌아가겠습니까? 이에 감히 삼가 고하니 두 노야께 서는 자세히 살펴서 법을 잘 시행해 주십시오.'

그들이 꾸며 무함(誣陷)한 것이 참으로 요망하여 가소로울 뿐이다. 나 또한 남의 나라에 들어와 법금(法禁)을 따지게 되는 경계(警戒)를 범하 였으니 겸연쩍지 않을 수는 없었다. 그러나 부가, 범가 두 놈은 모두 키가 작고 말솜씨가 좋으며 성격이 매우 사독(邪毒)하니 강남 사람들은 대체로 그렇다고 하더라. 이 때문에 『독례고(讀禮考)』와 『명산기(名山記)』 두 책은 끝내 살 수가 없었으니 안타까운 일이다. 내 이번 길에 소득이 자못 적지 아니하되 치행(治行, 여장을 준비함)하느라 쓸 것을 사들이는 계규(戒規, 규범을 경계함)를 줄이고, 그 밖은 다 서책을 사니 무릇 1,380여 권이었다. 자는 방에 쌓아 놓으니 [29a] 반칸(半間)이 가득하였다. 역관들이 보고서 다들 '군관으로서 1,000권이 넘게 책을 사는 자는 이전에 듣지 못하였습니다. 비록 사신이라도 참으로 서책에 벽(癖)이 없는 이가 아니라면, 상사(上使)와 같이 많이 사 가지 않습니다.' 라고 하였다. 서책을 다 역관에게 청하여 되놈의 고차(雇車)에 세를 주고 실어 내어 왔다. 돌아와서 책문(柵門)에 이른 후에 난리의 기별 때문에 심사가 요란스러워 전혀 살피지 않고 왔더니, <u>서울에 들어와서 찾은 것은 오분의 일도 되지 못하고</u>[4] 나머지는 다 잃어버렸으니 평생의 한이었다.

• 1728년 2월 8일 기축일 맑음

역관이 그저께 종이를 바치러 들어갔다가 자흑지(紫黑紙, 자흑색의 종이) 한 장을 얻어 셋으로 잘라 삼사신께 나눠 드렸는데 부사 영공이 물리치고 받지 않아, 역관이 당황하고 이상히 여겨 가져와 나에게 주길래 '문방에 쓰는 것은 받아도 구태여 청렴함에 상할 것이 아닌데' 하고 받아 영공께 고했는데, 영공이 이르길 '역관의 무리가 전례로 뇌물을 주고받는 것으로 사신을 먹여 한번 그 선물을 받은즉 문득 그 농락에 빠지느니 저들 무리들이 일로 나를 시험하는 고로 물리쳤거니와 그대는 사신이 아니다. 한 자 남짓한 종이를 받는 것이 어찌 혐의롭겠는가?' 하였다.

---

4 밑줄 친 부분은 귀국하여 평택 집에 온 날이 4월 8일이었기 때문에 귀국한 후에 추가로 쓴 글임을 알 수 있다.

그저께 종이 넣은 곳집에 들어갔을 때 맡은 관원이 자랑하여 보이고 말하길 '촉 땅에서 옛날 생산된 종이인데 지금은 단종되어 한 장만 있다 해서 이에 역관을 주었다.' 하는데 가히 이상하였다.

• 1728년 2월 9일 경인일 맑음

김상명(金常明)이 사람을 보내 김시유(金時裕)를 보고자 청했다. [29b] 김시유가 가겠다고 하니 부사 영공이 말씀하였다.

"사책(史冊)을 고쳐 주겠다고 허락한 지가 이미 3년이나 지났는데, 아직도 새로 간행한 역사책을 보지 못했다. 만일 새로 간행하는 작업을 마친 후라면 당연히 즉시 우리나라에 반포할 것이니 어찌 번거롭게 상명에게 청하겠는가? 상명에게 여러 차례 간청했던 것은 대개 개간(改刊)하기 전에 일을 주선하여 힘을 얻기를 바랐던 것이다. 이제는 돌아갈 기약이 멀지 아니한데, 어찌 '예, 예' 라는 분명한 대답이 없는 것이냐? 대명(大明) 만력 연간에 나라 세계(世系)에 무욕(誣辱)을 입은 일로 변무(辨誣)한 일이 있으니 (우리 태조대왕 때에 죄인 윤이(尹彝)와 이초(李初)가 반란을 일으켜 명나라로 들어가 우리나라를 모욕하려 했다. 그들은 나라의 세계를 무망(誣罔, 기만)하면서 말하기를 '고려 때 역적인 신하 이인임(李仁任)의 자손이다.'라고 하니 중원이 곧이듣고 그 말을 믿었기 때문에 태조대왕 때부터 사신을 보내어 변무했다. 그러나 허락을 받지 못하여 정종(定宗), 태종(太宗), 세종(世宗), 문종(文宗) 단종(端宗), 세조(世祖), 예종(睿宗), 성종(成宗) 연산군(燕山君) 중종(中宗), 인종(仁宗), 명종대왕(明宗大王) 등 13대를 지나도록 고치지 못했다. 그러다가 선조대왕 때 사신으로 갔던 정승 유홍(俞泓)이 돌아오면서 비로소 고쳐 줄 것을 약속 받았다.) 그때 대명이 회전(會典) 1 권을 먼저 새겨 주었는데 이제 마땅히 그 일을 증거로 규칙을 삼을 만하다. 강희(康熙) 때에 민역(民役, 백성이 부담하는 세금)을 고르게 하라고 했던 칙유(勅諭,

임금의 훈유(訓諭))를 얻어보니, 전세(田稅)와 민역에 대해서 모두 만력 이전의 법을 기준으로 삼으려 했었다. 이제 사기(史記)에 대한 일만 오직 만력 이전의 일로 법을 삼지 못하겠는가? 반드시 이러한 뜻으로 상명에게 가서 말하도록 하라."

김시유가 그러한 뜻으로 상명에게 말하니, 상명이 대답했다.

"너희 사신이 어찌 내 마음을 알겠는가? 한 책을 먼저 고쳐서 간행했던 일이 이미 만력 때에 있으니 아주 좋소. 또한 십삼왕(十三王)도 좋게 여기고 있으나 단지 황제께서 그 내용을 다 살펴본 것이 다시 내려오기 전에 고치는 것을 청하는 것은 감히 못할 일이오. 또 내각대신(內閣大臣)도 불가하다고 말하는 자가 있으니 어떻게 하겠소? 내 처남의 아들이 이제 벼슬에 들어 사국(史局)을 맡게 되었으니 반드시 자세히 알 일이 있을 것이오. 내가 만일 [30a] 들은 것이 있으면 당연히 그대에게 알릴 것이니 그대들은 부디 이러한 내용을 퍼뜨리지 말고 비밀스럽게 하며 누설하지 마시오."라고 하였다

• 1728년 2월 10일 신묘일 맑음

부사영공이 김시유를 불러 이르길

"듣자니 십상왕이 원명원에서 돌아왔다 하니 네가 마땅히 가 보되 만일 공미 덜어준 일로 묻는 바가 있으면 감사하는 뜻을 말씀 올려라."라고 하셨다. 김시유가 오지철을 데리고 십상왕의 집에 가니 왕이 그 아들의 병이 조금 나았음을 보고 기쁘게 두세 번 사례하고 나서 시유에게 이르길,

"황상이 특별히 세공미(歲貢米)를 덜어주니 너희 사신이 어떠하더냐?"

답하길

"사신이 특지(特旨, 특별한 임금의 명령)를 듣는 것에서부터 감축하여 잠을 자지 못하여 비직(卑職, 신분이 낮은 사람) 등에게 말하길 우리 무릇 백성을 위하여 폐단을 없애는 일을 여러 신과 더불어 주야로 강구하시어 비록 터럭 만큼이라도 진실로 백성에게 유익하면 기뻐 마지 않으시니 이로써 서로 백성이 쌀을 골라 운송하여 보내는 폐단이 태반이나 덜게 되었으니 우리 임금이 이 기별을 들으시면 그 감동하여 기뻐하심이 더욱 어떠하시겠습니까? 돌아가 주문하는 날에 사신도 영광과 행운이 있을 것입니다. 비직 등이 분수에 지나쳐 황상께 사례하는 뜻을 펼 길이 없었는데 이제 대왕을 대함에 사례할 바를 알지 못하겠습니다."

왕이 기뻐 말하길

"이것은 황상의 은혜이다."

라 하고, 또 묻기를

"세공(歲貢)하는 쌀이 어느 곳에서 나는가? 세금에서 나지 않고 별도로 쉴새없이 바쁘게 하는 길이 있는가?"

답하길

"우리나라가 본래 다른 세금 받는 일이 없어 무릇 안에서 쓰는 것과 대국을 섬기는 것이 다 전답 세금에서 나옴으로 [30b] 공미 또한 세금에서 나옵니다."

왕이 말하길

"구실 세금에서 나면 허다한 공미가 그 어찌 능히 한결같이 티없이 희고 뒤섞이고 어긋나 섞인 폐가 없느냐?"

대답하길

"두어 말에서 가려 한 되를 취하고 두어 섬에서 가려 한말을 취하되 가리고 또 가리어 정히 하고 또 정히 하여, 말로 모으고 되로 모아 공역

(功役)이 심히 어려워 자연히 널리 거두어 우리나라 서쪽길(관서 지방)에 사는 백성이 바치는 구실은 1000여리에 공미 100섬만 책출(責出, 책임지고 차출 함)하니 폐됨이 적지 아닌 줄을 이로써 가히 알 것입니다. 이런 큰 폐단이 이제부터 크게 덜게 하시었으니 감축함을 어찌 다 말씀드리겠습니까?"

왕이 말하길

"이것은 황상의 은혜이다."

라 하였다. 이번에 조공미를 덜게 된 것은 십삼왕(十三王)이 사이에서 주선해 준 덕분이다. 집을 떠난 지 다섯 달이 되었다. 이역에 갇히어 돌아 갈 기약이 오히려 묘연하고 해를 넘기고 노친을 떠나 기별도 들을 길이 없으니 근심과 사모한 염려가 날로 점점 깊어 수일째 잠과 식사도 못하고 거의 병이 나고자 하는데, 문득 주부자(朱夫子)가 말씀하신 바 '만일 대단히 억제하여도 이기지 못하거든 옛사람의 겪은 환난이 크게 가히 견디지 못할 일이 있음을 생각하고 비교하여 스스로 견주어보면 가히 조금 평안할 것이다' 함을 생각하면서 염려하니 홍호(洪皓, 송나라 때 금나라 사신으로 갔다가 15년간 추운 산에 구류된 후 굴하지 않고 돌아와 송막 기문을 씀)의 냉산(冷山)에 갇힘과 문천상(文天祥)의 연옥(煉獄)에 갇힘이 액궁(厄窮, 운수가 나빠 고생함)하여 이미 내 오늘 일과 비할 것이 아니오, 또 마침내 돌아갈 기약이 없어도 오히려 능히 스스로 살았으니 나로 하여금 불행하여 그런 땅에 당하면 마땅히 미친 병이 나서 하루도 가히 견디지 못할 것이다. 잠깐 [31a] 참는 것만 같지 못하다. 이로써 스스로 관대하여 의사가 일시에 평상시로 깨달아지니 진실로 성현의 말씀이 사람에게 유익함이 크구나!

• 1728년 2월 11일 임진일 맑음

행중에 선비인 백황이란 자가 있어 상사를 따라와 자못 점하는 법을 알고 있다. 새벽에 불러 맞이해 노모 안부를 청하여 물어 점을 쳐 미제괘(未濟卦, 64괘의 하나로 밑에 물이 있어 물이 불을 이기지 못함을 상징함)를 얻어 점사(占辭)가 자못 길하니 또 가히 위로가 된다. 백생이 비록 상사의 중방 하인 중에 충수(充數, 일정한 수효를 채움)하여 왔으나 본래 사족인 고로 부영공도 또한 손님의 예로 대접하였다. 호황이 장차 명일에 상사를 인견(引見, 윗사람이 아랫사람을 불러 봄)하려 한다. 해가 뜰 무렵 서반이 의주(儀註, 나라의 전례의 절차를 적은 책)를 가져오니 그 글에 말하길

'예부는 삼가 주문하여 황지를 공경하여 받은 일을 신(臣)등이 살피니 일찍이 조선국과 유구국에서 채래(差來, 선택하여 옴)한 진공정사를 건천궁에서 인견하였으니 이제 조선 국왕이 가신 낙창군 이당을 선택하고 또 유구 국왕 상경(尙敬)이 이목관 모여룡을 선택하여 공바치러 왔으니 본월 12일 오전 10시(巳)에 전례를 살펴서 하여금 그 황상의 천안(天眼, 임금의 얼굴)을 물어보게 하되 이날 황상이 건천궁 보좌에 앉으시고 신의 마을 당관이 온 사신 조선국 가신 이당과 유구국 이목관 모여룡을 인도하여 저들 나라 공복을 입고 통사 각 1명씩 데리고 건천궁 서편 문으로 말미암아 서쪽 섬 위로 따라 올라 붉은 칠을 한 층층대 위 서쪽 가에 이르러 삼궤구고(삼궤구돈)하는 예를 행하고 마치면 건천궁 서편 문을 따라 우익대신 앉은 끝에 자리를 주고 차를 주거든 온 사신이 차를 마시고 황상이 위로하여 묻기를 마치면 [31b] 신의 마을 당관이 인도하여 나와 건청문 밖에 이르러 사은하게 하니 이를 위하여 삼가 갖추어 주문하노라.'

하였다. 내가 부사 영공께 고하였다.

"무욕(誣辱)한 자문(咨文)과 인조반정(仁祖反正) 기사를 변무(辨誣)하는 일을 역관에게만 맡기고 조금이라도 진심을 펴보일 방법이 없었는데, 내일 옹정제가 정사(正使)를 접견하는 일은 좀처럼 얻기 어려운 절호의 기회입니다. 문답할 때에 이 일을 대략 거론해서 직접 옹정제에게 말해서 반응을 살펴봄이 마땅할 듯합니다. 이러한 생각을 상의하여 결정하는 것이 어떻겠습니까?"

영공이

"자네 의견이 매우 좋군. 지금 서장관이 정사와 모여 상의한다고 들었네. 자네는 내 말을 가지고 가서 전하여 의논해 보게."

라고 하였다. 내가 즉시 정사의 방에 가서 부사 영공의 의견을 전하고 다음과 같이 말하였다.

"들자 하니 옹정제가 우리 사신과 접견할 때 반드시 처음에 국왕의 안부를 묻는다고 합니다. 그러니 만약 우리 사신이 대답하기를 '국왕께서 명사(明史) 변무(辨誣)한 것을 빨리 보지 못하시어 밤낮으로 애태우시고 또 회답한 자문 중에 황지가 지극히 엄하여 두렵고 불안한 가운데 계시니 어찌 편안하시다고 하겠습니까' 라고 하면 옹정제가 반드시 어떤 대답을 줄 것입니다. 또 그 다음에 옹정제가 반드시 사신의 안부를 묻는다고 하니 만일 대답하기를 '국왕께서 불안한 가운데에 계시니 저희들이 어찌 편안하겠습니까? 머리를 맞대고 한탄하여 잘 때나 먹을 때나 편치 않으며 답답함으로 날을 지새고 있습니다' 라고 하면 옹정제가 또 반드시 어떤 대답을 줄 것입니다. 만일 대답이 없을지라도 또한 우리들의 분통한 마음을 알게 될 것입니다. 이렇게 하면 어떨는지 모르겠습니다."

정사가

"이 계획이 [32a] 진실로 좋으니 마땅히 헤아려 생각해 보겠네." 라고 말하였는데 의논하는 자들이 다 '불가하다'고 하며 이르기를

"청의 접견 법례에 황제가 질문한 것이 아니면 감히 말할 수 없고 또 일을 건너 뛰는 듯하니, 결단코 이처럼 하는 것은 불가합니다." 라고 하기에 내가 또 그들과 다투며 말하였다.

"이 말은 다 옹정제가 묻는 말에 따라 대답한 것이니 말이 진실로 어색한 낌새가 없을 것입니다. 어찌 거리낄 것이 있겠습니까? 만일 이 말로써 옹정제의 진노함에 봉착하더라도 결코 대단히 저촉될 염려는 없을 것입니다. 하물며 임금이 욕을 당함에 신하가 죽는 것이 오늘 해야 할 일이니, 어찌 저들의 풍속에 구애될 것이 있으며 어찌 저들의 노여움을 두려워하겠습니까?"

여러번 다투었으나 모두의 의견이 부화뇌동(附和雷同)하여 돌이킬 수 없으니 이는 역관 무리에게 꼬임을 당해 융통성있게 처리하지 못하는 것이다. 내가 영공께 돌아와 의논한 내용을 전하니 영공이 '할 수 없군'이라고 하였다. 잠시 후 정사와 서장관이 서로 의논하여 옹정제를 접견할 때 문답할 홀기(笏記)를 써서 그것을 영공께 보내왔다. 영공이 나에게 그 홀기를 보여 주고 나에게 대신 붓을 잡게 하고 고쳐서 보내게 하였는데, 의견이 분분하여 결국 사용하지 못하였다. 오후 2시에 제독 두 사람과 통관의 무리가 와서 상사를 청하여 뜰에서 명일 인대(引對)할 습의를 익히는데, '습례할 때 앉는 것을 꾸부리지 않고 반드시 편히 앉고 다닐 때는 팔장을 끼지 않고 반드시 손을 늘어뜨리라' 한다. 상사가 습례하기를 파하여 통관이 말하길

"유구 사신이 마땅히 조선 사신 뒤에 있을 것이니 우리 습례하는 모습을 보라." 하고 한 되를 조선 사신이라 일컫고 또 한 되를 유구 사신

이라 일컬어 '그 뒤를 따르라' 하여 [32b] 습의하여 보이니, 조선 사신
이라 하는 놈은 웃으며 다행한 영광이라고 여기는 듯하고, 유구 사신이
라 하는 놈은 모든 되들이 지시하고 업신여겨 비웃는 듯하고, 그들도
또한 부끄러워하는 빛이 있었다. 제독이 홀기 쓴 것을 청하여 보고 '잘
못하였다' 하고, 또 이르길 '마땅히 들어야 할 것은 듣지 않고 아니 들
을 것은 들었다' 한다.

• 1728년 2월 12일 계사일 바람

먼동이 틀 무렵 통관이 와서 상사를 청하니, 상사가 공복을 입고 대궐에
나아갈 때 군관과 수역과 임역이 다 따라갔다. 미시(未時) 말(末, 오후
3시경)에 파하여 왔는데 상사로부터 가본 후 말을 들으니 (이러하였다.)
"좌궐문으로 따라서 들어가 동익랑에 들어 쉬니 유구 사신 모여룡이
이미 와 기다렸다. 통관 김장귀와 김상명의 말을 전하여 말하길 '인대
(임금을 접견)할 때에 황제께 문답하는 말이 이리이리 하라' 하여 그 말
대로 홀기를 고쳐 쓰고 기다렸다. 아침 8시에 제독과 예부 필첩식과
통관 등이 들어가기를 청하여 군관 이하가 다 머무르고 상사가 홀로
통관을 따라 오문 (오봉문) 좌익문으로 들어 동익랑에 앉으니, 일등공
마이사(□□□)와 중서(中書) 당손쥬(□□□)가 조방(朝房, 조신들이 조회 때
를 기다리느라 모여 있는 방)으로 나와 상사를 대접하려 해서 상사가 통사
로 하여금 서로 보는 예를 청하라고 하니 마이사와 손쥬 양인이 다 이
르길 '황상을 뵙기 전에는 가히 사사로이 예모를 먼저 하지 않는 것입
니다.'라고 하였다. 손쥬가 먼저 들어가고 마이사가 상사를 청하여 조
방에 들어가 대하여 앉아 말하였다. 내주(內廚, 중전이나 대비 식사를 준비
하던 주방)가 상사의 아침밥을 차려왔는데 수저를 다 은으로 하고 밥이

좋음이 선천 곽산 쌀보다 못하지 않고 [33a] 반찬이 다 기특한 맛이고 밥을 마치면 타락차를 들었다. 마이사가 먼저 일어나 들어가고 김장귀 등이 들어가기를 청하니 태화문 동익 소덕문 (□□門)으로 들어 수십 보를 가니 한 궁전이 있고 높이 솟아 우뚝이 길 왼편에 임하니 금자로 현판하였는데 중화전이라 하였다. 팔각 금벽에 문과 바람벽이 영롱하였다. 또 수십 보를 가 또 한 문에 들어 또 한 궁전이 있는데, 태화전에 비하면 조금 작은 듯하고 현판에 후화전이라 하고 층층한 섬에 돌난간 높이가 두 길이 넘었다. 한 문을 지나 또 한 문을 드니 후화문이라 하였다. 제독이 상사에게 '문 서쪽편 벽 위에서 잠깐 쉬라' 하고 저 먼저 들어갔다. 이윽고 나와 앞에서 인도하여 문을 들어가 수십 보를 가니 또 꺾어 서쪽으로 수십 보를 가니 한 문이 크고 높은데 건청문이라 현판하고, 동서 익랑 단청이 찬란하고 돌 난간이 옥을 깎은 듯하고 무늬 새긴 창이 그림속 같고 높고 낮고 가로로 수직으로 다 극히 기특하고 공교하였다. 예부 좌우시랑 양인이 앞에 와 통관으로 말을 전하여 말하길 '인대할 때에 부디 실례하지 말라.' 하였다. 오전 10시에 마이사가 안에서 나와 황지를 전하는데 '특별히 삼궤구돈하는 예를 없이해라' 하고 예부 양시랑으로 하여금 앞서 인도하여 들어오라 하여 드디어 양시랑과 김장귀가 함께 건청 서익문으로 들어가니 호황이 이미 탑 위에 나와 앉아 있었다. 서쪽 계단을 따라 올라 [33b] 바로 우협문에 이르니 우익 둘째 줄 대신 행렬에 앉을 데를 주고 호황이 한마디 소리를 약(□) 하게 하였는데 예부 좌시랑이 앞에 가 엎드려 옹정의 말을 듣고 내려와 통관에게 절하여 통관이 상사에게 전하여 말하길 '네 나라 임금이 평안하시냐?' 상사 답하길 '평안하시다' 하니 통관이 좌시랑에게 전하면 시랑이 호황에게 고하였다. 호황이 물을 때마다 약(□)한 소리를 하면 시

랑이 또 앞에 가 말을 들어 전하는데 또 묻기를 '사신이 평안히 지내느
냐?' 답하길 '다행히 황은을 입어 무사히 지내노라.' 또 말을 전하여 말
하길 '너는 네 나라 임금의 종친인 고로 편전에서 인접하여 다르게 대
접하는 뜻을 보이니 너는 그것을 아느냐?' 답하길 '가신이 다행을 입어
밝은 빛을 우러러 보니 진실로 이미 마음이 감격하고 하물며 작은 나라
가 자주 황상의 격외(格外, 격식이나 관례에 벗어남)의 은전을 입어 년전에
특별히 세폐(歲幣, 매년 10월 중국에 보내던 공물)를 덜었고 이제 또 공미를
덜었으며 또 진정하는 일과 변무하는 일에 있어서도 다 특지로 윤허하
여 허락하니 작은 나라 군신이 성덕을 감축하여 갚을 길이 없어 하니
다만 일이 가신의 사사로운 마음으로만 깊이 느끼어 기릴 따름이 아니
옵니다.' 하니 호황이 듣고 희미하게 웃으며 턱을 끄덕이고 '시랑으로
하여금 차를 주라' 하니 차 담은 은두구리(탕약을 달이는데 쓰는 자루가
달린 은그릇) 한 되 남짓 들여와 먹기가 어려워 천천히 마셔 반은 먹었
다. 호황이 또 일러 말하길 '만일 능히 다 마시기 어렵거든 다소 양대로
먹으라' 하여 드디어 물려 통사를 주었다. 호황이 얼굴이 크고 코가 높
고 안채가 [34a] 번쩍여 번개 같고 소리가 크지 아니한데 따뜻하고 대
공마루(대공과 대들보이며, 대공은 들보위에 세워서 마룻보를 받치는 짧은 기
둥)이 울리었다. 이윽고 또 권유하여 말하길 '물러가 건청문 밖에 가
있어 상사하는 것을 받으라.' 하여 즉시 나와 사은례를 행하고 예를 마
치고 마이사와 손쥬 2 명이 전지(傳旨)를 가져와 돼지가죽 20령(領)을
주었다. 청의 유구 사신과 함께 밖 익랑과 안 궐정(闕廷)에 있을 때 다
자리를 멀리해 인견할 때 또한 함께 아니하고 우리 사신의 뒤에 하여
사람들이 유구 사신에게 말하길 '조선 사신은 이미 세전에 들어와 이미
조참하였으니 즉시 인견하고, 너희는 온 지가 오래되지 않아 오히려

조참하지 못하였으니 만일 같이 인견하면 뵈는 절차가 어렵고 불편하여 인견을 조금 뒤늦게 하니 선후로써 대접하는 것이 조금 다른가 여기지 말라.' 하였다. 처음에 들어가 조반을 먹이고 파하여 나오면서 돼지 가죽을 주면서 유구 사신에게는 '다 떨어져 없다' 하였다."

예부가 관소에 이문하여 제주 표류자인 손응성 등 9명을 옮겨 보내니 그 이문에서 쓰길

"주객사(主客司)는 옮겨 부침을 위한 일이라 복건(福建) 순무(巡撫) 상뢰(常賚) 등 관원들을 일정수 택해 유구국 진공사신을 반송(伴送, 존귀한 사람을 보낼 때 시중드는 사람을 같이 보냄)하여 북경 올 때 표류한 조선국의 경계를 떠난 9명을 아울러 부쳐 본부에 이르렀으니 본부가 조선국 손응성 등 9명을 받아 이전에 표풍하였던 살액등(薩厄等)을 보내던 법식을 살펴 길에서 먹을 양식과 타고 갈 수레를 주어 시방 북경 온 조선국 진공사신 낙창군 이당에 맡겨 본국으로 돌아가게 하여 황지를 [34b] 받아 유구관으로부터 조선국 진공사신 낙창군에게로 보내니 일이 끝나기를 기다려 데리고 돌아가라. 회동관으로 부치노라."
하였다. 마친 후에 회답하는 글을 받아가니 그 회답에 말하길

"조선국 가신 낙창군 이당은 명확히 받음을 위한 일이라 지금 옹정 6년(1728) 2월 12일에 예부에서 보낸 본국 표풍인 손응성등 9명을 다 숫자대로 이름을 살펴 받고 옹정 6년 2월 일에 정(呈, 바침)하노라."
하였다. 이로 인해 손응성 등이 관소에 머물렀다. 대개 손응성 등은 제주 사공격군(沙工格軍)으로 이전(利錢, 남는 돈)을 배에 싣고 오려고 병오년(1726) 2월 7일에 제주서 배가 떠나 해남 땅으로 향하다가 풍세가 심히 사나워 능히 배를 저어 되돌려 가지 못하고 바다로 표풍하여 40여 일을 사방으로 표탕(飄蕩, 정처 없이 떠돎)하여 다만 죽기만을 기다리다

3월 28일에 배가 저절로 한 작은 섬에 닿았는데 유구국 지방이었다. 섬에서 사는 사람들이 와서 보고 물어 조선 사람인 줄을 알고 데려가 제 집에 두고 먼저 원미(쌀을 굵게 갈아 쑨 죽)과 죽을 주고 다음에 밥을 먹여서 안전하게 하고 즉시 왕성으로 통하여 갔다와서 25일 만에 비로 서 회답을 얻어 서울로 올리라하여 거기서부터 작은 배를 타고 바다를 건너 4일 후에 육지에 이르렀는데, 반드시 밤이 어둡기를 기다린 후에 야 뭍에 오르게 하여 대개 타국사람으로 하여금 그 지형에 대해 어떠한 줄을 알지 못하게 함이었다. 육지에 내린 후에 백성을 징발하여 지팡이 를 들고 좌우로 끼고 가서 4월 27일에 비로소 왕성 밖에 이르니 처음에 는 백성의 [35a] 집에 머물게 하더니 후에 집을 주어 들어 있게 하고 또 장정을 징발하여 문 밖에 막을 치고 상직(常直, 계속 숙직)하고 주야 로 방비하여 지키고 의복과 양식과 반찬을 넉넉히 주고 또 이따금 나물 반찬을 주어 대접을 극진히 후하게 해주었다.

동년(1726) 12월 12일에 유구국 공사와 같이 바다로 배를 타고 정미 년(1727) 정월 26일에 복건(福建) 땅에 닿아 머물다가 9월 26일에 복건 을 떠나 북경을 향할 때 역마를 주고 혹 고갯길이 험절한 데를 만나면 즉각 장정 두 명씩 주어 메고 지나게 하여 무신년(1728) 2월 6일에 비로 소 북경에 도착하였다. 일만 번 죽을 뻔하다가 남은 인생이 고국인을 보고 슬퍼 목이 메여 통곡하니 보며 측연하였다. 9명이 다 유구국 말을 하여 불러 그 지형과 풍속을 물으니 다 알지 못하고 다만 이르길 인심 이 후하고 법이 널리 너그럽고 백성이 도적질하는 버릇이 없고 나라가 매질하는 형벌이 없고 사람이 죽으면 산을 파 굴을 만들고 돌을 쌓아 집을 만들어 그 속을 넓게 하여 그 족당이 죽는 자를 다 그 굴속에 넣고 앞에 문을 두어 돌로 만들어 달았다가 제사할 때면 그 문을 열어 매장

하고, 남녀가 다 바지를 입지 않고 다만 소매 넓은 긴 옷으로 위에서
내려 덮어 입고, 음식이 극히 정결하고 계집이 미색이 많다 할 따름이
었다. 또 이르되 유구 사람이 항상 그들에게 말하길 '우리나라 사람이
항상 표풍하여 너희 나라에 이르면 너희 나라가 문득 죽이고 보내지
아니하니 전후에 [35b] 죽고 돌아오지 못한 자가 몇인지를 알겠냐마는,
우리는 차마 너희 나라 하는 일을 본받지 못하여 이렇듯이 무휼(撫恤,
어려운 처지에 놓인 사람을 불쌍히 여겨 위로하고 도와줌)하여 보내노라' 하였
다 하니 듣는 사람으로 하여금 부끄러워 말이 나오지 않았다. 또 이르
길 '지금 천하에 강하고 크기를 말하면 조선이 마땅히 중원 버금이 되
고 예의로 말하면 조선이 마땅히 으뜸이 될 것이다' 한다 하였다. '9명
중에 한 명이 언문(諺文)을 능히 하여 일기한 것이 있다' 하여 뽑아 일기
중에 올리고자하여 '가져오라' 하여 보니 글자를 별의별 이루지 못하였
고 별로 기록한 것이 없고, 다만 도처에 가 하늘을 부르짖으며 서러워
하는 말만 특별히 기록하였으니 볼 것이 없었다.

　대개 유구국이 복건으로부터 정동에 있으니 수로로 가기를 2700리
이고 나라 안에 36섬이 있는데 멀리 있는 섬은 말이 달라 역관을 두어
말을 통하니, 모든 섬을 아울러 지방을 계규하면 남북이 3,000리이고
동서가 600리이고 왕성이 있는 데는 뭍 땅에서 남북은 4일 반 길이고
동서는 하루 반 길이다. 종묘에 29대를 제사하되 소목(昭穆, 사당에 신주
를 모시는 차례로 왼쪽을 소, 오른쪽을 목이고 1세를 가운데 모시고 왼쪽은 짝수
오른 쪽은 홀수 조상을 모심) 차례를 정렬하고 성묘를 지어 공자를 위하고
벼슬 품수가 약간 중원 법제를 모방하였고, 대명 사기에 이른바 유구국
이 중국을 배운 바가 있다 함이 이로써 이유가 있었다. 국왕의 성은
상씨(常氏)이고 이름은 경이니 시방 나이가 29세이고, 천손시(□□□) 왕

유구국 - 규장각 조선지도

으로부터 비로소 중산(유구국을 또 중산이라 한다)에 왕이 되어 시방 왕에
이르러 대(代) 전하기를 거의 1000년 남짓하다. 강희 59년 경자에 한림
검토(翰林檢討) 해보(□□)와 편수관 서보광(□□□)을 [36a] 보내어 이제
왕을 책봉하여 유구왕을 삼았다. 그 땅이 다 9월 10월에 밭을 갈아 심
고 4월에 백곡이 익어 거두어 들이고 6월 후는 큰 바람이 자주 일어나
바다 물결이 두루 날리니, 거두기를 일찍이 마치고 전토를 오래 비워두
기는 이러해서였다. 그래서 땅이 더워도 한 해에 능히 두 번 농사를
짓지 못한다 한다.

• 1728년 2월 14일 을미일 바람 많음

십육왕(十六王)이 종기병(腫氣病)이 있다고하여 침(針)을 잘 쓰는 의원 보기를 청하였다. 김시유(金時裕)가 오지철(吳持喆)을 데리고 가 보았다. 십육왕은 강친왕(康親王) 윤례(允禮)이며, 십삼왕(十三王)은 조정 일을 맡아 차지하였고 십육왕은 궐내(闕內)의 일을 맡아 처리한다고 하였다. 김시유가 돌아와 말하였다.

"윤례는 사람됨이 소쇄(瀟灑)하고 문아(文雅)한 기상이 있습니다. 조그만 집을 연못 위에 지어 그 가운데 거처하고, 집 이름을 지족당(知足堂)이라고 했습니다. 당의 좌우에는 서책 수만 권을 벌여 놓고 뜰에는 학(鶴) 한 쌍을 길들여 길렀으며, 화초를 많이 심어 놓았습니다. 거처와 행동거지가 선비의 풍도가 있는 듯하였는데, 네 바람벽을 모두 유리(琉璃)로 만들었습니다."

시유가 '지족당(知足堂)'이라고 쓴 세 글자와 당기(堂記)를 얻어 왔으니 다 사간본(私刊本)으로, 윤례가 직접 짓고 손수 쓴 것이라고 하였다.

• 1728년 2월 16일 정유일 맑음

이날에 옹정이 친히 문묘에 제사한다 하였다. 저녁에 김시유가 십삼왕의 집에서 나와 말하였다.

"십삼왕이 어제 원명원으로 가되 임금이 그곳에 거동하니 그 문지기에게 일러 말하길 '저번에 조선사신 인견하던 날에 내가 탑전에서 사정을 갖춰 베풀어 말하길 "자식의 병이 침고(沈痼, 오랜 병환)한지 이미 여러 해를 지나 죽기가 가까이 이웃되듯 하는데 의외로 조선 의원을 얻어 다스리니 분명히 점점 덜해지고 있는데 이제 동쪽 사신(東使)이 돌아갈 날이 임박하여 송아지를 핥는 사정으로 애가 탈 정도로 걱정함을 이기

지 못합니다." 하니 황제가 말하길 "그러면 그 의원을 어찌 머무르게
하지 아니하는가?" 답하길 "대왕이 외국사람을 천자에 머무르게 하여
가능하지 않은 바가 있습니다." 하니 황제가 말하길 "그러면 내 뜻대로
머무르라" 하니 내 이미 황지를 얻었으니 동지 사절이 비록 돌아갈지라
도 그 의원은 마땅히 머무르게 둘 것이다. 너는 이 뜻으로 조선 사신
있는 관소에 가서 이 뜻을 전해라' 하였습니다."

대개 윤상의 병든 아들이 차례가 셋째인데 호황의 사랑함이 예사롭지
아니하여 특별히 명하여 세자로 삼을까 하였다 한다. 김시유(金是瑜)가
김상명(金常明)의 집에 갔다가 역사에 무욕(誣辱)되어 기록된 부분을 수
정한 미완성 『명사(明史)』를 베껴와서 비밀스럽게 좌우를 물리치고 사신
(使臣)께 드리니 귀중한 것을 얻은 체한다. 새로 만드는 『명사(明史)』 중
에서 이전의 무욕을 고쳐 기록한 부분에 다음과 같이 기록되어 있다.

천계(天啓) 원년(元年, 1621) 8월에 조선에서 조공하러 오는 길을 바꾸
어 바다로부터 등주(登州)에 이르러 곧바로 수도로 들어오게 하였다.
이때에 모문룡(毛文龍)이 총병(總兵)으로 피도(皮島)에 군사를 거느리
고 진을 치고 도망친 백성들을 모아 군사를 만들어 군량을 조선에서
책임지라고 하였다. 11월에 광해군이 상주(上奏)하기를 "군량을 보급
하기가 힘겨우니 만력(萬曆) 연간의 동정(東征)하던 전례대로 산동 지
방의 곡식을 운송해주기 바랍니다"라고 하니 그대로 따랐다. 천계(天
啓) 3년(1623) 4월에 소경왕비(昭敬王妃)의 [37a] 명으로 이혼(李琿,
광해군)을 폐위하고 그의 조카인 이종(李倧, 인조)에게 나라 일을 권도
로 다스리게 하고 의정부(議政府)로 하여금 독무(督撫) 모문룡(毛文龍)
에게 이문(移文)을 보내어 전주(轉奏)하게 하였다. 모문룡이 등주순무
(登州巡撫) 원가립(袁可立)에게 아뢰어 소(疏)를 올리기를 "이혼(李琿,

광해군)이 과연 도(道)가 없으니 마땅히 대비께서 중국의 처분을 기다려 왕을 세우려고 상주(上奏)하는 것을 허락하는 것이 옳습니다"고 하였는데, 그 상소를 조정에 머물러 두고 올리지 않았다. 천계(天啓) 3년 (1623) 8월 왕대비 김씨가 이종(李倧, 인조)를 왕으로 봉(封)해 주기를 바라는 소(疏)를 올리니, 예부(禮部) 상서(尙書) 임요유(林堯俞)가 다음과 같이 말했다. "조선의 폐위하고 즉위한 사건은 내외 여러 신하들이 충성심을 펼치고 분함을 품어 말하기를 마땅히 죄를 밝혀 군사를 보내어 쳐야 한다고 하는 자도 있고, 급히 치지 말고 아직은 공물을 받으며 전후 사실을 조사하여야 한다고 하는 자도 있고, 혹은 마땅히 대의(大義)로써 책망하고 민심의 동향을 살펴야 한다고 하기도 하며, 또는 이종(李倧, 인조)으로 하여금 도적을 토벌하도록 하여 스스로 자신의 과오를 씻도록 하자는 의견도 있으니, 모든 의견이 채택할 만한 것들입니다. 진실로 이혼(李琿, 광해군)이 패덕(悖德)하고 이종(李倧)이 진심으로 조정을 받들고자 반신(叛臣)을 죄주었다고 말한 것은 오직 모문룡(毛文龍) 한 사람뿐입니다. 황제께서 하늘의 뜻을 받들어 역적을 토벌하여 강상(綱常)을 북돋워 세우는 것이야말로 올바른 법도입니다. 또 그들이 평소 공순(恭順)하다고 일컬어져 다른 나라와는 다른 줄로 생각하신다면 다시 강직한 선비와 믿을 만한 신하를 보내어 모문룡과 함께 조선의 신하와 백성을 모아 두세번 물어 조사한 사실을 밝혀 낸 후에 다시 황제께서 결정하여 판단하시기를 청합니다" 이에 황제는 "그리하라"고 대답하였다 천계(天啓) 3년(1623) 12월에 예부(禮部)에서 다시 말을 올렸다. "신(臣)이 앞서 병부(兵部)와 함께 등주순무(登州巡撫) 원가립(袁可立)에게 [37b] 이문하고 아울러 모문룡에게 관원을 파견하여 조사하라고 분부하였습니다. 지금 그 나라에서 보낸 공결(公結) 12도(十二道)에 의하면 종실(宗室)에서부터 온 나라 백성들에 이르기까지 다 이종(李倧, 인조)가 공순(恭順)하다 일컫습니다 또한 그들 배신(陪臣)들도 다투어 슬피 아뢰기를 '이처럼 위급한 때를 당하여 반

드시 나라를 다스릴 만한 임금을 기다리고 있습니다'고 합니다. 청컨
대 먼저 책유(敕諭)를 내리시어 이종(李倧, 인조)로 하여금 나라 일을
맡아 다스리게 하고 군사를 보내어 모문룡과 함께 복병을 두고 계책을
내어 차츰 일이 되어 가는 것을 기다렸다가 비로소 중신(重臣)을 파견
하여 책봉하는 은혜를 내리신다면 작은 나라를 아끼는 뿐만 아니라 변
방을 굳건히 하는 방법에도 잘못됨이 없을 것입니다" 황제는 이 말대
로 따랐다. 천계(天啓) 4년(1624) 4월에 드디어 이종(李倧, 인조)을 봉
하여 국왕으로 삼았다.

• 1728년 2월 17일 무술일 흐림

오후에 예부가 사은하는 예물과 표문받은 회답과 동지 표문받은 회답
과 만수절 표문받은 회답과 정조 표문받은 회답 자문 넉 장을 보내였다.

• 1728년 2월 18일 기해일 흐리고 바람 많음

이날에 옹정이 선농(先農, 신농씨)에 제사하고 친히 적전(임금이 몸소
농민을 두고 농사를 짓던 논밭)을 가니 적전이 정양문 밖에 있어 해마다
친히 경작한다 하였다. 역관이 제독을 통해 들으니, 우리나라 진주사
신(進奏使臣, 임금앞에 나아가 아뢰는 사신)이 바야흐로 들어온다 하였다.

• 1728년 2월 19일 경자일 간간이 흐리고 갬

예부가 상을 주는 자문과 방물받은 자문과 표풍한 자 보내는 자문
석 장을 보내 왔다. [38a] 그 반상(頒賞, 상을 하사함)하는 자문에 말하길

예부는 반상을 위한 일이라. 조선국왕(영조) 가신 낙창군 이당과 예조판
서 이세근 등을 선택하여 만수성절과 동지와 원조(元朝, 설날) 및 연공예

물을 위하여 공경하여 받들어 왔으니, 이전 등록(謄錄)을 살펴서 만수성
절에는 조선국왕께 상사(賞賜, 칭찬하고 물품을 줌)하는 것이 이등영농안
(二等玲瓏鞍, 말안장 이름) 한 부와 이등마 한 필과 표단(비단 일종) 5필과
은 100냥, 돼지가죽 100장, 은갑사로 은 150냥, 연공상사(年貢賞賜) 동지
예는 표단 5필과 이단 5필(표단은 겉에 올리는 대단이고 이단은 안에 넣는
비단이다)과 은이 100냥, 돼지가죽 100장, 갑사로 은 150냥, 원조에는
이등영농안 한 부와 이등마 한 필과 표단 5필과 은 100냥, 돼지가죽
100장, 갑사로 은 150냥, 영공 바치는데 상사하는 것이 표단 5필과 이단
5필, 은 100냥, 돼지가죽 100장, 갑사로 은 150냥이니 조선국에 주문한다
하니 나라에 상사하는 것이 합하여 영농안 2부, 이등마 2필, 표단 20필,
이단 10필, 은이 1000냥이었다. 그 연공을 받아놓으라 한 회답 자문에
황세저포(黃細苧布, 황색 삼베 일종) 180필, 백세저포(白細苧布, 백색 삼베
일종) 60필, 자세면주(자색명주) 120필, 백세면주(백색명주) 60필, 만화방
석(滿花方席) 10장, 백면지(白綿紙) 4,000권은 내년 공으로 미리 받는
것이다 하고 그 밑에 쌀 60석은 우리나라 조선을 영영 덜어주는 말을
하였다.

그 표풍한 사람 보내는 자문에 말하길

예부는 품보함을 위한 일이라. 지난번 복건 순무 모문전의 상소에 유
구국왕 상경이 이목관 모여룡 등을 선택하여 [38b] 방물을 공경하여
나올 때 표풍한 조선국 이번(다른 경계에 들어 감)한 9명을 부쳐 보내여
민월(閩粤) 땅에 이르렀다 하여 신의 마을이 의논하여 등록을 살펴 양
식을 마련하여 주고 사신과 같이 서울로 오게 하여 서울에 이르른 날
경유를 자세히 물어 다시 의논하여 주문해야 한다고 하여 다시 주문하
였다. 그리하여 복건으로 주문하였더니 복건 순무 모문전이 마땅히 위
로한 후에 시방 복건(福建) 순무(巡撫) 상뢰(賞賚) 소무현(昭武懸) 현

승(懸丞) 양조해(梁潮海)를 선택하여 유구국 공사를 반송하여 서울로
보내되 조선 표풍인을 부쳐 그해 1월 9일 본부에 이르러 고려 통사로
하여금 조사하여 물으니 손응성과 고시열과 부기선과 한준신과 성이
성과 김만선과 김익과 김일환과 고차웅 아홉 사람이 다 조선국 제주
사람이 옳았다. 살펴보니 강희 37년(숙종 24년, 1698)에 복건 순무 궁몽
인이 말을 올렸는데 "유구국에서 조선국 표풍한 사람 살액등 18명을
부쳐 보낸다" 하여 신의 마을이 의논하여 "살액등에게 양식을 주어 서
울로 보내라" 하여 조선국 책력을 가지러 온 관원을 맞추어 보내었다.
손응성 등 9명을 살액등을 보내던 등록대로 양식과 수레를 주어 진공
사신 낙창군을 주어 보내니 뛰어 돌아가 조선국왕께 아뢰는 것이 옳
다. 이를 위하여 자문하노라.

하였다.

• 1728년 2월 20일 신축일 음산한 바람

해가 돋아 밝아 올 무렵에 상사가 일행을 거느리고 대궐에 나아가
영상(領賞, 상을 받음)하려 할 때 부사 영공이 칭병(稱病, 병이 났다고 핑계
함)하여 나가지 않고 나에게 일러 말하길 [39a]

"용정(龍庭)에 절하여 꿇음이 지사(志士)의 감심(甘心, 괴로움이나 책망
을 달게 여김)할 바가 아니지만 다리가 절어 핑계하여 병폐한 사람으로
자처하기를 이미 정승(政丞) 이상진(李尙眞, 명종때 문신)이 하던 일 같이
는 못하였지만 지경에 나와 왕역(往役)하는 명을 의롭게 감히 사양치
못할 변고로 내 무릇 이 역사를 두 번 하되 무술년(1718)에 왔을 때는
조참부터 영상에 이르기까지 다 칭병하고 참여치 아니하였는데, 이번
와서 또 저번처럼 하고자 한즉 반드시 저들이 의심하여 노하는 바가

되기 쉬우니 혹 이로 인해 생사(生事, 대단한 일을 일으킴)하면 사명을 받들어 욕되지 않게 하는 의가 아니고, 또 염려하니 조참하기는 이에 임금의 명을 전함이니 군명을 위하여 굴함이 의에 혹 해롭지 아니한 고로 부지런히 힘써 따라 참여하였는데, 영상에 이르러서는 이에 돌아 가노라 하고 주는 것을 받음이니 조참과는 또 다르니 내가 가지 않는 바가 구구히 지키는 것이 있노라."

하였다. 내가 답하길

"진실로 그러합니다. 이 본디 소자의 마음이라 이번 길이 다만 장관(壯觀)을 위함인데, 실로 견양(犬羊)에게 절하는 부끄러움이 있어 일찍이 강론할 것이 있습니다. 대개 영공의 무술년 일을 아는 고로 이번도 또한 그러할 것이다라고 말하셨었는데, 조참할 때 영공이 들어가 참예하는 고로 소자가 감히 스스로 다르게 하지 못하여 욕을 참고 뒤를 따랐습니다. 이제 교의를 들으니 실로 내 마음을 먼저 아신 듯한 기쁨이 있습니다. 소자가 마땅히 다름이 없을 것이니 청컨데 가지 마십시오."

하고 행담(갖고 다니는 작은 상자)를 열어 긴 문장으로 지은 별장(이별의 시문)을 내어 드리니, 대개 장문이 내가 절하지 않으려는 의사를 알게 서문에 [39b] 이유를 쓴 말이 있었다. 영공이 보기를 마치고 몹시 놀라 말하길

"이런 글을 어찌 가져왔는가? 고치기 어렵다. 그대 오활(迂闊, 사리에 어둡고 세상물정 모름)함이요!"

하고 즉시 봉하여 감추며 말하길

"회환하여 압록강을 건넌 후에 찾아가라."

하고 다시 말하길

"그저 영상에 참여코자 아니한 것이니 누구에게 다시 권하겠는가마

는, 다만 내 이미 칭병하고 그대 또한 무단히 참여치 아니하였으니 행
중이 반드시 말이 많고 기쁘지 않은 것이 있을 것이니 그대는 알아서
하고 가라. 필부의 뜻도 비록 빼앗기 어렵다더니 그대 나와 더불어 앉
은 지위가 다르니 그대는 고집하지 말라."

내 능히 다투지 못하였다. 사신이 대궐에 들어가 영상(領賞)하고 물
러와 예부에 와 잔치를 참여하는 것이 본래 전례이었다. 영공이 나에게
붓을 잡게 하고 '잔치에 참여치 못하노라' 하는 뜻으로 두어 줄 정문을
만들어 상사 일행과 떠날 때 영공이 상사에게 말하길

"영상은 다만 일행만 위함이 아니라 서로 대답하는 예로써 그 끼쳐주
는 것이 또한 우리 주상께 미치니 신자(臣子)가 진실로 감히 임의로 사
양치 못하려니와, 잔치를 주는 것에는 그렇지 아니하여 다만 사신을
위하여 베푸는 것이고 또 이름을 잔치라 하니, 다른 때라면 받는 것이
진실로 가하지 않음이 없습니다만 이번 길에는 결단코 마땅히 받지 말
아야 할 것이니 어쩌겠습니까? 무욕한 자문을 본 후는 나라의 부끄
러움과 신자의 분통함을 가히 이기어 말하지 못하니 어찌 가히 평시와
같이 연향(宴享, 향연)을 특별히 좋아하여 감수하겠습니까? 원컨데 영상
한 후에 예부에 와 대문에 들지 말고 일행이 [40a] 문 밖에서 땅 위에
줄지어 앉아 이 정문(呈文, 상급 관청에게 올리는 글)을 정히 고쳐 써 예부
에 정(呈, 바침)하여 잔치를 사양하고 받지 아니하면 신자의 분의(分義)
에 조금 편안할 것이니, 행여 관례로 연향을 받지 말고 반드시 내 말같
이 굳이 사양하십시오."

하니 상사가 좋게 여겨 역관을 불러 의논하는데 역관이 다 눈이 둥그렇
게 놀라 말하길

"만일 과연 이같이 하면 반드시 대단한 일을 일으킬 것입니다."

하고 또 말하길

"반드시 쇠채로 치며 몰아 내치는 욕을 볼 것입니다."

하는데 의론이 드디어 행하지 못해서 내가 말하길

"문 밖에서 두세 번 사양하여 들어가지 아니하고 정문을 바쳐 '이 뜻
으로 호황께 주문하여 달라'고 하여, 예부가 주문하여 주면 일이 크게
날지라도 다행이고, 예부가 주문하지 않고 정문을 도로 쇠채로 치며
몰아 내쳐도 나라를 위하여 분의를 조금 펴는 것이니, 내 뜻은 쇠채를
맞음이 욕이 되지 않아 영행(榮幸, 다행한 영광)이 될까 합니다."

하되 역관의 의논이 마침내 전례대로 행하니, 애닯구나! 행중 29명이
대궐에 나아가 동화문 밖에 이르니 이하(裏河)에 봄 물이 정히 창일하였
고 작은 배가 물 위에 누워있었다. 오봉문(오문) 밖에 이르니 어로 위에
한 탁자를 놓고 누런 보로 덮었는데 상사(賞賜, 칭찬받으며 받는 물건)하
는 물건과 문서를 그 위에 펼쳐 놓았다 한다.

오봉문 밖에 또 비어있는 연(輦, 가마)를 놓았는데 옛날 이른바 황제
가 타는 황옥이다. 보기는 황홀한데 나아가 보니 뚜껑 위에 황금꼭지가
말(斗)보다 크고 멍에를 매는 끌채 기둥보다 크고 길이가 여러 발이고
네 모퉁이에 유소(流蘇, 기나 가마 등에 다는 술)을 드리어 방만하고 가운
데 어탑을 만들어 그 위에 대단(비단 일종) 방석을 깔아서 손으로 만지면
지키는 놈들이 [40b] 곁에서 보고 못하게 하지 않았다. 이 가마가 코끼
리가 메는 가마라 한다.

일행이 오른편 월랑에 가 쉬는데 홍만운이 나를 청하여 '사직을 보라'
하여 따라 들어가니 우익문 바로 서쪽에 두른 담이 붉은 것을 칠하여
비단같고 동녘 담에 세 문이 잠겨 있는데 사직문이었다. 그 안 빈 동산에
측백나무, 소나무, 전나무가 울창하고 남쪽으로 빈 동산에 누런 기와를

사직문

이었으니 곧 사직 신주를 넣은 집이었다. 그 담밖에 이하(裏河) 물이 둘렀는데 너비가 수십 보이고 깊이가 여러 길인 듯하였다 그 물 위는 곧 대궐 담이고, 대궐 담 위에는 3층 루를 지어 서로 닿아, 누 아래는 물, 위에는 큰 길이다. 가고 오는 자의 그림자가 다 물 가운데 비친다. 물가는 다 반석을 깔았고 동행과 더불어 그 위에 걸터앉아 두루 보니 때가 일기가 자못 더워 정신이 피곤하고 목이 말라, '차를 파는 되들이 길 좌우에 솥을 걸고 차를 달여 판다' 하여 역졸로 하여금 차를 얻어 오라 하여 그 탕기를 마시니 오히려 해갈하지 못하였다. 이윽고 반상하려 한다 하여 일행이 차례로 오봉문 100보 밖에 어로에 나아가 줄지어 서니 예부 관원과 홍노원 관원이 나눠 탁자 좌우에서 큰 소리로 부르는데, 일행이 세줄로 나눠 행례하기를 마치고 홍노관원이 이름을 불러 반상할 때 먼저 나라에 오는 물건을 주되, 말 한 필은 상사가 꾸려 고삐를 받아 군뢰를 주고, 또 한 필은 부사가 들어가지 아니하여 윤도가 대신 받고, 그 다음으로 일행이 또 차례로 탁자 앞에 나아가 받고 마치니 또 [41a]

행례하고 단문(端門, 정전 앞에 있는 문)으로 나오니 문이 깊고 넓음이 오봉문에 반도 미치지 못하나 너비가 오히려 5-6칸이고 길이가 가히 4-50보이니 가운데 있으면 굴속 같아 침침한 듯하였다.

단문 밖에 좌우로 돌로 만든 사자를 세우고 그 밖에 돌로 기둥을 만들어 길 좌우 편에 마주 세웠는데, 그 돌이 온유하고 부드러워 빛나는 것이 옥같고 그 모양을 둥글게 하여 용을 새겨 그 위에다 받쳐 그 높이가 20길 남짓이고 크기가 5-6아름이니 곧 대명 때 이른바 경천백옥주(擎天白玉柱)라 하는 것이다. 몇백년이 지났는데 빛이 변하지 아니하였으니, 대개 보통 예사 돌이 아니었다. 또 천안문을 나오니 그 문 밖에 두 사자를 가로 세우고 그 밖에 다리가 있어 긴 무지개같고 이하(裏河)를 걸쳐 이름을 경천교라 한다. 연잎과 갈대가 다리 아래 가득하고 그 밖에 또 경천백옥주 좌우로 마주 세워 단문 밖에 세운 것과 같은 것이었다.

남으로 태청문을 바라보고 왼편으로 동화문(장안좌문을 착각한 것으로 보임)을 나와 예부에 이르러 예부시랑 전이개(□□□)와 더불어 먼저 궤고(跪叩, 꿇어앉아 조아림, 삼궤구고=삼궤구돈)하는 예를 행하고 예부 대청에 나아가니, 대청이 극히 넓은데 가운데 벽을 쌓아 단을 만들어 평상 같이 하였다. 너비와 길이가 두어 칸이나 하고 높이가 자 남짓한데 그 위에 잔치하는 음식을 상에 벌여 미리 놓았다. 예부시랑이 주가 되어 가운데 앉고 상사와 서장은 남향하여 앉고 일행은 단 아래 벽 위에 오른편으로 자리를 펴서 잔칫상 27개를 미리 벌여 놓아 각각 연상(宴床) 앞에 가 앉으니, 그 연상이 사방으로 한 발이나 하고 차린 음식이 실과 밖에는 [41b] 이름을 알지 못하는 것이 많았다.

먼저 타락차를 들이고 다음에 수작하는 술을 들여 세 잔에 그치되

맛이 각각 다 달랐다. 시랑은 대 있는 작은 금잔으로 들이고, 우리 사신
은 대 없는 큰 금두구리(탕약을 다리는데 쓰는 자루가 달린 금그릇)으로 들
이되 일시에 함께 들었다.

잔치를 마치고 상을 물리려 할 때 우리 역졸과 되 하인들이 다투어
나아가 움켜 쥐어 심히 어수선하고 소란스러운데, 시랑이 막지 않았다.
파하여 시랑과 같이 사은례를 뜰에 내려 행하고 파하여 옥화관을 지나
옥화교 다리를 건너 제칠왕(옹정의 셋째 아우 윤우이다)의 집 문을 지나니
환관 두어 놈이 문을 지켰다.

관소에 도착한 후 예부가 상마연을 관소에 와 베푸니 시랑은 오지
않고 제독과 통관이 와 참여하고, 상사 홀로 다만 역관 몇 명과 함께
나와 먼저 사은례를 행하고 받을 때 역관이 나에게 또 참여하라 하는데
내가 나가지 않으니, 영공이 웃고 일러 말하길 '이것이 진실로 소위 시
마소공복을 홀로 살핌(시소고지찰(緦小功之察), 큰 일은 깨닫지 못하고 작은
일에만 골몰함을 비유하는 말)이라' 하였다.

• 1728년 2월 21일 임인일 음산한 바람

수일 전에 김시유를 십삼왕의 집에 보내어 그 문 지키는 환관에게
일러 말하길

"'의원을 머물러 두라' 함이 이미 황지가 있으니 마땅히 봉행하는 것
을 빠뜨리지 못할 것이니, 반드시 공문이 있은 연후에야 가히 돌아가
본국에 주문할 것이니, 부디 사행이 떠나기 전에 빨리 공문을 만들어
보내라."

하니 문지키는 환관이 말하길

"마땅히 즉시 원명원으로 통하겠다"

한 후 수일이 지나도 마침내 소식이 없어 어제 예부에서 잔치할 [42a] 때에 상사 시랑 전이개에게 일러 말하길

"'동의(東醫)를 머물러 두라 함이 황지가 있다' 하는데 마침내 문자를 보지 못하니 공문이 없다 하고 가볍고 경솔히 데려간 즉 사체(事體)에 편안하지 않고, 공문을 보지 못하고 가볍게 머물러 둔즉 도리에 옳지 아니하니, 반드시 이 뜻으로 십삼왕께 통하여 여금 영상한 후에 머무는 걱정이 없게 하라."

시랑이 말하길

"이 말이 진실로 옳으니 마땅히 이 뜻으로 급히 원명원에 통하여 만일 회보를 얻으면 비록 밤이라도 가히 문자를 만들어 보낼 것이다." 하였는데 어제 저녁때 예부가 관소에 통하여 말하길

"십삼왕이 써 말하길 바야흐로 황지를 취품(取稟, 어른께 여쭈어 의견을 기다림)하여 자문을 만들려 하되 황제가 금일 오후에 원명원으로 오니, 형세가 급히 변통하기 어려우니 사행이 아직 머물러 기다리라 하였다." 하더니 오늘 예부 낭중이 예부 공문을 가져와 보이니 그 글에 말하길

예부는 지휘함을 위한 일이라 이친황이 주문하되 신의 아들의 병이 근래에 조선국 의관 오지철을 맞아 다스림에 효험이 있으니 빌건대 은혜로 서울 머물러 조치하다가 이 앞의 사은사를 기다려 같이 돌려보내야 하는데 황지가 내려왔는데, '심히 좋으니 서울 머물러 조치하고 조선 왕께 지휘할 것이니, 낙창군이 준행(遵行, 좇아 행함)하는 것이 된다' 하니, 머무는 의관이 몇이며 통관이 몇이며 하인이 몇이며 말이 몇 필이며 의관 이름이 무엇인지 빨리 기별하여 이문하게 하라.

하여 드디어 떨어져 머무르는 인마 수와 의관 등의 성명을 기록하여

19세기 초의 정양문

현 정양문

즉시 예부로 보냈다. 영상한 이튿날이 떠남이 [42b] 법이로되 이로써 공문을 기다리고 금일에 떠나지 못하니, 오지철은 용상(庸常, 대수롭지 않음)한 의원이라 본국에 있을 때도 심히 이름을 알지 못했는데 능이 대국에 와 견중(見重, 소중히 여김을 받음)함이 이 같으니 사람이 때를 만나고 만나지 못함이 본래 재주 없는 것과 관계가 없는 것이 다 이러함이니 가히 한번 웃음이 나는구나!

연경이 물맛이 좋지 아니하여 홀로 정양문 밖의 샘이 있어 맛이 달고 차가운 고로 이전부터 우리 사행이 관소에 들어오면 역졸을 보내어 날

정양문 앞 번화가

마다 길어오되, 군관과 역관으로 돌게 하여 같은 것으로 가져오게 함은
물을 속여 가져 올까 함이니, 이것이 규칙과 법식이 되었다. 내가 오래
오만관(烏蠻館, 까마귀같이 어두운 오랑캐 관사) 속에 갇히어 마음대로 방
자히 출입하여 구경하지 못하였다. 항상 물 긷는데 감독한다고 핑계하
여 반나절이나 놀며 구경하기를 도모코저 했으나 영공이 함께 책을 살
피며 말하고 싶어 잠깐도 떠나기를 허락치 않으니, 여러번 청하되 얻지
못하였다. 어제 짐을 차리고 오늘 떠나지 못하니 가 보기를 청하였는데
처음에는 허락치 아니하다가, 여러 번 간청한 후 비로소 허락하여 이에
물 긷는 군사를 거느리고 정양문에 이르니, 정양문은 천자가 아니면
출입하지 못하여 항상 닫혔다. 외편 협문을 따라 나가니 길 좌우편 저
잣거리가 번성하고 웅장한 것이 북경에서도 제일이다.
　지나온 것중 일찍이 보지 못한 바이다. 층층한 다락과 겹겹한 집의

영정문

비단을 쌓고 그릇을 쌓아 놓은 것이 공중에 닿았고 구름에 뀐 듯하기를 5리에 뻗쳤고 백 가지 장인이 용기를 만드느라 톱과 자귀와 [43a] 끌과 한(釬, 활 팔찌)를 갈며 미는 소리 은은하고 우뢰 같고 길에 진동하여 거의 10리는 끊어지지 않았다.

5리를 가서 다리로 작은 시내를 건너니 길 왼편에 긴 담이 수 리를 두르고 그 안에 수목이 많으니 역졸이 이르되 '그 속에 황릉이 있다' 하되 청이 북경 근처에 능을 쓴 일이 없으니 무엇인 줄 알지 못하겠다.

길 오른편에 언덕이 자못 넓은데 곧 적전(籍田)하는 곳이었다. 수 리를 가서 외성 문을 나오니 문 위에 영정문(永定門)이라 새겼다.

그 밖으로 다리가 있고 다리 아래 시냇물이 맑은 소리가 괄괄하여 성을 둘러 흐르니 가히 사랑스럽다.

또 5리를 가서 물 긷는 곳에 이르니 우물 깊이가 10길 남짓하고 우물 위에 녹로(轆轤, 도르레)를 달아 지키는 놈이 자애(물을 높은 곳으로 퍼 올리는 기계)를 돌려 올려 나무로 쌓아 만든 옆 우물에 물을 길어 붓고 역졸에게 돈을 받되 역졸이 적게 준다고 내 앞에 와 고하여 역졸을 호령하여 '이전대로 다 주라' 하니 역졸이 비로소 더 주었다.

물을 나무로 만든 항아리에 가득 담아 네 바리에 싣고 돌아와 정양문 밖에 이르니 6-7명 소년 소녀가 응장성복(凝粧盛服, 얼굴과 옷을 아름답게 단장하고 치장함)하고 혹 거문고와 쟁을 타며 혹 노래와 춤을 하니 사람이 많이 모였다. 그 풍류와 노래소리가 고요하고 편안하고 느려 우리나라 음악같지 아니하여 자못 맛이 없었다.

관소에 이르니 날이 저녁 때가 되었다.

관상감(觀象監) 일관(日官)이 사신을 따라 온 것은 대개 계산을 하여 책력 만드는 법을 배우려 함이니, 의주서 본래 200냥을 주어 이로써 홍천감의 인정을 쓰고 배우게 함인데, 이번엔 의주 부윤이 마침내 은을 주지 않아 일관 안중태가 [43b] 약간 은냥을 스스로 준비하여 계산하는 법을 약간 배우니 '과연 우리나라 책력법이 각수가 조금 어긋난 줄을 깨달았다' 한다.

• 1728년 2월 22일 계묘일 아침에 비 오후 4시에 갬

일찍 일어나 밥을 재촉하여 먹고 행장을 정돈하여 앉아 자문 오기를 기다렸는데, 오전 8시에 자문이 비로소 이르러 즉시 장계를 맞아 선래 군관 이세방(李世□) 윤도와 역관 박수채를 내보낼 때 집에 편지를 부치고, 김시유와 오지철을 떨어뜨리고 머물게 하였다.

12시에 북경에서 떠났다. 사신이 북경 성중에서 가마를 타지 못함이

법이라는데 부사 영공이 무술년(1718)에 칭병(稱病)하고 관소에서 가마
를 타고 행하였는데 이번도 그리하였다. 이역에서 해를 지내고 말머리
를 고국으로 향하니 일행이 기뻐하는 기운이 양양하여 그물을 벗어버
리고 구름을 헤쳐 가듯 하였다. 때가 정히 온화한 봄이고 살구꽃이 반
은 피었는데, 처음으로 도읍 문을 나옴에 곳곳마다 버들이 푸른 것을
흔드니 아름다운 경치가 가히 움킬 듯하였다. 또 이날에 가는 비가 길
에 뿌려 땅에 조촐하여 씻은 듯하고 가는 티끌도 일어나지 아니하니,
일마다 뜻에 같지 아닌 것이 없되 다만 이 생에 이 길을 가히 두번 다시
못할 것이니 연경의 승적(勝蹟, 이름난 유적)도 또한 능히 뜻에 극진토록
궁진이 보지 못하고 석달을 문을 닫고 갇혔듯이 하였다가 문득 떠나니
또 머리를 돌려 창연함을 이기지 못하겠다. 내 이 길에 세 가지 큰 한이
있으니 족적에 미친 바가 겨우 옛 연나라 지경을 반은 밟고 역수를 건
너 한위(漢魏) 땅을 넘어 낙양(洛陽) 장안(長安)으로 들어가 중국을 [44a]
편답(遍踏, 널리 돌아다님)하여 강남의 가려(佳麗, 매우 아름다운)한 땅에
눈을 들어 내 가슴과 마음을 크게 헤치지 못하니 이 한 가지요, 내가
세상에 남이 최치원(崔致遠)과 목은 이색(李穡) 때에 미치지 못하여 높은
과거를 중국에 와 참여하여 비단옷으로 동방에 가서 빛나게 하지 못하
니 이 두 가지 한이요, 내가 나서 또 황명 때 시절에 미치지 못하여
백사 이항복(李恒福)과 간이 최립(崔岦)을 따라와 눈으로 천조 예악문물
의 성함을 보아 내 안목을 씻으며 내 문장을 키우지 못하니 이 세 가지
한이다.

　되돌아 당시를 생각하니 편방(偏方, 우리 나라)에 부상(扶桑, 해가 돋는
동쪽 바다) 그림자가 서쪽으로 금대(金臺)에 이어졌고, 황도의 태액 물결
은 동으로 청구(靑丘, 우리나라)로 흐르니 그때에 낳았던 자가 어찌 영화

통주 운하공원

롭겠는가? 내가 난 것이 괴롭고 늦은 것이 어찌 가이 한이 되겠는가? 말 위에서 이런 생각을 품으며 부앙개탄(俯仰慨嘆, 아래를 굽어보고 위를 우러러 보고 분하고 못 마땅하게 여겨 한탄함)하여 눈물이 음음(淫淫, 축축함)하여 두 눈가에 엉기는 줄을 깨닫지 못하였다.

동화문을 나와 비로소 군뢰가 나발을 불고 역졸이 권마성(勸馬聲, 말이나 가마가 지나갈 때 위세를 더하기 위해 그 앞에서 하졸들이 목청을 길게 빼어 부르는 소리)를 하니 옛 듣던 고국 소리가 또 사람으로 기쁘게 해주었다. 팔리보(八里堡)에 5리를 못가서 상사와 서장이 비로소 가마를 타고 비를 맞으며 가서 통주에 다다르니 성 서문에 '신경좌보(神京左輔)'라 새겼다. 내성(內城)에 들어 전 주인 정문영의 집에 들어 자니 이 날 46리를 갔다.

• 1728년 2월 23일 갑신일 간간이 흐리고 갬

일출 후에 떠나 북문을 따라 나가 강가에 역사하는 놈들이 천백 명이 무리지어 바야흐로 배를 만드느라 일만 톱과 자귀와 함께 역사하니 소리가 수 리에 진동하였다. 동남으로 바라보니 수 리 밖에 [44b] 배 돛대가 별 서듯하니 들어올 때 건너던 곳이었다. 배를 연결하여 다리를 만들고 위에 흙을 덮어 굳게 하니 돌다리 같았다. 그때 꽃비가 새로 개어 봄기운이 애연(靄然, 화기롭고 온화함)하고 밭 가는 자가 들을 덮었는데 보장기(보습을 낀 쟁기)를 혹 말에게 메며 혹은 나귀나 노새에 메니 또한 기이한 광경이고 연로(沿路)에 경치가 정히 좋으니 행역의 수고로움을 모두 잊을 수 있겠다.

연교포에 와서 조반했는데 한 되(오랑캐)가 말을 타고 지나가는데 행색이 자못 달라 물으니 '황손이 한식제 지내려 산능(山陵)에 가는 자라' 하니 좇아가는 관원이 6-7이었다. 저녁에 삼하현에 이르러 전 주인 마치의 집에 들어 갔다.

홍만운이 산해관에 짐바리를 내어 보낼 일로 먼저 갔다. 항상 사신이 돌아올 때 장사치와 역관의 짐바리는 반드시 뒤에 떨어져 사신과 같이 책문을 나오지 않아 추후로 짐을 내어 올 때 의주 백성이 법을 범하고 죽기를 무릅써 은화를 들여와 두 번 변문을 열어 흥정하기를 낭자(狼藉, 여기저기 흩어져 어지러움)히 하니 관방(關防, 변방)이 엄하지 못하여 이같이 심하지 않아 조정이 항상 신칙(申飭, 단단히 타일러 경계함)하되 오히려 능히 금하지 못하였는데, 부영공이 관소에 머무를 때에 자주 수역을 불러 엄히 분부하여 사행이 떠나기 전 수 일을 기한보다 앞서서 하여 짐싣는 세주는 고차(雇車)를 먼저 내어 보내게 하고, 오늘 밤에 또 홍만운을 먼저 보내여 사행이 산해관에 이르기 전에 낱낱이 수를 세어 미리 산해관 문에 내보내야 뒤떨어지는 폐가 없게 하였다. 또 사신이 돌아올 때 돌아갈 마음이 바빠 길을 배로 가고 참을 걸러 3일 일정을 2일에 가게 하는데 이번은 그리하면 무거운 짐이 따라오기 [45a] 어려울 것이다 하여 삼사가 의논하여 날마다 참에 대어 쉬어가게 하였다. 이날 80리를 갔다.

• 1728년 2월 24일 을사일 아침에 흐리고 늦게 갬

호타하 다리를 건너 반산(盤山) 아래를 지날 때 말을 세우고 머뭇거리고 망설이면서 창취(蒼翠, 싱싱하고 푸름)를 바라보고 오래 탄식하였다. 들어갈 때에 이 산의 승경이 많음을 익히 듣고 관소에 머무를 때에 항상 상사께 종유하여 갈 때에 한번 올라 보기를 청하고, 또 말하길 '이 산을 보지 않으면 문득 헛길을 한 것이라'고 했었다. 상사가 가기를 허락하였는데 역관들이 다 싫어하여, 그 험하고 높음을 왕성히 일컬어 말하길

"말을 버리고 수십 리를 걸어가 비로소 반곡에 들어가서 근원을 궁진(窮盡, 다하여 없어짐)히 두루 찾고자 하면 머물기 어렵고, 골에 들어 지름길로 돌아오고자 하면 한갓 수고로울 뿐이며, 또 험한 길에 멀리 걸으시면 병환이 나기 쉬울 것입니다."

하여 여러 입이 말을 하나로 하니 상사는 귀개(貴介, 높고 귀한 지위에 있는 사람)라 도보하기에 겁이 나서 마침내 과연 오르지 못하니, 대개 연경 들어온 후에 일이 크나 작으나 다 이 무리의 손으로 조종하며 입술로 반복하기에 있고, 연로(沿路, 큰길 근처)에 놀아 구경하기도 또한 항상 귀찮게 굴고 방해하여 막히는 바가 되니 가히 그럴 것 같았다.

계주에 다다라 전 주인 왕정서 집에 들어가 자니, 이날에 70리를 걸

었다. 어두운 후에 상방 소속 의주 쇄마구인(刷馬驅人, 지방에 배치하여
둔 관용 말을 몰던 사람) 오국필이 죽었다 하니 참혹하고 또 그 늙은 어미
있음을 들으니 더욱 측연하여 오래 잠을 이루지 못하는구나. 상사가
옛 등록(謄錄)대로 불우비(不虞備, 뜻밖에 일어난 일에 대한 준비)은 20냥을
내어 '치상하라' 하고 인하여 역졸로 [45b] 하여금 사마(私馬)를 내어 그
주검을 수운(輸運)하여 가져가게 하였다. 이날 길에서 들으니 '진주사
(進奏使) 일행이 점점 가까이 온다' 하였다

• 1728년 2월 25일 병오일 흐림

새벽에 상고별장(商賈別將) 강수창으로 하여금 '먼저 달려가 진주사
일행을 맞아 행중에 오는 집 편지를 찾아 급히 돌아오라' 하였다. 일출
후에 떠나 어양교를 건너 봉산점에 다다라 조반하고, 저녁에 옥전에
이르러 상사와 서장은 관소로 들고 부방 일행은 왕님연의 집에 들어
자니, 이날 65리를 걸었다.

연중에 든 후에 항상 보니 봉하여 싸는 것과 배접하는 것은 다 누런
빛이 비치는 종이를 쓰는데, 부허(浮虛, 마음이 들뜨고 허왕됨)하여 연하
여 썩은 것 같고 무엇으로 만드는 줄을 알지 못하겠다. '주인 되놈이
종이 만들기를 안다' 해서 불러 물으니, 쑥스럽게 말하였다.

"이는 말똥 종이다. 말똥을 취하여 가루를 만들어 볕에 말려 잿물을
섞어 끓여 내어 종이를 뜬다."

생각하니 만일 닥을 섞어 떠내면 고정지(藁精紙, 함경도에서 나는 귀리
짚으로 만든 종이)와 다르지 않을 듯하고, 또 듣자니 어잠귀(아욱과의 한해
살이 풀) 나무 껍질로 또한 종이를 만들면 좋다 하니, 내 평생에 항상
종이 가난함을 근심하였는데 이 법을 얻으니 우리나라로 돌아간 후 시

험하여 쓰고자하여 자세히 기록한다.

• **1728년 2월 26일 정미일 아침 흐리고 늦게 갬**

　아침 일찍 떠나 양수교에 이르니 다리 앞에 길이 해동하여 얼음이 녹아 속은 괴고 겉은 단단한데 말이 밟으면 문득 물러 흔들려 거의 빠질 듯하기를 1리나 그러하였다. 사류하에 [46a] 이르러 조반하니 바야흐로 장날이라 모든 되가 잡답(雜沓, 북적대고 혼잡함)하였다. 다시 떠나 이미 성을 나와 남으로 바라보니 길 왼편에 홀연히 큰 바다가 흉용(洶湧, 물결이 매우 세참)하여 하늘에 닿아 가히 없으니 곧 이른바 계문연수(薊門煙樹)라, 자세히 보니 마침내 진짜 바다가 아닌 줄을 깨닫지 못하였구나.

　하늘 빛과 구름 그림자가 은영하고 산 안개와 바다 기운이 폐휴(蔽虧, 덮고 가림)하여 가까운 데는 물결이 흐르는 듯하고 먼 데는 흰구름이 땅에 깔린 듯하니 진짜 천하의 기이한 구경이었다. 일찍이 듣자니 '계문연수를 바라보면 큰 바다 물결 같다' 하더니, 들어올 땐 자못 그런 줄 보지 못함에 '전하는 자가 과도한 거짓말이렸다' 했는데, 오늘 과연 보니 대개 한 띠의 안개가 끼인 나무가 넓은 들에 뻗쳐 안 쪽과 같이 보이는데, 그 아래가 미망(迷茫, 희미하고 아득함)하여 물결이 되어 이따금 전과 다름없이 배가 물 위에 뜬 듯하며 섬이 바다에 난 듯하여 말로 변환하여 형상하기 어려우니, 대개 하늘이 맑고 날이 따스한 때에야 바야흐로 분명히 바다 물결 같았다.

　여기서부터 연계포에 이르도록 13-4리에 바다 빛이 일양(一樣, 한결같은 모양)이오 여기를 지나면 멀리 나무가 없지 않으나 다만 안개만 끼일 따름이니, 안개 낀 나무가 어디 없을 것은 아니나 홀로 계문연수를 말함이 이로써 진실로 이치를 가히 궁구하지 못할 것이다. 볼수록 기이한 절경이니 마땅히 북경 팔경중 으뜸이 됨직하였다. 저녁에 풍운에 들어 곡가의 집에 들어 자니 이날 80리를 갔다.

• 1728년 2월 27일 무신일 아침에 비 늦게 갬

일출에 떠나 다봉암에 이르니 강수창이 빨리 달려 돌아와, 일행이 말에서 내려 집 편지를 찾아 [46b] 급히 뜯어 보니 자위(慈闈, 어머니의 높임말) 안녕하시고 합권(合眷, 가족들)이 무양(無恙, 걱정이 없음)하다. 해를 보내며 이역에서 가정이 편안하다는 소식을 얻으니 그 기쁨이 가히 없어 세상에 격한 소식을 얻은 듯하여 기쁨이 극진하여 미칠 듯하였다. 말 위에서 편지를 여러 번 읽고 또 읽어 10리를 가도록 능히 손에 놓지 못하였다. 일행이 위 아래 다 집이 평안한 기별을 얻었는데 홀로 의관 김진웅이 부상 부음(父喪 訃音)을 들으니 참연(慘然, 슬프고 참혹함)하였다.

자유타(□□□)에 이르니 진주사 일행 역졸과 쇄마구인(刷馬駈人)들이 연락하여 지나가니 오랜 친구를 본 듯하였다. 진자점에 다다르니 정사 심정승 수현(壽賢)과 부사 이명언(李明彦)과 서장 조진희(趙鎭禧)가 이미 먼저 들어 삼사인이 묵는 곳으로 바로 가고 일행도 또 모두 가서 방문을 살펴 보는데 나는 홀로 점포에 남았고, 마침 신수방이 지나가는 것이 보이는데 신수방이라는 자는 우리나라 서울서 사는 돈 많은 장사놈이다. 그 놈 집이 새문 밖에 있어 약국을 두고 약을 파는 고로 내가 일찍이 두세 번 봐서 불러 들어온 연유를 물으니 수방이 말하길

"부사 이명언의 군관으로 들어 왔다."

하여 또 묻기를

"이번 사신이 무슨 일을 진주하러 왔는가?"

답하길

"다만 무욕한 자문을 변무하러 왔다."

한다. 또 들으니 '의주 놈이 국경을 넘는 범월(犯越)한 일로써 그 후에 또 나온 자문이 욕됨이 평양서 본 자문과 다름이 없다' 했다. 이미 경통(驚痛, 놀라 괴로움)하고 또 들으니 '금년 1월 2일 도성 야경하던 변과 밑에 호남 괘서(掛書, 이름을 밝히지 않고 글을 내어 걸음)한 변이 있다' 하니 비록 자세하지는 못하나 놀랍고 분함을 이기지 못하고 오히려 곧이 듣지 않았는데, 영공이 진주사를 보고 나오시어 [47a] 물으니 '과연 그렇다' 하니 세 가지 변을 가히 알겠다.

조반 후에 즉시 떠나 저녁에 사하역에 다다라 조선관에 들어 자니 이날에 90리를 걸었다. 날이 저물어 김진웅에게 가서 조상하였다.

• 1728년 2월 28일 기유일 아침에 흐리고 늦게 갬

상사가 병환이 있어 능히 일찍이 떠나지 못하는 고로 부방 일행이 먼저 떠나 사하보에 이르니, 10리에 뻗친 실과(實果) 동산에 봄기운이 나무 끝에 올라 생기가 애연(藹然, 윤택)하여 가히 두 손으로 움켜쥘 듯하였다. 길에서 한 중을 만났는데 등에 짐을 지고 두 손에 책상 하나를 받들고 오다가 우리 일행을 만나 사람 앞마다 문득 고두하고 두 손으로 책상을 집어 책상을 땅에 놓고 머리를 책상 위에 조아리고 열 걸음에 아홉 번이나 고두하니, 연중에 중이 말타기를 평인같이 하고 입은 것이 구태여 다르지 않고 절이 여염집 가운데서 처마가 서로 닿고 또 집마다 부처를 위하고 사람마다 머리를 깎아서 보기에 가히 분간을 못하되 다만 머리에 쓴 것이 조금 다르되, 길에서 달관(높은 관직)을 만나도 말에게 채를 치면서 지나가고 절에서 귀객을 보아도 편히 앉아 움직이지 않고

홀로 이 중이 이토록 예모가 공손하고 부지런하니 가히 이상하였다.

야계둔을 지나니 이로부터 길가에 밭두둑에 다 작은 뽕나무를 심었으니, 그 가지가 줄장(茁長, 곧고 길게 뻗어 자람)하고 옹종(擁腫, 혹이 생김)하지 않아 우리나라 닥나무 같으니, 대개 취하여 껍질을 벗기어 종이를 만든다 한다. 안하점에 이르러 말을 먹이니 들어올 때에 고죽국을 경유하여 왔는 고로 여기서 영평부까지 오던 때 길이 [47b] 아니었다. 이어 떠나서 13리를 가서 범가장을 지나고 3리를 가서 작은 시내를 건너니 시내 동서편에 모래와 돌이 1리 넘어 쌓였고 대개 장마를 당하여 냇물이 넘쳐 해일이 일듯 문득 큰 강이 되는 고로 넘쳐 흐르던 남은 흔적이 오히려 있어 그러함을 알 수 있었다.

3리를 가서 또 한 시내를 건너니 너비가 수십 보이고 깊이가 말 다리를 넘으니 조금 비오면 물이 넘쳐 배가 아니면 가히 건너지 못한다 한다. 4리를 가서 난하좌우 편의 흰 모래가 10여리를 평평히 깔렸고 사면에 산기운이 깨끗하고 준수하여 가히 사랑스럽다. 모래사장으로 4리를 가서 청룡하를 건너니 다리 아래 물이 맑고 얕어 물 밑의 돌을 가히 다 셀 수 있겠다.

길 오른편에 산이 높이 일어섰는데 산 위에 큰 절이 있고 오른 쪽에 북평 옛성이 굽어 임하고 청룡하와 난하 두 물이 안팎으로 둘렀으니 비록 올라가지 못하나 경계를 가히 생각하여 알 수 있겠다. 영평부에 이르러 한인 우점일(禹漸□)의 집에 들어 자니 이날 60리를 갔다.

성 남문에 '불을 금하라' 하는 영을 붙였으니 이 고을뿐이 아니라 지나오는 관가 대군과 마을에 곳곳마다 이 영을 붙였다. 일찍이 소설(小說)을 보니 용성(龍星)이란 별이 나무를 맡고 봄이 동방에 속하는데 심(心)이란 별(28수 중에 다섯째 든 별)이 큰 불을 차지하는 봄이면 불이 성할까 염려하여 불을 금지한다. 이로써 한식(寒食)의 용성을 꺼려 불을 금하는 영이 있으니 구태여 개자추(介子推, 주나라 양왕(襄王)때 진나라 땅의 사람)를 위하여 불을 금하는 것이 아니라 하였으니 이 말이 이치가 있는 [48a] 듯하다. 『당음(唐音)』에 한식(寒食)으로써 불을 꺼림이라 하는 것도 또한 이런 것이었다. 살펴보니 주공이 지으신『주례』에 사훤씨(司烜氏, 벼슬이름)가 2월이면 목탁을 흔들며 나라 가운데 순행하며 불을 조심하라 하여 두루 외치어 고하니 늦은 봄에 불이 성할까 염려함이니, 대개 봄을 당하여 불을 금함이 본래 주나라 법제이니 중국이 지금까지 준행하는 것이다.

• 1728년 2월 29일 경술일 밤에 비, 아침에 갬

오히려 가는 비가 안개 같아 그치지 않고 비 후에 동풍이 불기를 그치지 아니하니 찬 위엄이 겨울과 다르지 않았다. 늦게 떠나 5리를 가서 말머리에서 동으로 바라보니 한 산의 여섯 봉우리가 작고 큰 것이 가지런하지 않고 표묘히 구름 밖으로 드러내 보이는데 그 이름을 물으니 무령현(撫寧縣) 천태산(天台山)이라 한다. 그 기특하게 빼어남이 거의 비슷하게 우리 도성 삼각산 면모 같으니, 다만 지경이 아름다워 감히 사랑스러울 뿐 아니라 고국을 본 듯하여 눈이 반가웠다. 무령현 지경에 드니 천태산이 길 왼편에 있어 가깝기가 2리는 한데 그 모든 봉우리만이 맑고 빼어난 것이 다 기특한 바위이다. 산봉우리가 공중에 솟아 돌올(突兀, 높이 솟아 오똑함)하여 절벽이 일어섰으니 진실로 기이하고 절색이었다. 북경에서부터 여기까지 이르도록 소나무 하나를 보지 못했다가 여기부터 산 위와 밭 사이로 이따금 소나무가 있었다.

배음포에 이르러 조반하고 계속 10리를 가서 천태산 뒤로 둘러 나가니, 그 등이 앞면 같이 기특하지 못하나 표묘하고 청수함이 마침내 명산이었다. 천태산 한 줄 푸른 빛이 끝나지 않고 또 그 [48b] 아래 남으로 바라보니 20리 밖에 창려산이 높이 일어서 하늘에 닿아 말머리에 반기는 듯하니, 길마에 의지하여 두루 보매 눈이 딴청을 부리지 못하겠다. 동악묘에 들어가니 정전 가운데 주벽(主壁, 여러 위패를 모심)하여 앉은 소상이 면류를 쓰고 보불(黼黻, 임금이 예복으로 입는 하의인 곤상에 놓은 도끼와 아(亞)자 모양의 수)을 입혔는데 엄연한 천자의 관복이오, 좌우에 줄지어 모시고 있는 소상이 또한 제후 왕의 관복이오, 동서 익랑에 저승에서 사람을 형벌하여 죽이는 형상을 만들어 놨는데 모든 관원이 의자 위에 줄지어 앉았고, 야차(夜叉, 야차는 저승에서 사람 잡아 가는 귀신이다)가 죄인을 평상 아래 잡아와 각각 그 성전의 범한 죄의 경중을 따라 그 형벌을 주는데 목 머리가 베이며 혹 허리가 끊기며 혹 혀가 짤리며 혹 눈이 빼이며 혹 창자가 빼이며 혹 그 수족이 베이고 혹 톱으로 켜며 혹 매여 갈기며 혹 칼 꽂은 함정에 가두며 혹 불붙는 우물에 넣으며 혹 배를 가르고 밴 자식을 꺼내며 혹 창자를 가르고 먹은 음식을 긁어내어 모진 매질과 독한 형벌을 주지 않은 것이 없었다. 동쪽 행랑에는 남자를 형벌하고 서쪽 행랑에는 여자를 형벌하되, 서쪽 행랑에서 집행하는 형벌이 더욱 모질고 독하니 대개 인간의 간사한 음란과 간특한 죄악이 계집으로부터 많이 난다는 것을 표현한 것이었다. 행중에 원과 역관들이 송연(悚然, 두려워 몸을 움송거림)하여 숨을 쉬지 못하고 역졸배는 빛이 푸르러 서로 돌아보며 전율하여 감히 들어가지 못하고 서로 걱정하며 이르길

"너희가 감히 그 간악한 일을 하려 하는가? 시험하여 이를 보라."
하고 다 실색(失色, 놀라서 얼굴 빛이 달라짐)하여 두려워하니 음사(陰邪, 음흉하고 사악함)하고 간악한 자가 거의 두려움을 알고 [49a] 만의 하나

라도 징계할 것이니 또한 귀신의 도리로 가르침을 베푸는 것이 해롭지는 않으나, 동악묘는 곧 천자의 산천에 제사하는 정대한 사당이니 더럽고 자질구레하여 가히 알지 못할 귀신의 위엄을 거짓으로 만들어 부처의 법으로 증거를 삼아 지옥이란 말의 인증을 만드니 슬프도다. 괴패(乖悖, 도리에 벗어나고 어긋남)하도다.

백석포를 지나니 이로부터 산이 점점 평평하고 들이 점점 열리었다. 유관점에 이르러 전 주인 조탄의 집에 드니 이날에 80리를 걸었다.

▌한문본『상봉록』권10

•1728년 3월 1일 신해일 맑음

산해관서 일행 짐바리를 나오게 할 때 본래 반나절을 허비하는 고로 이미 홍만운을 보내서 '재촉하여 나오게 하라' 하고, 어제 삼사신이 서로 의논하여 명령을 내리되 '일행이 명일에 반드시 산해관을 나갈 것이다' 하니, 내 정환(程煥)과 백수채(白受采)와 더불어 회환할 때 또 하루밤을 같이 말하기를 언약하였는데 그 약속이 잘못되었다. 길을 헤아려보니 저녁에 마땅히 관문에 이를 것이니, 생각해보니 창황(蒼黃, 겨를없이 다급함)히 관문을 나갈 때 반드시 그 집으로 가보고 이별을 고하기 어려울 것이니 서로 만나보지 못하기 쉬우니 영공께 고하여 먼저 가기를 청하였는데 영공이 허락하여, 닭이 처음 울 때 밥을 상자에 넣고 오태령을 데리고 같이 떠나 15리를 가니 하늘이 비로소 밝았다.

심하보를 지나 큰 길을 버리고 지름길을 좇아 5리를 가서 다시 큰 길로 내달아 봉황점에 다다라 밥을 꺼내 먹고 계속 떠나 무령으로부터 [49b] 길 오른편 와룡산이 위이(逶迤, 구불구불함)하여 동쪽으로 달려 길

을 끼고 혹 5리를 혹 10리를 가되 높으락 낮으락하여 참암(巉巖, 가파름)
하여 노는 용같고 성낸 말같아 100리를 힘차게 몰아 바로 산해관에 이
르렀다. 길 동편은 큰 들이 광활하여 하늘에 닿아 가히 없고 다만 땅
형세는 높고 낮은 데가 있어 안계(眼界)가 이따금 막히었다. 대리영(大理
營)을 지나니 시냇가에 버드나무가 천행만주(千行萬株) 넓은 들에 뻗쳤
으며 나무 끝에 누런 빛이 띠어 10 리에 같은 색이니 또한 기특하였다.

산해관(山海關)에 도착하여 정환(程瑍)의 집에 들어가니 정환이가 자
신의 형제들과 함께 문밖까지 마중나와 떠들썩하게 말하는데, 내가 잘
대답하지 못하자 정환이가 역졸을 돌아보며 말하길.

"조선인들은 비록 청에 처음 오는 것이더라도 북경에 들어갔다가 돌
아올 때쯤에는 한어(漢語)를 못하는 자가 없던데, 왜 너의 노야(老爺)는
못하는가?"

라고 하였다.

"우리 노야께서는 석 달 동안 옥하관에 머무르면서 문을 닫고 글자만
보았지 한번도 한인과 대화한 적이 없었기 때문에 여전히 한어를 한마
디도 못하시는 것입니다."

정환이 '알겠네' 라고 하고 나를 이끌어 당에 올라가게 하고, 종이와
붓을 잡아 나에게 묻길

"사신의 행차가 아직 산해관에 도착하지 못하였는데도 왜 형만 먼저
왔습니까?"

내가 답하길

"일행이 오늘 관문을 나가려 하는데 사행과 함께 오면 바빠서 우리가
서로 보지 못할 수도 있을까봐 염려되어 나홀로 먼저 달려왔습니다."

정환이

"형의 두터운 마음 씀씀이를 충분히 알았으니 감사함을 이루 말할 수 없습니다. 백거인(白擧人)이 삼대(三臺)에 장막을 세워놓고 형을 기다리십니다."

묻기를

"여기서 얼마나 합니까?"

환이 답하길

"산해관에서 [50a] 100리이고 중후소에서 20리입니다."

하여 묻기를

"백거인의 집이 여기 있는데 무슨 연고로 그 땅에 가 있습니까?"

환이 말하길

"후생을 가르칩니다."

묻기를

"백거인 있는 곳이 길가에 있습니까? 어찌하면 서로 만날 수 있습니까?"

하니 정환이 말하길

"제가 내일 아침 먼저 통해서 미리 기다리게끔 하겠습니다."

내가 말했다.

"이제 장차 관문을 나서려 하니, 내일 아침에 비로소 연락을 하려 한다면 미치지(及) 못하는 근심이 있지 않을까 합니다."

정환이 말하길

"제가 탄 말이 매우 빠르니 반드시 형이 가시는 길보다 먼저 이를 것입니다. 형이 가실 때 맡기고 간 사주(四柱)를 백형께서 다 이미 의논하여 적어 두었습니다."

하여, 내가 받아 소매에 넣고 묻기를

"백형에게 수고를 많이 시켜 정신을 허비케 하니 감사합니다. 백형이 내 아우의 팔자를 보고 무엇이라 하십니까?"

라 하니 정환의 형이 말하길

"말한 것을 들으니 준수하고 총명하여 일찍이 활달할 듯한데 병이 나면 비위(脾胃)가 조(燥, 초조하고 애태움)하여 □□□할까 염려하였습니다."

내가 말하길

"백형과 더불어 이별함에 내일 기약이 있으니, 단지 이 자리에서 서로 말하지 못함이 가히 애닯습니다."

백정(伯程, 정환형)이 묻기를

"귀국이 대명때 융경(隆慶) 만력(萬曆) 즈음에 왜난리(倭難離)를 치뤘는지 알지 못하겠는데, 왜는 어느 나라 사람입니까?"

내 답하길

"왜국이 우리나라 동녘으로 큰 바다 가운데 있는데, 천하에 극히 동편에 있습니다."

백정이 말하길

"평생에 의심을 쌓았는데 비로소 활연(豁然, 의문을 밝게 깨달은 모양)하니 고루함이 가히 부끄럽습니다."

내가 말하길

"섬 가운데 작은 나라가 멀리 하늘 동편에 있어 말하고 듣는 것이 통하지 못하여 세상과 떨어진 듯하니, 알지 못함이 괴이하지 않으니 무슨 고루함이 있겠습니까?"

내가 가져갔던 부채와 간지와 환약을 [50b] 내어 정환에게 주며 말했다.

"행탁(行橐, 여행용 전대나 자루)가 거의 다하여 서로 정표할 것이 없어서 토산 약간으로 받들어 이별합니다."

정환이 말하길

"자주 후의를 입으니 받는 것이 부끄럽습니다. 오늘은 서로 줄 것이 없으니 중후소에 이르면 수관(毛冠) 한 둘을 가져와 약간의 마음을 표하겠습니다."

내가 말하길

"제가 드린 물품이 약소한데 도리어 후렴을 부지런히 갚고자 하니 더욱 부끄럽습니다. 행자(行資, 먼길을 오가는데 드는 비용)이 비록 가난하나 관모가 없지 않으니, 구태여 아름다운 은혜를 번거롭게 할 것이 아닙니다."

정환이 내가 준 홍간지를 꺼내 내게 주며 말하길

"형께서 준 종이에 글씨를 받고 싶으니, 형께서는 마음대로 글자를 써 주셔서 이별 후에 조석으로 생각을 붙이게 해주시길 간절히 바랍니다."

내가 답하길

"존이 글씨를 청함은 글씨를 잘쓴다 함이 아니라 다만 수적을 얻어 이별한 후에 반드시 면목을 다시 보고자 함이니, 더럽게 여기지 않는 후한 뜻을 알겠으니 마땅히 글씨가 졸필이라도 사양하지 않으려하나 행역에 흔들리고 쓰러지려는 끝에 정신이 가쁘고 고단하고 기운도 고달프고 나른하여 평생에 졸렬한 글씨가 더욱 글자를 이루지 못할 것입니다. 족히 높은 눈을 더럽히면 안될 것이니 감히 교의를 받지 못하겠습니다."

정환이 말하길

"다만 이별한 후 안면을 삼으려 하니, 공졸(工拙, 교묘함과 졸렬함)을 논하는 것이 아닙니다. 형께서는 한번 휘쇄(揮灑, 붓을 물에 흔들어 씻어 깨끗이 함)하는 수고로움을 아끼지 마십시오."

하고 이로써 붓을 주며 재삼 강청(强請)하는 것을 그만두지 못했다. 내

가 드디어 당음(唐音) 절구 하나를 써주니 그 시에 이르길

어느 곳의 금가가 달 아래 슬픈가	何處金笳月下悲
아득히 먼 곳 나그네 꿈이 먼저 아네	悠悠遠客夢先知
선우[51a]의 성 위의 관산곡조를	單干城上關山曲
지금 중원이 다 불 줄 아는구나	今日中原盡解吹

(금가는 오랑캐 풍류요 선우는 오랑캐 임금을 선우라 하니, 이 글을 써 준 뜻이 있다)

정환이 두세 번 읊고 말하길

"형의 글씨 극히 묘하여 재주가 붓끝에 넘쳐 가이 보배로우니 감추어 두겠습니다."

하고 여러 장 써주기를 청하는데 내 답하길

"시방은 피곤하고 총거(悤遽, 몹시 바쁨)하니 돌아간 후에 혹 왕래하는 편에 써 보내겠습니다."

정환이 말하길

"오늘 한번 이별하면 이번 일을 이어 다시 볼 수 있을지 알지 못하겠습니다."

내가 말하기를

"이역의 이번 이별이 어찌 훗날 기약이 있겠습니까? 저는 다시 올 일이 없으니 형께서 혹 동으로 오실 뜻이 있으신지요?"

정환이 말했다.

"만약 현달하여 귀하게 되면 사신을 받들어 국경을 나가는 것이 혹 이상할 것 없겠지요? 남자의 일은 알 수 없는 일입니다."

정환이 말하길

"지금 헤어지고 난 후에 서로의 소식을 들을 방법이 있을까요?"
라고 묻자 내가

"조선 사신이 매년 한 번씩 오니 인편(人便)으로 서로 소식을 들을
수 있을 것입니다."
라고 대답하였다. 정환이 말하길

"편지로 왕래하면 천리를 떨어져 있어도 서로 그리워하는 회포를 풀
수 있을 것입니다. 존자(尊者)께서는 반겨 주시겠습니까?"
라고 묻기에 내가 말했다.

"애쓰고 수고함이 여기에 이르니 두텁게 생각해 주는 마음을 어찌
잊겠습니까?" 한 여자 종이 안으로부터 나와 정환을 불러 가더니 이윽
고 역졸이 고하여 말하길 "아까 사신 행차가 벌써 이르러 장차 관문을
나가려 합니다."

내가 백정(伯程, 정환형)에게 이르길

"일행이 이미 이르러 장차 관문을 나가려 하니 존중씨(尊仲氏, 동생정
환)와 함께 이별코자 합니다."

백정이 말하길

"집에 조모가 계셔 급히 이별할 줄을 알지 못하고 불려 갔으니 제가
마땅히 집으로 들어가야겠습니다."

역졸이 다시 재촉하여 말하길

"관문에 나가는 것이 급합니다."

내가 백정에게 말하길 [51b]

"이별한 후에 다시 만나는 것은 이 생(生)에서는 가히 얻지 못할 것입
니다. 총총이 손을 놓아 회포가 사나워짐을 어찌 가히 다 말을 하겠습
니까?"

정환이 내 손을 잡고 근심스러운 빛으로 서로 보기를 오래했다. 내가 손을 들어 읍하고 이별하여 떠나 영공이 계신 곳에 이르니 삼사가 모두 모여 있었다. 집 주인은 한인이다. 그 아들 강조(江造)가 나이 18이고 미목이 청수하여 가히 예뻤다. 내 앞에 와 읍하고 무슨 말을 묻다가 역졸이 '한어를 알지 못한다' 말하니 강조가 즉시 필묵을 내여 내가 써 말하길

"상사는 왕손이니 낙창군이오, 부사는 예부상서요, 서장은 봉각사인(鳳閣舍人)이다."

강조가 얼굴을 고치었다. 역졸이 와서 고하는데

"짐바리를 다 내었습니다."

하고 일행이 드디어 떠나 문 앞에 이르니 갑졸이 곤장을 들고 길을 끼고 줄지어 서서 일행을 살피어 검사하였다. 관원들이 마을 가운데 줄지어 앉아 문을 활짝 열기에 다가가서 보니 산해관 부세 받는 내무부였다. 내관문을 나서니 문 밖에 또 관원이 의자 위에 줄지어 앉아 갑졸로 하여금 점열(點閱, 점검하고 사열함)하고, 외관문을 나서니 또 그러하였다. 관문을 나오니 해가 이미 저물었다. 2리를 가서 어두울 때에 이리점에 이르러 한인 방지순의 집에 들어 자니 이날 90리를 갔다.

• 1728년 3월 2일 임자일 흐리고 큰 바람

늦게 떠나 해가 높이 올랐다. 남으로 징해루를 바라보니 분칠한 성가퀴가 차아(嵯峨, 높고 험함)하고 날으는 용마루 기와는 표묘한데 그 앞에 [52a] 바닷물이 도도(滔滔)하고 동쪽으로 들 가운데를 바라보니 정녀묘가 규연(嶌然, 높이 솟아 우뚝함)하며 돌 산봉우리가 올연(兀然, 홀로 외롭고 우뚝함)히 일어서서 석가산(石假山, 뜰 등에 돌을 쌓아 올려서 만든 산) 같았다. 팔리보를 지나니 길 왼편에 수레를 두르고 둔취(屯聚, 여러

사람이 한 곳에 모여 있음)하여 모여 앉았고 말 4-50필과 소 수십 필이 흩어서 좌우로 있는데 이는 몽고 사람이라 하니, 대개 몽고인은 청인이라도 더럽게 여겨 마을 집에 들어가 자지 못하게 하므로 길 가운데서 한둔(寒屯, 한데에서 밤을 세움)하여 밤을 지내고 간다. 앞뒤에 몽고인을 만났는데 그 수를 알지 못하겠고, 다 들가운데서 쉬고 일찍 점포집에 들지 못하였다.

왕가장에 이르러 큰 바람이 일어나 하늘을 흔들며 땅을 움직이고 돌을 날리며 나무를 뽑고 바람머리(골목 또는 후미진 골짜기에 바람이 부는 목 또는 그런 쪽)으로 몰아 닥치며 말이 능히 가지 못하여 두어 걸음을 날리어 물러나고, 행중이 거의 다 갓끈이 끊어지고 티끌과 모래가 하늘에 닿아 낮이 어두침침하여 지척을 분변키 어려웠다. 혹 그치고 혹 가서 겨우 중전소에 이르러 조반하고 또 가서 전둔위에 이르러 풍세(風勢)가 더욱 급하니 능히 가지 못하여, 말에서 내려 조금 쉬다가 또 가서 낭수하에 이르러 포경유 집에 들어가 자니 이 날에 70리를 갔다.

주방 하인이 연경 들어갈 때 윤도의 식기 뚜껑을 잃고 다시 찾지를 못했는데, 포경유가 삼가 간수하고 있다가 내여주고 또 이르길

"나는 이렇게 했는데 너희들이 들어갈 때 내 곳간에 놓은 양피 가죽옷 두 깃을 잃었으니, 원컨데 찾아주시오."

하니 기생이 듣고 와 고하니 행중이 다 이르길

"그 말이 가히 옳은 줄 알지 못하겠고, 만일 그 말이 옳을지라도 누가 도적할 [52b] 줄을 알지 못하니 할 일이 없다."

내가 말하길

"이번 길에 보니 만주인이 밖은 탐포(貪暴, 탐하고 난폭함)한 듯하지만 속은 실로 바르고 질박(質朴)하여 조선 사람같이 교사(狡詐, 간사한 꾀로

중전소
동문은 본래 옹성과 문루가 있었으나 성벽과 문동만 남아있다.

남을 속임)하지 않으니 이 말이 반드시 거짓 같지는 않은 듯하고, 만일 그 말이 허망할지라도 저들이 이미 말하였으니 두둔하고 덮어 그 값을 치러주지 않으면 일행이 다 그 누명을 입을 것이오, 또 오랑캐에게 보고 믿게 하는 도리가 아니다."

행중이 다 이르길

"상사의 말이 옳은데 그 누가 한 일인 줄을 알지 못하니 어찌합니까?"

내가 말하길

"이미 못한다면 한가지 계규가 있는데, 부방 일행 위아래가 모두 수십 인이 있으니 그 값을 물어 나눠 다 거두면 한 사람이 쓰는 것이 심히 많지 않을 것이니 저사람 말의 허실을 묻지 말고 그리하면 내가 처치하는 바가 마땅할 것이다."

서문의 옹성
문루는 복원되지 않았다.

행중이 다 대답을 안했는데 내가 또 말하길

"하인들은 내 마땅이 시켜 내 말대로 하게 할 것이오. 존(尊)의 무리들은 내 마땅이 영공께 아뢰어 시키게 할 것이다."

일행이 마지못해 경유를 불러 그 값을 물으니 경유가 말하길

"은 여덟 냥을 주고 갓 사왔습니다."

하여 일행 상하를 세어 값을 같이 나눠 즉시 주려고 하는데, 역졸들이 떠들썩하게 말하길

"이는 반드시 마두 문창도의 재주입니다. 북경 들어간 후에 '창도가 양피 가죽옷 두 깃을 판다'는 말을 들었는데, 창도가 어찌 가죽옷이 있겠습니까?"

이미 의심하여 '이는 반드시 주인의 가죽 옷이었구나' 했는데 창도를 능히 발견하지 못한다 하여 내가 바야흐로 병이나 아파 누웠기에 '이익화로 하여금 창도의 죄를 다스리고 그 값을 찾아 주라' 하니, 경유가 창도가 곤장맞는 꼴을 보고 '다스리지 [53a] 말라'고 힘써 요청하고 창

도가 이미 죄를 입었는데 오히려 징계하지 못하고 '벌써 허비하여 다 썼다' 해서 할 일이 없다하고 한 푼도 주지 못하니, '경유가 다시 말을 안한다' 해서 내가 또 분부하여 처음 의논한대로 행중에서 거둬 그 수를 채워 경유를 주는데, 경유가 굳이 사양하고 마침내 받지 아니하니, 경유는 일마다 가히 아름답고 조선 사람은 일마다 가히 부끄럽구나.

내가 길에서 모진 바람에 상하여 전둔위에서부터 아프더니, 이미 숙소에 내리매 증세가 점점 더하여 어두운 후에 온몸이 불같고 거의 인사(人事, 안부를 묻거나 공경의 뜻을 표하는 일)를 차리지 못하고 소강차(蘇薑茶)를 먹고 땀을 내여 밤중이 지난후에 조금 나았다. 그래도 행역(行役, 괴로운 여행을 함)할 가망이 없고, 일행이 한 사람의 병으로 다 지체하게 기다리지 못할 것이다. 행중이 '영공께 여쭈어 의견을 기다려 역관과 역졸을 약간 머물게 하여 구호하여 조금 나아지기를 기다려 수레를 세내여 따라오게 하자' 하니, 내가 그 의논을 듣고 병중에 더욱 심난함을 이기지 못하였다.

• 1728년 3월 3일 계축일 맑음

닭이 운 후에 병세가 조금 덜하는 듯하여 아픔을 참고 억지로 일어나 떠날 여장을 준비하여 같이 가려 하는데, 동행이 다 머물기를 권하여 말하길

"병을 우겨 길을 가다가 반드시 다칠 염려가 있을 것입니다."

했으나 내가 따르지 않고 따라가려는데, 부사 영공이 어제 저녁부터 내 병이 중함을 듣고 근심을 많이 하여 사람을 세워 더한지 덜한지 계속 묻고, 의관 김진웅을 불러

"도와 보호하라."

하더니 새벽에 일어나 내가 여행 행장을 준비한다고 듣고 한편 기뻐하고 한편으론 근심하여 [53b] 나를 와 보고 일러 말하길

"의원의 말이 그대 병이 자못 가볍지 않다 하니 수 일을 여기서 머물러 조리하여 더 낫기를 기다려 길을 가서 빨리 달리면 가히 강을 건너기 전에 도착할 것이니, 만일 병을 억지로 참고 길을 가다가 반드시 다쳐 중할 것이니 중하면 생사가 거의 염려될 것이라. 비록 가벼워도 순월(旬月, 열흘이나 달포) 안으로 반드시 능히 걷지를 못할 것이다. 이는 빨리 가고자 하다 도리어 더디게 돌아갈 것이니, 그대 어찌 슬기롭지 못한가? 내 오늘밤에 홀로 자니 쓸쓸하고 외롭고 무료하고 또 그대 병으로 근심하여 잠이 들지 아니하고 떨어져 머물게 하는 의논으로 결정하였는데, 마음을 더욱 정하지 못하여 그대 머물기를 권하기는 대개 그대를 위하여 깊이 염려함이니, 고집하지 말고 어른의 말을 따르라."

내가 꿇어 앉아 답하길

"그러한 줄을 알지 못함이 아니라 새벽 후에 다행히 약간 나아 감히 갈 계규를 하는 것입니다. 질병과 근력은 당한 자가 스스로 아는 것이니, 우러러 은혜로 두둔하여 덮음을 입어 거의 노야께 근심을 끼칠까봐 일어나지 않았습니다. 만일 다행히 다 가고 혼자 몇 명만 데리고 이역에 떨어져 있으면 조급한 성질이 더욱 병으로 다칠 것이니, 긴 밤에 계획을 생각하였는데 만일 가다가 어려울까 싶으면 그제야 떨어져 조리하여도 늦지 않을 것입니다."

영공이 또한 고집을 꺾지 못하였다. 아침 해가 밝아질 무렵 떠나 동방의 붉은 해가 비로소 올랐다. 30리를 가서 삼대자를 지날 때 길가에 한 사람이 얼굴이 희고 풍채가 [54a] 수려한 자가 있는데 내 바야흐로 아프고 혼곤(昏困, 정신이 흐릿하고 고달픔)하여 흥황(興況, 흥미를 가질 만

한 여유나 형편)이 없어 말 안장에 엎드려 지나다 잠깐 보니, 구경하는 되(오랑캐)라 하고 백거인인 줄을 알지 못하였다. 부사 영공이 가마 속에서 백거인인 줄을 알아보고 내 응당 서로 만나 말하리라 하였다가, 5리 남짓 간 후에 내가 백거인과 말하느라 미처 따라오지 못하였을 것이다 하여 마두에게 내가 오는가 바라보라 하셨는데, 마두가 내 가마 뒤에 오는 줄을 아뢰어 영공이 괴상히 여겨 물으시길

"백거인을 만나 어찌 쉽게 떠나왔나?"

하시어 내 답하길

"백거인을 만난 일이 없나이다."

영공이 말하길

"아까 마을 앞에서 얼굴 고은 소년이 역졸에게 무슨 말을 묻던 자가 분명히 백거인이었는데, 어이 만나지 못했나?"

내 그제야 길가에 낯이 흰 자가 백거인이였는지를 깨닫고 역졸에게 불러 묻기를 "그 사람이 무슨 말을 물었는가?"

역졸 말하길

"그 사람이 묻는데 '이 행차가 노야 행차냐?' 하여 '아니다'라고 하였습니다."

하니 대개 백거인이 나를 보려고 길가에 나와 '이것이 부사 행차냐' 물으니, 역졸이 잘못 듣고 잘못 대답하였던 것이다. 빨리 말을 돌려 가보고 싶은데 벌써 멀리 왔고, 또 병이 심하여 몰아 달리기 어려우니 할 일이 없구나. 내 이번 길에 정백(程白)을 얻어 이역에 교계(交契)를 의탁하여 백거인을 처음으로 만나 겨우 하룻밤을 말하고, 새로 사귄 정이 흡족치 못하여 회환할 때에 다시 만나기를 언약하였는데 그 계규가 잘못되었구나. 또 백거인이 이미 힘써 부지런히 길거리에 나와 기다리니 [54b] 정환

이가 말한 것처럼 '장막을 치고 기다린다' 함이 과연 미덥구나. 그 은근한 뜻을 가히 알고 있는데 내 마침 병들고 역졸이 또 그릇 들어 마침내 손을 잡아 이별하기를 잃으니 말 위에서 머리를 돌리어 창결(悵觖, 매우 섭섭함)함을 억제치 못하고, 또 생각하니 이 생(生)에서 다시 만날 기약이 없으니 돌돌(咄咄, 뜻밖의 일에 놀라 지르는 소리)하여 탄식할 따름이다.

일대자를 지나니 마을 앞길 왼편에 암자가 있고 암자 앞에 흙집이 있는데, 사방이 큰 가마보다 크지 않으며 네 벽에 문이 없고 다만 한 창이 있는데 심히 작고, 앞에 작은 구멍이 있어 돗자리로 막았으니 음식을 내고 들이기를 이 구멍으로 한다하였다. 그 속에서 죽비(竹篦, 대빗, 불사할 때 중이 손바닥 위를 쳐서 소리를 내어 시작과 끝을 알리는 불구) 치는 소리가 있어 쟁쟁하여 그치지 않아 물으니 '도를 배우는 중이 그 속에 있어 바람벽을 향하고 밤낮으로 앉아 염불하고 죽비를 치니 겨울 밤과 여름 날이라도 그 소리가 일각도 그치지 않는다' 하니 가히 두루 불법을 받음직하였다. 저들의 허탄한 학술로써 몹시 애쓰는 공부를 이같이 하니 만일 우리 선비로 하여금 저 각고한 공부를 옮겨다 쓸 데 있는 학문에다 더하면 그 이루지 못할 자가 있겠는가? 이것이 주부자(朱夫子)의 서암화상(瑞巖和尙)을 취하신 뜻이시다. (주자가 말하길 서암에 한 중이 있어 항상 스스로 묻되 '마음이 깨닫고 깨달았느냐?' 하고 또 스스로 대답하되 '깨닫고 깨달았다' 했는데, 지금의 배우는 자는 문득 능히 이와 같지 않다 하셨다.)

중후소(中後所)에 이를 때쯤 두통이 조금 가라앉고 정신과 기운이 조금 나아진 듯하였다. 아침 식사를 마치고 관 파는 가게에 가서 정환을 찾았는데, 정환이 역관, 상인들과 함께 관과 감투를 팔고 있었다. 바야흐로 [55a] 정환은 흥정하는데 마음이 쏠려 있어 나와 말할 겨를이 없었고, 정환의 기색을 보아하니 나를 반기는 기색이 예전같지 못한 듯하고 장사꾼의 모습이 되어 버렸다.

내가 이전에 정환을 아름다운 선비라고 하였는데, 오늘 살펴보니 저잣거리에서 이(利)를 다투는 천한 장부이다. 마음이 다른 곳으로 옮겨져서 나를 향한 간절한 표정이 이전 같지 못하니 안타깝구나! 내 일찍이 보니 글자 읽는 사람이라도 한번 명리(名利, 명예와 이익)에 마음을 옮기면 그 본심을 잃지 아니하는 자가 없으니 명예를 위하고 벼슬과 녹을 위하고 과거를 위하고 자리를 위하는 것은 그 하고자 하는 것은 비록 다르나 그 이(利)를 얻으려하는 마음은 한가지이고, 그 사람을 옮기게 함인즉 매한가지이니 정환을 보매 또한 가히 징계(懲戒, 자기 스스로 과거에 당한 일을 돌아보고 뉘우치고 경계함)하여야 함을 알겠다. 다만 사람 보기를 당(黨, 무리 혹은 장소)을 보면 알게 되니 백거인은 높은 선비라 경성에서 침잠(沈潛, 성정이 가라앉아서 겉으로 드러나지 않음)하고 후진을 훈회(訓誨, 교훈(敎訓)하여 뉘우치게 함)하는 것으로 사업을 삼고, 마음이 작게 이루기에 있지 않고 벼슬하기를 바삐 여기지 않아 그 뜻이 정환에 비하면 큰 기러기와 땅벌레 같은데 좋아해서 형제같은 것은 또 어쩌겠는가? 가히 알지 못하겠구나. 금일에 만일 백거인을 봤던들 반드시 이 같이 초초(艸艸, 거칠고 천함)하지 않을 것을 일이 공교히 위획(緯繣, 일이 틀어짐)하니 다시금 가히 탄식스럽구나! 그러나 내 이미 정환과 정이 두터운 까닭에 행담(行擔, 길 가는데 갖고 다니는 작은 상자)에 남은 부채 한 자루와 먹 하나, 환약 둘이 있어 이별의 정표로 삼으니 정환이가 수관(毛冠) 하나로써 [55b] 나를 신행(贐行, 먼 길을 떠나는 사람에게 주는 물건)하였다. 즉시 처소로 돌아와 행차가 막 떠나려 할 때 초초(草草, 바쁘고 급함)히 두어 줄의 편지를 썼다. 행담을 보니 단지 「향판운」 한 권이 있어 내 인장을 찍었다. 또한 내 수적(手蹟)이 있으므로 날 보는 듯이 하 라하고는 내 편지 중에 함께 넣어 수만을 시켜 정환에게 보내 '백거인에게 전하라' 하였다. 저녁에 동관역에 이르러 전(前) 주인 조성충의 집에 들어 자니 이날 60리를 갔다.

• 1728년 3월 4일 갑인일 맑음

해가 떠서 떠나 사하소에 와서 조반하였다. 길가에 집에 입춘을 붙였는데 말하길 "물결이 꿈에 드니 집 고향이 멀었고 명리(名利)에 몸을 매었으니 손님의 길이 길 구나."

하였으니 반드시 강남지방 사람이 장사질로 오지않는 여환(旅宦, 벼슬하는 나그네)의 글이라, 봄에 손님의 회포가 한가지이구나!

칠리파(七里坡)를 지나니 마을 한가운데 흙집이 있어 모든 되들이 문 밖에 모인 자가 수십 명이었다. 흰 보로 머리를 동였는데 대개 그 집에 상사가 났는고로 마을 사람이 와 모여있는 자가 다 조상하는 옷을 입은 것이었다. 저녁에 영원위에 이르러 역승(驛丞) 송준의 집에 드니 이날 60리를 걸었다.

• 1728년 3월 5일 을묘일 안개

늦게 비를 맞으며 떠나니 내성 동서문 사이 몇 리는 한데 가운데 높은 누각을 세워 벽으로 쌓고, 그 아래 성문을 만들어 열십자 길이 되었다. 동문으로 따라 나와 넓은 들을 지나 금한(金汗)의 장대(將臺)를 둘러 그 앞으로 지나니, 대개 하나의 산이 온천 뒤로부터 이이(邐迆, 구불구불 연달아 있음)하여 서남으로 달려 [56a] 성에 몇 리를 못와서 성을 비스듬히 대하여 높이 일어나 성중을 굽어 임하고 금한의 장단(연대)가 그 위에 있었다. 동북으로 8리를 가서 한 시내를 건너니 큰 절이 길 오른편에 임하여 있는데 영녕사라고 하였다.

영녕사가 있는 수산(首山)의 도교사원인 조양궁

절 뒤에 연대가 있어 오히려 눈에 뚜렷하니, 길가의 연대가 다 그 모양이 둥그런데 이 연대만 홀로 네모였다. 이로부터 10리를 산골 속으로 가되 다만 산 기운이 추(麤, 거칠음)하지 않고 높지 않았다. 연산역에 와 조반하니 해가 바야흐로 12 시쯤 되고 비가 비로소 개고 이에 떠났다. 길 왼편 산에 눈이 쌓였고 해가 비치니 경치가 좋고 다만 비후에 바람이 심히 사나운 것이 흠이었다.

탑산에 이르러 흰 돌이 길 위에 평평히 깔려 너비와 길이가 수백 보나 하니, 연경 들어갈 때에 일출을 본 곳이다. 바다 가운데 있는 섬의 산의 진면목을 낮의 해 아래에서 드러내는데, 온 산이 다 돌이고 머리와 꼬리가 다 단정하고 앞면이 편하고 고와 비단 병풍을 친 듯하였다. 들어갈 때는 눈앞을 막아 일출을 보기에 가로막히어 흠이 되었는데 이제 보니 기특하고 묘함이 이러하니, 사람이 재주가 있으면 병통이 있는 것같다. 오직 군자는 한가지 모양의 그릇은 아니어서 가는 데마다 가능하지 않는게 없으나,

무릇 사람은 후중(厚重, 두터움이 많음)하면 지둔(遲鈍, 영민하지 못하고 몹시 굼뜸)하고 영민하면 경부(輕浮, 말하고 행동하는 것이 신중하지 못하고 가벼움)하여 긴 것이 있으면 반드시 짧은 것이 있는 것인데, 긴 것을 취하고 짧은 것을 버리면 천하에 버릴 사람이 없는데 세상의 이조(吏曹)와 병조(兵曹)를 맡은 자가 이 땅을 지날 때 이런 생각을 하는가? 못할거라 생각한다. 그 바다 남쪽은 [56b] 곧 우리 나라 선천(宣川) 곽산(郭山)의 경계라 한다. 고교포에 이르러 만주인 정황기 유이기 집에 드니 이날 60리를 갔다.

•1728년 3월 6일 병진일 맑음

송산보에 와 조반하고 떠나 말머리에서 북으로 바라보니 산이 있어, 두어 봉우리가 기특하게 빼어나 공중에 솟아 의연히 우리나라 도성 삼각산 같으니 곧 십삼산(十三山)이었다.

우리 사행의 숙박지역 중 한 곳이었던 '석산참(石山站)'은 지금의 석산진(石山鎭)이다. 석(石)과 십(十)이 중국발음으로는 서로 같기 때문에 '석삼(石森)'을 '십삼(十三)'으로 부르게 된 것 같다. 석산진을 지나는 큰 길은 지금 102번 국도인데, 이곳의 산들은 다 돌산이고 우리의 연행사들이 왕래하던 길이다.

소능하에 이르러 전 주인 동세란의 집에 드니 이날 56리를 갔다.

•1728년 3월 7일 정사일 찬바람

해가 밝아올 무렵 떠나 대릉하에 이르러 조반하고, 십삼산(十三山)에 이르러 날이 오후 4시가 못되어 정황기 이극명의 집에 드니 이날에 62리를 갔다.

•1728년 3월 8일 무오일 맑음

주인 되놈이 밤부터 행중 짐바리를 도적질하려 하여 행중이 알고 방비하여 지키기를 심히 굳게 하니, 능히 욕심을 이루지 못하여 사행이 아침에 장차 떠나려 할 때 도리어 제 집 기물을 잃었다고 핑계하여 행중 짐바리를 들여놓으라 하고, 주방 하인을 붙들고 '짐바리를 풀으라' 하여 떠나지 못하게 하고 바야흐로 사납게 외치며 희롱하고자 하여 영공이 역관을 불러 호령하셨는데, 역관들이 달래며 으름장을 놓으니 이에 그쳤다.

오대자를 지나니 이로부터 동남쪽 5리 밖에 큰 바다가 하늘에 닿아 거의 4-50리를 가도록 눈아래 가로 막히는 것이 없었다. 북으로 의무려산을 바라보니 점점 [57a] 기특하게 청수하였다. 여양역에 이르러 조반하고 상사가 서장과 더불어 장차 의무려산에 들어가 도화동을 보려 하여 내가 장차 따라가려 하는데, 영공이 말하길

"병이 새로 났는데 높고 험한데 오르내리면 다치기 쉬울 것이다." 하여 말리기를 엄히 하는데 내가 강경하게 청하기를 재삼하니, 영공이 마지못해 허락하여 떠났다. 상홍점을 지나 큰 길을 버리고 북으로 2리를 가서 북진보를 지나니 성 주위가 2리는 하였다. 또 10리를 가서 일

북진묘 다섯문 패루

묘문 오른편(동쪽) 종루(鐘樓)

대와 이대와 삼대를 지나 북진묘를 만나고 산속을 따라 북으로 5-6리를 가니 지세가 점점 높았다.

북진묘를 지나 산언덕을 따라 1리를 가니 비로소 의무려산 아래에 이르러 산 허리에 중의 암자가 바위 위에 붙어있는 것이 두어 곳이었다.

또 1리를 지나 한 마을에 이르니 분칠한 담이 한 언덕에 둘렀고 그

묘문 왼편(서쪽) 고루(鼓樓)

대전(大殿) 앞건물인 어향전(御香殿) 비석들

안에 기와집이 가득하였다. 한 늙은 할아버지가 막대를 짚고 대문 밖에 나와 우리 일행을 유의하여 보는데 고색(예스러운 풍치)을 띠고 태도가 한가하고 조용하고 눈이 길고 수염이 아름다우니 그 겉을 보매 가히 그 속을 알 것이오. 또 그 집을 보니 재산이 부유함이 저러하니 바위와 시내 사이에 깃들어 깊고 궁벽하기를 꺼리거나 혐의로이 여기지 않으

보천석

회선정

니 또 가히 그 뜻에 다다르니 알겠다. 허노재가 안된 것을 부끄러워하는 자냐? (허형의 별호는 노재이니 학문하는 대유인데, 송나라 백성으로 원나라에 벼슬하니 그렇다.)

　비록 이에 미치지 못하나 또한 반드시 뜻이 개결(介潔, 성품이 깨끗하고 굳음)하여 공적과 명예를 구하지 않는 자이니, 빨리 말에서 내려 [57b] 시험하여 물어보고자 하되 말을 이미 서로 통하지 못하고, 내가 비록 그를 알아보나 그가 나를 알아보지 못할 것이니 잠깐 보매 반드시

회선정(會仙亭) 아래에서 본 북진묘 동쪽측면의 앞부분

제일 북쪽에 있는 침궁(寢宮)을 제외한 나머지 건물들 대부분의 동쪽 모습이다. 푸른 기와 지붕을 한 건물이 대전(大殿)이다.

의무려산

속마음을 가볍게 앞질러 말하지 않을 것이오, 또 길이 바빠 머물지 못하겠다. 그 앞으로 지날 때 길마에 굽어 엎드려 공경하는 의사를 보이고 지난 후에 자주 머리를 돌려 바라보니, 그 또한 내 기색을 보고 내게 주목하고 자세히 보아 산을 돌아 사이가 멀어진 후에도 오히려 서서 바라보니, 내 뜻을 못 알아봐 그러는가?

그 집이 산을 지고 물을 임하고 좌우에 암석이 청기(淸奇, 대단히 뛰어남)하고 땅이 유벽(幽僻, 깊숙하고 궁벽함)하여 경치 또한 기특하였다. 그 집 담 밖을 스쳐 지나 다시 산을 따라 남으로 올라가니 소쇄(瀟麗, 맑고 깨끗함)한 초당(草堂)이 바위를 의지하고 시내를 임한 것이 이따금 있었다.

또 맑은 시내를 건너 거의 2리를 가서 산 밑에 이르니 한 늙은 중이 멀리서 우리 일행을 바라보고 마을 근처로 오다가 어찌할 겨를없이 다급하게 도로 산으로 올라가는데 그 뒤를 밟아 가니 이로부터 산으로 오르니 산이 밑에서부터 온 산에 돌로 다 입혔구나. 길이 험하고 급하여 말을 타지 못하고 상사가 걸으니 일행이 다 걸어서 3리를 올라가 감로암(甘露庵)에 오르니 산에 오르기를 3분의 1이 못되었는데 암자가 이미 세상과는 단절된 것 같았다. 암자가 바위 위에 지어 아래를 굽어 보매 가히 없는 듯하고, 바위를 깎아 뜰을 만드니 늙은 버들이 뿌리는 벼랑에 박히고 가지는 위로 뻗어 한 뜰을 다 덮고 뜰 왼편에 [58a] 바위를 파 네모 못을 만들어 암자 뒤에 샘물로 끌어와 못 가운데 물이 가득히 담아 있었다. 한 늙은 중이 전도(顚倒)하여 웃으며 나와 맞아들이되 그 놀라고 기뻐하는 빛이 낯에 넘쳐 죽었던 친한 친족을 만난 듯하여, 차를 갖다가 일행을 다 권하여 말하길

"높고 험한데 오르기 수고롭고 목이 마를 것이니 해갈하십시오."

하여 정이 있는 거동이 매우 정답고 친절함이 넘쳐나고 또 형용이 여위

고 맑아 여윈 학 같아서 털끝 티끌처럼 세상 기운이 없으니, 곧 아까
우리 일행을 보고 어찌할 겨를없이 다급하게 돌아왔던 자이다. 대개
산으로 내려가다가 손님이 오는 모양을 보고 먼저 돌아온 것이었다.
요동으로부터 수천리를 오매 중을 많이 만났지만 높은 중을 여기에 와
서 처음 만나니, 일찍 듣자니 금일 중원이 다 머리를 깎는 것으로 뜻이
있는 자가 이름을 중이라고 의탁하여 그 자취를 없애려고 스스로 평민
의 머리 깎은 놈과 다르게 한다 하니 대명 망한 후에 전목재(錢謙益의
호, 1582~1664. 명말 청초의 문장가이자 역사가)가 중이 이로써 되었는데 이
중이 전목재와 다른 류(類)인가? 우리나라 사람을 보고는 저토록 반겨
하기는 우리나라가 홀로 능히 중원 문물을 보전하여 두었음을 귀하게
여겨 그러한 것인가? 진실로 그러하면 더욱 가히 귀하고 또 가히 슬프
구나.

　차를 파하매 그 중이 나를 인도하여 암자 방문 앞에 이르러 바람벽
위를 가르쳐 보이는데, 보니 작은 종이에 글씨 붙인 것이 있는데 말하길
　"광녕성으로부터 의무려산에 올라 노란 석붕으로 들어와 관음각에
올라 요동 뜰을[58b] 바라보고 청안사에서 쉬고 감로암으로 돌아와 뜰
가에 앉아 밥을 먹으니 늙은 버들이 가지를 사귀었고 장수(長壽)한 등나
무가 땅을 덮었으니 맑은 바람이 이따금 수풀에 가득하였다. 밥을 마치
매 돌아가니 같이와 노는 자가 온양 정태현(鄭泰□)이다. 경자년(1720)
9월 2일 병인에 해동 사람 완산 이기지(李器之, 1690~1722)는 쓰노라."
하였는데 이역에 와 우리나라 사람의 수적을 얻어보니 기쁨이 오래된
친구를 본 듯하였다.

　암자 뒤를 따라 또 바위를 말미암아 밟고 올라 수백보를 가서 바위
굴로 드니 굴문 넷을 다 돌을 쌓아 만들어 성문같이 하였다. 굴이 무릇

관음굴

2층이니 아래층은 집 같고 위층은 누 같아 아래층에서 바위를 밟아 위층에 오르니 굴속이 자못 넓고 형상이 우리나라 영춘 남천굴 같은데 다만 깊지 아니하니, 이 굴 이름을 관음굴이라 하니 이기지가 말한 석붕이 이를 말한 것이다.

　그 속에 돌부처 대여섯을 앉히고 좌우에 앉힌 작은 부처가 또 열이다. 굴 속이 바위 집안 같으니 산에 놀러다니는 자가 우러러 이름을 적어 올린 자가 많고 전후에 우리나라 사신 이름의 성명이 이따금 써있었다. 상사 이하가 다 이름을 쓰기에 내가 글로써 이름을 기록하여 말하길

　'길이(長) 휘바람 불매 천지가 좁으니(窄)
　손 가운데 칼(劍)과 자(尺)가 3개로다

누가 강호보(姜浩溥)가 우주에 한
기남(奇男)인 줄을 알겠는가?

굴 위에 바위가 온 산을 덮고 바위가 솟아 일어서 하늘에 닿아 푸른
빛이 옥을 깎은 듯하니 목마른 범과 달리는 사자가 족히 성내는[59a]
것과는 비교도 안되고 쇠귀신과 뱀의 넋이 족히 그 괴이함을 비교치
못할 것이다. 사마천의 행문(行文)과 이태백의 시라도 족히 그 웅위 표
일함도 비교치 못할 것이고, 장전(張顚, 장욱 당나라 초서가)의 초서와 오
도자(吳道子, 당나라 화가)의 그림이라도 족히 그 변환기궤(變幻奇詭)함을
비교치 못할 것이다.

그 바위 앞면에 의려가승(醫閭佳勝)이란 네 글자를 크게 새겼는데 글
자 획이 한 개 크기가 돗자리보다 넓고 그 오른편에 문석기관(文石奇觀)
(의려가승은 의무려산의 아름다운 승지라 함이고 문석기관은 글씨 새긴 바위가
기특한 구경이란 말이다)이란 네 글자를 새겼는데 글자 크기가 조금 작고,
그 아래에 '아무개는 쓰노라' 하여 가늘게 새겼는데 높고 멀어 가히 분
변치 못하겠다. 그러나 글씨 쓴 법이 다 극히 웅장하니 명산에 새김이
심히 참람(僭濫, 분수에 넘쳐 지나침)하지 아니하였다. 그 왼편에 또 큰
전자(篆字)로 새겼는데 년대가 이미 오래되어 풍우에 씻기고 깨져 자획
이 어지럽고 흐릿해 글자를 알아보지 못하겠다.

다만 그 바위가 깎아 세운 듯함이 거의 천길이나 하여 위로 의지하여
기댈 때가 없고 아래를 받들어 오를 길이 없는데 능히 공중에서 멍에를
타고 바위에 새기기를 이렇듯이 하였으니, 귀신을 시켜도 오히려 하기
어려울 것인데 어느 때에 어떠한 사람이 이 일을 좋아하는 자가 능히
이렇게 하였는가? 결단코 사람으로 능히 미친 바가 아니니, 바라보매

도화동

넋이 떨리고 마음이 흔들렸다. 그 아래를 돌아 바위를 밟고 오른편으로 둘러 북으로 2-3리를 올라 고개를 넘으니 고개 위에 두 개의 바위가 마주 일어서 스스로 문이 되어 깎아 만든 듯하고, 그 왼편 바위에 도화동(桃花洞)이란 세 글자를 [59b] 새겼으니 대개 이 고개를 넘으면 계곡 가운데와 바위 위에 별이 선 듯한 것이 다 복숭아 나무인지라 계곡 이름을 도화동이라 하였는데 도화가 바야흐로 반은 웃는 듯하였다.

고개를 넘어 도화동 안에 들어가니 그 속이 자못 넓어 대개 산 위에 들이 열려있는데, 사면이 바위로 에워싸 깎아 세운 듯한 것이 기기괴괴하여 가히 이름으로 형용하지 못하고, 바위가 일어서 조금 평평한데는 다 집을 지어 부처를 앉혔다. 땅이 이미 이역이오 사면의 산이 하늘에 닿은 듯하고 계곡이 깊고 처량하여 사람의 세상을 떠난 것이 이미 멀어 되돌아 사람의 세상을 생각하니, 진짜 세상이 격(隔)한 듯하여 신선의

백운관

집과 저승 마을에 들어온 듯하여 동행이 비록 수십 명이 넘되 오히려 고적하고 마음이 아프고 슬프고 마음이 두려워 벌벌 떨었다. 동남으로 바라보니 바위 산봉우리가 솟아 일어섰고 그 위에 돌로 쌓아 작은 성같이 만들었으니 곧 이른바 관음각이다.

내 뜻에 일행이 비록 능히 두루 올라보지 못하나 이미 여기까지 왔으니 반드시 관음각에는 오를 것이다 하였는데, 겨우 고개를 넘어 조금 내려가 소나무 밑에 나아가 조금 쉬고 술 한 잔씩 마시고 문득 오던 길로 도로 향하여 돌아가려 하였다. 내가 생각하니 '이 생에 가히 이 길을 두 번 오지 못할 것이니, 만일 한 번 관음각에 올라 내 마음과 눈을 기쁘게 하지 못하면 처음에 이 산에 들어오지 않음만 같지 못하고, 그 한을 남겨 죽은 후에도 오히려 마음에서 사라지지 않고 염려할 것이다.'하여 드디어 혼자 떨어져 가서 그 아래 이르니 [60a] 바위 형세를 성문 같이 만들고, 문 위에 백운관이라 새기고 문곁에 벽립만인(壁立萬仞, 절벽이

관음각

일어 서서 높이가 일만 길이다 함이다)이라 새겼으니, 대명 만력 때 도독 벼슬한 마영의 글씨였다. 백운관에 들어 돌아보니 동행이 이미 고개를 넘고 떨어지는 해 또한 산에 닿아 혼자 오름이 위태한 듯하여 마음이 두렵고 강인하듯, 쓸개가 큰 체하여 정신을 거두고 기백을 가다듬어 바위를 깎아 만든 층 섬으로 올라가니 그 위에 두 층대가 되어, 윗 층대에 오르니 작은 집을 지어 그 이마에 쓰이길 '관음각'이라 하였다. 그 속에 고적이 많고 관음부처를 앉히고, 그 곁에 바위를 깎아 비를 새기며 작은 돌 비석을 세운 것이 가히 말로 다 기록하지 못하겠다.

올라보니 대개 이 바위는 곧 관음굴 뒤 바위가 올올히 솟아 일어선 머리 위에라. 눈을 들어 바라보니 천리 요동 뜰이 마당 같고 만경 발해 물이 종자 그릇 같아, 눈앞에 뵈는 지경이 바로 하늘과 더불어 한계가

되었으니 우리나라 일역(一域)도 또한 반드시 내 눈앞에 있을 것으로되,
다만 안력(眼力)이 다해 없어져 어느 곳이 아무 땅 되는지를 알지 못하니
스스로 능히 노나라 성문에 한 필 깁을 분변하는 눈이 아니면 어찌 능히
이에 참여하겠는가? 그러나 태산에 올라 천하를 작게 여기시던 뜻을
이제야 비로서 능히 조금 알겠다.(공자가 태산에 오르셔 천하를 작게 여기시고
태산 위에서 노나라 도읍 성문 밖을 가르쳐 제자들에게 물어 말하길 '저 보이는
것이 무엇인고?' 하니 다른 제자들은 다 아무것도 뵈는 줄을 모르는 데 홀로 안자가
대답하길 '성문 앞 한 필 흰 깁이 있나이다.' 공자가 말하길 '흰 깁이 아니라 흰
말이니라' 하시니 안력도 성인이 [60b] 평인과 다름이시니라.)

　다만 지경이 깊고 험한데 적적하여 사람이 없어 외롭고 위태하여 정
신이 쓸쓸하고 구슬퍼 뼈가 찬 듯하고 또 높아 공중에 뜬 듯하여 장차
기울어져 떨어질 듯하고, 또 날이 이미 저물었는데 천년 묵은 옛 자취
가 헐어지고 떨어지고 바위 구멍에 앉힌 귀신 부처와 돌 위에 놓아 버
린 것이 늙고 요괴스러워 의연한 옛 사당의 모양이오 귀신의 소굴 같았
다. 추연(愀然, 쓸쓸함)하고 위름(危懍, 몹시 두려움)하여 가히 오래 머물
지 못하겠다. 고적과 새긴 비를 자세히 보지 못하고 내려와 백운관을
나와 도로 돌아 쳐다보니, 올랐던 것이 무서운 줄을 알게 되었다. 도화
동이 결단코 티끌 세상 사람이 살 데가 아니니, 동문을 굳게 닫고 사람
을 통하지 않게 하면 날으는 새와 잔나비도 또한 능히 들어오지 못할
것이니 무릉도원이라고 써도 어찌 여기를 지나가겠는가?

　계속 가서 고개를 넘으매 마음이 비로소 평온하여 바위 위에 새긴
비를 보려 하는데, 날이 벌써 어두어 글자를 알아보기 어려웠다. 감로
암에 돌아오니 동행들이 내가 오래 돌아오지 않음을 괴이 여겨

　"어디 갔었냐?"

고 묻기에

"홀로 백운관에 올라 관음각을 보고 왔노라."

하니 듣는 자가 다 이르길

"철석같은 사람이다."

하고 놀랬다.

늙은 중이 쌀 두 말을 내어 밥을 지어 기다리는데, 바위 아래 자리를 깔고 둘러 앉아 먹고 행중에 가져간 쌀을 내어 갚으려 하는데 늙은 중이 굳이 사양하여 받지 않고 말하길

"행중 하인이 [61a] 처음에 '밥을 지어 달라' 하고 쌀을 들이는데 도로 주고 내가 쌀을 내어 지었으니, 받으려 하면 어찌 처음의 내 쌀로 지어 드린 것이 되겠습니까?"

하고 마침내 받지 않아 행중에 가져간 약간의 종이와 부채를 내어주었는데, 또 받지를 않고 말하길

"사람의 후한 뜻을 알지 못하고 부디 서로 갚으려 하니 개연(慨然, 분함)합니다."

하여 내가 역관에게 통역하여 이르길

"그대 후한 뜻을 아는데 정을 표함이니 그대 예를 마땅히 물리치지 말았으면 합니다. 이것 또한 받지 않으면 이는 우리를 푸대접하는 것이오 또한 혼자 어질고자 함이니, 사람의 후한 뜻을 누가 알지 못하겠는가?"

하니 그제서야 이에 비로소 받고 고두하였다. 일행이 장차 돌아올 때 그 중이 멀리 따라와 산 아래 이르러 백번이나 절하고 고두하여 하직하되, 이별할 때 슬퍼하는 빛이 있어 더욱 사랑스러워 이름을 물어 보니 수행(修行)이라 하였다. 내가 불러 말 앞에 세우고 말하길

"행색이 바빠 비록 깊은 말을 하지 못하였으나 그대 속마음을 아니,

부디 좋게 계시고 오래 살아 좋은 때를 보십시오."
하니 또 고두하고 우리 일행이 떨어져 멀리 내려왔는데 오히려 길게
서서 바라보다가 일행이 돌아보면 고두하여 머리를 땅에 닿게 절하니,
일행이 사람마다 여러번 [61b] 돌아보니 볼 적마다 고두하였다. 우리
일행을 보고 은근히 정중함이 이렇듯이 매우 간절함이 그 뜻이 반드시
이유가 있으니, 아까 산에 올라올 때 담 밖에서 막대 잡고 섰던 자와
함께 같이 숨어 세상을 피한 자냐? 그러하면 땅이 그 사람을 얻고 사람
이 그 땅을 얻었다고 말할 것이니, 오늘 일이 길이 의무려산을 구경할
뿐아니라 두 사람을 얻어 보니 또 다행이로다. 대개 의무려산이 십삼산
북녁으로부터 가로로 뻗혀 동으로 달려 여양역을 지나고 또 동으로 달
려 광녕위 북녁에 다다라 가는 길가에 굽어 임하기를 거의 70리나 하
니, 그 사이에 산봉우리가 크게 일어나 이름있는 것이 망해봉(望海峰)과
분수봉(分水峰)과 용왕봉(龍王峰)과 보주봉(寶珠峰) 망성봉(望聖峯)과 강
녹봉(□□峯)이 있고, 작은 암자 일곱과 큰 절 둘이 있으니 그 산 북녘은
곧 몽고땅이다. 이 산이 어렴풋하여 기특이 빼어나고 크고 걸출하여
울연(鬱然, 무성히 우거짐)히 그린듯하여 천병 만마가 웅장히 모이는 듯
하되 분노한 거동이 없고, 기암과 괴석을 공교히 깎은 듯하되 날뛰는
태도가 없고 굉장한데 거칠지 아니하고 고운데 약하지 않고 가히 형용
하여 그리기 어려우니, 대개 하늘 북녁과 땅 동편의 제일 명산이다.
   연경으로부터 동쪽으로 요동·심양으로 가고 북으로 오자(烏剌) 선창
(船廠)으로 가는데 수천리 사이에 오직 이 산이 우뚝하게 황량한 땅에
홀로 서 있다. 더욱 이름이 알려져야 [62a] 마땅한데 다만 노용색(盧龍
塞)의 바깥쪽에 있어 이적(夷狄)의 땅과 이웃하고 있고 중원에서 천리
떨어져 있어 유람을 좋아하는 시인과 묵객들의 발걸음이 이르는 경우가

드물었기 때문에 일찍이 한번도 그 품평되어 사람들의 입에 회자되지 못했다. 유종원의 문장을 만나지 못하였기 때문에 오히려 유주(柳州) 영주(永州)의 작은 언덕과 끊어진 구덩과도 함께 세상에 이름나기를 다투지 못했으니, 이 산이 세상에 억울하게도 나타나지 못한지 오래 되었다.

아! 어찌 산뿐이랴. 사람도 그러한 점이 있으니, 간혹 아름다운 그릇을 품고 높은 재주를 가졌어도 한번도 지기(知己)의 알아줌을 만나지 못하면 가려져 나타나지 못하는 자도 있고, 혹은 처지가 한미하여 스스로 세상에 보이지 못하여 잠기고 버려져서 나이만 먹어가는 자도 있으니, 이같은 자들이 얼마나 많은 줄 아는가? 위치 때문에 세상에 막힌 것이 어찌 오직 이 산뿐이겠는가?

또 내가 이 산을 더욱 귀하게 여기는 점이 있으니 그 산이 우리 조선 산들의 조상이 되기 때문이다. 천하의 산들이 다 곤륜산(崑崙山)의 자손이다. 곤륜산이 천하의 서쪽에서 일어나 마지막 가지는 남쪽으로 뻗쳐 운남(雲南)을 지나 남악형산(南岳衡山)이 되고, 이어서 구의산(九嶷山) 여산(廬山) 무이산(武夷山) 회계산(會稽山) 천태산(天台山)이 되고, 절강 바닷가에 이르러 그친다. 가운데 가지는 촉(蜀)땅으로 들어가 민산검각(岷山劍閣)이 되고 또 중악숭산(中嶽崇山)이 되어 초(楚) 땅에 이르러서 그치고, 또 민산(岷山)에서 [62b] 조서산(鳥鼠山)이 되어 서악화산(西嶽華山)이 되고 낙양(洛陽), 장안(長安)이 된다.

첫 가지는 황하(黃河) 뒤를 둘러 오랑캐 땅으로 들어가 천산(天山) 음산(陰山)이 되고, 음산(陰山)의 아래 장성의 안쪽에서 북악항산(北岳恒山)이 되고, 한(韓) 위(魏)를 지나 동악태산(東岳泰山)이 되어 제(齊) 노(魯) 땅에 와 그친다. 또 음산(陰山)의 아래 만리장성 안쪽에서 둘러 연연산(燕然山)이 되고, 인하여 만리장성 안으로 내려와 천수산(天壽山)이

되니 북경(北京)의 주산(主山)이다. 또 동쪽으로 달려 각산(角山) 구문산
(九門山)이 되고 또 동북쪽으로 몰아 여기에 와 이 산이 되고 또 동쪽으
로 달려 요동과 심양 천리들을 둘러안아 중원과 오랑캐땅 안팎 경계의
한 문턱이 된다. 인하여 앞 가지는 남쪽으로 내려와 우리나라 팔도의
산이 되니, 만일 이 산을 위하여 족보를 만든다면 마땅히 곤륜산은 시
조이며 오악산은 그 형제며 백두산은 종손이며 금강산 묘향산 두류산
태백산은 자손이라고 할 수 있다.

우리 조선에 명산이 많은데 그 기맥이 내려온 것이 있으니 이 의무려
산(醫巫閭山)이 어찌 귀중하지 않겠는가?

하물며 산이 순(舜)의 봉하신 바 12산 가운데 든 산이라, 일찍이 옛
성황이 봉전을 입어 대대로 왕자가 섶을 태워 멀리 산천의 신에게 지내
는 제사를 받으니 더욱 가히 귀하다. 다만 명산이 반드시 물이 있는데
이 산이 바위가 저렇듯이 기특한데 홀로 물이 없고, 감로암 아래 돌길
오른편의 시내가 흐르던 흔적이 있는데 [63a] 여름 장마때 아니면 문득
말라 끊어지고 오직 암자 뒤에 샘이 있는데 물길이 크지 않으니, 이
가히 천지간이 한 큰 애달픔이 되겠구나. 그러나 증자고(曾子固, 증공,
송나라 사학가 산문가)가 능히 시를 짓지 못하되 문장 되기에 해롭지 아니
하니 이 산에 물 없음이 어찌 명산 되기에 방해가 될 것인가?

백운관 앞에 한 우물이 있으니 역관들이 말하길 '이 샘이 돌 밑으로
가서 감로암 뒤로 솟아나 우물이 되었다' 하는데 내 믿지 않는다. 명산
에 반드시 보화가 나는데『이아(爾雅, 13경의 하나로 중국 최고의 자전, 곽박
이 지은 책 이름)』에 말하길

"동남에 아름다운 것이 의무려산에서 나는 순(珣)과 기(琪)(순과 기는
다 좋은 옥 이름이다) 낭간(琅玕, 낭간은 유리 같은 류(類)이다)이 있다."

흑산여객터미널

하였으니 이제도 오히려 이것이 나는지는 알지 못하겠다. 다만 내가 이 산을 유람하는데 남은 한이 있으니 행색이 극히 급하고 동행이 좋은 눈과 내장이 있어도 가히 더불어 같이 할 리가 없고 형세가 또 저물어 능히 뜻을 방자히 하여 궁극히 찾아보지 못하니 발과 눈이 미친 바가 100분의 1에도 미치지 못하니, 열 걸음에 아홉 번이나 머리를 돌려 봄을 금하지 못하였다.

산에서 내려오니 이미 어두웠다. 10여리를 가니 이경(9-11시) 후에 신광녕에 다다라 부사 영공이 벌써 역승 이사걸의 집에 들어 내가 돌아오길 기다리느라 촛불을 밝히고 앉아 산형세를 묻는데, 내 입으로 산거동을 자세히 설명하니 영공이 여러 번 앞으로 가까이 나와 앉으며 이르길

"그대 입이 말을 더듬어 잘못하니, 능히 산수를 [63b] 잘 말함이 이

러하니 들음에 내 눈으로 보는 듯하
구나."

닭이 울매 이에 잠을 취했다. 이날
90리를 갔다.

•1728년 3월 9일 기미일 밤에 비오
고 아침 진시(8시)에 갬

떠나 중안보에 이르러 조반하고,
저녁에 소흑산에 다다라 정오재 집에
자니 이날 70리를 걸었다.

•1728년 3월 10일 경신일 밤에 비
오고 찬바람

해가 뜰 무렵 떠나 먼 산에 눈이 하
얗게 쌓였다. 신점에 이르러 조반하
고 저녁에 이도정에 이르러 만주인 형
강의 집에 들러 장인(張寅)에게 가서

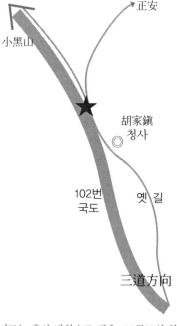

지도는 흑산 방향으로 뻗은 102국도의 완
만한 언덕길인데, 이 언덕길을 넘기 직전
에 정안 방향으로 가는 좁은 길 하나가 갈
라진다. 사진에 보이는 마을은 후자쩐(胡
家鎭)인데, 진청사(鎭政府)는 큰 길 오른
쪽의 옛길 길가에 있다.

'찾아 맡긴 팔자 한 것을 달라' 하니 내어주었는데, 보니 각각 재미로
두수(斗數, 말로 된 수량)을 베풀고 두어 글귀를 끝에 썼을 따름인데 가장
신기하지 아니하고 처음에 높은 값을 내라고 요구한 것이 가소로웠다.
장가의 집 서편에 한 집이 있어 가장 부유하여 곡식을 쌓아 언덕 같
으니 곧 우리나라 사람으로, 병자호란으로 사로잡혀 들어온 자의 자손
이었다. 본국에 있는 가까운 친척이 지금 재상이 된 자가 많아 5-6년
전에 한 참판이 부사로 들어오다가 여기 이르러 불러 서로 붙잡고 울고

행중 재물을 많이 주니 그로 인하여 부자
가 됐다 하고, 마두 강충신이 '그때 따라
왔다'고 나에게 말하길 '그 재상과 6촌
이 된다' 하였다.

대개 압록강으로부터 석문령에 이르도
록 다 우리나라 사람의 자손이고, 해주와
요동지역까지는 반은 중원사람이고 반은
우리나라 사람이며 반은 여진사람이다.
오늘 아침에 일어나니 온 낮이 다 붓고 머
리가 어지럽고 허리와 다리가 다 아파 걷
지 못하고 정신이 없어 기운이 고달프고
나른하여 종일토록 능히 떨치고 일어나지

이도정, 신점과 30리

못하니, 대개 앓은 끝에 또 도화동에 가서 더 상하여 그러함이었다. 이
날 60리를 갔다.

•1728년 3월 11일 신유일 맑고 바람 많음

늦게 떠나 일판문에 다다라 조반하고 백기포에 이르러 이상유의 집
에 자니 이날 50리를 걸었다.

•1728년 3월 12일 임술일 맑고 오후에 바람 많음

일출에 떠나 노구하에 이르니 작은 배 세 척을 서로 이어매고 널판지
를 그 위에 덮어 사람이 건너는데, 사공이 뱃대(상앗대)를 쓰지 않고 긴
밧줄을 두 편 언덕에 매고 배 밧줄을 잡고 왕래하였다. 화물이 너비가
10보가 안되고 깊이가 한 길 남짓하였다.

주류하, 거류하

대황기보에 다다라 조반하였다. 길에 오는 되들이 전하는데 '조선 재
자관(齋咨官) 김수장이 들어오니 오늘 서로 만날 것이다' 하였다. 저녁
에 주류하에 이르러 성밖의 만주인 노원공의 집에 들어 잤고 이날 70리
를 걸었다.

어두운 후에 과연 김수장이 들어오니 일행이 다 집 편지를 얻어보는
데 내 홀로 집이 시골에 있는고로 집 편지를 보지 못하고, 다만 영공
계씨(季氏) 중승공의 편지를 받았는데 거기에 노모 안부를 전하였다.
김수장이 들어오는 일이 심히 비밀스럽게 하는데, 영공이 좌우를 치우
고 조용히 물으시니 수장이 말하였다.

"진주 사신이 들어올 때에 서울서 의논하여 정하기를 북경 들어와
변무하는 일을 예부에 정문(呈文)하기로 결단하여 왔는데, 이미 떠난
후에 조정이 승문원 옛 등록(謄錄, 전례를 적은 기록)을 살펴어 지난 [64b]

정축년부터 강희 때에 이르러 그 사이에 청인에게 나라에서 욕보신 일
이 한두 번이 아닌데 일찍이 한번도 정문하여 밝힌 일이 없으니, 이는
대개 극히 사나운 말을 들어 족히 노하지 않음으로써이니, 정문함이
이미 이전 규칙이 없고 또 그로 인해 일을 일으킬까 염려하여 마지 못
하여 사람을 시켜 보내어 진주 사신에게 급히 통하여 정문하는 행동거
지를 그치게 하려 했는데, 핑계할 말이 없어 이에 말을 지어 용문석(龍
紋席, 용의 무늬를 놓아 짠 돗자리)을 사신 떠날 때에 바빠서 처음에 네 개
를 봉하여 보내었는데 세 개를 다시 만들어 사신을 따라 들어오는 뜻으
로 말을 하여 들어옵니다."

•1728년 3월 13일 계해일 맑음

늦게 떠나 성 북문으로 들어 동문으로 나오니, 성 주위 겨우 1리이고
언덕 위에 쌓았다. 성을 지나 한 시내를 건너니 시내가 여러 갈래로
나뉘어 흘렀다. 이로부터 길이 질고 물이 많고 녹아 말굽이 빠져 이따
금 말 배까지 들어가 능히 가지 못하였다. 일찍『당서(唐書)』를 보니 '당
태종이 고구려를 칠 때 요택(遼澤)에 이르러 길이 질어 빠지기를 200여
리나 계속되어 인마가 통해 가지 못해 흙을 퍼 다리를 만들어 이미 건
넌 후 퍼낸 흙을 흩어 버려 후퇴를 못하게 군사의 마음을 굳게 한다'
하니 그 땅이 이곳이다. [65a]

지금도 요동 땅이 비를 만나 길이 빠지는 데가 많으니 또한 하늘이
베푼 험한 데였다. 주류하에 이르니 두 큰 배를 매어 널을 깔아 건너니
냇가 너비가 노구하보다 배나 넓고 물빛이 검고 흐리니, 대개 두 편
언덕에 모래와 돌이 없는 것은 개흙같이 흙이 풀어져 그러하였다. 변성
에 다다라 만인 왕응집에서 잤다.

고가자촌

변성에 10리를 이르지 못해 동으로 바라보니 긴 언덕이 큰 들에 뻗쳐 성처럼 보여 지명을 변성이라 했다. 그 아래 바다 물결이 매우 세차게 일어나 계문연수 같아서 가까이 간 즉 또 물이 아니었다. 이날 41리를 걸었다.

• 1728년 3월 14일 갑자일 맑고 추움

날이 밝기 전에 떠나 동남으로 가 마도교를 건너니 다리가 옛날에는 돌로 쌓았는데 지금은 나무다리였다. 물 너비가 10보가 못되는데 자못 깊고 고기가 많았다. 한 되(오랑캐)가 고기를 잡아 광주리에 가득하여 태반이나 잉어요, 크기가 모두 한 자가 넘었다. 영안교에서 조반하고 달려 심양에 이르니 날이 신시(오후 4시)가 못되었다. 삼사신이 모두 조선관에 들었는데 좁아 내가 나와 동문 밖 마을집에 잤고 이 날 65리를 걸었다.

영안교와 영안교비
비석의 비문은 만(滿)·몽(蒙)·한(漢) 세 가지 문자로 음각되어 있다

•1728년 3월 15일 을축일 종일 눈비오고 춥기가 겨울보다 심해 떠나지 못함

영공이 역관으로 하여금 '압록강 건너편에 매었던 배를 타고 왔던 범월(犯越)한 놈의 일을 조사하라' 하니, 첫번째에 갇힌 봉황성 장경(章京) 기산(□□)이라 하는 놈이 지금 서문 안에 백성의 집에 [65b] 보방(保放, 보증금을 받거나 보증인으로 세우게 하고, 형사 피고인을 한때 구류에서 풀어 줌)하여 상방군관 한수악으로 하여금 가서 곡절을 물으니 기산이 대답하였다.

"범월한 사람 중에 2명을 잡아 심양 형부로부터 국문하여 물으니 그 진술하기를 '배를 타고 중강 근처에 이르렀는데 조선사람이 나와 배 가운데 잡물을 빼앗으려 하여 피차가 서로 싸울 즈음에 과연 상하여 죽게 되었다.' 형부가 또 묻기를 '너희 배에 무엇을 싣고 어디로 가고자 하였느냐?' 하니 '동료중에 산에 들어가 인삼을 캐러 간 자가 많은 고로 배에 양식 쌀과 술과 밀가루를 실었습니다.' 형부가 또 묻기를 '너희가

봉황루

실승사 숭정전

홍타이지의 무덤 소릉

누루하치의 무덤 복릉

가만히 들어가 인삼을 캘 즈음에 너희나라 우리나라 지키는 사람이 다 없었느냐?' 또 답하길 '과연 봉황성 갑군장경(甲軍章京) 등의 잡힌 바가 되니 마지 못하여 죽을 고비에서 한가닥 살 길을 찾아 계규를 내어 선물을 많이 주고 몸을 벗어 면하였습니다' 하니 이로써 봉황 성장 백십토(白什屯)와 장경 기산(□□) 보고(甫古) 마삼야(□□□)와 오이야(□□□) 갑졸 60명이 다 이미 잡아 갇혔는데 심양 장군이 그 죄를 결단하여 백십토와 기산은 죽기를 감하여 군대에 편입하는 법을 쓰고 범월하여 사람 죽인 괴수 삼인은 가을을 기다려 배려하고 그 다음은 차차 법령을 쓰고 갑졸은 경중을 헤아려 죄를 주려하되 이제 장차 이 뜻으로 북경에 주문하여 황제 지의(旨意) 내리는 것을 기다려 가히 말단이 어찌 결단할

요동의 백탑

줄을 알 것인가." 하였다. [66a]

• 1728년 3월 16일 병인일 맑음

늦게 떠나 혼하를 건너니 수수대를 엮어 다리를 만든 것이 무너져 반은 물 가운데 잠겼다. 삼사신 이하가 다 말에서 내려 걸어 붙잡고 건너는데 오히려 위태하였다. 너비가 수십 보요, 빛이 어두컴컴하여 깊이를 알지 못하였다.

백탑에 이르러 조반하고 먼저 소임맡은 역관을 보내어 '책문에 가 짐바리를 내릴 즈음에 미리 주선하여 아무일 없이 하라'고 했다.

사하를 지나니 너비가 수십 보요 깊이는 다리가 빠졌다. 이날에 비가 오다가 개고 길에 티끌이 없고 바람이 화창하고 날이 따스하여 큰 들 가운데 혁을 놓고 달려오니, 고국이 점점 가깝고 사람의 기운이 또한 씩씩한 듯하니 일행이 기뻐하는 기운이 양양하였다. 십리포에 다다르니 냇가가 있어 너비가 가히 10보요 나무로 내에 다리를 놓았고 내 북녁에 마을이 겨우 수십 호이고 마을 서쪽에 옛 성이 있어 이제 다 무너져 두른 주위를 겨우 알겠다.

냇가 남녁 마을이 50여 호인데 담이 무너지고 집이 무너져 다만 터만 있는 것이 열에서 여덟 아홉이었다. 역승 만주인 이가의 집에 자니 이날 60리를 갔다.

•1728년 3월 17일 정묘일 구름과 안개가 사방으로 끼여 비올 듯함

난니보(爛泥堡)에 이르러 조반하고 떠나 요동 화표주(華表柱, 망주석)이 이미 우뚝이 바라보이고 방허소(防虛所)를 지나 서남으로 바라보니 나무와 수풀이 넓은 들을 둘렀는데 망주석이 우뚝이 넓고 아득히 위에 높이 떴으니 또한 경관이었다. [66b] 신요동에 다다라 이계풍의 집에 자니 이날 60리를 갔다.

•1728년 3월 18일 무진일 흐리고 바람

해가 뜰 무렵에 떠나 태자하를 건너 1리를 못가 또 작은 하를 건너니 너비가 십여 보요 다리가 반이나 무너졌다. 냇가를 따라 동쪽으로 가서 신요동을 둘러 5리를 가서 탄하(□河)를 건너니 너비가 가히 수십 보요 물 깊이가 3-4척이고 물 밑에 돌이 많고 물결이 심히 급하였다. 아미장을 지나 수 리를 가서 길이 산골 속으로 드니 산천 풍광이 전과 같이 조선 같았다. 요동들조차 눈 아래 넓고 앞이 탁트여 마음이 지경과 같이 평탄하여 넓고 시원하더니, 산 가운데 들면서 문득 텅 비고 고요하

광우사

광우사 패루

고 깊숙하고 그윽하여 마음이 지경을 따라 그윽하고 한가하니 자사(子思, 중국 전국시대 노나라 유학자)가 이르신 바 '군자가 부귀에 처하면 부귀로 행하고 빈천에 처하면 빈천으로 행하고 우환에 처하면 우환으로 행

왕보대

옥수수에 덮힌 냉정

하니 가는데 마다 스스로 얻지 못하는 데가 없지 않다'고 하심에 비유하건데 대개 이와 같으니, 만난 지경을 따라가며 마음이 그대로 편안함을 말함인가?

냉정에 다다라 조반하니 북경으로부터 요동까지 물맛이 별로 좋지 않더니. 태자하로부터 비로소 나아지고 여기에 이르니 물맛이 심히 맑고 차니, 마을 이름이 냉정이라 함이 이러한 연유이었다.

길을 나선 후로 내가 주야로 부사 영공 좌우에 떠나지 않고 혹 사신이 한데 모이면 내가 묵을 데를 따로 정하되 일행 역관과 군관 모인 데는 서로 얽힐 뿐만 아니라 [67a] 또한 섞이기가 싫어 부방 일행 외에 다른 일행과 같이 드는 일이 없었는데, 이 마을은 산골 두어집 뿐이라 삼사신이 한집에 모이고 사십여 명 일행이 또 한집에 모였는데, 주인되가 새로 며느리를 얻어 가장 고왔다. 그 계집이 바야흐로 물레질을 하고 있는데 모든 젊은 역관들이 그 곁에 나아가 둘러앉아 희롱하니 그 계집이 부끄러워 낯이 빨갛고 피하고 가까이 가지 않고 물레질을 태연히 하며 역관의 부채에 단 향을 좋아하여 자주 눈을 주어 향을 보며 가지고자 하는 모습이 분명하여 역관이 향을 굴려 주니, 또 부끄럽게 여겨 받지 아니하여 모든 역관이 받아야 옳은 줄을 여러번 타이르니 그제서야 받는데, 낮은 바람벽으로 향하고 손만 내어 받았다. 그녀의 시어머니가 곁에 있어 제 며느리를 사랑하여 모두 희롱하는 모습을 보고 기뻐하는 빛이 낯에 가득하였다.

산해관 지난 후에 항상 보니 드는 데마다 주인 오랑캐 젊은 년들이 앞에서 말하고 곁에 앉으며 먼 길을 편안히 돌아옴을 치하하고 그로 인해 향과 바늘을 달라하며 말을 친근히 하는데, 내가 항상 정색하고 역졸에게 호령하여 그만두지 않음을 꾸짖고 몰아내려 하면 문득 노하여 벌컥 성을 내고 변색하여 역졸에게 묻기를 "모든 노야는 다 우리를 친히 하고 사랑하는데 네 노야 홀로 이리 무정하는 것은 왜 그러하냐? 들어갈 때부터 주인이 되어 낯이 익었는데 어찌 인정이 없느뇨?" 하니

석문령

역졸이 답하길

"모든 노야는 역관이 아닌즉 [67b] 호반인데 우리 노야는 홀로 선비
라, 우리나라 예법이 심히 엄하여 남녀가 길을 다르게 하고 서로 압닐
(狎昵, 매우 친하고 가까움)하지 아니하여 그러함이니, 인정이 없어 그러
함이 아니다."

오랑캐 여자가 그 말을 들으면 혹 턱을 끄덕이며 '옳다' 하고 들어가
는 이도 있고, 혹 더욱 노하여 눈을 마주치고 입술을 돌려 나를 보며
중얼거리며 들어가는 이도 있었다.

또 떠나 길 좌우편의 산위에 잡꽃이 많이 피어 봄경치가 정히 활짝
피어 화려하니 바야흐로 가히 놀아 구경할 만하였고, 길가의 시내와
바위들이 들어갈 때보다 더욱 배로 기특하고 아름다워 처음으로 보는
것 같으니, 대개 갈 때에는 눈과 얼음이 땅을 덮어 진면목을 가히 보지

못하였는데 이제야 비로소 드러내고 또 봄 경치가 단장한 연고이었다.

삼류하에 이르니 길 왼편에 100길이나 한 벼랑이 냇물을 끼고 절벽이 일어섰는데 벼랑 허리에 바위를 깎아 한 실낱같은 길을 통하여 한 되놈이 소를 몰고 벼랑을 밟고가니 지경이 그윽하고 경치가 기특하여 가히 그려내고 싶었다. 그 냇물이 한 줄기로되 굽이 굽이 꺾어 둘러 큰 길로 간즉 다섯 번 건너고 지름길로 간즉 세 번 건너는 고로 삼류하라 하니, 이제 왼편 작은 길로 따라오는 고로 무릇 세 번 건너게 되었다.

여기를 지난 후는 냇가와 산밑에 기특한 바위와 큰 돌이 많아 그 언건(偃蹇, 거드름을 피우며 거만함)하고 궤괴(詭怪, 이상 야릇함)하여 다투어 기특한 형상이 된 것을 가히 말로 헤아리지 [68a] 못하겠다. 혹 사람이 선 듯하며 혹 새가 날으는 듯하며 혹 누우며 혹 의지하며 혹 모이며 혹 흩어졌고 물에 거꾸러진 것은 우마가 시내물을 마시는 것같고 산을 진 것은 표범과 호랑이가 바위에 걸터 앉은 것같고 사자가 싸우며 용이 날뛰며 고래가 춤추며 새가 뛰어오르는 것이 족히 그 거동을 비유하지 못할 것이다. 야성이 물과 들에 벽이 이렇듯 함에 문득 길마에 의지하여 행역의 수고로움을 잊는 것 같다. 낭자산에 이르러 전 주인 왕홍지의 집에 들어 자니 이날 80리를 갔다.

• 1728년 3월 19일 기묘일 맑음

일출에 떠나 시내를 밟고 동쪽으로 가서 계곡 속으로 드니 길 왼편 산에 다른 나무는 없고 다만 산 살구나무가 별 서는 듯하여 꽃이 바야흐로 활짝 피어 온 산이 빨갛게 비단 휘장을 친 듯하였다. 소석령을 넘으니 길 오른편에 맑은 시내가 바위 사이로 솟아나되 물이 자못 많아 돌을 찔러 물이 노하여 소리를 내어 괄괄하여 그치지 않고 번거로운

사라진 낭자산, 낭하저수지로 개발되어 없어짐

'량쟈(亮甲)'는 원래의 '랑즈산(狼子山)'이라는 마을이 저수지(湯河水庫) 안으로 수몰이 되게 되자 인근의 높은 지대로 새로 옮겨온 마을이라고 했다. '랑즈산'에서 50여 호의 민가가 집단으로 이주를 하면서 마을 이름도 '량 쟈'로 개칭을 했는데 그것이 1980년대 초였다는 것이다. 이런 사실을 량쟈(亮甲) 주변의 세 마을(上堡, 後台, 鷄鳴) 주민들로부터 확인했다. 또한 세 마을 주민들로부터 확인한 또 하나의 사실은 '랑즈산'의 '랑'은 '狼'이 아니라 '浪'이었기 때문에 '浪子山'이 원래의 지명이었다는 것이다.

청석령   무너진 절터

마음을 씻어버리는 것 같다.

청석령을 넘어 감수참을 지나 시냇가에 나아가 조반할 때 일행이 바위 위에 둘러앉아 밥을 먹으니 또한 기특하였다.

첨수참을 지나 회령령을 오르기 전 절
오른쪽으로는 곧장 요양(遼陽)으로 가는 길이 있다.

연산관역

회령령을 넘으니 그 험함이 청석령에 미치지 못하되 높기는 더하였다.

고개를 넘어 계곡으로 들어가 10리를 가서 벼랑을 밟고 가니 벼랑 높이가 거의 100길이나 하고 그 아래 시냇물 너비 [68b]가 가히 10보요 또 깊고 벼랑 동녁에 산이 있어 또 100길이 넘고 그 위에 작은 탑이 있는데 높이가 10길이나 하고 탑 옆에 돌비석이 있고 무너진 담이 오히려 있으니 대개 옛 절터라 한다.

연산관에 이르러 만인 허춘당의 집에 자니 이날 70리를 갔다. 주인 되가 바람벽 우측에 입춘이라고 붙였으니 말하길

"집에 사는 만 가지 일이 다 마땅히 참을 것이오, 아들 가르치는 천 가지 법이 부지런함만 같지 못한다."

하였으니 가히 중요한 것을 알았다고 할 것이다.

•1728년 3월 20일 경오일 맑음

늦게 떠나 답동에 이르러 시냇가에서 조반하고 통원보에 다다라 전

좌) 통원보 삼양괘태 / 우) 통원보역

주인 진선전의 집에 드니 날이 오히려 일렀다. 부방이 작은 차반을 장만하여 시냇가에 나아가 일행이 모두 먹었다. 의주에서 문안 아전이 반찬과 기별 정사를 가지고 왔다.

이날 60리를 갔다.

•1728년 3월 21일 신미일 맑음

일출에 떠나 팔도하에 이르러 조반하고 대장령을 넘어 옹북하(甕北河)를 건너니 봄이 되어 얼음이 녹아 흐르는 물이 바야흐로 가득차 넘치었다. 너비가 가히 30보요 물의 힘이 심히 급하였다. 이 물이 의주 삼강 상류가 되니 의주 사람이 고기 잡는 자가 이따금 배를 타고 여기까지 이른다고 한다. 송참에 다다라 전인 유필의 집에 들어가 자니 이날 59리를 갔다.

송참(설리참)

•1728년 3월 22일 임신일 맑음

먼동이 틀 무렵 떠나 무릇 열한 개 시내를 건너니 간패천리산타호(□ □□□□□) [69a] 이외에 다 이름이 없었다. 봉황성에 3리를 못가 냇 가에서 조반했다.

처음 뜻은 책문을 지나고자 하여 빨리 달려왔는데 일행 짐바리가 미 처 도착하지 못한 것이 많으니, 책문에서 반드시 먼저 짐바리를 검사한 후에야 일행을 내보내는 것이 규칙이니 일행 인마를 가히 용납하지 못 할 것이다 하여, 드디어 봉황성에 들어가 만인 노선 장의 집에 들어가 자니 이날 40리를 갔다.

내가 평상시처럼 잠이 들었는데 한잠 자고 바로 하늘이 빨갛게 해가 돋은 후에 비로소 깨고 이번 길에 하인이 짐을 다 차리고 떠날 때에 와서 거의 두세 번 불러 깨워야 비로소 깼는데, 어제 밤에 닭이 울지 않았는데도 깨고 오늘 밤은 밤이 반도 안되어 또 깨고 마음이 스스로 의심되고 혹 염려하되 노모의 기운이 편안치 못하여 바야흐로 근심이 가슴에 가득하였는데, 홀연히 들으니 문밖에서 문을 두드리며 '문을 열라' 하는 듯하되 분명 우리나라 사람의 소리인데 건량고직 이태화를 박차 깨워 '나가보라' 했는데, 태화가 돌아와 이르길

"의주 장교가 부사의 본댁 편지를 가지고 왔는데 그 장교가 문틈으로 말하길 '나라에 역적(이인좌의 난)이 크게 일어나 도적의 병들이 소사벌(아산만 바닷물이 평택 내륙으로 들어오는 소사벌을 말하며 사양재 강호보가 살고 있는 팽성읍 함정리 선마을까지는 7Km쯤 거리임.)에 진을 치니 도원수가 군사를 거느리고 치러 갔다' 합니다." [69b]

불의에 그말을 들으매 놀랍고 의심되어 미더운 줄을 알지 못하되, 내 집이 소사벌에서 10리쯤 떨어져 있어 머나먼 북경에서 해를 지내고 비로소 돌아옴에 고향 나라가 점점 가까울수록 기쁨과 근심이 진정치 못하여 바야흐로 베개를 만지며 당황하던 즈음에 문득이 기별을 들으니 위태롭고 두려워 마음이 끓는 듯하여 급히 하여금 불을 켜라하여 초를 밝히고 옷을 입고 바삐 일어나 영공 자시는 곁에 나아가 서울 편지 왔음을 알렸는데, 영공이 집 편지를 떼어 보시는데 곁에서 보니 한결같이 평소같이 다른 말이 없고 오직 윤도의 편지에는 '맞으러 내려가려 하였는데 나라에 사변이 있어 내려가지 못한다'고 하였으니 무슨 변인 줄 알지 못하였다.

작년 겨울에 사신이 떠나지 못하고 조정에서 '전라도 부안 땅 변산에 도적이 많이 둔취(屯聚, 한곳에 모여 있음)하였다' 하는 말을 들으시고 비변사 낭청 김윤을 보내여 '가보라' 하였는데 김윤이 돌아오지 못하면서 사신이 떠났다. 들어올 때에 밤마다 내가 영공을 뫼실 때 말씀하시는데 혹 때때로 근심을 말씀하시다가 변산 도적을 말하고 또 하시되 가히

봉황산

봉황산 검표소

근심이 깊었다. 영공이 웃으며 말하길

"우리나라가 지금에 어찌 도적이 있겠는가? 만일 있으면 불과 좀도 둑붙이 일 것이다. 성상이 위에 임하여 계시니 그대 부질없는 과도한 염려를 말라."

내가 또 고하길

"그렇지 않습니다. 법과 도리를 어기는 무리가 거의 [70a] 나라 안에 반이나 하기에 어찌 하겠습니까? 조만간에 반드시 변이 있을 겁니다." 하는데 영공이 내 말을 믿지 않을 뿐 아니라 거의 나보고 '망령된 사람 이라' 하더니 나오다가 진자점에 이르러 진주사를 만나 전라도에 괘서 한 변이 있음을 들으시고 비로소 조금 의심하더니 이에 일어나 나에게 묻기를

"그대 근심하는 말이 있어도 내 그대를 믿지 않았는데, 그대 말이 장 차 맞는가? 의주 장교의 입으로 전하는 말이 심히 놀랍고 윤도의 편지 또한 의심되니 그대 헤아려 보라 어떠한지?"

내가 답하길

"이 일이 진실로 조만간에 날 일이로되 기별한 것이 없으니 비록 삼

자양관 = 대령사 = 삼관전　　　　　　　　　　봉황성보

가 조심하는 법문으로 나왔거니와 너무 답답하니 도리어 옳은 줄을 알
지 못하겠습니다."

　　영공이 말하길

　　"멀리 외국에 부쳐보내니 누설할까 염려함이니 기별치 않음이 마땅
하니라."

　　내가 답하길

　　"선비집 사람은 기별하지 아니함이 혹 해롭지 않겠지만 영공은 나라
재상이시니 집안 기별에서 나라 안부를 먼저 듣고자 하시는 것이니 자
제들이 나라가 편안치 못하심을 기별치 아니하고 다만 집안 평안함만
기별하니 걱정하건데 옳은 도리가 아닌가 하나이다."

　　영공이 말하길

　　"아이들의 옳고 그름을 의논함이 바쁘지 아니하니 어찌하면 가히 적
보(的報, 적확한 소식)를 듣겠는가?"

　　내가 답하길

　　"서장이 또한 그 집 편지를 얻었으니 짐작컨데 반드시 자세히 알 것
입니다."

영공이 말하길

"그대 가보고 물으라."

내가 답하길

"나에게 깊은 기별을 말하지 않을까 걱정하는데 [70b] 이제 노야가
사람을 시켜 안부를 물으시고 또 지금 가보려고 하노라 하소서. 노야가
서장이나 나보다 벼슬이 다 높으시니 그들이 앉아서 노야가 가시기를
기다리지 않아 반드시 즉시 올 것이니 오거든 좌우를 다 치우고 조용히
물으시면 가히 그 자세한 말을 들으실 것입니다."

영공이 내 말을 따르니 서장이 과연 즉시 와 내가 재촉하여 나오
니, 좌우에 보이는 사람이 없었다. 잠시 후에 서장이 돌아가니 영공이
즉시 나를 불러 말하길 "그대 전에 하던 말이 과연 맞았다. 조정이 한편
으로 국청(鞫廳, 조선시대 역죄인등 중죄인을 신문하기 위해 설치한 관아)을
베풀고 한편으로는 군사를 내어 치라 보내었다 한다. 노부인 내가 입조
하기를 오래 하였고 여러 해를 지내며 많이 일을 해와서 오히려 세도와
인심이 이같이 극도에 달한지 막연히 알지 못하였는데 그대 능히 먼저
말하니 어찌된 것인가?"

내가 답하길

"불궤의 무리가 안으로 원망하는 마음을 품고 밖으로 선동하는 계규
를 행하여 내려온지 여러 해 되었습니다. 이는 다 천지간에 사나운 기
운이 모여 생긴 것들이니 하늘이 진실로 그 사나움을 두텁게 하여 죽이
는 것입니다. 비유하건데 큰 종기같이 반드시 곪아터진 후에야 그칠
것이니, 이것들이 반드시 모역하는 것은 어리석고 슬기롭지 않아 다
알되, 홀로 노야가 세상에 접하는 것이 적은 고로 하는 놈은 꺼려 누설
치 않고 근심하는 자는 푸대접받아 말하지 않으니 이러므로 기세를 다

알되 영공이 홀로 알지 못하시는 바입니다."

영공이 말하길

"일이 장차 어떠하겠는가?"

[71a] 내 답하길

"이것이 요망한 백성이 일시에 일어나 이시애 이몽학의 하던 일 같지 아니하여(이시애는 세조대왕 때에 길주 놈으로 군을 일으켜 장난함 놈이고, 이몽학은 선조대왕 때 홍주서 군을 일으켜 장난함 놈이니, 다 즉시 쳐 평정하였다) 벌열거족이 미친 듯 노래부르며 붙좇아 결집한 것이 몇 집인 줄을 알지 못하니 이 진실로 극적(劇賊, 범행의 규모가 큰 도둑)이고 하물며 도적이 시골서 일어났는데 지방을 맡은 신하가 능히 쳐 멸하지 못하여 도성군사를 내보내어 치기에 이른다하니 그 도적의 형세가 반드시 가히 깊게 근심된 것이 있나이다. 다만 벌써 국청을 베푼다하니 그 동당이 이미 잡힌 자가 있음이니 계규가 드러나고 기틀이 꺾어 무너질 것입니다. 하물며 뒤엎기(反)를 빨리 하면 화가 적으리라함이 바로 이를 말하는 것이니 혹 뜻하건데 족히 깊이 근심하지 않아도 될까 하나이다."

영공이 말하길

"그대 말이 옳다."

하고 즉시 상사께 통하여 길을 재촉하여 떠났다.

• 1728년 3월 23일 계유일 맑음

하늘이 밝지 않아 떠나 달려서 책문에 이르니 날이 오히려 진시(오전 8시)에 미치지 못하였다. 봉황성장이 오히려 도착하지 못하였고, 조반을 마치며 봉황장이 비로소 도착했다 하여 모든 역관을 보내어 '문 열기를 청하라' 하였는데 해가 낮이 지나 미시(오후 2시)가 되어도 오히려

책문 야영장

열지 아니하여 영공이 즉시 수역을 불러 잘 주선치 못한 죄를 다스리려 하는데, 모든 역관이 비로소 이에 송구하여 들어가 성장에게 고하였다. 성장이 이에 문을 열어 행중 복태(卜駄, 짐바리)를 점검하여 보아 그 [71b] 금물(禁物, 금지하는 물건)이 없는 줄을 본 후에 이에 문을 나가는 것을 허락하니, 짐바리를 구태여 다 풀지 아니하여도 이따금 그저 내보 내는데 이미 문에 나오니 해가 벌써 어두워가고 있었다.

　의주서 마중하러 온 창군(鎗軍, 창을 주 무기로 삼던 군사)와 화군(火軍, 횃불을 드는 사람)이 와 책문 밖에서 대령한지 여러 날이 되었다 한다. 가서 공암(孔巖)을 지나니 어두워 길을 분변하지 못하여 불을 밝히고

온정 = 오룡배읍

가서 온정에 이르니 밤이 반이나 지났다.

일행이 근처에서 밥을 지어 먹고 또 즉시 떠나 횃불을 켜고 가서 마전판에 이르니 하늘이 비로소 밝았다. 역관들이 책문에서 짐바리를 따라 의주 고마(雇馬, 시골 관아에서 민간인의 말을 강제로 징발하여 쓰는 말)에 옮겨 싣느라 떨어졌다가, 나중에 오는 자가 곳곳마다 범을 만나 겨우 면하였다 한다.

상고별장과 짐바리를 많이 가진 역관은 다 책문 밖에서 머물러 있다 한다. 이날 낮에 40리를 갔고 밤에는 60리를 갔다.

•1728년 3월 24일 갑술에 맑음

하늘이 밝은 후에 20리를 가서 구련성에 이르러 조반하고 즉시 떠서 구련성을 지나며 의주 성안 통군정이 바라보이니, 반갑고 기쁜 와중에

구련성에서 의주 통군정, 압록강 중강

고국이 가까울수록 근심이 더하였다. 중강을 건너니 의주부윤이 차담 (茶啖, 다과)과 기생을 거느리고 와 기다렸다.

압록강을 건너 의주에 들어가니 날이 저녁때가 못되었다. 서울 조보 를 얻어보고 또 의주 부윤의 말을 들으니, '대개 이인좌가 그 당과 함께 불궤를 도모하여 스스로 대원수로 일컫고 영남서 일어나고 [72a] 박필 몽(朴弼夢)이 귀향 간데서 거짓 용서를 받아 풀어 도승지를 하였다고 하 여 일어나서 응하고 필몽의 종제 필현(弼顯)이 바야흐로 태인원(泰仁員) 이 되었는데 태인 고을 군사를 일으켜 응하고 남태징(南泰徵)이 바야흐 로 포도사가 되어 안으로부터 응하기를 언약하고 이사성이 평안감사로 서 날을 언약하여 같이 일어나려 하였다가 태징은 미처 일어나지 못하 고 잡히어 국청에 들고 사성은 금부도사가 내려와 잡아가고 인좌는 가

만히 청주로 들어가 병사 이봉상과 영장 남연년을 잡아 하여금 항복하라 하였는데 다 굴하지 않아 도적을 꾸짖다 죽고 병조판서 오명항이 삼도 도순무가 되어 병을 거느려 치러 나가고 수어사 김동기는 나가 수원에 진 치고 황해병사 원백규는 동선령(洞仙嶺)에 진을 쳤다' 하니, 저 인좌는 역적질하던 집 자손으로 대대로 그 사나움을 이으니 비하건데 올빼미 새끼와 범의 자식 같아 나라를 원망하고 역적을 도모하기로써 세업을 삼는 것이니 저게 어찌 괴상하겠는가?

다만 필몽이 대대로 나라 은혜를 입고 지위가 재상에 이르렀고 나라 사람 반 이상이 그를 죽이고자 하는데 성상이 극진히 살게 해 약간 귀양 보내는 것으로 법을 베푸셨는데, 진짜 이른바 죽은 이를 살리고 썩은 뼈에 살도 찌게 함이니 임금의 은혜 망극하심이 어떠하신데 이에 차마 이런 일하기를 달게 여기니 바로 손수 자기 목을 베고자 하나 가히 그렇게는 못할 것이다. [72b]

이병사(李兵使)와 남영장(南營將)의 충절을 세워 이(李)는 충무공 자손 되기에 부끄럽지 않고 남(南)은 장순(張巡) 남제운(南霽雲, 당나라 장군, 장순과 함께 안록산에 대항하다 굴하지 않고 죽음)보다 부끄럽지 아니하니 삼남 감영과 병영을 지킨 신하가 마땅히 부끄럽게 죽지 않지 않은가?

내가 일찍이 이르되 '우리나라 300년 인재를 기록함이 가히 송때부터 함께 서로 견주어 보면 학문하시던 유현(儒賢)은 의논치 말고 그 심사가 광명하고 공업(功業)이 탁월하여 뇌뢰(磊磊, 뜻이 큼)하여 천지를 겨를 자를 셋을 얻었는데 다 문신의 유(類)에 있지 않으니 그 하나는 선조대왕 때에 임진년 충무공 이순신이오, 또 하나는 광해 때에 대명을 위하여 금을 치다가 절사(節死)한 요동백 김응하(金應河)요, 또 하나는 인조대왕 때에 평안 병사 임경업이니, 비록 불행하여 뜻을 이루지 못하였으나 끼친 향기와 남은 공열이 가히 천지와 함께 같이 전하리니 우리나라가 교화가 크게 밝아 진실로 해동의 주나라인데 300년 내에 다만 약간 사람이 있는데 다 호반에서 났고, 이제 역적이 사기(史記)에 보지 못한 바인데 홀연히 역적이 꺼리는 바가 되어 미리 머리를 모아 죽임을 당해 수천리 동방에서 사람이 없다는 부끄러움을 면하게 한 것이 또 투구 쓴 무인 행렬에서 나니 가히 이상하도다. 이를 들으면 즉시 글을 알고 읽는 사람들은 또한 스스로 가다듬을 것이다.'

영공이 말하시길

"나라가 태평하기를 오래하여 백년을 보지 못하였다가 불의의 역란이 크게 일어나니 [73a] 멀리서 생각하건데 구중궁궐에서 근심하심이 밤낮으로 편안치 못하실 것이니 달려가 아뢰는 것이 조금도 늦추지 못할 것이라."

하여 처음에 말을 먹여 즉시 떠나 주야로 빨리 달려 날을 두배로 빨리 가려고 하여 장차 떠나려 하시어 내가 고하여 말하길

"듣자니 도적이 불의에 일어남에 나라 안의 인심이 물끓는 듯하여 한강으로부터 남쪽에 다 노약자가 지고 끌며 피하여 숨어 여염 가게들이 한결같이 비어 정히 농사지을 때를 당하여 다 장차 폐농하게 되었다 하니 이 일이 나라에 장차 근심됨이 역변보다 더 심합니다. 홀로 서관(西關, 관서지방 관리)이 아직 피난하라고 말하지 않고 바야흐로 짐을 차리고 있어 잠시 후 다다른다 하니 만일 사신이 밤낮으로 급히가는 모습을 보이면 서로 인심이 또 장차 배나 어지러울 것이니, 이 어찌 적은 근심이겠습니까? 상사는 이에 나라의 친족이오 노야는 나라 재상이고 서장은 시종(侍從) 명관(名官)이니, 그 행동거지가 실로 인심이 보아 편안하고 위태함이 관계되었으니 달려가 묻는 것이 비록 급하오나 한 이

틀 늦는 것이 구태여 나라일에 관계함이 없고, 한가지 도리로 백성의
안위에 매였으니 원컨데 나라를 위하여 깊이 생각하소서. 일행이 집이
다 서울에 있으니 근심이 없는데 홀로 소자 노친이 시골에 있고 또 도
적 일어난 땅에 가까우니 마음이 어지럽고 갈 뜻이 바쁨이 어찌 다른
사람과 같겠습니까마는, 한가지 도리로 사람이 소요하기를 도울까 걱
정해 감히 한 몸 사사로이 계규를 돌아보지 못하여 감히 천견(淺見, 천박
한 소견)을 [73b] 고했습니다.”

영공이 말하길

“그대 말이 소견이 없지 않으니 내 생각하여 보겠다.”
하고 바야흐로 침음(沈吟, 속으로 깊이 생각함)하였는데 마침 그 때에 장
계를 갖고 서울로 다니는 배지 놈이 파발로 서울 갔다가 내려올 때 바
야흐로 술이 취하여 성문에 들며 길에서 외쳐 말하길

“도적의 형세가 크게 날뛰어서 서울이 가히 말할 것이 없었다.”
하니 의주 사람이 그 말을 듣고 장차 파탕(播蕩, 임금이 도성을 떠나 피란
함)하고 서로 부언(浮言, 뜬소문)을 전하여 가히 진정하지 못한다 하여
영공이 드디어 이 뜻으로 상사께 통하여 의논하여 짐짓 하루를 머물러
인심을 진정하려 하고 드디어 전(前)의 논의를 그치었다. 이날 40리를
갔다.

•1728년 3월 25일 을해일 맑음

그리하여 머물렀다. 그저께부터 밤에 한번도 눈을 붙여 자지 못하고
바람을 쐬고 이슬을 맞고 150여리를 급하게 달려오니 일행이 상하가
앓지 않을 리가 없었다. 듣자니 ‘백성들이 소동 피우던 자가 사신이 머
무름을 보고 자못 진정하였다’ 한다.

　내가 강(압록강)을 건너 내 땅(조선)에 들었는데 집 기별을 들을 길이 없었다. 내가 급히 달려 먼저 가고자 하여 영공께 청했는데 영공이 말하길

　"그대 어진 동생이 있고 내가 그 위인을 익히 잘 알고 있는데, 비록 급작스럽게 난리를 당하여도 그 처치하는 바가 반드시 긴 모책이 있을 것이니, 그대 부디 과도히 염려 하지 말라. 하물며 병란을 당하여 길이 막힐 근심이 있으니 천리 먼길을 어찌 가히 외롭게 가려는가? 듣자니 그대 난리 기별을 들음으로부터 능히 자지 못하고 능히 먹지 못한다 하니 그대 [74a] 조급함으로써 만일 나보다 먼저 홀로 가면 그대 반드시 새벽 어둑함을 헤아리지 못하고 길을 곱절로 소경 가듯 할 것이니, 내 그대 자친(慈親, 어머님)의 지극한 뜻을 받아 결단코 그대를 놓지 않을 것이다."

　내가 두 번 세 번 굳이 청하였지만 영공이 금하여 다시 말을 못하게 하니 할 일이 없었다.

▌한문본 『상봉록』 권11

•1728년 3월 26일 을해일 맑음

　새벽에 떠나 소곳에서 조반하고 용천청(龍川聽) 유당(流堂)에 다다라 중화(中火, 점심)하니 때는 바야흐로 저물어가는 봄이다. 초목은 만족스럽게 기쁘고 두견꽃이 산에 입혔고 살구꽃은 사이사이 끼었고 당 앞에 세 개 못 가운데 물이 다 가득하였는데, 바위 위에 꽃 그림자가 못 가운데 거꾸러져 비취고 땅 경계가 소쇄하고 시절의 경치가 번화하니 정(正)히 놀며 구경함즉 한데, 근심이 뒤흔들리고 뜻이 바빠 좋은 산수에

좋은 구경이 꿈밖의 일 같아 꽃 그림자와 물 소리가 다 심란함을 도울
따름이었다.

또 떠나 철산에 이르러 차련관에서 자니 이날 100리를 갔다.

•1728년 3월 27일 정축일 맑음

새벽에 떠나 석천에 이르러 조반할 때 계심(季深)의 딸을 불러 차담
(茶啖, 다과)를 주었다. 곽산 운흥관에 들어 점심 먹고 정주에 이르러
자니 110리 갔다.

•1728년 3월 28일 무인일 맑음

새벽에 떠나 납청정에서 조반하고 가산에 다다라 점심 먹고 안주에
이르러 자니 이날 120리를 갔다.

병사 이사주가 영공께 들어와 뵙고 영공이 사성이 잡아 가던 일을
물었는데 사주가 답하였다. [74b]

"사성이 도적의 범행 사실을 인정하는 진술을 긴히 하였고 사성이
본래 기력이 정정한 옛 장수요 또 능하다 하는 이름이 있고 관서는 또
일국의 정병이 모인 곳이라, 임금께서 이괄(조선 인조 때 무신이자 반란자)
의 변을 징계하시어 서쪽으로 돌아보며 근심하시어 불시에 나를 찾아
그 벼슬을 대신하라 하시고 잡으러 가는 금부 도사와 같이 그 시각에
하직하였는데, 임금께서 인견하시고 '가까이 용상 앞에 오라' 하시고
그때에 영상과 좌상이 같이 입시하였는데 임금께서 경계하여 말하시길
'경이 저기 가서 만일 편안하지 않은 일이 있으면 편한 대로 일을 하라'
하시고 나서 봉해 적은 종이 하나를 친히 주시고 또 하교하여 말하시길
'길 가는 도중에 가만히 떼어보고 이대로 하라' 하시거늘, 이미 성 밖에

나오며 사람을 치우고 열어보니 이에 '황해도 감영과 병영에 군사를 내라' 하는 병부를 봉한 것이니, 대개 윗사람 뜻이 혹 사성이 나라의 명을 거역하여 이괄이 하던 일같이 한즉 일에 평정하기 어려울까 염려하시는 고로 먼저 황해 감사와 병사로 하여금 군사를 징발하여 요해(要害, 적을 막기에는 편하고 적이 쳐들어 오기는 불리한 험한 곳)을 막은 후에 가서 잡게 하심이었다. 병사는 동선령에 진을 치고, 감사는 군을 거느리고 개성부에 와 모이게 하셨다. 이러한 계획이시라 밤낮으로 빨리 달려 안주에 이르러 병영문 밖에 다다라 처음에 '붙잡아 오라는 명령을 내리셨다.' 전하였는데 문을 오래 열지 아니하기에 혹 변이 날까 염려하여 이에 말을 내여 말하길 '새 병사가 영을 받고 왔노라' 하니 그 말이 퍼지매 이윽고 병영 소속 장교[75a] 이하가 일시에 '새 병사 왔다' 함을 듣고 영중에 있던 무리들이 다 몰려나와 어기지 못하였다. 사성이 비로소 이에 문을 열어 잡히었다."

영공이 운주헌(運籌軒)에 드니 운주헌은 병사의 기세가 꺾인 정전(正殿)이다. 왼편 뜰에 수레 만들던 기구를 약간 쌓았는데, 다 사성이 시켜 만들던 것이었다. 보는 자가 다 이르되 '이런 것을 머리를 써서 조리있게 계획한 것이 다 역적하려 하던 꾀였느니라.' 내가 이르되

"조정이 본래 사람을 알지 못하여 평상시 온 조정이 이 도적놈을 힘써 천거할 리가 많으니 만일 하여금 역모가 지금 드러나지 않았으면 이런 것을 시행하고 계획하는 것을 일컫고 기리기를 빠뜨리지 못할 것이다."

하니 듣는 자가 다 웃었다. '도순무사의 싸움이 이겼다' 한 첩서를 얻어보니 대개 '도순무 오명항이 안성에 이르러 도적을 쳐 이기어 도적의 머리 약간을 베었다' 는 첩서인데, 비록 그 자세한 기별을 듣지 못하나

멀리서 도적 이긴 소식을 들으니 종사의 경사로움을 가히 이기어 말하지 못하겠다. 듣자니 서쪽 길 인심이 금부도사와 장계를 가지고 서울 가는 배지놈이 빈번히 왕래함을 보고 동요하던 끝에 병을 일으킴을 듣고 가장 요란하다가, 사신 행차가 갑자기 황망치 아님을 보고 조금 진정한다 하였다. 길가의 백성 집들이 편안하고 밭 갈기를 태연하여 평시 같으니 문득 다른 세계인 것 같았다.

•1728년 3월 29일 기묘일 맑음

새벽에 떠나 숙천에 다다라 조반하였다. 숙천부사 어유기가 갓 부임하여 일찍이 서로 알지 못하였으니, 함께 난리 일을 [75b] 말할 때 어유기가 나에게 말하길

"사성이를 잡으러 온다고 기별하기전 사통(私通, 공사일을 하면서 관원끼리 사사로이 받는 편지)이 내려 전하는 것이 있었는데, 가져다가 보니 '잡아들이라는 명이 장차 내려간다'는 뜻으로써 달려가서 안주 병영으로 통하는 것이어서 즉시 그 사통을 불질렀는데, 이윽고 금부도사(의금부에 속한 도사)와 선전관(선전관청의 무관 벼슬)이 과연 도착해 내려가니 이로써 사성이 미처 기한보다 앞서 잡으러 가는 줄을 알지 못하였다. 또 금오랑(金吾郎, 의금부 도사)와 선전관이 날 듯한 역마를 타고 주야로 달려 그 사통보다 앞서오니, 사성의 조아(爪牙, 매우 쓸모가 있는 사람)과 심복이 바둑 펴놓은 듯한 줄을 가히 알 것이다."

내가 말하길

"열읍(列邑, 여러 고을)이 하지 못하는 것을 주수(主守, 자기가 사는 고을 수령)이 능히 하여 흉역(凶逆, 임금에게 불충하고 부모에게 불효하는 흉악한 사람)으로 하여금 능히 먼저 미리 알지 못하게 하고 창졸(倉卒, 어찌할

사이없이 급작스러움)의 꾀를 내지 못하게 손을 묶어 잡히게 하니 공이 사성을 잡게 한 공이 큰 것이다. 공을 위하여 사례한다. 다만 한 일이 있으니 비록 역적 다스릴 때가 아니더라도 국청 법이 지극히 엄하고 또 비밀히 하여 무릇 금부도사가 이미 사람 잡으라 하신 명령을 받으며 집 문을 지나도 감히 들지 못하고 비록 부형자제라도 감히 아무 땅으로 가서 아무 사람을 잡으러 감을 말하지 못하는데, 이제 이에 왕명을 누설하여 능히 날 듯이 전하게 하니 만일 사성과 생사를 같이하는 무리가 아니면 반드시 그렇게 하지 않았을 것이니 공이 만일 그와 전하는 놈을 잡아 차차 궁극히 조사하여 그 근본을 찾은 즉 가히 그 누설했던 자취를 얻을 것을, 애닯구나. 공이 능히 저것은 하되 능히 이것은 하지 [76a] 못하다니.”

어유기가 말하길

“그렇다. 내가 미처 생각을 못하였구나.”

하였다. 후에 생각하니 어유기 말이 사람으로 하여금 의심쩍으니, 만일 사성의 무리들이 잡아들이라는 명이 내려감을 누설코자 한 즉 이는 분명히 미리 알아 계규를 내게 함이니, 이는 이괄의 금부도사를 베고 병을 일으켜 반하는 일을 하게 함이니 얼마나 중대하며 얼마나 비밀스런 일인데, 같은 당중에 잘 도망하는 놈을 주야로 좇지 아니하고 차차 전하게 하여 또 여러 사람의 눈에 걸리게 하는가? 이것은 가히 알지 못할 말이었다. 저녁에 순안에 이르니 이날 120리를 갔다.

•1728년 3월 30일 경진일 맑음

닭이 울 때 떠나 평양에 이르러 조반했다. 중화부사 김광이 평양겸관으로서 바야흐로 와 기다리다가 내가 도착함을 보고 맞이하여 위로

한 연후에, 팔을 뽐내며 분개하여 말하길

"이번 역난이 진실로 한나라 신하와 백성이 같이 분하고 미워하는 바인데, 내가 이로써 이를 가는 것이 남보다 배나 더하고 그 가운데 들어온 자가 누가 서로 아는 자가 아니리오마는 내 필현과 유익과 같이 반생을 사귀고 알아 왔다. 그 정의 두터움이 친척과 다름이 없으니 어찌 남을 해치려는 마음을 포장하여 갖고 이토록 하기에 이른 줄 알았겠는가? 항상 생각함에 자다가도 놀랍고 꿈에도 끔찍하니 바로 내 손으로 칼로써 일만 번이나 베고자 하오니 남방의 한 고을 원이 되어 이 원한을 이루지 못함을 한탄하노라."

그 충분 강개함이 말씀과 낯빛에 넘치어 [76b] 내가 대답하길

"사람 마음을 가히 측량치 못할 것이니 화(禍)의 마음을 창자 사이에 가만히 쌓아두고 다른 뜻을 암매한 땅에 그윽히 쌓으면 진실로 계규를 같이 하여 꾀에 참여치 아니한 자라면 붕우제류(朋友儕流, 벗 동년배)인들 어찌 능히 더듬어 알리오? 영감이 알지 못하고 사귀는 것이 괴상하지 않고, 이 도적의 무리가 문한(文翰)과 재주가 무릇 유배(流輩)보다 낫다 하니 영감의 제배(儕輩, 동년배) 중 누가 더불어 사귀지 않았겠습니까마는, 다만 역죄가 이미 들어난 후는 사람이 다 서로 알던 것을 숨기는데 영감이 홀로 들추어 말하고 비밀을 숨기지 않으니, 또한 가히 마음이 밝은 줄을 알 것이니 공에게 감사드립니다."

김광이 또 말하길

"조정이 비록 감사(監司) 병수사(兵水使) 같은 중임(重任)이라도 본래 사람을 가리지 않으니, 지금 삼남 병사가 한 것을 헤아려보니 누가 다 항복하지 않으면 달아날 것이니 이런 무리로 무엇을 하겠습니까! 이 가히 한심합니다."

내가 답하길

"진실로 그러합니다. 내가 평상시 진실로 영감의 재주와 거칠지 않는 줄을 아니, 영감은 힘써 하십시오. 시절이 위태함이 이렇고 임금 욕되심이 이러하니, 정히 영감네가 몸을 버려 나라를 갚을 때요. 일찍이 필현 유익의 무리와 더불어 교유함을 또한 깨달아 고쳐 가다듬을 것을 영감이 이미 알았으니, 원컨데 영감은 항상 요동백의 자손이니 더럽힘이 없도록 마음을 삼은 즉 거의 이룰 것입니다."

김이 말하길

"족하의 말이 심히 좋으니, 내 비록 용렬하나 삼가 마땅히 마음에 새길 것입니다."

하였다. '사성과 태징이 이미 목이 베였다' 하니 기뻐 미치는 듯싶었다.

중화에 이르러 점심하고 저녁에 황주에 드니, 이날 165리를 갔다. 황주 병사 원백규가 영공께 와 뵙고 병사를 이동시켰던 때를 얘기하는데, 일면으로는 여러 읍에 병을 부르고 일면으로는 먼저 수하에 있는 군사를 거느리고 급히 동선령으로 가되, 뜻대로 여러 읍의 피폐한 군사가 반드시 능히 한결같이 다 오지 못할 것이라 하였는데, 필경 그 멀고 가까움에 따라 다 기약한 날에 와 모이고 하나도 누락된 사람이 없으니 그 중에 3명이 병이 있어 메여오고 4명은 다 나이가 60이 넘었다. 영이 내려와 '병든 자도 돌아가고 늙은 자도 돌아가라' 하니, 늙은 놈 넷이 몸을 빼서 나와 아뢰길

"우리가 비록 수염이 세었으나 말 타고 활 쏘기는 젊은 놈보다 나아 사양하지 않을 것이니, 이런 변란을 당하여 늙기로써 쓰지 않으면 나라의 깊은 은혜를 어느 때에 갚겠습니까? 청컨데 종군할 것이니 생사를 헤아리지 마십시오."

말씀과 기운이 분분하여 몸을 돌아보지 않을 뜻이 있어 보이니, 들음에 눈물이 자연 흘렸다. 해서 '앞으로 나오라' 하여 위로하고 기려 탄식하고 술과 음식을 특별히 많이 먹여 인심이 이러함을 보고 '도적을 평정하기 어렵지 않음을 알 것이다' 하였다. 대개 동선령에 진을 쳤다가 사성을 잡아간 후 진을 풀어 돌아왔다.

양서순무사(兩西巡撫使) 조지빈이 순역을 돌다가 영공께 와 뵙고 내게 전갈하여 [77b] 보기를 청하여 말하길

"내가 여기 온 줄을 아는데 나를 보지 않으면 어찌하는가?"

내가 답하길

"구름과 진흙이 아주 두드러지게 다르니 감히 스스로 통하지 못하였다."

조지빈이 말하길

"비록 아이 때부터 알던 정이 단절되었으나 여러 대에 걸쳐 사귀어 친척같은 일로 생각하지 않느냐?"

하였다. 밤에 군영 막사에 나아가 삼종형(8촌 형)과 같이 잤다.

• 1728년 4월 1일 신사일 맑음

닭이 울 때 떠나 봉산에서 조반하고 검수참에서 점심하고 서흥에 들어 자니, 이날 110리를 걸었다.

• 1728년 4월 2일 임오일 맑음

새벽에 떠나 총수참에 와 조반했다. 선래군관 윤도가 서울서 도로 내려와 영공께 영접하고 물러와 나에게 말하길

"북경서 선래로 나올 때 파주에 이르니 파주 목사가 보기를 청하여

이세방과 박수채와 같이 들어가니 주목(州牧)이 말하길 '듣자니 강모(姜某)가 연경 들어간 후에 역졸을 두드리고 역관을 능멸하여 교만하고 방자하여 장난하니 일행이 그 괴로움을 이기지 못하였다 하니 부사 영공이 청렴하고 검약하며 근신하기로써 세상에 유명하나, 다만 사람을 알지 못하여 이런 폐단이 일어나게 되었으니 그대가 같이 가서 어찌 억제하지 못하여 그 하는데로 두어 부사 영공께 부끄러움을 끼치게 하느냐?' 하여 내가 들으매 하도 놀랍고 괴이하여 미처 대답하지 못하는데 박수채가 문득 말하길 '나도 또한 행중 역관이로되 일찍이 그 사람이 일행을 능멸하는 모습을 [78a] 보지 못하였으니, 그 사람이 선비인고로 비록 우리 무리와 더불어 지나치게 친하지 않아 같이 섞이지는 않으나 위인이 인자하여 원망된 일이 있음을 보지 못했고, 행중 온갖 일을 하나도 서로 간섭하는 바가 없고 또 주야로 부사 영공 좌우를 떠나지 않아 비록 장난코자 하여도 또한 겨를이 없으니, 걱정하건데 전해들은 말이 그릇되었는가 합니다.' 하였다. 내가 이어 말하길 '나는 그 사람의 동관(同官, 같은 관청의 동료)이니 말이 혹 공평하지 못한 것 같은데, 이는 역관이니 그 사람에게 능멸함을 보였으면 꾸며 만들 리가 없어 그 말이 결단코 공론이 될 것이니, 중간에 허황되고 착실하지 못한 거짓말을 들었을 것이다.' 파목이 오히려 성이 나서 큰 소리로 말하길 '내가 듣기를 확실히 하였으니, 그대들은 꾸미지 말라' 하고 그대를 꾸짖기를 많이 하고, 그대 반드시 파목에게 미워하는 일이 있는가 하니, 들어갈 때에 '유복(儒服) 입고 간다' 하여 그대 죄를 삼던 일도 그러한가 합니다.'

내 답하길

"평생에 서로 낯을 알지 못하니 어찌 혐오하는 일이 있겠습니까? 그 말을 파목에게 전한 자가 거짓말로 나를 잡을려는 것이니, 듣는 어른의

임진강 동파나루

탓이 아니다."

윤도가 말하길

"압록강 건넌 후 일을 누가 보고 들어 파목에게 전하였을까 괴이하다."
하였다.

대개 내가 이번 길이 진실로 박수채 말 같은데 내 스스로 죄가 없다
고 밝히기를 허비할 것이 없으니, 내 스스로 돌아봄에 겸연한 일이 전
혀 없다. 세상의 기리며 훼방하는 맹랑한 말이 많음이 대저 이러하니,
더욱 행세함이 어려운 [78b] 줄을 알 것이다.

또 가서 평산에 와 점심하니, 평산 부사가 영공께 일러 말하였다.

"동선령에 진 치러 갈 때 본부 천총이 노모가 있어 천총이 매우 급하
게 관가로 들어가 전쟁에 나아가려 함을 듣고 그 어미가 소매를 잡고

고양시 벽제관 터

울며 이르되 '네가 난리를 당함에 늙은 나를 버리고 어디로 가려 하는
냐?' 천총이 말하길 '나라 난리가 바야흐로 급하니 틈에 사사로이 사정
을 돌아보지 못합니다.' 하고 소매를 끊고 나와 진으로 가니 몸이 이미
나라에 매이고 급함에 임하여 용감히 결단하기를 이같이 함이 가장 옳
으니 이 일이 기특하였다. 난리를 평정한 후 내가 장차 순영(巡營, 감사
가 일을 보던 관아)에 알려 상을 주어야겠다."

금천에 와 자니 이날 120리를 갔다.

•1728년 4월 3일 계미일 맑음

닭이 울 무렵에 출발하여 개성부(開城府)에 와서 아침을 먹고 장단(長
湍)에 와서 점심을 먹고 파주에 이르러 숙박하니, 이날 140리를 걸었다.

옛 서울 경복궁과 민가

•1728년 4월 4일 갑신일 맑음

닭이 울 무렵 출발하여 고양(高陽)에 와서 아침을 먹었다.

중국으로 들어갈 때 동생이 나를 보내려 여기까지 이르고, '돌아올 때에 여기까지 나와 마중하겠노라' 언약하였는데, 문득 난리(무신 이인좌의 난)를 만나니 그 능히 오지 못함은 옳거니와, 압록강을 도강한 후에 일행이 다 끊임없이 집 편지를 얻어 보되 내 홀로 집이 시골에 있어서 한번도 어머니 안부를 듣지 못하니, 왕성(王城)이 점점 가까울수록 마음이 점점 더욱 착란(錯亂)하였다. 들으니 '삼남(三南) 큰 길에 방수(防守, 막아서 지킴)하는 [79a] 군사를 곳곳마다 거리에 배치하여 기찰(譏察, 엄중히 살핌)하기를 심히 엄하여 행인이 보람(증명표시) 없이 가는 자는 혹 구류하며, 혹 약간 수상하면 즉시 목을 베기에 애매한 사람이 죽는 자가 많다'하니, 내 염려하니 서울 들어간 후에 즉시 시골길을 찾으려는데 가히 미리 염려스럽고, 또 일행들이 삼남 역졸이 태반이나 하니 서울 들어온 후 각각 제 집으로 향할 때 혹 상해(傷害)를 당하기 쉬울 것이니

이 뜻으로 영공(令公)께 고하였더니, 영공이 말하기를,

"어떻게 하면 되겠는가?"

내가 대답하기를,

"백지 두어 장을 쓰면 충분합니다."

영공이 말하기를,

"만들어 오라."

내 그 앞에서 '즉시 백지를 가져오라' 하여 두어 치씩 베어 각각 역졸의 이름을 쓰고, 이름 아래 '북경 들어갔던 역마 가진 놈이니 연로(沿路)에 기찰(譏察)하여 구금하지 말라' 하고, 상사께 통하여 인(印)을 갖다가 각각 인을 쳐서 영공께 드려

"수결(手決)을 두어 주소서."

하니, 영공이 말하기를

"가장 잘 생각했다."

하고 수결을 두어 나누어 주시니, 역졸들이 다 사례하고 말하기를,

"우리들은 생각치 못하였는데 이리 염려해 주시니, 이제는 집에 무사히 가게 되었습니다."

하였다. 내 종 기생(耆生)도 하나 만들어 주었다. 부방 건량고직(乾糧庫直) 김태화(金泰和)가 제 어미 부음(訃音)을 만나니 참혹하더라. 길을 재촉하여 행하여 모화관(慕華館)에 이르니, 영공의 계씨(季氏, 남동생) 필선공(弼善公)이 나와 영공을 맞이하였다.

이미 성에 들어 오니 세 사신은 바로 대궐로 나아가 복명하고, 나는 바로 영공 본댁에 이르니 기별을 들을 길이 없었다.

[79b] 장차 장문(長文, 비수재 강규환, 사양재 강호보 손자)를 찾아 보려

영은문, 모화관, 독립문

고 하여 즉시 역마를 타고 남대문에 이르니 문 좌우편의 창과 환도(還刀)를 벌여 꽂고 군사들이 지켜 막았고, 내달려 말을 이끌고 부장(部將)의 앞으로 가려고 하는데 역졸과 기생을 우선 동여매려고 하여, 내가 기생을 시켜 '고양에서 만들어 준 보람 한 종이를 내어 보여주라'고 하였다. 기생이 내어주니 문졸이 갖다가 관원에게 바치더니, 보고 이에 놓아주었다.

남대문을 막 나서며 한지평(韓持平) 계명씨(季明氏)를 만나니 놀랍고 기쁨이 하늘 위에 사람을 본 듯하였다. 말 위에서 서로 인사하고 말했는데 한지평이 말하기를, "내 급히 물으려 올라올 때 평택(平澤) 그대 집에 들르니 일경(一境, 지역)이 다 피란하여 가고 없고, 그대 동생 홀로 집에 있어 태연자약하게 움직이지 아니하였고, 온 식구가 다 평안하더라."

그 말을 들으니 기뻐서 미친 듯하여 능히 말을 못하였다. 장문(長文)의 집에 이르니, 장문이 영남안무사(嶺南按撫使) 박사수(朴師洙)의 종사관(從事官)이 되어 영남에 가서 돌아오지 못하였다(이인좌의 난을 진압하

러 갔다). 저녁에 영공의 집에 돌아와 닭이 울 때 말을 영공께 고하니, 영공이 기뻐서 말하기를,

"내 말이 미덥지 아니한가? 일행이 다 그대가 위태롭다 여겼는데 내 홀로 근심치 아니함은 그대 아우의 능함을 익히 아니, 비록 창졸을 당하여도 그 처치하는 바가 반드시 다른 사람보다 나은 것이 있을 줄을 알기 때문이니라."

그리고나서 궐내에 가서 복명하던 사연을 말하는데, 임금께서 세 사신을 인견(引見)하셨는데 영공이 [80a] 아뢰기를,

"왕령을 의지하여 왕명을 길에 버리기를 면하옵고 공사(公私)가 가히 다행하오되, 다만 그 사이에 북방 자문(咨文)이 여러 번 당도하여 나라 욕이 망극함을 이미 가히 마무리되지 못하옵고, 다시 국내에 역란(逆亂)이 크게 일어나 사기(史記)에 보지 못한 바이오니 이가 갈리옵고, 마음의 서러움이 극진하여 바로 살고 싶지 아니하되, 다행이 성산(聖算, 임금이 나라를 다스리는 방책)이 신묘하심에 힘입어 큰 괴수(魁首)를 죽이는 곳에 나아가게 되었으니 종사의 경사를 어찌 능히 아뢰겠습니까?"

임금이 대답하길,

"어느 때에 역적이 없겠냐마는, 어찌 금일 역변(逆變) 같음이 또 있겠는가?"

상사(上使)가 사기 무욕(誣辱) 고친 것을 베껴 가져온 본(本)을 내어 드리니, 임금이 이전 사신이 갖다가 바친 본을 내어 비교하여 보시고 하교하시어 말씀하시되, "새 것이 조금 다른 곳이 있지만, 대체로 같다." 하시었다. 상사가 또 호가패(胡嘉珮) 일로 내각회의(內閣回議)한 문자를 베낀 것을 아뢰니, 임금이 결정함이 없었다. 상사가 또 아뢰길,

"김상명이 본조(本朝, 조선)을 위하여 진실로 정성이 있어 말마다 우

리나라 임금이라 일컫고 그 위인이 충관(忠款)하니 결단코 간사(奸詐)함
이 아니었습니다.”

임금이 말하길

“저런 무리도 오히려 본 조선을 향한 정성이 있는데, 이제 이 흉역의
무리는 어떤 심장(心腸)인고?”
하시었다. 이날 80리를 갔다.

•1728년 4월 5일 을유일

종(奴)의 이름을 비변사(備邊司)에 보이며, 북경 사신을 따라갔다가
이제야 나와 근친(覲親, 집에 가서 어머님을 뵘)이 바빠 평택으로 가려 하
는데 [80b] ‘기찰이 엄하여 행인이 구류되고, 혹 사람 해치기를 많이
한다’고 하니, ‘연로에 침노치 말게 하여 달라’고 해서 배관(背關, 첩보
뒤에 기록된 관문)을 맡았다.

•1728년 4월 6일 초육일 병술일

내 급히 내려가 근친(覲親)하려 하는데 말이 없어 가지 못하는 고로,
영공이 당신 타시던 말을 빌려주기를 허락하였는데, 마침 장문의 집에
서 평택으로 순귀(順歸)하는 말이 있어서 이 말을 빌렸다.

•1728년 4월 7일 초칠일 정해일 맑음

날이 밝아 출발하려는데 들으니 ‘큰 길에 방수하는 군사가 더 자주
배치되었다’고 하니, ‘큰 길로 행하여야 거의 의외에 걱정이 없으리라’
하여 장차 용인(龍仁) 길로 향하는데, 한강에 다다르니 지키는 군사가
잡아 구류하거늘, 비변사(備邊司) 관문(關文)을 내어 보여주니 이에 놓

잠실 송파나루, 송파사거리

고 배를 불러 건너게 해주더라. 앞길에 지키는 곳마다 다 관문을 본 후에야 보내더라. 한강 가에 사람의 머리를 베어 단 것이 대여섯이 있으니, 뱃놈이 그것을 가리켜 말하기를 '저게 다 행인이 표식이 없어서 죽인 것이라.' 하였다.

잠실(蠶室) 주막에 이르니 주막 사람이 피란가고 비어 사람이 없거늘, 기생을 시켜 '마을을 다 뒤지라' 하니, '한 늙은 할미 하나가 숨어 있다'고 하기에 불러 밥을 짓게 해서 먹고 가, 저녁에 용인 구운역 마을 (수원시 권선구 구운동)에 들어가 잤다.

• 1728년 4월 8일 초팔일 무자일 맑음
어둑한 새벽에 출발하여 청호(菁湖) 주막에 들어 아침을 먹는데, 집이 가까울수록 근심과 염려가 조여와 밥을 능히 한 숟가락도 뜨지 못

하고, [81a] 첩경(捷徑)을 취하여 하궁리(下宮里, 현 팽성 신궁 1리) 냇가를
건너 하궁리 마을을 지나도록 오히려 배고픈 줄을 깨닫지 못하는데,
하궁리 마을을 지나며 한 놈이 마주 오다가 나를 보고 절하기에 내가
물었다.

"너는 어디 살고 있느냐?"

답하길,

"읍내에 있습니다."

하길래 내가 또 물었다.

"너는 내 집의 안부를 들었느냐?"

답하기를,

"작은 진사님(동생 위보, 초명은 연보)가 읍내에 들어와 집을 짓느라 지
금 와 계십니다."

그 말을 들으며 즉시 보고파 하마터면 정신을 차리지 못할 뻔하다가,
말 안장에 엎드려 1리를 가니 좀 진정되었다. 읍내 앞을 지나는데 사제
(舍弟, 동생)이 맞아 내려오길래 내가 멀리서 물었다.

"어떻게 내가 오는 줄을 알고 맞이하러 오느냐?"

사제가 말하길,

"요사이 난중에 올 줄을 뜻하지 아니하고 사행(使行)이 서울에 들어
온 줄도 모르고 있었는데, 오늘 아침부터 마음이 동하여 아마 오는 듯
하여 간역(看役)하는 데에는 마음이 없어 계속하여 길만 바라보고 있었
는데, 멀리서 바라보고 오는 줄을 알았습니다."

하였다. 그래서 더불어 같이 집에 이르니 자친(慈親, 모친 안동김씨)이 내
가 오는 줄을 듣고 미처 신을 신지 못하고 버선발로 대문까지 나와 맞
이하셨다. 난리 가운데 온 집안이 편안하고 좋고, 해가 넘는 이역길을

무사히 돌아오니 집안이 위로하고 기뻐함이 큰 경사를 만난 듯하였다.
그 기특하고 다행함이 어찌 중국 한나라 때 장건(張騫)이 만리에 서역
들어갔다가 처음으로 집에 도착함과 같을 뿐이겠는가? 이번 길이 슬하
를 떠난 지 일곱달 만에 왕복을 헤아리니, 무릇 6500여리를 다녔다.

　그때에 한 마을이 피란하여 여염집이 한가히 비어있거늘, 그 피란치
아니한 연유를 물으니 동생이 말하길,

　"반드시 도적이 아무 땅에 일어날 줄을 자세히 안 연후에 위태한 데
를 피하고 평안한 데로 갈 것이거늘, 이 지역 사람이 식견과 슬기로운
생각이 없어서 소문을 듣고 놀라 흩어져 눈이 둥그레지고 넋을 잃어
엎어지며 자빠져 어찌 조치할 바를 잃으니, 이러한 즉 비록 스스로 피
란하노라 하지만 도로 위태한 데로 향하지 아니하는 줄을 어찌 알겠습
니까? 급함을 당한 즉 더욱 천천히 하고 서서히 한 다음에야 비로소
가히 후회가 없는 고로 가만히 헤아리되, 도적의 기별을 자세히 알아
옮겨 피하고자 하여 물어 탐지하는 즈음에 왕사(王師, 임금이 거느리는
군사)가 내려오고 도적의 형세가 점점 쇠한 고로 움직이지 아니하였으
니, 이 진실로 헤아리기를 익히 하였습니다. 경내 사람이 다 말을 믿어
거취를 같이 하려 하는 자가 약간 있는데, 난리가 나기 전에 읍내로
이사하려 하다가 미처 이사하지 못해서 난리를 만난 고로 즉시 읍내
에 가 집을 짓되, 날마다 직접 걸어가 역사를 감독하여 하루도 그치지 않
으니 일경 인심이 또한 이를 힘입어 좀 능히 진정하고, 읍내 사람은
다 이로 인하여 나가지 않았습니다."

　하였다. 또 그 변란에 처치하던 계교와 일을 헤아리던 슬기를 들으
니 일일이 다 맞고 진밀(縝密, 곱고 세밀함)하여 착오가 없으니, 부사 영
공의 말씀이 과연 맞고 과연 능히 사람을 알았다.

사양재 강호보가 연행 중 중국에서 알게 된 청 선비와 주고 받은 서신
1727년 이 둘의 만남은 10년이 지난 1737년에도 서신으로 이어졌으며,
이는 증손자 강재응이 한문으로 번역한 한문본『상봉록』에 실린 이 둘
사이의 편지 왕래로 이들이 이별에 임했던 약속이 의례적인 헛말(虛
言)이 아니었음을 증명해 준다. 다음은 1737년 사양재 강호보가 정환
과 백수채에게 쓴 편지의 일부분이다.

정환에게
정사년(1737) 12월 12일 해동의 강호보는 서쪽으로 손 모아 옥장 형께
안부 인사 드립니다. 중후소에서 한번 이별한 후에 순식간에 10년이
훌쩍 지났습니다. 또 어찌 다만 10년뿐이겠습니까? 생을 헤아려 보건
데 다시 만날 기약이 없어 살아서 이별하는 것이 오히려 사별입니다.
어찌 슬퍼서 혼이 상하지 않을 수 있겠습니까?
우리나라 사람들은 명도선생을 존모하여, 거의 공맹(공자, 맹자)의 아
래에 두지 않습니다. 때문에 제가 형을 공맹의 후손이라 여겨 이런 마
음으로 존경했던 것이니, 단지 이역에서 몇날 밤을 함께 종유한 즐거
움 때문만은 아닙니다. 서신으로 서로 안부를 묻자던 약속은 감히 잊
은 적이 없습니다만, 집이 향곡(鄕曲, 시골)에 있고 경도(京都, 서울)에
는 거의 들어가지 않아 사행이 출발할 때와 매번 어긋났지요. 또한 가
제(家弟, 동생 위보)가 원유(遠遊)의 소원이 있어 조만간 한번 온다고
했으나, 그 계획 또한 어긋나서 이루지 못했습니다. 이 때문에 궐연(闕
然)히 지금까지 이르러, 단지 스스로 잊지 못할 뿐이었습니다. 지금 부
사 김공께서 사행을 가심에 저와 약간의 우의가 있으므로 편지 한 통을
맡깁니다. 김공(사행 부사 김용경)께서는 저로 인해 형의 명성을 익히
들으셨으니, 백형에게 청하셔서 함께 처소로 찾아 뵈었으면 합니다.
사신 행차가 돌아오면 아마도 형 주변의 소식을 상세히 들을 수 있겠지
요. 그러나 올 때 백형(백수채)과 공교롭게 길이 어긋나 손 잡고 이별

하지도 못해 이 또한 더욱 무언가 잃은 듯 슬퍼 지금까지도 심합니다. 따로 편지를 남기려 하니 전해 주셨으면 합니다.

백수채에게

년월일. 강호보는 글을 써 백거인 형께 올립니다. 삼대(三臺)에서 길이 어긋났던 한은 지금까지 잊히지 않습니다. 형께서는 정성스럽게 길가로 나와 기다리고 있었고, 저는 마침 그 앞을 지나고 있었지만, 서로 만나지 못했으니 어찌 이상하지 않겠습니까? 산해관에서 바삐 한번 이별한 후 지금 11년이 되어 갑니다. 저는 선비로서 소이정길(素履貞吉, 잘 지내고 있음)하고 권집균경(眷集均慶, 가족들도 고루 잘 지냄)하며 지내고 있습니다. 형께서는 어떤 일에 종사하시는지, 어떤 책을 읽으시는지 감히 여쭙니다.

형께서 뜻을 얻어 세상에 행해진다면, 사신의 명을 받들어 동쪽으로 오는 것이 또한 머지 않기를 바랍니다. 손 모아 기다리겠습니다. 회정길에 중후소에 이르러 몇 글자 남기고, 『운고(韻考)』한 책을 부쳤는데, 그 책은 제 손때가 그대로 묻어있으며 제 인장 또한 그 위에 찍어 놓았습니다. 형께서 매번 그 책을 펴보실 때 반드시 저처럼 생각하셨으면 합니다. 사행이 해마다 한 번씩 가기에 매번 소식을 부치고 싶지만, 궁벽한 시골에 박혀 있어 어긋나 이루지 못했습니다. 지금 부사께서 떠나심에 저와 예전부터 친분이 있는 까닭에 편지를 부탁드렸습니다. 형께서 격세(隔世)의 소식을 듣는다 생각하십시오.

참고문헌

* 기존 연구를 바탕으로 문헌 조사 및 정리에 추가 조사된 문헌을 포함하여 정리하면 다음과 같다.

〈고서〉

姜浩溥, 『贅言(四養齋集)』 필사본 전18책, 고서(귀) 243 0 - 1~18, 연세대학교 국학 도서관 [MF고서(귀) 243 0 - 1~3].

_____(姜在應), 『桑蓬錄(사양재외집(四養齋外集))』 필사본 전6책, 고서(귀) 418 0 - 1~6, 연세대학교 국학도서관 [MF고서(귀) 418 0 - 1].

_____, 『상봉녹』 한글 필사본 전3책(1책 缺), 연세대학교 국학도서관.

_____, 『朱書分類』 필사 草稿本 전84책(10책 缺), BC古朝17-179, 국립중앙도서관.

_____, 『朱書分類』 필사 淨書本 전54책, 奎1788-v. 1-54, 서울대 奎章閣.

_____, 『朱文百選』 필사본 전4책, 개인 소장.

〈고문서 외〉

姜浩溥, 徐命膺通信正使惜別詩文 1軸(판본 필사본 사이즈 4,548×46cm) 跋文, 奎 27627, 서울대 奎章閣.

_____, 請婚書, 『姜氏事跡寶鑑』 下卷, 姜氏事跡硏究會, 1996, 866쪽.

미상, 書葡萄簇後, 개인 소장.

『晉山世家』, 姜澈秀 편, 전2권, 1928, 국립중앙도서관 등.

〈영인본〉

『桑蓬錄』, 임기중 편, 『燕行錄 續集』 전50권 중 112 113 114권 所收, 尙書院, 2008.

『桑蓬錄』, 『燕行錄選集 補遺』 전3권 중 上권 所收, 성균관대학교 출판부, 2008.

『상봉녹』, 『燕行錄選集 補遺』 전3권 중 下권 所收, 성균관대학교 출판부, 2008.

『桑蓬錄』, 『韓國漢文燕行文獻選編』 전30권 중 14 15권, 중국 復旦대학교 출판부, 2011.

『상봉녹』, 박재연 외 校註, 學古房, 2013.

〈사양재 강호보 관련 논문 및 학술지〉

riss.kr에 사양재 혹은 강호보를 키워드로 검색되는 다수 학위논문과 학술논문이 있음.

▌저자 사양재 강호보姜浩溥(1690.9.25.~1778.11.30.)

조선 후기 문신. 본관은 진주(晉州), 자는 양직(養直), 호는 사양재(四養齋), 강희맹(姜希孟)의 9대손으로 아버지는 오아재 강석규(姜錫圭), 어머니는 측실 김성급(金成岌)의 딸이다. 한원진(韓元震)의 문인으로 이이-김장생-송시열-권상하-한원진의 정통주자학의 도통을 잇는다.

13세에 도회시(都會試)에서 1위를 하였으나 측실 자식이라 '적이 없다(無籍)'고 발거(拔去)되어 명성이 더욱 빛났다.

1726년에 생원시에 합격한 후 공령(功令)의 글을 버리고 좋아하는 공부를 하겠다는 생각을 모친으로부터 허락받고, 경술(經術)에 공력(功力)을 다하였다.

20대 초 평택의 김해 김씨와 결혼하며 연천에서 평택 팽성 함정리로 이주해 살았다. 1754년 영조 회갑에 모친의 요청으로 증광문과에 갑과로 급제. 교리를 거쳐 현감으로 나갔고, 1773년에 지중추(知中樞)를 제수후 종1품 숭록대부에 이르렀고 향년(享年) 89세로 함정리(선마을) 정침(正寢)에서 작고하여 묘는 아산 음봉 신수리 산25에 있으며, 2019년 평택문화원에서 '평택의 인물'로 선정되었다.

저서로는 『주서분류(朱書分類)』(초고본 84권, 정본 54권), 연행록인 한문본 『상봉록(桑蓬錄)』과 언해본 『상봉녹』, 『사양재집(四養齋集) 췌언(贅言)』 등이 있다.

▌역자 강호흔姜鎬欣(1956.9.24.~)

사양재 강호보의 9대 방손으로 태어났다. 1975년 평택고등학교를 졸업했고, 1982년 아주대학교 전자공학과를 졸업했다.

㈜삼성전자, ㈜한독, ㈜일진, ㈜오성정보통신 등 컴퓨터 통신 연구 분야에 몸 담았으며, 저서로는 『나의 인터넷 한글전자족보와 뿌리를 찾아』가 있다.

현재 사양재탁구장 관장, 테라미디정보통신 대표, 사양재 강호보 연구회장을 겸임하고 있다.

진주강씨연구총서 2

1727년 사양재 강호보의 연행록 상봉녹 이야기

2020년 2월 28일 초판 1쇄 펴냄

지은이 강호보
옮긴이 강호흔
발행인 김흥국
발행처 보고사

책임편집 이경민
표지디자인 손정자

등록 1990년 12월 13일 제6-0429호
주소 경기도 파주시 회동길 337-15 보고사 2층
전화 031-955-9797(대표), 02-922-5120~1(편집), 02-922-2246(영업)
팩스 02-922-6990
메일 kanapub3@naver.com / bogosabooks@naver.com
http://www.bogosabooks.co.kr

ISBN 979-11-5516-981-0
      979-11-5516-957-5 94080 (세트)
ⓒ 강호흔, 2020

정가 30,000원